教师教育精品教材

教育基础

主编◎郑金洲

华东师范大学出版社
·上海·

图书在版编目(CIP)数据

教育基础/郑金洲主编. —上海:华东师范大学出版社,
2012.3
ISBN 978 - 7 - 5617 - 9367 - 1

Ⅰ.①教… Ⅱ.①郑… Ⅲ.①教育学—师范大学—教
材 Ⅳ.①G40

中国版本图书馆 CIP 数据核字(2012)第 036475 号

教育基础

主　　编　郑金洲
责任编辑　朱建宝
责任校对　邱红穗
封面设计　卢晓红

出版发行　华东师范大学出版社
社　　址　上海市中山北路 3663 号　邮编 200062
网　　址　www.ecnupress.com.cn
电　　话　021 - 60821666　行政传真 021 - 62572105
客服电话　021 - 62865537　门市(邮购)电话 021 - 62869887
地　　址　上海市中山北路 3663 号华东师范大学校内先锋路口
网　　店　http://hdsdcbs.tmall.com

印 刷 者　上海市崇明县裕安印刷厂
开　　本　787 毫米×1092 毫米　1/16
印　　张　20.5
字　　数　483 千字
版　　次　2012 年 6 月第 1 版
印　　次　2023 年 8 月第 6 次
书　　号　ISBN 978 - 7 - 5617 - 9367 - 1
定　　价　37.00 元

出 版 人　王 焰

(如发现本版图书有印订质量问题,请寄回本社客服中心调换或电话 021 - 62865537 联系)

目 录

Ⅲ　关注教师

导 言

今天我们为什么要做教师

一、选择做教师的理由

二、学习这门课的意义

三、本书的结构与使用

我做教师是因为教书很适合我的个性。我喜欢不断前进，成为灵活的、善于交涉的、能胜任多种责任的、乐于助人的、善于倾听的、富于创造的、欢笑的、热爱一切的人。我很喜欢和孩子们在一起，帮助他们学习或改掉一些坏习惯，并且可能用微妙的，或者不那么微妙的方式改变他们的生活。和孩子们特别是青少年在一起很适合我的性格。

作为一项职业来说，教书也很适合我的生活方式。我现在是两个孩子的母亲。如果我不承认选择教书的原因之一是有时间陪我的孩子的话，那就太不诚实了。我很喜欢跟孩子们一起享受各种假期。我还喜欢这份工作的循环性质，它有一个很明确的开始和结束。教师每年都和学生有着一个新鲜、崭新的开端。我认为这是教师职业的独一无二之处。

我做教师是因为教书给了我一个明确的目的。做教师让我有很好的理由每天起床，并尽我最大的努力工作。我相信日复一日所做的事情，的确都是很有意义的。我在公立学校教书是因为我信任公立学校。我认为公立学校的目的（不论是否达到），是要让所有进本部门的孩子都能受到很好的素质教育。我希望成为执行那高尚使命的一分子。

我做教师是因为我相信教育能够带来的影响和认知效果。我有机会每天都让孩子们觉得自己是有竞争力的、重要的人。我做教师是因为我相信我能帮助孩子们，让他们喜欢来学校上学，喜欢学习，并且敢于面对风险和挑战。

我教书是因为我知道教师能起模范表率的作用，我们对学生的影响很大。

我认为教师是最有挑战性同时也是最有回报的职业。有的回报短期就可以看到：在一年之内，孩子们在认知、行为和社会性方面都有不少的进步。有时这样的进步是逐渐显现的，有时这样的进步是巨大的。他们在任何一个方面的进步，都让我觉得是很大的回报。我就像一个园丁，每个小小的幼芽的细微成长，都令我无比欣慰。

接下来就是长期的回报。教书最有成就感的一个方面，就是看着我的学生——即使是那些最不情愿上学的——在数年之后，变得成熟、面对自己自信。他们仍然承认我是他们的老师，并给一个友好的招呼或微笑。的确，教书是一项不可能完成的任务。如果你正处在成为一名教师的过程中，有这样的感觉是正常的。你总觉得自己永远不会达到这一职业的顶峰。事实上，这项职业本身的挑战也富于趣味和激情。

我教书的时间越长，就越觉得自己还有很多要学的东西。我要学更多的合作式学习、交互编辑、融合、差异教学、跨学科写作、阅读策略、计划、咨询、建议、题目、怎样看学生的作业、展览，以及总体上的"最佳表现"。就是所有这些挑战，让我继续在教书。

（资料来源 （美）Sonia Nieto 主编，郑明莉译：《我们为什么做教师》，华东师范大学出版社2008 年版，第16—20 页。）

1. 明了选择教师职业的原因。
2. 认识学习这门课的意义。
3. 掌握本书的基本结构和表现形式,为后续学习打下基础。

一、选择做教师的理由

今天,我们为什么要做教师,这个问题是所有师范生走进师范院校大门或就读师范类专业首先思考的一个问题。对这个问题,可以从多个方面来回答。

我们选择做教师,是因为教师是崇高的,教师职业是受人尊敬的职业。在人类社会的发展和进步中,教师起着巨大的作用。教师是铸造人类文明的工程师,是人类文明的传播者和建设者。人类文明发展的连续性,有赖于一代又一代教师的劳动。一个社会、一个国家、一个民族,如果没有教师辛勤的、有效的劳动,那么,这个社会、国家和民族的文明进程就会遭受损失。教师作用的重要性,可以从一个侧面说明教师职业是崇高的和受人尊重的。苏联政治家、革命家加里宁(Михаúл Ивáнович Калúнин)**把教师比喻为"人类灵魂的工程师"**;捷克教育学家夸美纽斯(Johann Amos Comenius)**称赞教师为"太阳底下最光辉的职业"**;英国哲学家弗兰西斯·培根(Francis Bacon)对教师也不吝褒扬之词,他说:"**教师是知识种子的传播者,文明之树的培育者,人类灵魂的设计者。**"我国历来有尊师重教的传统,"天地君亲师"把教师推崇到很高的地位,"一日为师,终身为父"则把师与父等同起来。

加里宁

在今天,国家大力倡导尊师重教的社会风尚,教师具有很高的职业声望,具有较高的社会地位,教师的合法权益受到法律的保护。我国《教师法》明确提出,"全社会应当尊重教师",要"改善教师的工作条件和生活条件,保障教师的合法权益,提高教师的社会地位"。对于教师的待遇,《教师法》明文规定,"教师的平均工资水平,应当不低于或者高于国家公务员的平均工资水平,并逐步提高";"教师的医疗同当地国家公务员享受同等的待遇";"教师退休或者退职后,享受国家规定的退休或者退职待遇",等等。

在我国,教师有自己的专门节日,《教师法》规定每年的 9 月 10 日为教师节。教师节的建立,标志着教师在我国受到全社会的认可和尊敬。

专栏 0.1

教师节的由来

教师节是我国仅有的包括护士节、记者节在内的三个行业性节日之一。自 1931 年以来，我国在不同历史时期共有过四种不同日期和性质的教师节。

我国历史上最早出现的教师节在 1931 年。当时，教育界知名教授邰爽秋、程其保等联络京、沪教育界人士，拟定每年 6 月 6 日为教师节，并发表《教师节宣言》，提出改善教师待遇、保障教师工作、增进教师修养三项目标。这个教师节没有被当时的国民政府承认，但在全国各地产生了一定的影响。

鉴于"六·六"教师节是教师自发组织设立的，国民政府没有承认，1939 年，国民政府教育部决定另立孔子诞辰日（8 月 27 日）为教师节，并颁发了《教师节纪念暂行办法》，但当时未能在全国推行。

1951 年，中华人民共和国教育部和中华全国总工会共同商定，将教师节与国际劳动节合并在一起，5 月 1 日作为我国教师节。由于种种原因，教师节实际上并未实行。

为了发扬"尊师重教"的优良传统，提高教师地位，1985 年 1 月 21 日，在第六届全国人大常委会第九次会议上，正式通过国务院关于建立教师节的议案，确定每年 9 月 10 日为中国的教师节。

定教师节为 9 月 10 日，是考虑到新学年开始，学校要有新的气象，师生要有新的感觉。新生入学伊始，即开始尊师重教活动，可以给教师教好、学生学好创造良好的气氛。同时，9 月份全国性节日少，便于各方面集中时间组织活动并突出宣传报道，促进全国范围内形成尊师重教、尊重知识、尊重人才的良好社会风尚。

我们选择做教师，是因为我们能够促进学生的成长，甚至影响他们终身的发展。教师职业是影响人一生的职业，教师的教诲是照亮人心灵永远的指路灯！三尺讲台，就是我们传播理想的大舞台。虽然教师的工作看起来并不轻松，每天要早出晚归，经常要加班加点，但却能够为学生的一生发展打好基础。身为教师，能够给孩子铺出一片未来的天空，培养他们的兴趣爱好，激发他们的学习热情，让每一个孩子都找到自己的闪光点。

作为教师，可以影响许许多多的孩子，教他们知识，教他们做人，看到他们在自己的帮助下苗壮成长。没有任何一份职业，比教师更能影响人的一生——你也许已经不记得很多人的姓名，但你一定不会忘记你的某个老师，他对你的影响，真的会延续一生。著名作家魏巍在《我的老师》一文中这样写道："最使我难忘的是我小学的老师蔡云芝先生。在课外的时候，她教我们跳舞，我现在还记得她把我扮成女孩子表演跳舞的情景。在假日里，她把我们带到她的家里和女朋友的家里，在她的女朋友的园子里，她还让我们观察蜜蜂；也是在那时，我认识了蜂王，并且平生第一次吃了蜂蜜。她爱诗，并且爱用歌唱的音调来教我们读诗。直到现在，我还记得她读诗的音调，还能背诵她教我们的诗。今天想来，她对我的接近文学和爱好文学，是有着多么有益的影响！"

很多人选择做教师,是因为受到自己基础教育阶段老师的影响。有人深受小学老师的影响,觉得老师像妈妈一样关爱学生,即便是斥责学生,那也是为了学生好,所以也要像她那样,做一个可以影响一个人一生的人。有一位师范生在互联网的论坛上说:"我选择教师这个职业,是因为受到了我高中历史老师的影响!我觉得她讲课实在是太酷了,学生在她的课上都特别有激情,每节课下来总有种让人热血沸腾的感觉!我当时就在想,我一定要成为她那样酷的老师,既能让学生崇拜,又能成为学生的朋友。所以,我很想成为像她一般的人。我的教师梦是因她而起的!"

我们选择做教师,是因为教育需要教师创造性劳动,教师职业永远有成长的空间。教育永远是一项变化无穷的工作。在日新月异的今天,昨天潜移默化的教育理念,已经不再适应时代发展的要求;过去耳熟能详的教育内容,在教育改革、课程改革的浪潮中或许也变更了模样;曾经行之有效的经验做法,也在新的教育实践面前经受着严峻的考验。学生总是不同的,总在不断地变化着。面对生活环境、个性特点、学习基础不同的学生,采用一成不变的教育方法显然是不合时宜的。而且,当你好不容易熟悉了一批学生,和一批学生形成良好默契的时候,你可能不得不依依不舍地送别这些学生,一届又一届地迎来陌生的面孔。

变化的世界、变化的学生,对教师来讲意味着不断的挑战,需要教师不断地加强学习,并且要创造性地开展工作。**教师是一个需要不断自我充电的职业。**学校环境有利于教师自我学习,通过学习,教师可以获得持续不断的成长。**做教师可以亲历创造的过程,**体验克服教育难题带来的快乐,并在创造性的劳动中不断提高自己的水平。**教师不见得是物质上的富翁,但却能够成为丰厚精神财富的拥有者。**

专栏 0.2

教师能收获创造性劳动的成果

教师的工作对象是人,人是千差万别的,要做好教育工作,就得充分发挥创造性。正是这种工作性质,决定了教师必须学识渊博,并且每时每刻都要开动脑筋,针对当时的情况和学生的差异,创造性地处理各种问题。从这个意义上说,教师随时都有科学研究的机会。

不要说学校、社会这样的大范围内有科研题目,单讲学校教育,单讲德育、智育、体育、美育、劳动教育,就各有数不尽的科研题目。以学生的注意力为例,就能写出上百篇科研文章,诸如《男女同学注意力的差异》《一节课各类学生注意力的变化》《练习题设计对学生注意力的影响》《增强学生注意力的若干种办法》……这用武之地该有多么广阔!

我之所以爱教书,重要原因之一,就是觉得教师从事的是最富有创造性的工作。每一段时间,每一处空间都有科研题目,都能有新发现,能看到学生中新的、积极上进的因素;也能看到教师自己向更高层次发展的潜能;还能看到环境中的各种有利因素。教书不是自古华山一条路,而是条条大路通罗马。我总想,同一本书,能有上百种甚至上千种讲法。我们应该努力研究更科学的讲法,即使今天这种讲法比昨天科学,那也仅仅是向后看得出的结论,向前看呢？一定还有更科学的方法等着我们去探索研究。这些年来，我边工作，边探索研究科学的教育教学方法，先后在报刊上发表了 66 篇文章，出版社先后出版了《魏书生教育方法100 例》《魏书生语文教育改革探索》《魏书生文选》等书籍。今年又出版了我主编的《中学生用功术》和我写的 16 万字的《语文教改漫谈》。我深深体会到教师的劳动确实有利于收获科研成果。

（资料来源　魏书生：《魏书生文选》（第二卷），漓江出版社 1995 年版，第 48—50 页。）

我们选择做教师，是因为这份职业给我们以成就感，让我们感受个体存在的意义与价值。教师是学生的领路人，帮助学生获得知识，引导学生学会做人。教师付出的是自己的努力，改变的是学生的生活。做教师，可以分享学生的成功与喜悦。看着学生的成长与进步，教师可以产生一种难以言说的满足感，这是任何功利的收获所不可比拟的。做教师，可以享受"桃李满天下"的成就感。通过教育活动，教师可以把身上的优点发扬光大，影响一批又一批的学生。在诲人不倦的教育过程中，教师能够感受到一种别样的幸福感，从而实现人生的价值与理想。

案例 0.1

教书让我满足

教书让我终此一生都能满足自己是有用的、是被感谢的那种心理需求。当我在某个路口听到车上有以前的学生喊我"戈登先生"的时候，或者是有学生到学校来看我的时候，我都觉得很高兴。当我在地铁里遇到我的学生，或者在商店里看到他们购物或者工作的时候，我都会感到很高兴。最重要的是，他们认出了我，还跟我打招呼了：他们有那种叫我的名字并和我一起呆一会儿的意愿。遇到从前的学生让我感到自己对他们所做的一切都是正确的，他们记得我关心他们，我尊重他们的身份认同和聪明才智，理解他们的希望和困境。在这一刻的相遇中，我又一次感受到了做他们的教师的那种快乐和特权。

（资料来源　（美）Sonia Nieto 主编，郑明莉译：《我们为什么做教师》，华东师范大学出版社2008 年版，第 77 页。）

我们选择做教师，还因为教师职业有带薪的寒暑假，而且休假的时间比任何一项职业都要长。在假期里，可以去思考、研究和写作，总结自己的教育经验和教学心得；可以学习新知识，为自己的专业发展"充充电"；也可以放松自己，尽情地享受美好的生活。当然，我们也知道，教师被喻为"春蚕"、"蜡烛"，教师职业是需要奉献的职业。教师职业不是时时有鲜花和掌声，在很多时候需要的是不计回报的付出。**去掉教师职业外在的光环,这其实是一份非常朴素的职业。相比许多职业而言,教师的工作显得繁忙、琐碎、辛苦,时常起早摸黑,需要投入大量的时间与精力。**可我们看到的是,仍然有那么多的教育工作者,数十年如一日,坚守在平凡的岗位上,勤勤恳恳,兢兢业业,无怨无悔,默默奉献。

于漪老师

中国教师的形象代言人于漪老师在《奉献,教师的天职》一文中动情地说道:"一个人的生命是有限的,而我们的事业是常青的。**作为一名真正的教师,是用生命在歌唱,用生命在实践**,为了我们辉煌的社会主义事业,为了我们可爱的学生,'请将你的脂膏,不息地流向人间,开出慰藉的花儿,结成快乐的果子'。假如我有第二次生命,我仍然毫不犹豫地选择教师这崇高而又神圣的职业,因为'给'永远比'拿'愉快。"①

老师与孩子们在一起

我们选择做教师,是因为我们喜欢与孩子们在一起。在孩子的世界里,很少有欺骗与伪装,孩子们的心灵都很纯洁、很可爱;在孩子的世界里,没有那么多大人间的勾心斗角,孩子们的想法相对简单。他们像一汪清水,像一朵白云,像一片嫩绿的树叶。和孩子们在一起,不会特别的累,心里很轻松,心情也很愉快;**和孩子们在一起,可以让我们感觉很有活力,让我们一直保持一颗童心,保持健康和年轻的心态。**一届一届的学生入学,让我们一直都能看到新鲜的面孔,感受他们青春活泼的气息,相比较于社会,校园让人觉得清澈纯洁得多。做教师,可以经常与那么多青少年学生打交道,真是一项幸福的工作。

二、学习这门课的意义

这门课程叫做"教育学",书中有教育学的基本知识,也有关于学校、班级、课程、教学等方面的简要描述,还有关于为什么做教师、如何做教师等问题的阐述。因而,学好这门课,对我们做教师有着重要的意义。

第一,可以帮助我们认识教育事业在社会发展中的地位和作用。

"百年大计,教育为本。"教育不仅是社会主义物质文明建设的重要条件,而且是社会主义精神文明建设的重要基础。随着我国科教兴国战略的实施,教育在社会发展中的地位与作用越来越重要。学习这门课,可以加强我们对教育与社会发展、人才培养、科技创新等关系的认识,从而更好地把握教育在社会主义现代化建设中的地位和作用。学习这门课,可以加强我们对目前教

---

① 于漪:《新世纪教师素养专题》,东北师范大学出版社 2003 年版,第 18 页。

育问题的理解,增强作为教师的社会责任感,树立为人民的教育事业奋斗终生的理想。

第二,可以帮助我们理解一定的教育理论,开阔我们的教育视野。

通过学习教育学知识,我们能够了解历史上的教育是什么样子,现在的教育有什么新的发展变化;能够了解外国的教育是什么样子,我们自己所从事的教育与世界先进教育水平的差距是什么;能够了解古今中外教育学家的思想及事迹;能够知道教育理论的基本内容、价值追求、社会基础、文化背景等,从而增长我们的见识,开阔我们的视野,为形成自己的教育知识,提供理论资源和思想依据。

第三,可以帮助我们掌握从事教育工作的实际技能,提高教育水平。

要当好一名教师,只掌握学科知识是不够的,还要有正确的教育思想,懂得教育规律,善于运用恰当的教育方法。学习教育学,可以帮助我们更好地认识教育的本质,掌握教育规律,使教育工作符合教育规律。教师想要持续地提高教育水平,就需要及时总结自己的教育教学经验。而只有具备一定的教育理论水平,才能提炼、升华出自己的教育思想。教育学这门课程中除了基本理论之外,还包括教师教学技能的介绍和分析,如备课、说课、上课、听课、评课等课堂教学基本行为。掌握这些基本教学技能与技巧,有助于我们形成科学规范的教学技能,提高教学质量,从而形成个人的教学风格。

第四,可以帮助我们了解教育对象,增强对教师职业的认识和信心。

教育是有目的地促进人身心发展的社会实践活动,教育工作是培养人的工作,我们的工作对象具有多样性和复杂性。作为教师,必须对我们的工作对象有充分、全面的了解,才能准确、灵活地做好教育工作。学习教育学,可以帮助我们了解学生的发展阶段、个性特点,可以学到许多与学生打交道的方法和技巧。同样,学习教育学,可以帮助我们对教师职业有充分的理解和认识,增强从事教师职业的自信心和责任感。

第五,可以帮助我们学习与教育学相关的其他课程。

教育学作为教育学科中的基础课,它反映了教育活动中最一般、最基本的规律。教育学这门课程,是这个学科的入门课程,它对后续深入地学习教育学科的其他课程,起着奠基性的作用。高等院校的师范类专业的教育类课程除了教育学外,还有心理学、各科教学法、教育实习等。而随着教育分支学科的发展,现代教育学也逐渐形成了一个庞大的学科体系,我们把教育学学好,既为学习其他教育学科课程打下基础,又为开启其他教育类课程的大门寻找到一把钥匙。

三、本书的结构与使用

区别于其他教育学教材,本书在篇章结构上,进行了一些新的安排,在内容的呈现形式上,也做出了一些调整。因而,对于本书的使用,亦有一定的要求。

本书的内容主要由导言和三篇(十一章)组成。

导言部分主要提出了"今天我们为什么要做教师"这个问题,并且尝试着进行了回答。导言部分的内容还包括学习这门课的意义,以及对全书篇章结构的介绍和使用方法的说明。

第一篇的主题是"理解教育",由四章内容组成。一是"教育的历史基础",主要讲述中国教育的发展和西方教育的演进,以及中西教育的比较。二是"教育的哲学基础",讨论的内容有哲学与教育的基本关系、西方哲学思潮视野下的教育和马克思主义哲学对中国教育的指导。三是"教育的心理基础",主要分析人接受教育的必要性与可能性、个体的发展结构与教育、发展阶段与教育以及个体差异与教育。四是"教育的社会基础",主要阐述社会与教育的基本关系、知识创新与教育、文化传承与教育、社会公平与教育和法律保障与教育。

第二篇的主题是"走进学校",由五章内容构成。课程、教学、德育、班级建设、学校组织是学校区别于其他社会机构的基本要素,对这五个要素的把握,可以使学习者更好地走进学校的肌体内部,更全面地认识学校,更系统地把握学校方方面面的工作。

第三篇的主题是"关注教师",由两章内容组成。一是"教师专业发展概述",主要分析教师的基本素养、角色认知、发展阶段,以及教师的任用制度。二是"如何成为合格教师",主要内容包括通过学习培训、实践反思、参与研究等途径成长为合格教师。

编写本书的重要目的是拓展读者的眼界,启发读者的思维。在结构编排上,每一章都包括六个部分:(1)开篇案例,以此来引出这一章内容;(2)学习指导,主要提示这一章要掌握什么、要注意什么,以及学习的基本要求;(3)正文,这一章内容的主体部分;(4)本章小结,对正文部分进行回顾和提炼;(5)思考与实践,提供相关的练习题;(6)延伸阅读,推荐深入了解章节内容的有关读物。

本书在编写时,内容呈现力图体现问题感。在学习本书时,可以循着每章开篇案例、学习指导提出的问题,通读有关内容,寻找问题的答案,在思考、参与的过程中,来认知教育学的知识。正文部分,穿插有案例、专栏等内容,阅读这些内容,可以了解更多的相关信息,更好地打开思路。思考与实践部分,有思考题、案例分析、问题研讨、活动探究等不同类型的练习题,请认真阅读,结合所学内容,进行思考,开展讨论,在相互交流中进一步深化所学知识。延伸阅读部分,并不是简单地罗列参考资料,而是简要介绍与正文相关的内容。阅读这些推荐书目,对于拓展视野、深入掌握所学内容,是非常有帮助的。

本章小结

选择做教师有很多的理由。从教师职业特点来看,教师职业是崇高神圣、受人尊敬的职业;教师职业需要创造性的劳动,永远有成长的空间;教师职业有带薪的长假,等等。从个人的选择来看,我们觉得,与孩子们在一起是一件幸福的事;作为教师,能够促进学生的成长,甚至影响他们终身的发展;做教师有特别的回报,选择做教师会很有成就感。

学习这门课,加强教育学的理论素养,可以帮助我们认识教育事业的地位和作用,开阔从事教育活动的视野,掌握从事教育工作的实际技能,增强对教师职业的认识和信心,还可以帮助我们学习与教育学相关的其他课程。

想要使用好本书,就要清楚本书的基本结构。本书主要由理解教育、走进学校、关注教师三部分内容组成。"理解教育"部分,要求我们理解教育的历史基础、哲学基础、心理基础和社会基础。"走进学校"部分,带领我们前往学校去看课程、教学、德育、班级建设和学校组织。"关注教师"部分,提出了"如何成为合格教师"这个问题,并讲述教师专业发展的有关内容。

思考与实践

1. 1994 年春节联欢晚会上，宋祖英演唱了《长大后我就成了你》这首歌，宋祖英以委婉的歌声，用教室、黑板、粉笔、讲台等意象深情赞颂了人民教师无私奉献的情怀。这首歌也传遍神州大地，和"人类灵魂的工程师""春蚕到死丝方尽，蜡炬成灰泪始干"并列成为对教师的献礼。请聆听这首歌，思考一下教师的形象和作用。这首歌的歌词如下：

小时候我以为你很美丽，

领着一群小鸟飞来飞去。

小时候我以为你很神气，

说上一句话也惊天动地。

长大后我就成了你，

才知道那间教室，

放飞的是希望，

守巢的总是你。

长大后我就成了你，

才知道那块黑板，

写下的是真理，

擦去的是功利。

小时候我以为你很神秘，

让所有的难题成了乐趣。

小时候我以为你很有力，

你总喜欢把我们高高举起。

长大后我就成了你，

才知道那支粉笔，

画出的是彩虹，

洒下的是泪滴。

长大后我就成了你，

才知道那个讲台，

举起的是别人，

奉献的是自己。

2. 阅读下列材料，对为什么选择教师职业作出评论。

大学毕业以后，自以为游刃有余地开始了我的初中英语教学工作。每周 21 节英语课，居然也不觉得多么有压力。或许，其实自己并没有真正地进入"教师"这个角色，而只是技巧的传授，对一个英语专业毕业的教师来说，站在初中英语的课堂里，太简单、太轻松了。

直到那一天，一个毕业班的女孩子，递给我这样一张纸条："谢谢您用笑容给我们带来欢乐,我以后也要当一名教师。"那张字条,或许是当头棒喝。我一直以为的除了简单的技巧传授外,其实也有别的东西深深镌刻在孩子们的心头。孩子们有可能不记得我传授的英语知识,但我仍然有可能在影响我的学生?

那张纸条,让我开始相信教师的能力和价值;那张纸条,让我在之后一次征文中,以《年轻的女教师和〈年轻的女教师〉》一文获得了二等奖;也是在那张纸条之后,我开始慢慢潜心教师这个职业了吧?

(资料来源 沈丽新:《读〈我们为什么做教师〉随想》,《师道》2009 年第 2 期。)

3. 选择一部反映教师生活的影片,如《凤凰琴》《美丽的大脚》《乡村女教师》(苏联)、《春风化雨》(美国)、《放牛班的春天》(美国),集体收看,看后联系本章内容相互交流观后感。

4. 有人说教育既然是一项经验性的工作,主要靠实践锻炼就足以增长才干,适应工作要求,那么就用不着再专门学习教育学知识。试对这一观点进行评论。

5. 寻找几本名为《教育学》或《教育学基础》的教科书,对比本书与其他各书之间的章节、表现形式等方面的异同,并谈谈自己的看法和认识。

延伸阅读

1. (美)Sonia Nieto 主编、郑明莉译:《我们为什么做教师》,华东师范大学出版社 2008 年版。

2. 张康桥:《为什么做教师》,重庆大学出版社 2007 年版。

3. 朱永新:《中国古代思想家论教师的地位与作用》,《教育评论》1990 年第 6 期。

4. 王策三:《教学认识论》,北京师范大学出版社 2002 年版。

5. 李秉德:《教学论》,人民教育出版社 1991 年版。

Ⅰ 理解教育

第一章

教育的历史基础

一、中国教育的发展脉络

（一）远古至西周时期的教育

（二）春秋战国时期的教育及孔子的教育
思想

    1. 官学衰微，私学兴起

    2. 孔子的教育思想

（三）汉代封建教育制度的形成

（四）隋唐科举制的建立

（五）宋代的书院教育

（六）明清时期的教育

（七）中国教育的近代转折

    1. 教会学校

    2. 洋务教育

    3. 维新教育

    4. 清末新政下的教育改革

（八）民国初期的教育

    1. 新学制确立

    2. 蔡元培与陶行知

二、西方教育的发展历史

（一）西方古代教育

    1. 古希腊的教育

    2. 古罗马的教育

    3. 西欧中世纪的教育

（二）西方近代教育

    1. 文艺复兴与宗教改革时期的教育

    2. 近代资本主义教育制度的确立

    3. 19 世纪欧美国家的教育

（三）西方现代教育

三、中西教育传统的比较

（一）中国教育传统的特征

    1. 重人与社会的协调，强调社会本位

    2. 重人伦观念，强调师道尊严

    3. 重"入世（仕）"，强调学以致用

    4. 重人文精神，强调教育的世俗性

（二）西方教育传统的特征

    1. 重个性独立，强调个人本位

    2. 重主智主义，强调博雅教育

    3. 重宗教精神，强调宗教精神的养成

（三）中西教育传统的差异

开篇案例

美国的华裔母亲、耶鲁大学法学教授蔡美儿,出版了一本名叫《虎妈战歌》的书,旋即在美国引起轰动。尽管蔡美儿是在美国出生和成长的,但自从《虎妈战歌》在美国出版后,她还是成了很多人眼里"中国妈妈"的代表,并获得了一个响亮的称呼:"虎妈"。

美国媒体把她教育孩子的方式,冠以"中国式教育方法":严格管教两个女儿、盛怒之下骂女儿是垃圾、要求每科成绩拿 A、不准看电视、琴练不好就不准吃饭等。虎妈的案例轰动了美国教育界,并引起了各界关于中西教育的大讨论,关于中美教育方法的大讨论也达到高潮。很多人反对虎妈的严格教育,认为这种方式严重束缚了孩子的个性发展,压抑儿童的天性。另外一些人则同意虎妈的做法,认为虎妈对其子女施加压力,只不过是中国传统教育的基本体现,其最终目的还是为了子女未来具有更好的就业机会,他们理解作为国外华裔的生活压力。尽管蔡美儿写的不过是自己教育孩子真实的心路历程,但放在中美两国教育方式的对比的背景下,虎妈的故事却被赋予更多。

虎妈教育方式本身,引发了教育科学领域的重新认识和检讨,比如经常性的重复训练在学术与发现中的地位等。甚至跃出单纯的教育领域,成为一桩"比较文化"事件。"中国式的严厉"与"美国式的宽松",孰优孰劣?究竟中西方教育传统有什么差异呢?又是什么导致了这些差异?中西方教育有什么可以相互借鉴、相互融合的地方呢?那么,让我们翻开中西方教育的历史,一探究竟吧。

学习指导

1. 了解中西方文化的差异,认识中西方教育思想与教育制度的发展演变脉络及中西方教育传统的差异。

2. 了解中西方历史上一些重要教育家的教育思想,以及他们对中西方教育发展的影响。

3. 分析借鉴中西方教育传统,增进对我国教育现实的认识。

教育的发展具有继承性,今天的教育制度、教育理论和教育实践活动并不是建立在虚无之上的。教育作为培养人的社会活动,与人类社会一同产生,并随着人类社会的发展而不断演变成今天的发展状况。教育在其漫长的历史发展过程中,为我们留下了宝贵的遗产。了解教育发展的历史,对认识现在的教育大有助益。杜威在其名著《民主主义与教育》中曾对历史有着一段精彩的论述,为研究与学习历史提供了一个基本的原则:"过去的事情让它过去,不再是我们的事情了。如果过去的事情全都过去,一切完了,那么,对待过去只有一个合理的态度。让死亡埋葬它们的死者吧。但是,关于过去的知识是了解现在的钥匙。历史叙述过去,但是这个过去乃是现在的历史。"①

一、中国教育的发展脉络

(一)远古至西周时期的教育

远古时期,人类生活水平低下,自然界的各种危害使人类的生存面临巨大威胁,人类在与自然界做斗争的同时也逐渐积累了一些生存经验。为了使下一代能够快速适应生存环境,年长者就需要将自己所积累的生存经验传授给下一代,这就是教育最早的起源。我国古代文献中所记载的最早的学校"成均",被认为是传说中五帝时代的学校。"成均"原指原始氏族部落居住区内的广场。这类广场在夏秋收获季节用于堆积收获物,同时,也是全体氏族成员聚会、娱乐、举行某种规模较大的宗教祭祀活动,或向氏族成员宣告氏族首领教令及决定的场所。到后来,逐步演变为氏族部落内进行教育的场所。

西周是我国奴隶制社会高度发达的时期,不同等级的人的教育权利也完全不同。上层贵族子弟如王子、公卿之子可进入国学,国学中以礼、乐、射、御、书、数"六艺"为基本内容。礼乐是六艺教育的中心;射御是军事训练项目;书指文字;数指算法,是小学的主要课程。国学之外还有乡学。乡学是地方学校,按照地方行政区划为塾、庠、序、校等,是为一般奴隶主和部分庶族子弟设立的,而奴隶则不可能有受教育的权利。"学在官府"是西周教育的重要特点。奴隶制国家官府掌握学校教育需要的典籍、器具、教师、场所等,普通老百姓根本不可能具有这些教育资源,即"礼不下庶人"。

西周学校系统见图1.1。

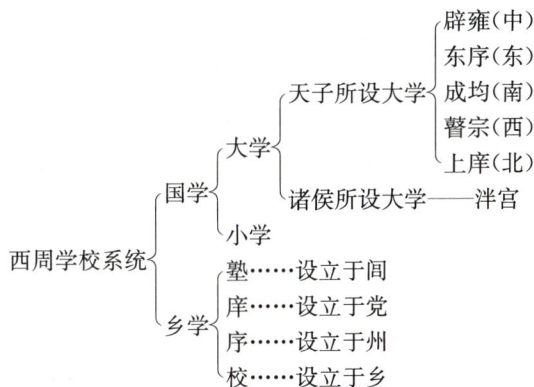

图 1.1 西周学校系统

① (美)杜威著,王承绪译:《民主主义与教育》,人民教育出版社1990年版,第227页。

（二）春秋战国时期的教育及孔子的教育思想

1. 官学衰微，私学兴起

西周时由于教育是"学在官府"，普通百姓没有进行办学的资源，所以也就没有条件进行私学活动。然而，**到春秋战国时期，学在官府的局面逐渐被打破，私学开始兴起。**

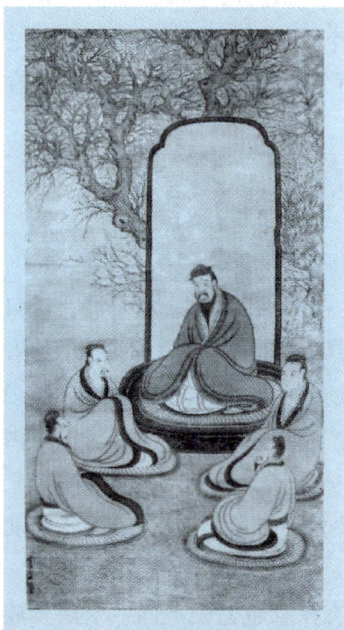

私学讲学图

私学的兴起是由官学的衰微、学术下移和士阶层的兴起而产生的。春秋战国时期，周王室衰微，各地诸侯日益兴起，连年征战，统治者特别关心维护统治地位，无暇顾及教育，国学和乡学都日益废弛。贵族原来垄断和控制文化教育，现在文化职官面对现实各找出路，被迫流落四方，文化学术也由此向社会下层扩散，下移于民间。

学术的不断下移，形成了一种新的群体——士阶层。"士"主要有两种，一种是旧贵族在斗争中垮台，沦落为士，如管仲。管仲虽少时贫困，但原系姬姓贵族，由周室苗裔没落为士。另外一种是庶人接触到学术文化，上升为"士"，如墨子的弟子大都是从事劳役的小手工业者，还有纵横家苏秦、张仪，法家李斯等都是出身微贱之人。春秋战国，养士用士之风盛行，著名的有"战国四公子"，齐之孟尝君，赵之平原君，魏之信陵君，楚之春申君都"食客数千人"。

春秋时期，各种企图解决现实社会问题的思想风起云涌，形成了很多家私学流派，历史上称为"百家争鸣"。在各家私学流派中，影响最大的是儒、墨、道、法四家。百家争鸣，教育问题始终是一个中心问题，各派各家不仅是一个个教育团体，而且在认识和说明自然与社会问题时，都意识到教育在其中的重要地位，因此，百家争鸣也意味着教育思想的争鸣、教育理论的发展。其中，儒家教育思想对我国古代封建社会影响最为深远。

2. 孔子的教育思想

这一时期，不得不提到的重要人物是孔子，这位距今2500余年的人物的确值得尊敬。**他首创私学，创立儒家学派，其思想统治中国达两千年之久，他是世界公认的伟大教育家，是我国第一个将毕生精力和心血奉献给教育事业的人。**

孔子

孔子，名丘，字仲尼，春秋鲁国人，3 岁丧父，17 岁丧母，其出身贫贱。孔子自述"吾十有五而志于学"，努力学习传统的礼、乐、射、御、书、数等知识，博通多能。大约在 30 岁左右，正式招生办学，开始了教育生涯，此后一生从未间断，周游列国之时也是随时随地施教，他的私学也成为流动学校。孔子一生爱护学生，师生感情深厚，以致孔子 73 岁病逝的时候，"弟子皆服三年"①，子贡在孔子墓边筑简陋的房子，守护了六年之久。**孔子的思想学说和事迹，弟子们各有记录，后来汇编成一本书，名为《论语》。**这是研究孔子教育思想最重要的资料。

孔子认为教育对社会发展有重要作用，是立国治国的三大要素之一。**"庶、富、教"是《论语》中孔子关于教育作用的典型论述。**"子适卫，冉有仆。子曰：'庶矣哉！'冉有曰：'既庶矣，又何加焉？'曰：'富之。'曰：'既富矣，又何加焉？'曰：'教之。'"通过这段对话可以看出，孔子认为要想治理好国家，首先要发展生产，提高人民生活，让人民富裕起来，然后还要实施教化，使整个社会形成一种良好的风俗习惯。教育能在社会上发挥重要作用，是建立在教育对人的发展有重要作用的认识基础上的。**孔子首次提出"性相近也，习相远也"，**认为人的本性即先天素质是接近的，不同的人之所以会有差别，是后天环境习染不同所导致的。教育是一种特殊的环境，对人的身心发展具有重要影响。孔子提出这一理论，是人类认识史上的一个突破，成为"人人有可能受教育、人人应当受教育"的理论依据。基于此，孔子在教育对象上提出"有教无类"的主张，认为不论种族、贵贱、贫富都可以入学读书。这一主张扩大了受教育的范围，满足了一般民众受教育的愿望。

孔子认为教育目的是培养志道和弘道的君子，做官和学习要紧密结合起来，有官职的人应该是受过教育并继续学习的人，受过教育的人应该得到一定的官职，**即"仕而优则学，学而优则仕"。**在教育内容上，孔子继承了当时西周"六艺"兼备的教育传统，强调六艺教育，即《诗》、《书》、《礼》、《乐》、《易》、《春秋》。

孔子提出在教学过程中要根据学生特点采取因人而异的教育方法。启发诱导和因材施教是孔子教育思想中非常重要的教学原则，他提出的"不愤不启，不悱不发，举一隅不以三隅反，则不复也"②是对启发诱导原则很好的概括，这也是后来"举一反三"成语的由来。

专栏 1.1

因材施教

《论语·先进》中有一则这样的事例，子路问："闻斯行诸？"子曰："有父兄在，如之何其闻斯行之？"冉有问："闻斯行诸？"子曰："闻斯行之。"公西华曰："由也问闻斯行诸，子曰，'有父兄在'；求也问闻斯行诸，子曰'闻斯行之'。赤也惑，敢问。"子曰："求也退，故进之；由也兼人，故退之。"子路和冉有都问孔子，听到了就去行动吗？孔子却根据他们二人的性格特点给出了不同的回答，说明孔子已经熟练使用因材施教的教育方法。

孔子很重视德育，提出了"仁德"的德育中心内容。但是，在提倡礼义的同时，孔子并不完全否定欲和利，他主张追求利益要合乎道义，"富与贵，是人之所欲也，不以其道得之，不处也。贫与贱，是人之所恶也，不以其道得之，不去也"③，向往"安贫乐道"的精神境界。孔子自身是个优秀的

---

① 《史记·孔子世家》。
② 《论语·述而》。
③ 《论语·里仁》。

老师,对教师的品质有深入的感悟,他提出教师首先应该热爱学生,不断进步充实自己,以身作则,树立良好的品行,潜移默化地影响学生。

孔子是世界公认的杰出思想家和教育家,他留下的丰富教育思想遗产,成为两千多年中国封建教育思想的渊源。

董仲舒

(三)汉代封建教育制度的形成

公元前 221 年,秦始皇嬴政统一中国。为巩固统治、防止异端思想,秦很少注重文教,所以秦 15 年内没有建立起完整的学校制度。汉初,为了"与民休息"的需要,统治阶级吸收黄老之术,诸子百家的思想又活跃了起来。汉武帝时,**董仲舒提出"独尊儒术"的建议,**主张由思想文化的统一来达到政治上的统一,这一思想得到了汉武帝的认可并予以推行,在思想文化领域"罢黜百家,独尊儒术"的文教政策开始形成。儒家思想被确认为正统思想,儒家经典被视为"经",学校教育以经学为教材,全国实行"尊孔读经"。这在当时社会上形成了尊儒尚孔的社会风尚,也即"黄金满赢,不如遗子一经"①。自此,**儒家思想成为封建国家的统一思想。**

汉代学校教育制度可分为两大系统:官学和私学。官学又分为中央官学和地方官学,私学按其程度与学习内容分为经馆与书馆两类。太学是官学中最高级别的学校,太学中的正式教师是博士,博士以教学为主,也为朝廷提供咨询和建议,虽然不掌握具体的行政权力,但地位十分优越。太学的学生称为博士弟子或太学生,由各地选送。太学主要学习儒家经典,教学形式有集体上课也有师生小组讨论。太学生学完毕业后多入仕为官。地方官学主要是郡国学。郡国学一方面为本郡培养官吏,为朝廷推荐优秀学生,另一方面郡国学能够对本地人民实施教化。私学中的经馆主要是学习儒家经典,进行伦理道德思想的教育,书馆主要是进行书法和识字教育。

(四)隋唐科举制的建立

汉代的选才依靠"察举制",令各地推举有治国才能的贤人,朝廷按照德行、学问、法令、谋略四个方面选取人才。到魏晋时期,察举制已完全被世家大族所掌握,新的选士制度逐步出现,即"九品中正制"。九品中正制主要是在各州郡设立中正官负责巡察当地贤人的德行和才能,并给予评定等级,中央根据等级进行授官。九品中正制实施初期确实起到了很好的选拔人才的作用,但随着时间的推移,这一选士制度逐渐成为氏族豪门操纵政权的工具。

隋唐时期,为建立中央集权国家的需要,中央和地方各级行政机构需要数量众多的管理人才,而人才分布于全国各地,因此,要面向全国,用文化考试的办法加以鉴别选拔。这样,**朝廷废弃了魏晋的"九品中正制",建立科举选官制度。因为是采取分科取士,所以称为科举。**隋炀帝

---

① 《汉书·韦贤传》。

大业二年（606年）始设进士科，这标志着科举制创立。到了唐代，经进一步发展，科举选士制已比较完备。唐科举考试的科目最为经常举行的是秀才、明经、进士、明法、明字、明算等六科。明经就是精通经学，要求考试者熟悉经书，掌握经义。进士科不但要求考生诗赋好、了解经义，而且重视策问，考查学生思想义理。自唐高宗后，进士科成为人们最重视的科目，进士仕途更优，录取更为艰难。而明法、明算、明字等科，就是精通律令、算法和书法等，不为人重视。

科举考试图

科举考试的主要内容是儒家经典，还有应用文的写作。唐代科举的考试方法，主要有帖经、墨义（口义）、策问、诗赋四种。帖经是将经书上某行字去除，令考试者填写，与填空题类似；墨义是关于经文内容的小问答题，类似今天的简答题；策问是关于时事政治的系列问答题，类似论述题；诗赋是指命题创作诗赋。

科举制对中国古代的影响是巨大的，通过科举可以做官，儒家提倡的"学而优则仕"在科举中能够得以实现。它突破了氏族豪门对政权的垄断，适应了时代的需要，使原来封闭的政权向庶族士人开放，扩大了隋唐政权的基础。此后，历代读书人以通过科举谋求仕途为人生目标，中国社会中形成了以科举为中心的"士大夫"阶层。科举制度被隋唐之后的各朝代所采用，延续了近1300年，对中国政治、经济、文化产生了重大影响。

科举重点考察儒家经典的掌握情况，这就要求学校教育主要进行儒家经典的教授，这使选拔人才和培养人才的标准和内容得到了统一。但是，科举又使学校成为其附庸，限制和腐蚀了学校教育。因为科举极其重视儒家经典，考试方式呆板僵化，造成学校教育内容死板空洞。科举制将读书、应考和做官三者紧密联系在一起，往往形成士人只为做官，学校只为名利的局面，严重腐蚀知识分子的思想。科举考试中出现的舞弊、请托、贿赂等风气严重毒害知识分子的精神风貌，败坏社会风气。

（五）宋代的书院教育

朱熹

宋朝以"兴文教，抑武事"为国策，十分重视发展文教事业，宋初先后掀起三次大规模的兴学运动，建立了完备的学校系统。宋朝教育制度的一个重要特点就是出现了书院教育。宋朝把尊孔尚儒作为国家的指导思想，同时兼重佛道。儒学、佛教和道教三者相互补充、相互借鉴，直接促成理学的出现，理学的代表人物是朱熹。

我国自古就有源远悠长的私学传统，汉以后一直与封建官学并行发展。当社会动乱官学无法发展之时，私学就以顽强的生命力生存下来，甚至会有一定程度的发展。书院自唐开始出现，主要是供个人读书治学的地方，受佛教禅林讲学制度影响，书院大多设

白鹿洞书院

立在名胜之处。书院在宋时达到鼎盛,遍及全国很多地方,并逐渐形成了较为完整的书院教育体系。**当时著名的书院主要有白鹿洞书院、岳麓书院等。**

书院是我国古代特有的一种教学组织形式。**书院实施开放式教学,盛行讲会制度,倡导百家争鸣。**书院中既可以传授知识又可以进行研究,学生以自学为主,提倡道德和学问并进。书院的出现弥补了官学的不足,其自由讲学、注重讨论的学术风气促进了当时理学的发展和学术文化的繁荣,如南宋的理学家往往以一所或几所书院作为他们讲学的场所,讲论和传播他们的思想,从而形成了不同的流派。

(六) 明清时期的教育

明清统治者在文化教育方面极力推崇程朱理学,将理学作为官方的统治思想,尤其到了清代,更为重视发展文化教育事业对治国理政的作用。清代立国之初,就制定了"兴文教、崇经术、以开太平"的文教政策。**明清时期学校教育得到较大发展,建立了较为完备的中央官学和地方官学体系,**明清官学在中央有国子监,在地方有府州县学,在乡村有社学。清代学塾比较发达,或是有钱人聘请教师在家教授子女,或是教师在家设馆招收学生。在清朝,统治者积极发展教育事业的同时,也采取各种措施,制定种种学规,加强对学校的管理和控制,并对士人实行笼络和高压手段,进行严厉钳制和镇压,屡兴文字狱,残酷迫害知识分子。

清代学塾

科举制在明清时期已开始走向没落，科举程式极为复杂，内容更加教条。明清科考内容主要是四书五经，科考中必须做死板僵化的八股文。明清时期书院逐渐依附于官府，学校教育多有名无实。学校死板地进行三纲五常的教育，教学方法僵化。学校完全是科举的准备场所，只看重八股文的训练。读书人只知道追逐功名利禄，完全丢弃学问。科场也成为投机取巧、营私舞弊的高发地区。

面对封建专制主义教育的日益腐败，17—18世纪中国社会出现了一批启蒙思想家如黄宗羲、顾炎武、王夫之等，他们对官方统治思想理学提出尖锐批判，要求学校成为评议国事的机构，提倡进行科学技术学习的实学，培养经世致用的实用人才。他们这种具有近代色彩的民主教育思想，对当时的教育，无疑是吹进了一股清新之风，令人耳目一新，而且对中国近代资产阶级教育思想也产生了积极的启蒙作用。

（七）中国教育的近代转折

1840年爆发的鸦片战争开始了中华民族一段屈辱抗争的历史，也随之揭开了中国教育近代化的序幕。国门被强迫打开，封建的传统教育面临来自西方的挑战，受到强烈冲击，已再难发挥维护中国社会生存发展的作用。因此，对传统教育进行改革，对外开放，向西方学习的思想开始萌芽并得到发展，最后，这种思想汇聚成一股涌动不止的思潮，推动中国教育的近代化变革。

1. 教会学校

鸦片战争后，西方侵略者靠坚船利炮打开中国大门，凭借不平等条约，大批传教士也开始涌入中国。为传播教义，他们开办了"教会学校"。教会学校最初都是在沿海的通商口岸，规模较小，多是小学，免费招收贫苦人家的孩子。第二次鸦片战争后，教会学校迅速发展和扩张，教会中学、大学开始出现，到20世纪初，教会学校已开始吸收新兴资产阶级家庭和富裕家庭的子弟，收取较高费用。当时较为著名的教会学校有上海徐汇公学、东吴大学、金陵大学、圣约翰大学等。教会学校是帝国主义实施的殖民主义教育，但客观上，这些学校传播了西学，促进了中国传统教育向近代教育的转化。

教会学校

京师同文馆

2. 洋务教育

清末由于列强入侵和国内社会矛盾的激化，为强国保种，先后兴起了洋务运动、维新运动和资产阶级革命运动。**19世纪60—90年代，洋务派为向西方学习科学技术以"自强"，在全国创办外国语、军事、技术实业等类型的洋务学堂。**这些学堂本着"中体西用"原则，以传统经史和伦理道德为主体，然后再辅之以西方科学技术的教育。**与此同时，洋务派还组织实施了几次较大规模的留学教育计划，向海外派遣留学生。**1872年第一批幼童赴美留学，其中就有有名的唐绍仪、詹天佑等。洋务教育活动受"中体西用"指导思想的制约，其成效有限，但启动了中国传统教育向近代教育的转化，冲击了封建教育体制，传播了近代资本主义文化和教育观念。

3. 维新教育

甲午战争后，随着民族危机的日益严重，以康有为、梁启超为首的资产阶级改良派登上历史舞台，发动了一场声势浩大的维新变法运动，即"戊戌变法"。**维新运动中，改良派知识分子提出了改革科举、系统学习西学、建立新式学校制度、发展女子教育、普及全民教育的设想，**隐约勾画出了近代教育的轮廓，这些设想部分体现在改革措施中，如废除八股考试，改革科举制度，开办京师大学堂，普遍设立新式学堂等。由于顽固势力的阻挠，戊戌变法运动最终以失败而告终，教育改革措施也遭到抵制，但改革却由此激荡起了一股思想解放的潮流，对封建传统教育产生了极大冲击。

康有为

梁启超

4. 清末新政下的教育改革

戊戌变法虽然失败，但教育近代化的趋势已不可逆转。1900年，清政府为维护其摇摇欲坠的统治，决定颁行新政。**新政废除了1300多年的科举制，依照西方近代三级教育模式，颁行规范全国的学制系统，即"癸卯学制"**（见图1.2）；设置了与近代教育相匹配的各级教育行政管理机构，提出了普及全民教育的设想。新政后，新式学堂数量迅速增加，留学教育高潮兴起，西方近代教育观念开始大量引入。**中国传统教育制度开始解体，近代教育在形态上得以确立。**

年学
龄年

五年 通儒院

三年至四年 分科大学及大学选科

27…21
20
19
24…18

三年 高等学堂　大学预科　优级师范学堂　实业教员讲习所　进士馆　高等农工商实业学堂三年 预科一年　译学馆五年

17
16
21…15

五年 中学堂　初级师范学堂　中等农工商实业学堂 预科一年

14
13
12
11
16…10

四年 高等小学堂　三年普通实业补习学堂　初等农工商实业学堂三年　半年至四年艺徒学堂

9
8
7
12…6

五年 初等小学堂

5
4
3
2
7…1

蒙养院

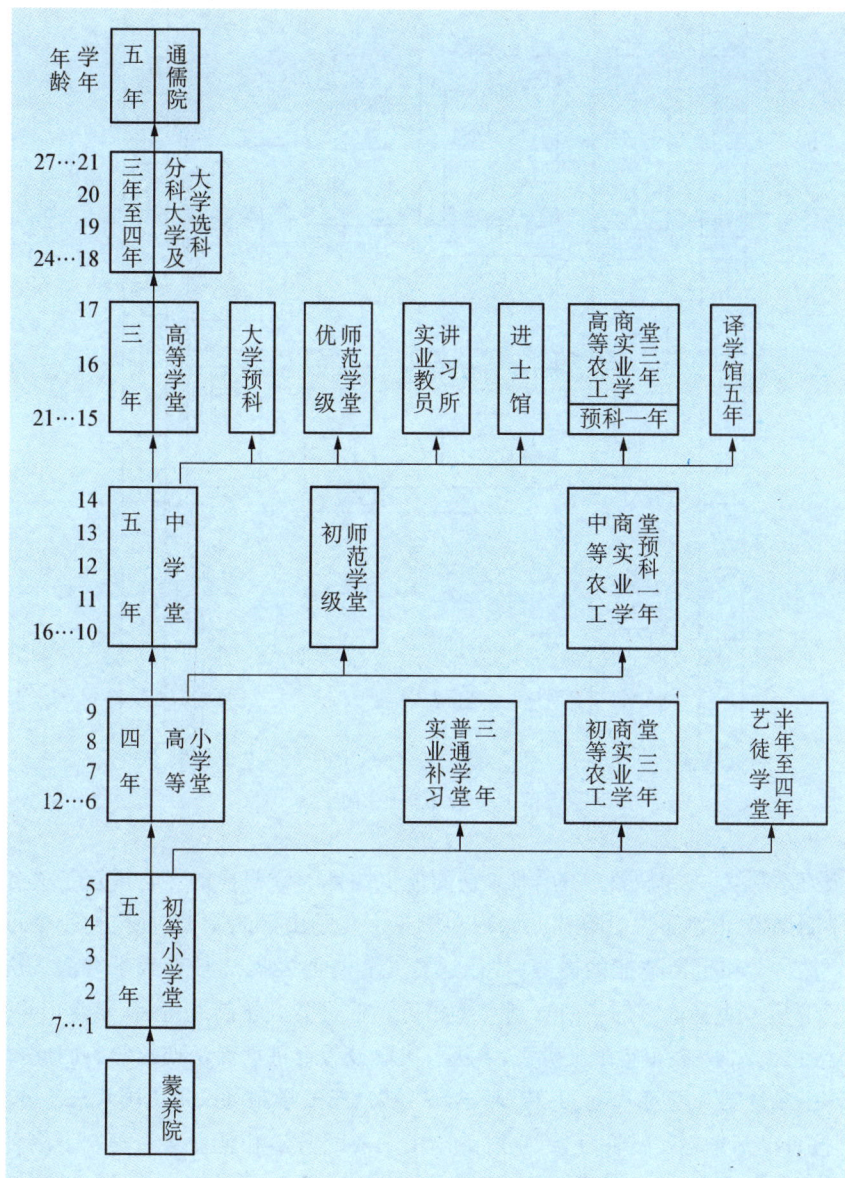

图 1.2　癸卯学制系统图

（八）民国初期的教育

1. 新学制确立

1912 年 1 月 1 日，中华民国南京临时政府成立，之后立即进行教育改革，把原先的忠君、尊孔、读经彻底废止，要求教育应该致力于德、智、体、美和谐发展。在 1912—1913 年，教育部颁行体现资产阶级教育思想的"壬子学制"和"癸丑学制"。其中，癸丑学制是对壬子学制的补充，史称"壬子癸丑学制"，见图 1.3。

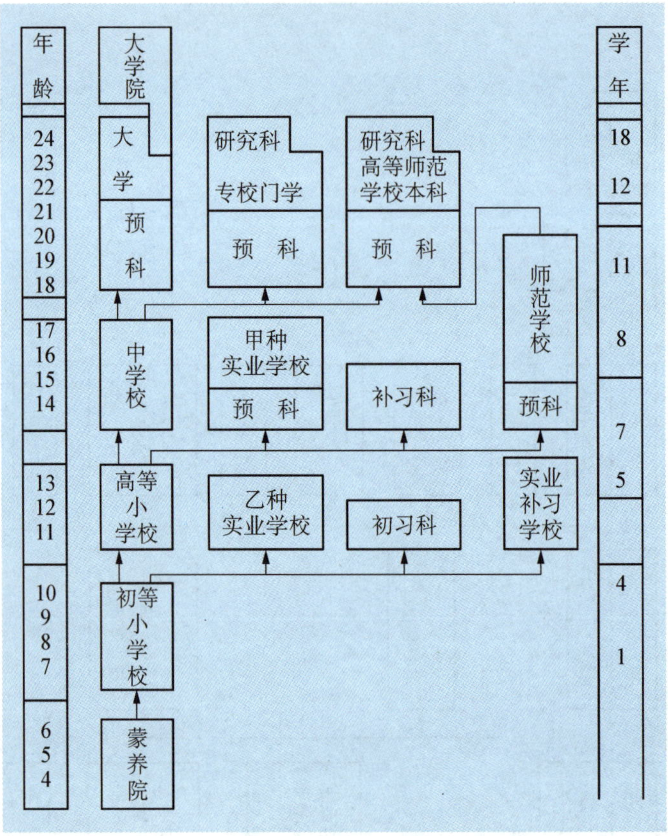

图 1.3　壬子癸丑学制图

　　"壬子癸丑学制"是一单轨性质的学制,它的进步性是十分明显的。它规定了义务教育的年限,缩短了学制期限,取消了忠君尊孔的课程和毕业生奖励出身的制度,规定初小就可以男女同学,增加了自然科学和生活技能的内容,提倡适合儿童身心发展的教育教学方法。这一学制与18、19世纪西方资本主义国家创制的学制大体相仿。壬子癸丑学制颁行后,暴露出很多弊端,如初等教育年限过长,中等教育年限又过短,各级各类学校教育进度无法衔接等。因此,**1922年,教育部又颁行"壬戌学制"(见图1.4),又称"新学制"或"六三三学制"(采用美国六三三分段法)**。

　　新学制按青少年身心发展阶段为划分标准,中学兼顾升学和就业。新学制设多种门类的学校,具有了弹性和多样化,适应了国情需要,有利于教育的普及。它的出现标志着中国近代以来学制体系的基本完成。

2. 蔡元培与陶行知

　　民国成立后,一批经受资产阶级文化洗礼的进步知识分子开始投身到教育改革浪潮之中,在教育现代化进程中发挥了重要作用。这里简单介绍两位教育家。

　　蔡元培(1868—1940年),字鹤卿,号子民,浙江绍兴山阴人。1912年,南京临时国民政府成立,蔡元培任南京临时政府教育总长,着手建立资产阶级教育体系。**并从"养成共和国民健全人格"的观点出发,提出军国民教育、实利主义教育、公民道德教育、世界观教育和美感教育"五育"并举的教育思想**,成为制定民国元年教育方针的理论基础。1916年,蔡元培任北京大学校长,对

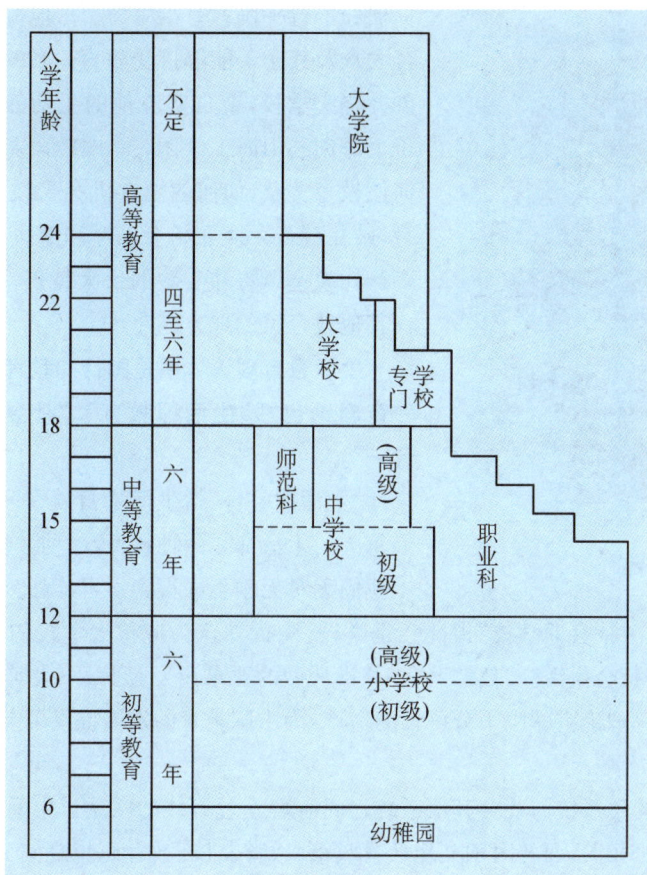

图 1.4　壬戌学制图

北大进行了大刀阔斧的改革，推行"思想自由、兼容并包"的办学原则，调整科系结构，实行教授治校，使北大快速发展，由一所痼弊缠绵的旧式学堂一变为生机勃勃的近代新型大学。1922 年，蔡元培发表《教育独立议》，提出其教育独立思想，即教育应完全交由教育家办理，保持独立于政党，独立于宗教。

蔡元培对民国教育的大政方针和宏观布局都有重大影响。他的教育思想贯穿着对民主、科学、自由、个性的追求，充满了爱国主义激情。他在教育实践中表现出不屈从压力、锐意改革的品质，凸现了他作为杰出教育改革家的远大理想和个性品质。在学人心目中的精神形象至今仍光芒不减。

陶行知（1891—1946 年），徽州歙县人，是中国现代杰出的人民教育家和坚定的民主战士，他毕生从事教育，探索民族教育的新路，而其生活教育思想则贯穿始终。陶行知少时曾就学

蔡元培

于旧式塾馆，之后接受西方教育。1914 年，陶行知以优异成绩赴美留学，在美国哥伦比亚大学攻读教育，期间得到著名教授杜威的赏识，1917 年毕业回国，开始向国人介绍实用主义教育理论，并

陶行知

提倡和推行平民教育、乡村教育,他奋斗的目标就是使劳苦大众及其子弟能够接受教育。1927年,陶行知于南京创办晓庄学校,亲自实验他的生活教育理论。1932年,于上海创办山海工学团,提出工学结合的教育方式。如何使教育普及,如何使没有机会受教育的人可以得到教育,站在劳苦大众立场上思考和解决他们的教育问题是陶行知教育思想和实践的一大特点,也是他区别于同时代其他教育家的地方。

生活教育理论体系是陶行知教育思想的核心。生活教育理论包括"生活即教育"、"社会即学校"、"教学做合一"。

"生活即教育"指生活本身就是一种特殊的教育,我们每天的生活都是一种教育,这种教育一直到老死,生活中我们无时无刻不在得到学习,因此,他主张教育应该和学生生活紧密联系。"社会即学校"指社会是学校,陶行知认为应扩大学校的范围、对象、教学内容,使学校紧密联系社会生活。"教学做合一"指从做的要求出发,到做中去实践。陶行知的教育理论是我国民族教育理论宝库中十分可贵的遗产,为中国教育的发展提供了宝贵的思想财富。

教育作为社会的子系统与社会其他系统之间有着千丝万缕的联系。中国古代教育与当时社会、政治、经济等紧密相关,而各时期文化教育政策、教育制度、教育思想之间又相互作用,共同组成了中国教育史的丰富图景。在中国古代文化教育的发展历程中,儒家思想占有重要地位。从汉代实行独尊儒术政策,儒学开始占据统治地位。唐宋重振儒术,儒家思想进一步发展产生理学,儒家思想影响着整个封建社会的思想文化。从教育制度上说,从西周到清末,封建教育制度经历了形成、发展、完备、腐败的过程。清末至民国,资产阶级教育学说不断兴起,促进了近代教育的产生发展。在漫长的中国历史中,涌现出许许多多教育思想家,他们针对所处时代的文化教育问题,提出自己的主张,开展教育活动,促进中国教育不断向前发展。

二、西方教育的发展历史

谈到西方教育,实际上有一个对"西方"如何界定的问题,这里所讲的西方主要是指欧美大陆,所指的**西方教育史主要是考察欧美地区教育的发展脉络。**

(一) 西方古代教育

1. 古希腊的教育

当东方古老的文明形成之后,在西方的地中海东部地区,新的文明也开始熠熠生辉,这就是爱琴文明。公元前2000年左右,多瑙河下游的希腊民族向南迁徙,在爱琴文明的基础上,建立了新的文明,形成了现代西方文明的摇篮——古代希腊。**希腊在氏族向奴隶制的转变过程中形成了城邦,在众多城邦中,最强大、影响最深远、最有代表性的是斯巴达和雅典。**以雅典为代表的希腊文化在后世欧洲的发展史上打下了深刻的烙印,而斯巴达则代表着另一种独特的文化教育类型。

斯巴达的教育完全由国家控制,其教育目的完全取决于统治阶级的政治、军事需要。斯巴达人实行严格的体格检查制度,只有健康的新生儿才得以抚养,身体羸弱有残疾的则被弃之荒野。儿童7岁进入国家教育机构,开始军营生活,造就全心全意为国家的战士。在斯巴达,文化教育和科学教育被认为是无意义的事情。与斯巴达一样,雅典也高度重视教育。但不同的是,雅典的教育有更多智育的成分,注重身心和谐发展。教育机构有文法学校、弦琴学校和体操学校等。古希腊教育,尤其是雅典教育,在西方教育史上,占有重要的一席之地,其倡导的身心和谐发展的自由教育理念,以及多样化的教育制度,都是世界教育史上的重要遗产。

众所周知,苏格拉底、柏拉图和亚里士多德是著名的希腊三哲,也是著名的教育家,他们毕生从事教育工作,其教育思想的影响力绵延两千多年的西方。苏格拉底(Socrates,公元前469—前399年)出生于孔子死后的十年,他在教育上也主张"有教无类",最擅长的是"问答法",又叫产婆术,被视为后世西方启发式教学方法的渊源。柏拉图(Plato,公元前427—前347年)是苏格拉底的学生,其《理想国》是西方教育思想史上三大里程碑之一。在《理想国》中,他系统阐述了自己的教育思想,提出了教育与政治的结合,高度评价了教育塑造人的作用,并将"四艺"①列入教学科目。他是"寓教于乐"的最早提倡者,也是第一个提出要以考试作为选拔人才的手段,他注重早期教育和男女教育平等。虽然《理想国》中也存在消极的因素,但它对西方教育理论的巨大影响是毋庸置疑的。亚里士多德

亚里士多德

(Aristotle,公元前384—前322年)是古希腊哲学的集大成者,也是一位百科全书式的思想家。他认为人的意识如同一块白板,知识是从外部进入的,教育在人的形成中起着巨大作用。他首次提出了教育适应自然的思想,并据此做了划分儿童教育年龄阶段的尝试,论证了以美育为重点的德、智、体和谐发展的原则。总之,苏格拉底、柏拉图和亚里士多德的教育思想既是对古希腊教育思想的总结,又是此后西方教育思想发展的源头。

2. 古罗马的教育

继古希腊之后,以地中海亚平宁半岛为主的古罗马是另一个对西方教育史具有重要影响的地区。古罗马在吸收消化古希腊文化教育的基础上,进一步创造传播了自身的文化教育。

古罗马时期的学校教育制度既保留了罗马自身的文化特点,同时吸收了古希腊文化教育的成就。但随着版图的扩大,民主共和政体渐渐崩塌。公元前30年,古罗马进入奴隶制帝国时期。帝国时期,古罗马教育成为国家的事业,学校成为培养各级官吏、文士和顺民的机关,帝国皇帝一方面提高教师的地位和待遇,改教师的私人选聘为国家委派,另一方面加强国家对教师和学校的控制与监督。

帝国后期,基督教作为世俗文化和教育的对立面出现了,渐渐产生了基督教文化教育系统,

---

① 四艺:算术、几何、天文、音乐理论。

最终在古罗马形成了大范围的流行。基督教最早的教育对象是成人，对入教者进行基本教义的教育，逐步扩展成初级教义学校。而为年轻的基督教学者提供深入研究基督教理论的场所，则变为了高级教义学校。在儿童教育方面，教会随着自身势力的增长，也开设了堂区学校和唱歌学校等。西方的文化教育从此留下了基督教文化的深刻烙印。

在古罗马的历史上，也涌现了许多著名的教育家。其中最有影响的是西塞罗、昆体良和奥古斯丁。西塞罗是共和末期的教育家，提出并阐述了培养雄辩家的教育思想；昆体良是帝国前期的教育家，论述了实现这一教育理想所需要的各级教育，尤其论述了教学论思想。两人的思想一脉相承又有所差异，他们的思想指导着古罗马教育的实践。而奥古斯丁是基督教教父哲学的集大成者，其教育哲学成为西欧中世纪教会教育的理论基础，影响深远。

3. 西欧中世纪的教育

公元 476 年，日耳曼人与西罗马的奴隶联合，推翻了西罗马帝国。在欧洲历史上，这标志着以希腊、罗马文明为顶点的奴隶制社会的终结，封建时代来临了。自 5 世纪末至 14 世纪文艺复兴之前，都被称为中世纪，也被称为欧洲文明的"黑暗时期"。在中世纪早期，古希腊、罗马的灿烂文化为人遗弃，西欧的文化教育水准大幅度下降。**西欧中世纪教育带有明显的封建等级性以及浓厚的宗教色彩，**"其结果正如一切原始发展阶段中的情形一样，僧侣们获得了知识教育的垄断地位，因而教育本身也渗透了神学的性质"[①]。

西欧中世纪的教会学校

西欧中世纪主要是基督教教育和封建领主阶层的等级教育，特别是宗教教育成为本时期教育的主体。教育被教会垄断，教师由教会委任，教育内容以神学为主，异教学校被取缔，世俗文化教育成为神学的陪衬。教会举办的学校，大体上有僧院学校、主教学校和教区学校三类。

西欧中世纪的世俗教育主要有宫廷教育和骑士教育。宫廷教育指由封建主倡导的、以宫廷为中心的封建主世俗教育。骑士教育则源于西欧封建社会的等级制度。教育目的在于培养具有军事征战能力、能保卫封建君主、具备骑士品质的封建卫士。骑士教育并无专设的教育机构，也没有专职的教育人员，而是在骑士生活和社交活动中进行的。

（二）西方近代教育

1. 文艺复兴与宗教改革时期的教育

公元 14—17 世纪，一场盛大的文化革命运动席卷欧洲。文艺复兴的火苗从意大利开始燎原，整个西欧的意识形态都受到了人文主义新文化的洗礼，随后点燃了北欧的宗教改革运动，而天主教会也不甘示弱，发动了反宗教改革。**在历时 300 年的文艺复兴时期，人文主义教育、新教教育、**

---

① 恩格斯：《德国农民战争》，《马克思恩格斯全集》（第七卷），人民出版社 1959 年版，第 400 页。

天主教教育三种教育势力相互交织,错综复杂,对后世教育的发展不论从性质上还是程度上都产生了不可磨灭的影响。

(1) 人文主义教育。文艺复兴运动所倡导的新文化被称为人文主义文化,人文主义赞扬了人的价值和尊严,宣扬人的思想解放和个性自由,肯定现世生活的价值和尘世的享乐,提倡学术尊崇理性——人文主义价值观指导着人文主义教育的理论与实践。人文主义教育的目的已不再是培养神职人员,而是开始注重身心的和谐发展,并以此为教育目的;在课程设置上,古典文学、数学和自然科学开始成为重要课程,提倡人道主义、乐观主义、积极向上、自由平等的新道德观,尊重儿童和反对体罚成为一些教育家的强烈要求,人文主义教育世俗性增强,学科范围更加扩展,更贴近生活,更富有近现代精神。它一扫中世纪教育的阴霾,展露出欧洲近代教育的新曙光。

(2) 新教教育。16世纪初,由于文艺复兴的影响,也由于罗马教会的腐败,在欧洲各国普遍爆发了宗教改革运动,改革的结果是产生了脱离天主教的各种新教教派。新教各教派都注重教育的改革,因而客观上促进了这一时期教育的发展。

新教各派在教义上都蕴含着一种资本主义精神,均以兴办学校作为重要的传教手段,致力于学校教育的发展和教育思想的阐述,注重民众教育的普及,用民族语作为教学语言,改进学校组织形式,推进班级授课制,从而大力推动了学校教育和民众教育的发展。其中,德国宗教改革运动领导人和教育家马丁·路德,首次提出了教育权由国家而不是教会掌握、由国家推行普及义务教育的思想,对后世影响甚大,人称为"平民学校之父"。

马丁·路德

(3) 天主教教育。在中世纪漫长的发展过程中,天主教会积弊累深,最终触发了强有力的宗教改革的浪潮。随着新教势力的不断壮大和天主教会危机的日益加深,罗马教廷于16世纪中叶开始采取措施遏制宗教改革运动,即"反宗教改革运动"。其中的先锋和中坚力量便是耶稣会。耶稣会把兴办教育视为实现其政治和宗教目的的重要手段,它集中力量于中等和高等教育而不重视初等教育。起初,利用其完备的组织管理、高水平的师资和切实可行的教学方法,耶稣会的教育势力一度扩张。但是,企图重建天主教会对欧洲统治的目的本身是与历史潮流相悖的,耶稣会最终受到了各国驱逐。

人文主义教育、新教教育、天主教教育,既相互冲突,又彼此吸收,反映了文艺复兴时期教育史的斗争与矛盾,三种教育势力的冲突与融合,为近代西方教育的格局奠定了基调。

2. 近代资本主义教育制度的确立

自1640年英国爆发资产阶级革命开始,到1789年法国资产阶级革命以前的100多年,是欧洲资本主义上升、资产阶级革命酝酿发动的时期。

和资本主义的政治经济发展相适应,近代教育制度在西方各国逐步确立起来。首先,各国教育领导体制开始建立。由于历史条件和文化背景的不同,西方各国形成了具有本国特点的教育领导体制。其次,国民教育体系在西方各国开始建立。各国的世俗权力机构开始考虑普通劳动者子弟的教育问题,以满足工业发展的新需要和解决经济发展中出现的新的社会问题,一些国家

法国大革命

出现了公立小学。当然,中等和高等教育仍属于精英教育,**西方各国出现了带有明显等级特征的双轨学制**。这一时期也出现了一些新型大学,课程内容更加贴近社会生活的需要。

资本主义生产方式在西欧各国的发展和确立,产生了一些代表本国资产阶级利益的教育家。他们从培养资产阶级所需要的人的立场出发,对教育、教学问题进行了探索、研究和论述。这一时期,也是教育理论发展的重要时期。其中,**捷克教育家夸美纽斯、英国教育家洛克是这一时期的代表人物**。夸美纽斯总结了前人和自己的教育经验,全面阐述了学校教育理论,他以"泛智论"为改革教育的出发点,以教育的自然适应性为指导原则,第一次提出了一个完整的学制系统,探讨教学原则,从理论上论证了班级授课制,为近代学校教育的普及和发展提供了理论基础。洛克则比夸美纽斯更为彻底地破除了宗教神学的束缚,显示出世俗化、功利性的特点。他的经验主义认识论和绅士教育理论反映了 17 世纪的时代精神,更影响到 18 世纪的教育思想。

洛克之后的卢梭是 18 世纪启蒙思想家中的重要人物。 当其他启蒙思想家为理性、文明和进步高唱赞歌的时候,他却敏锐意识到自然与文明之间、自然状态与社会状态、道德与理性的矛盾,猛烈批判当时不尊重儿童天性的教育思想和措施的荒谬之处,倡导自然教育和儿童本位的教育观,对新教育提出了划时代的设想,现代意义上的儿童研究由此发端。

夸美纽斯

洛克

卢梭

3. 19 世纪欧美国家的教育

19 世纪,欧美等国政治、经济、文化各方面都经历了很大变化,各国的教育都在斗争中发展起来。

这一时期,德国在教育理论和教育实践上的成就令欧美各国瞩目,不仅出现了洪堡、赫尔巴特、第斯多惠、福禄倍尔等一大批重要的教育家,而且在初等、中等和高等教育等领域开展了一系列改革。19世纪,德国各公国陆续颁布《初等义务教育法》,大大提高了国民的基本素质;中等教育方面,实科学校开始出现,数量和规模都有了较快发展;高等教育方面,出现了一些著名的大学,如柏林大学。

柏林大学

19世纪的法国,处于政局动荡不安的情势下,尽管在这种情况下,教育也难免出现阶段性特点,但19世纪法国教育的整体发展仍隐含着内在的连续性和规律性。近代法国既确立了中央集权式的教育管理体制,又确立了完整的学制,各级各类学校的教育事业都得到了发展。

19世纪是英国从自由资本主义向垄断资本主义过渡的时期,经济、政治、社会条件的变化带来了教育观念和制度的变革。国家对教育的干预逐步加强,1870年,颁布了第一个初等教育的法案《初等教育法》,国民初等教育制度正式形成;中等教育基本沿袭了18世纪的传统,主要是文法学校和公学;高等教育也相应发生了变化,1828年伦敦大学学院的成立拉开了新大学运动的序幕,随后许多城市学院纷纷成立。

独立战争之后,美国一跃而上,跻身世界经济发展的前列,经济与教育发展相互依赖、相互促进。在吸收英、德等国教育经验的基础上,美国形成了具有自身特色的教育制度。首先建立了学区制,并实行地方分权的教育管理,兴办公立小学,执行初等教育的强迫入学和免费教育;中等教育主要有文实中学和公立中学两种;高等院校数量增多,农工学院兴起,学术型大学建立,女子开始进入高等院校。

纵观19世纪欧美教育发展,可以发现,国家基本掌握了教育权,各级各类学校迅速发展,建立了国民教育制度,教育实行双轨制,教育内容逐步走向科学化。教育现代化的基础基本奠定,世界教育正由近代向现代转型。

(三) 西方现代教育

20世纪初期,西方工业发达国家的教育得到了快速发展,初等教育开始成为正规教育的重要组成部分,初等义务教育得到了实施;与工业发展相适应,职业技术教育的地位也逐渐升高;欧美各国教会控制教育的局面基本被打破,国家开始担负起发展与管理国民教育的责任。同时,消除双轨制和普及中等教育也被提到了议事日程。各国通过教育改革,初步实现了初等教育阶段的统一化,但中等教育的真正普及则是在第二次世界大战之后才逐步实现的。

1914年爆发了第一次世界大战,世界上第一个社会主义国家苏联诞生,20年代后期世界性经济危机发生等,都影响了各国教育的进程。民主主义成为了许多国家教育发展的方向。扩大中等教育的范围,加强中等教育与初等教育的联系,加强教育改革与社会发展的联系,构成了各国教育的主旋律。

第二次世界大战的硝烟散去后，世界又进入相对和平的时期，也是西方教育发展的黄金时期。在教育民主化、人力资本理论等的支持下，教育被视为魔杖，似乎无所不能。同时，战后美苏争霸的冷战环境下，各国也重新开始了新一轮的竞争和教育改革，力图通过教学内容和手段的改革培养科学技术人才，增强在军事竞赛中的实力，于是争先恐后颁布相关法案。**总的趋势是通过立法形式保障和普及义务教育，普遍关注教育内容的更新、课程体系的改革；职业技术教育已被视为促进经济发展的前提条件而加以改革；师范教育改革的重点是不断提高教师质量；教育领导体制也发生了一定的变化。**

终身教育思想是当代国际性教育思潮。1965 年法国成人教育家保罗·朗格郎发表《终身教育导论》(*an Introduction to Lifelong Education*)，是该思潮出现的标志。1972 年，联合国教科文组织发表的报告《学会生存——教育世界的今天和明天》，1973 年联合国经济合作发展组织提出的回归教育(recurrent education)理论，1996 年由雅克·德洛尔任主席的国际 21 世纪教育委员会经过三年研究后向联合国教科文组织提交的报告《教育——财富蕴藏其中》等，都是终身教育思潮的重要文献。

查尔斯·赫梅尔等在《今日的教育是为了明日的世界》一书中指出，可以与哥白尼学说带来的革命相媲美的终身教育概念的发展是教育史上最惊人的事件之一。[1] 终身教育思想的提出是当代教育理论的重大变革，它是从当代社会变革对人类生存的挑战以及人类迎接挑战的需要出发，在充分吸收现代生理学、心理学、社会学、人类学、行为科学及语言学等众多学科最新研究成果的基础上提出的；它突破了传统教育的一般局限性，从更广阔的社会大背景上对传统教育理论及其弊端进行了较为深刻的反思和批判，从一个全新的角度对教育做出了诠释，从而使教育理论产生了一次新的变革。

20 世纪六七十年代以来，在联合国教科文组织的大力推行和各国学者的积极提倡下，终身教育在世界范围内得到迅速发展，并逐步成为一种重要的教育思潮，愈来愈被世界许多国家所接受和发展，成为各国教育改革和实践的指导思想及指导原则，并取得了巨大成果。

三、中西教育传统的比较

教育特别是学校教育在一定意义上是既定传统的产物，又是维护传统的手段，它习惯于将已有的价值规范、思想观念重复地传递给下一代。[2] 这种保持传统的特性使得教育不易接受新的变化，有排斥、拒绝变迁的倾向。但是，另一方面，教育在对传统进行复制的同时，也就形成了自身的传统，即教育传统。**教育传统一旦形成，就会作为一种限制因素，左右着教育的运行，制约着教育的发展。**教育传统的这种特性在中西方教育实践和思想中，都有一定的体现。

（一）中国教育传统的特征

正如上文所看到的，我国自春秋以后，儒家思想逐步形成并在社会政治、文化生活中居支配

① 周采:《外国教育史》，华东师范大学出版社 2008 年版，第 434 页。
② 联合国教科文组织国际教育发展委员会编著，华东师范大学比较教育研究所译:《学会生存——教育世界的今天和明天》，教育科学出版社 1996 年版，第 92 页。

地位,构成中华民族文化传统的重要组成部分。同时,**儒家思想也构成了我国教育传统的主导性思想。**

在中国文化的发展脉络中,儒家思想之所以能够确立其统治地位,既与统治阶级的政治利益有关,同时又与儒家注重守成的文化传统有关。与道家的清静无为、法家的严刑峻法、墨家的重视功利不同,儒家对现实采取积极参与的态度,注重探讨现实社会生活中的人际关系,强调人与人之间的纲常伦理,重德轻技,重义轻利。由于儒家注重为政以德,注重仁义,因而整个学说比较温和,具有浓郁的情感特色,易于传播和接受。大概也正因为如此,儒家思想历经数代,其传播之广泛,对人们精神生活渗透之深入,是诸子百家所不可匹敌的。大概也正因为如此,儒家思想才构成中华民族传统文化的主要内容,成为传统文化的主体,也是教育传统的主体。这种传统文化至今仍广播世间,教育上仍处处体现着这种传统文化的要求。以下从几个方面简要探讨中国教育传统的一些基本特征。

1. 重人与社会的协调,强调社会本位

在中国传统文化中,人与社会的关系是放在一种群体价值观念的视野下的,个体融于群体中,人是群体中的人。因此,中国传统文化把人的个体价值归结为人的社会价值,以社会标示个人,强调人的社会义务与责任,强调人对社会的服从,这大概是中国传统文化最大的特点了。**在群体价值观念的支配下,教育注重的便是,如何使受教育者服从社会的需要从而达到社会全体的和谐。**

可以说,注重人与社会的协调,是贯穿于儒家教育思想全过程的,比如孔子在阐释"六艺"之间的关系时,曾就礼教与乐教谈到,礼的作用是从行为上规范人,乐的作用是从感情上陶冶人,所谓"乐所以修内","礼所以修外"[①]。荀子也同样谈到礼教与乐教,认为礼教之所以重要,在于它能够维护一定的社会秩序,而乐教可对礼

中国古代的士人们

教起配合作用,"乐行而志清,礼修而行成",于个人,做到"耳目聪,血气平和";于国家社会,做到"移风易俗,天下皆宁"。礼教和乐教是儒家在教育上所用的双重手段,儒家主张通过礼乐内外交互作用的手段,来改变人的行为和感情,使个人与社会之间取得一种平衡关系。在此后的历史发展过程中,儒家思想虽然经历了魏晋南北朝玄学的冲击,隋唐佛道融合的激荡,南宋理学的重振等等,但自始至终一直强调教育服务社会的作用,注重人与社会的协调。

中国的教育传统,在一定意义上可以说,是等级制度或专制制度的辩护者,长期以来,它是忽略整个人群中人与人之间的个性差异,用社会价值取代人的个体价值的。

2. 重人伦观念,强调师道尊严

中国传统社会是一个泛道德主义的社会。在这个社会中,任何人的言论和行为都受到道德

---

① 《礼记·文王世子》。

价值的严格制约,往往以道德标准来衡量个人的价值,以道德伦理标示个人,把人的价值归结为道德价值,把人道德化的倾向,反映在教育上的结果之一,便是把道德上的成就看作是人生最有价值的成就,把教育的目的归结为对道德上的一系列规范的掌握,把追求道德成就作为教育的最终目标。

中国伦理以家庭和家族为本位,教育的首要目的,就是掌握由家族衍生而来的道德价值网络。这其中首先是掌握由儒家所创造的亲亲原则和由此产生的孝的价值观念。亲亲原则的建立不仅把"家"提高到人生中最重要的地位,而且把维系家族血缘和群体感情的孝悌观念确定为最具普遍性的伦理模式和最高的道德价值。《论语》中曾说:"孝悌也者,其为人之本也。"中国传统社会是家国同构的社会结构,由"孝"的道德价值再进一步推衍,便是对于国家的"忠"。经过统治阶级的提倡,忠和孝成为传统道德价值不可或缺的重要组成部分。由家族本位的忠孝的进一步发展,便是道德价值的系统化,即五伦三纲。五伦是指父子、夫妇、兄弟、君臣、朋友。在这五伦中,虽然表面上看是相互的,但在实际运作过程中,片面强调单方面的孝和忠,由此发展成为具有正统权威的三纲伦理,家族本位的伦理关系和道德价值开始被凝固化和绝对化。

从儒家所创造的亲亲原则,到"孝"、"忠"的价值观念,再到五伦三纲,教育的使命就是要明人伦,使人人掌握道德规范,遵守伦理纲常。学校的任务在于伦理纲常之教,立己治人,通过讲明"父子有亲,君臣有义,夫妇有别,长幼有序,朋友有信"的人伦规范,使人人遵守正确的行为,使社会有良好的风俗。

传统文化注重伦理纲常的观念,在教育过程中必然强调师道尊严。师与五伦中的长、君有着密切的联系,《学记》中说:"能为师然后能为长,能为长然后能为君。故师者所谓学为君也。"这里把"为师"作为"为长"、"为君"的条件,能为师就能为长、为君。如此,也就打通了师生关系与长幼关系、君臣关系之间的通道,师道尊严也就在情理之中了。我国传统文化往往强调学生对教师的绝对服从,好学生就是从不违背老师的学生,教师的权威极高。

3. 重"入世(仕)",强调学以致用

中国传统文化中,既关注人的内在精神状态,又关注一个人的外在行为准则,教育上则是一方面强调修己,一方面也强调治人。前者要求在学问道德方面严格要求自己,所谓"君子求诸己"、"君子忧道不忧贫"①;后者要求能"使于四方","学而优则仕"。②

在古代,庶民阶级要依靠自身的文化知识和政治才能,方可跻身上层社会,儒家强调的"入世"恰恰是为此。金榜题名,入朝为官,是绝大多数读书人奋斗的目标。

与入世相关联的,是中国教育注重"学以致用"。学与用是紧密结合在一起,不可分割的。但这里的"用",不是指实际的功用,也不是实利的追求,而更多的是个人的修养,也就是将学到的伦理规范运用于生活实际,将修身的要求落到实处。如王守仁说的,"致良知"和"知行合一",教育的主要问题在于如何"致此良知"。这里,"致"是修养工夫,"良知"实质上是封建道德的先验观念,要求人们的言行都要信从一定的道德伦理规范。

---

① 《论语·卫灵公》。
② 《论语·子张》。

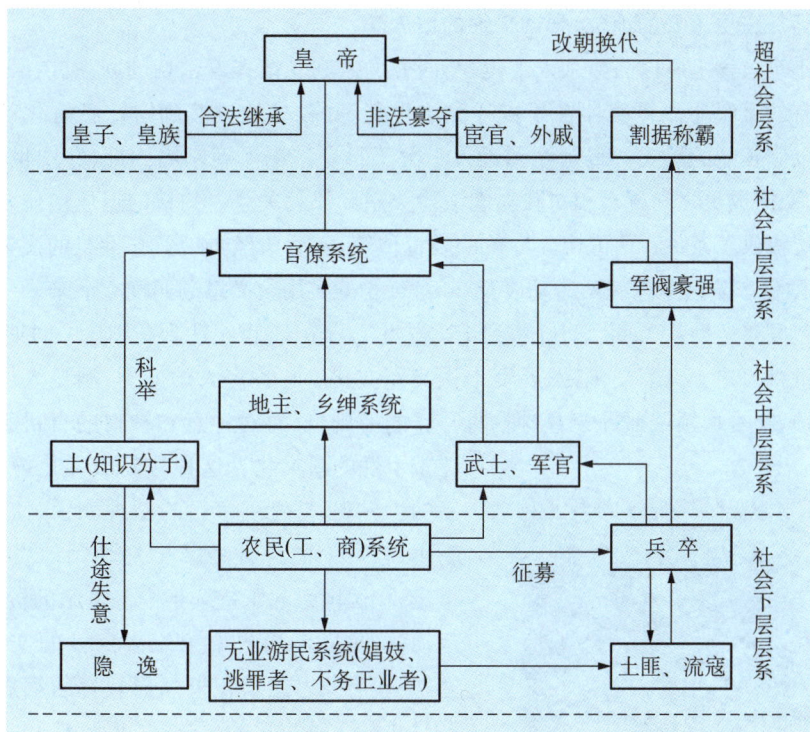

图 1.5　中国传统社会阶层示意图[①]

4. 重人文精神,强调教育的世俗性

中国文化是世俗色彩浓厚、宗教色彩淡薄的文化,梁漱溟在《中国文化要义》中说过:"**几乎没有宗教的人生,为中国文化一大特征。**"中国文化的非宗教性,在很大程度上,是由儒家的人文精神所决定的。虽然儒家保留对天帝的信仰,但在他们的思想中并不占主导地位。如孔子所说的"务民之义,敬鬼神而远之"、"未能事人,焉能事鬼"、"子不语怪力乱神"等,都是以人事为主。

与西方相比,没有了宗教的束缚,中国教育传统与社会政治的联系更为紧密。这一方面表现为,在古代众多教育家的教育主张中,都提到了教育与政治的关系。另一方面体现在,教育质量的好坏也都由政治机构裁决,衡量教育的标准基本上都是由社会政治决定的。

宗教是通过信仰向上向外追求,以达到外在力量对人的援助。道德是通过心向里向内追求,以达到内在力量对人的充实和完善。**中国文化的非宗教性或人文主义特点,也使教育更为注重人内心的修养,可以说是从心出发,以心为主,以心为本。**

(二)西方教育传统的特征

1. 重个性独立,强调个人本位

与中国文化不同的是,西方文化以个人为本位,注重个人的自由和权利。在教育中,将受教

---

① 李中华著:《中华文化概论》,华文出版社 1994 年版,第 82 页。

育者而非教师放在更重要的地位,强调个性的培养。

西方文化与教育之所以凸显个人本位,与西方的家庭变革有着密切的联系。在西方,原始纯朴的财产公有的家庭公社普遍存在于古代和中世纪,并较早地过渡到财产私有化的个体家庭。而中国则是以家长制的形式一直延续到近代。由于私有制深入到家庭内部,在中世纪中后期和近代,西方的家庭成员之间就有相对独立的法律关系和权利关系。父权的退居次位,为个人本位的产生和发展提供了条件。西方个人本位的教育传统,随后历经14至16世纪的文艺复兴运动、18世纪的法国资产阶级思想启蒙运动以及20世纪初的实用主义思潮而确立下来。

欧洲文艺复兴运动从14世纪开始,到15、16世纪乃至17世纪达到高潮这一时期的时代内容主要表现为批判封建主义旧文化,发展资本主义新文化。它肯定人的能力,颂扬人的一切,打破了神权的枷锁,在一切领域都贯穿着"抑神扬人"的原则,反对对神意和神权的盲目膜拜,形成了

西方式英雄——超人

注重个性的新文化。这种在新旧文化撞击中形成的新的世界观,打碎了宗教的精神枷锁,使教育获得了新生,教育上的种种变革生气勃勃地发展起来。18世纪,在法国兴起了持续半个多世纪的资产阶级启蒙运动,这是欧洲历史上第二次巨大的文化变革。其间,一些启蒙思想家积极倡导教育的解放,如卢梭反对封建教育对儿童的压迫,提倡自然和自由的教育。**20世纪初,美国实用主义的代表杜威尖锐抨击了赫尔巴特的教育理论,提出了"教育即生长","教育即生活"的主张,强调教育与人及社会生活的紧密结合,在活动中了解文化,使个人成为掌握自身经验建构的主体。**

历史发展到杜威那里,西方特别是美国,注重个人独立的教育传统已基本形成。在当今美国的学校教育中,杜威主张的影子清晰可见,它与中国传统教育形成了较为鲜明的对比。

2. **重主智主义**,强调博雅教育

博雅教育(liberal education),亦称自由教育、文雅教育、普通教育。英国学者朗特里(D. Rowntree)定义为:**旨在解放思想和精神,避免专门化和不做就业准备的教育;教育的目的不是准备谋生,而是"准备生存"。**①

博雅教育源于古希腊,并为古罗马所延续发展,后在中世纪的教会学校中得到了勃兴。19世纪末和20世纪初,它代表了欧美中等教育的主要路线,此后由于受到进步主义教育的影响而声势渐微。20世纪50年代后,随着"回归基础"的呼声而重新登上舞台。

博雅教育源于古希腊,是与当时古希腊的社会构成有关。在古代希腊,社会分为自由人和奴隶。当奴隶具备自由人所具有的品质时,他就可以得到自由和公民权利。而自由人则有责任从事博雅教育的实践,如若他不能掌握知识、理智地思考和讲演,他就不成为一个自由人。博雅教育由此起源。

---

① (英)朗特里著,陈建平等译:《西方教育词典》,上海译文出版社1988年版,第170页。

直到中世纪,博雅学科主要是"七艺",即算术、几何、天文、音乐、文法、修辞和辩证法。"七艺"作为教学内容,支配了欧洲的中等和高等教育达 1500 年之久。[①]

虽然 20 世纪初受到了进步主义的冲击,博雅教育的光芒一度暗淡,但 50 年代后,为了避免中等教育过早专门化、职业化所带来的弊端,博雅教育再度活跃。在博雅教育的影响下,西方教育注重理性教育,注重理智训练,注重知识本身的价值。

艺术与哲学

3. 重宗教精神,强调宗教精神的养成

人类文化,其中包括中国文化在内,一般都是以宗教为开端的。在任何民族的早期文化中,都可以看到宗教的痕迹。这是因为在人类早期,对自然界和人自身缺乏了解,往往把人的生死、自然灾害的降临等看作人类异己力量的操纵,故产生各种原始的自然崇拜。此后,随着人类社会阶级压迫的产生,人类对自然的恐怖转向对社会、对人生的疑惑与不安。早期的宗教家们似乎看到了社会对人的压迫,人与人之间的疏离所造成的人类痛苦,于是在原始宗教的基础上,创立了人为的宗教。无论是基督教还是佛教,在它们产生的初期,都是针对上述社会和人生问题而提出的救世主张。

宗教从本质上来说,是对人类现状和现实世界的一种否定。它往往设定一个凌驾于人类之上的绝对存在、彼岸世界,作为人类的皈依。从形式上,宗教一般拥有教义和在此基础上形成的组织、仪式和戒律等。无论是基督教还是佛教,都试图反抗社会对人的压迫,解救人生的痛苦,构建了一个超越理性的世界。而西方文化正是在这种超越观念和希伯来信仰的培植和指导下奠定其内在基础的。

西方文化融合了希伯来教义、希腊哲学和罗马法典三种不同的文化系统。自中世纪以后,教会的权力日盛,文化教育也由教会一手掌控。于是,完整的系统的宗教精神贯注于西方教育中。西方的宗教传统至今仍保持着强大的影响力,渗透至教育活动的方方面面。这不仅仅使西方教育带着浓厚的宗教色彩,更重要的是,它赋予了西方教育内在的精神价值。

教会教育中教义的学习

西方强烈的宗教观念,也使得一些教育家认为宗教和科学是可以调和的,教育过程中科学知识的传递,可以是对人提供的最好的宗教训练。"宗教和科学虽然看起来相互对立,但实际上知识表达了同一事实相反的两面,两者的看法是可以相互调和的……科学的训练提

[①] 曹孚编:《外国教育史》,人民教育出版社 1979 年版,第 59 页。

供宗教的修养。"①

在西方,从古至今的教育发展史中,宗教的地位是显著而重要的,研究西方教育史,不能忽视其中的宗教色彩。

(三) 中西教育传统的差异

对比中西方教育传统,我们可以发现存在着许多差异,这些差异的产生都缘于历史的因素。我国的传统文化自春秋以降,儒家思想几乎一直是处于支配地位,注重调和人与社会关系的思想也一直是教育的主体思想。如此而造就的重人伦以及"学而优则仕"的教育传统,在一定程度上至今仍然影响着我们的教育。而西方教育传统,以注重人的发展和人能力培养为特征,其中也经历了漫长的历史发展过程。从古希腊亚里士多德提出的培养和谐发展的人,到中世纪的阉割人性,再到文艺复兴的反神性、扬人性和法国启蒙思想家卢梭高唱人的自然本性之颂歌,最后到杜威的"以儿童为中心",其间也是反反复复,颇多周折。

可以说,东西方文化传统间的差异,以及价值观念、思想行为方式的差异,导致了教育传统的相异,而教育传统的差异反过来又强化了文化差异的存在。如表1.1所示,从教育价值取向、师生关系和教学行为这三个方面,我们可以认识到中西教育传统的分野。

表1.1 中西方教育传统的差异②

类别	中	西
教育价值取向	调和社会和自我 重知识的应用价值 重教育的世俗性	注重个性自由和主体意识 重知识的内在价值 重教育的宗教性
师生关系	强调教师权威 师生相互依赖 师道尊严	重视儿童 个人独立 师生平等
教学行为	重教的行为 教学形式刻板 压制对情感的意识和表达	重学的行为 教学形式灵活 体现对情感的意识和表达

当然,中西方教育也存在着许多共同之处。比如在古代教育中,都过多地使用惩罚手段,尤其是体罚,被视为实施教育的利器,以此来促使受教育者更"规矩"地学习。在教育发展过程中,西方也并非始终将教育者放在中心位置,对教师权威的注重也古来有之,如赫尔巴特学派,就宣扬以教师为中心的教育,只是自20世纪初以来,这种思想便不占主流。此外,西方对于道德观念的教育也非常重视,不少教育家从特定的社会政治思想出发,要求教育为维持社会的政治秩序服务。如赫尔巴特就极为拥护德国封建贵族的利益,认为要维护和巩固普鲁士封建君主制,就要求教育要使人具有五种道德观念,即内心自由、完善、正义和公平或报偿,在他看来,这五种观念是永恒不变的美德,教育的终极目的就是要养成这些品德。他曾提出:"教育的唯一工作与全部工

① (英)斯宾塞著,胡毅、王承绪译:《斯宾塞教育论著述》,人民教育出版社1997年版,第46—47页。
② 郑金洲著:《教育通论》,华东师范大学出版社2003年版,第98页。

作可以总结在这一概念之下——道德。"①显然，他试图通过道德教育，努力形成受教育者的道德品质，实现文化上的控制，进而使社会纳入"正轨"。

另外，需要注意的是，每个地区和国家的教育都各有特色，这些特色都根植于一定的文化、社会的土壤，有兴趣的同学可以对此进行进一步的比较研究。

本章小结

　　翻开历史的书卷，东西方教育如同两条蜿蜒曲折、源头不一、偶有交汇的河流，其文化传统、价值观念、思想行为方式、经济社会发展水平等多方面的差异造就了这两条河流不同的走势和形态。在特定的文化背景下，经历了历史的积淀，这两条教育的河流以各自的方式滋润着东西方不同的土壤。它们差异显著，但也有相同之处，两者并无优劣之分，好坏之别。它们诞生于特定的文化背景，是一定文化积淀的产物，只有在其产生的土壤中才能判定其适宜程度。东西方教育在许多方面是相互补充的，也只有相互借鉴、相互学习才能共同完善、不断进步。

思考与实践

　　1. 从东西方教育差异的角度，说说虎妈这一案例带给你的启发。

　　2. 当今社会，随着经济的飞速发展，也出现了一系列社会问题，如信仰丧失、道德滑坡、自然环境恶化等。这些危机使人类的命运又一次受到挑战。面对这些问题，很多人重提儒家思想，呼吁重新振兴国学。北京师范大学何克抗认为以孔子为代表的儒家思想可以医治这些顽症②。孔子研究院院长傅永聚教授指出，儒家思想资源可以为治疗化解这些问题提供宝贵的智慧理念。斯洛伐克共和国黑山博士说，为了创造一个没有任何无端冲突的德馨社会，人类伟大导师孔子所设立的道德原则和进行的不懈努力直至今日仍无人超越。2004 年 11 月 21 日，全球第一所孔子学院在韩国首尔挂牌，至今全球已建立 300 多所孔子学院。2008 年 9 月 27 日，第一届世界儒学大会在中国孔子研究院隆重开幕，来自 22 个国家和地区的专家学者共同讨论儒学在全球的发展。如今，孔子的教育思想被国内外学者广泛研究。为什么人们在新文化运动"打倒孔家店"近百年后，重新重视孔子思想？结合本章内容谈谈你的认识。

　　3. 你认为，东西方教育史还有哪些相同和差异？讨论西方教育中哪些是值得我们借鉴的？

　　4. 中国古代文化教育中儒家思想是如何变迁的？

　　5. 科举考试制度对中国古代教育有什么影响？

　　6. 体会中西方教育传统的不同，分析存在不同的原因。

---

① 张焕庭主编：《西方资产阶级教育论著选》，人民教育出版社 1979 年版，第 259—260 页。
② 何克抗：《当代教育改革路在何方——孔子教育思想给我们的警示》，《电化教育研究》2006 年第 10 期。

延伸阅读

1. 郑金洲著:《教育通论》,华东师范大学出版社 2003 年版。

2. 毛礼锐、沈灌群主编:《中国教育通史》,山东教育出版社 1986 年版。

3. 孙培青主编:《中国教育史》,华东师范大学出版社 2009 年版。

4. 陈学恂、田正平主编:《中国近代教育史资料汇编》,上海教育出版社 1991 年版。

5. 李中华著:《中华文化概论》,华文出版社 1994 年版。

6. (美)希尔斯著,傅铿等译:《论传统》,上海人民出版社 1991 年版。

7. 周采主编:《外国教育史》,华东师范大学出版社 2008 年版。

第二章

教育的哲学基础

下面是某小学教师在一年级语文课《美丽的小山村》中的一个教学片段,试想这位教师的课堂教学行为背后所体现出的是怎样的知识观和价值观。

师:同学们,你们说这个小山村美不美呀?

生:(异口同声)美!

师:你们信吗,如果有水的话,这个小山村就会更美了。下面大家先默读一下第四自然段,然后抬头读屏幕上的这两句话:村前有一条小河,在水面上,游着鸭群。村前有一条小河,在绿绿的水面上,游着白白的鸭群。

师:说说,你们觉得哪句好?为什么?

学生甲:我觉得第一句好,因为第一句简单。

师:第一句好?(教师走到这个学生跟前,摸了摸他的小脑瓜)来,你坐下再读一读,考虑考虑。其他同学的看法呢?

学生乙:我觉得第二句好,因为第二句字多。

师:嗯,不错,第二句字多了,再仔细看看多了哪几个字呢?

学生丙:我同意第二位同学的看法,第二句写了"绿绿的"水面和"白白的"鸭群,多了"绿绿的"和"白白的"这几个字,所以好。

师:说得不错,多了这几个字,第二句就变得——更具体、更形象了。来,让我们一起说一遍:更具体、更形象。开始——

学生(全体):更具体、更形象。……

(资料来源 孙建龙:《谈知识观对教学行为的影响》,《语文教学通讯》2003 年第 31 期。)

1. 查阅一些哲学家的生平材料,了解他们的教学生涯与哲学思想之间的关系,以及他们的哲学思想与教育主张之间的关联。

2. 了解哲学与其他学科的主要差别,理解哲学对教师工作的特殊意义。

3. 理解实用主义、建构主义、后现代主义有关教育的基本观点,尝试运用这些观点去分析当前学校教育面临的问题。

4. 理解马克思主义(特别是马克思)教育思想的深刻内涵及其对我国教育理论和实践的具体影响。

教育是一种以人的发展为直接目的的社会活动,它关注的是怎样通过知识的传递、技能的训练、态度的养成，把个体从未成熟的状态提高到成熟的境地。在一些公众甚至教师看来，这不过是一种技术性、专门化的工作，需要的是一些经验性的、实用性的知识，而根本就不需要"哲学"这种高深的、玄奥的知识。其实，这既是对教育实践复杂性的一种漠视，又是对哲学性质的一种偏见。教育实践离不开哲学提供的理智资源，而哲学也不是"不食人间烟火"的"庙堂"学问；相反，哲学常常表现出对教育问题的深刻关切。作为未来的教师，我们需要了解自己工作的哲学根基，需要厘清我们持有的教育观念和行为方式，辨明这些观念和行为方式的合理性。语文教育家于漪就说"教师太需要哲学的关怀了"，认为教师要有些思考，要懂得一点哲学。① 那么，教育与哲学究竟有怎样的关系呢？哲学可以给未来的教师提供什么呢？下面我们先来探讨这两个问题。

一、哲学与教育的关系

（一）哲学是什么？

今天我们见到的"哲学"（philosophy）一词，源自希腊文 φιλοσοφία（philosophia），其中"philo"表示"热爱"，而"sophia"是"智慧"的意思。因此，从源头上来说，哲学就是"爱智慧"，或者说是一门追求智慧的学问。当然，它所追求的，不是日常生活中的"小聪明"，而是要洞明宇宙与人生的真谛，形成关于世界（包括自然、社会与自我）的根本看法。通常说来，哲学要思考的主要有三类问题：

本体论问题：我们生活于其中的世界究竟是什么？
知识论问题：我们能不能认识这个世界？怎样去认识这个世界？
价值论问题：我们应该怎样在这个世界上生活？

对于这些问题的不同回答，就形成了纷繁复杂的哲学观点、学说或流派。例如，在存在领域上，有观念论（idealism）和实在论（realism）的分野；在知识领域上，有理性主义（rationalism）和经验主义（empiricism）的对峙；在道德领域，有目的论（teleology）、义务论（deontology）的分歧，等等。这些观点、学说或流派都在不同程度上，以不同的方式，丰富或拓展了哲学的内容和体系。

尽管我们不是专业的、严肃的哲学家，但事实上，对于这些问题，我们很多人都在有意或无意间触及过，思考过，甚至追根究底。如果说哲学就是一种追寻智慧的思考，那么我们的这些思考就已经站在哲学的门前。因此，从这种意义上说，哲学其实就在我们身边，就在我们教师身边。美国学者奥恩斯坦（A. C. Ornstein）就说："作为一位教师，你将卷入许多眼前的问题——日常的备课和课堂管理的问题。这些眼前的问题对某日某时或某事，似乎是很具体的，但是你怎样对待和处理他们，将表现你的教育哲学。"②

① 龚瑜：《于漪：不懂哲学的教师是盲目的教师》，《中国青年报》2010 年 11 月 17 日。
② 奥恩斯坦著，刘付忱等译：《美国教育学基础》，人民教育出版社 1984 年版，第 92 页。

哲学是什么?

历史上,许多哲学家或思想家对"哲学追求怎样的智慧",进而对"哲学是什么",提出了各种不同的观点。例如:

- "形而上学说"认为,人类的最高智慧在于把握一切可感觉事物背后的终极原因和原则,哲学就是关于"作为是的是"的科学;
- "世界观方法论说"认为,哲学的智慧在于获得关于世界人生的普遍性知识和规律性认识,构建或表达关于世界或宇宙整体的完整而系统的观点、观念和一般方法;
- "认识论说"认为,上述说法难以避免独断论的结果,哲学事实上只能提供人类认识和把握世界的方式、过程及其成果的理论前提和根据,所以哲学就是认识论;
- "思维方式说"更进一步把智慧归结为人的思维能力、方式和方法,把哲学看作是关于人的思维方式的学说;
- "价值观念说"则基本否定了智慧中的知识化取向,而是强调:哲学不同于具体科学的使命和意义,不在于提供知识,而在于提供并说明人类应有的价值观念系统;
- "文化批判说"与价值观念说相近,但它更注重强调:哲学的智慧在于对社会历史和文化的综合考察、批判、超越和重新建构;
- "人生境界说"则把重点放在哲学与人生的直接联系上,认为哲学是思考着、追求着的人生所具有的一种自觉的高尚的精神境界;
- "语言分析说"主张摈弃抽象玄远的解释方式,抓住人类思想和智慧的载体——语言进行实证的分析和操作,认为这才是哲学的本质面貌。

(资料来源　李德顺:《什么是哲学?——基于学科和学说视野的考察》,《哲学研究》2008 年第 7 期。)

(二) 哲学的教育源起

在历史上,哲学与教育就有一种天然的联系。如果我们回到古希腊时期,我们就会发现,哲学的起源与最早的一批教师及其从事的教育活动有着密切的关系。美国实用主义的集大成者、进步教育的思想先驱杜威(J. Dewey)在《民主主义与教育》中说:"欧洲哲学是在教育问题的直接压力下(在雅典人中)起源的。"[①]古希腊时期的雅典,出现了第一批专业的教师——智者派(或称"诡辩派"),他们声称可以教人智慧,教人美德。在这一过程中,自然就涉及一系列的问题:什么是美德? 美德可教吗? 什么东西可教? 如果说知识可教,那么什么是知识? 知识又是如何获得

---

① 杜威著,王承绪译:《民主主义与教育》,人民教育出版社 2001 年第 2 版,第 348—349 页。

的？通过感官还是运用理性？我们又是怎样从无知的状态发展到智慧的境地呢？我们有了美德的知识，是不是我们就具有了美德呢？如此等等。**"教人美德"或"美德可教吗"这样的陈述，实际上是一个教育上的问题。颇具兴味的是，就是这些问题，触发了哲学上的无限思考。**

实际上，最初的许多哲学家，大都是教师。除了上面提到的智者派之外，苏格拉底、柏拉图、亚里士多德，这些人都曾经有过很多弟子，有过教育的活动。苏格拉底的"产婆术"，堪称"启发法"的典范；柏拉图创办的"阿加德米"

油画《雅典学院》

（Academy），亚里士多德建立的"吕克昂"（Luccyan），都是当时从事学术研究和教学工作的"圣地"。又如，在启蒙时期，涌现出来的伟大哲学家，如洛克（J. Locke）、休谟（D. Hume）、康德（I. Kant）、黑格尔（F. Hegel）等，都有过家庭教师或学院教师的经历。至于中国的情况更是如此。张岱年就说，**"儒家都是教育家"**，他们大都讲学授徒，并在教育实践中发展出自己的哲学学说。因此可以说，**"儒家哲学是教育家的哲学"**。[1] 这些教书育人的活动，无疑在一定程度上滋养了他们的哲学智慧。

（三）哲学的教育价值

即便没有从事教育工作的经历，很多哲学家在探讨哲学问题时，往往也会自觉或不自觉地回到教育问题上来。特别是在人生哲学方面，哲学要关注人的本性和价值问题，也就是说，要追问"人是什么"、"人应该是什么"、"人可能是什么"之类的问题。然而，**哲学决不止于追问，它还必须考虑对现实产生的影响，还必须考虑如何改变人，如何提升人。**而"如何改变人，如何提升人"这类问题，自然又要借助教育的力量，借助教师的力量，因为教育是系统的、专门的改变人、提升人的活动，教师则是专门从事教育的群体。所以，我们可以看到，许多哲学家都有教育方面的著作，如柏拉图的《理想国》、卢梭（J. Rousseau）的《爱弥儿》、洛克的《教育漫话》、康德的《教育论》、杜威的《民主主义与教育》，这些著作都是他们的哲学在教育问题上的延伸和拓展。而且，这些著述也对教育理论和实践产生了深远的影响。

除了直接从自己的哲学立场探讨教育问题，哲学家还通过自己的专业活动发挥教化的作用。麦格内尔（T. Magnell）就说："只要教育不限于信息的传递或获取，我们就可以在更加重要的意义上说哲学家是天然的教育者。与优秀教育者的各种品质有关的有：清晰的思想、论证的技能、公正的态度；在有些问题上要用手段上的怀疑态度去调节目的上的确信，而在另一些问题上则要用手段上的确定态度去调节目的上的怀疑；而且——我敢加上——爱智慧。所有这些，同样也是标

---

① 张岱年：《儒家哲学是教育家的哲学》，《华东师范大学学报》（教育科学版）1989 年第 1 期。

示哲学家的品质。"[1]

哲学界对教育的理解

关于人的人化,今天我要特殊地谈一个我对教育的理解。

那么,什么是教育呢? 教育是一种社会遗传的机制,它以自身为中介而实现双向的认同:一方面,是个体向历史社会文化的一种认同;另一方面,它同时又是历史社会文化对个体的认可。教育就是这种"认同"与"认可"的双向互动过程。

在这个意义上,广义的教育实际上是哲学教育;或者说,哲学教育,就是使人作为人能够成为人。教育首先不是使人成为某种人,而是使人作为人能够成为人。人不仅仅是一种自然意义上的遗传性的获得,它还是一种文化意义上的获得性的遗传。所以,真实的教育,最根本的目的是提高人的素养。它是使人作为人能够成为人。教育是使你首先能够成为一个认同这个社会、这个时代、这个历史的现代公民。

我们只有能够成为人,才能够成为某种人,才能够去掌握某种专门的知识、技能,去从事某种专门的职业,去扮演某种特殊的角色,在社会生活中实现自我。

人作为一个历史文化的存在,自身是一个人化的过程,使自己作为人能够成为人的过程。这种成为人的过程,最重要的就是以教育为中介的社会遗传和文化遗传。从 19 世纪中叶以来的现代哲学,所解决的一个根本的问题就在于,它不是把人当作一个抽象的存在,而是当作一个历史具体的文化存在。近代以来的哲学,它是一个上帝的人本化过程。上帝的自然化,上帝的物质化,上帝的精神化到整个的上帝的人本化的过程。

(资料来源 孙正聿:《哲学与人生》,《光明日报》2009 年 4 月 16 日。)

(四) 教师需要哲学

哲学未必需要教师,但教师必定需要哲学的思考。当然,这并不是简单地从"每个人都有自己的世界观、人生观、价值观"的意义上说的,而是就教师职业的特殊性而言的。与其他的职业不同,教师要致力于培养人,将学生从"现实的人"提高到"理想的人",使他们在德、智、美、体等方面得到自由、全面、和谐的发展。因此,**教师在设定目标、处理教材、选择教法时,必然要不同程度地思考这样的问题:人(学生)的本性是什么? 什么是知识或真理? 如何传递或获得知识? 什么是善或美? 我们应该成为什么样的人? 过怎样的生活? 而这些前提性的问题,都是哲学在追究的问题。**如果我们要获得教育的智慧,如果我们希望教育工作更富价值,就不能不重视哲学这样一

---

[1] Magnell, T. (Ed.), *Values and Education*, Rodopi B. V., 1998, Introduction, p. 1.

门以智慧为使命的学问。那么,哲学究竟能给我们教育工作提供什么呢?

毫无疑问,**它首先为教师提供了一种特殊的知识**。作为一门古老的学科,哲学已经分化出许多知识领域,包括形而上学、认识论、伦理学、美学、心灵哲学、语言哲学等,形成了各种学说和思想体系。我们在教育工作中碰到的许多问题,实际上都与这些知识领域有着密切的关系,需要依靠它们提供的知识才能合理的解决。例如,教育是应该让学生成为有德性的人,还是过上幸福的生活,又或者两者兼而有之? 这与伦理学有关;课程中的知识是客观的还是主观的? 学生应该怎样获取这些知识? 通过直接的体验或参与,还是从书本上间接获取? 这与知识论有关。

其次,它为教师提供了一种综合的视野。哲学是人类知识体系中的"皇冠上的明珠"。在历史上,最初只有哲学一门学科,后来各种科学逐渐从哲学中分离出来。但是,这种分离并没有削弱哲学的价值,相反这些科学都为哲学的综合提供了重要的养料。有个比喻很形象:"各科学术,譬如合组一个家庭。在学术史的发展上看,哲学本来已是衰颓的祖父,而科学是一个少壮的、强健的子孙,现在这祖父不但不老死,反因子孙的供养而精神依然的完整充强。他的受人尊敬,显然因为这人家,有不能不仰他处。那子孙各执一份产业,而自给自足了,无奈这家产业增殖虽繁,彼此间抵触或矛盾也很大。只有那祖父能给他们一一厘清,调和得像个样子;也只有他能给他们一一汇合,留下一笔总账。"[1]因此,与其他学科不同,哲学是从整体上讨论宇宙和人生的问题,而不拘泥于事物的某一方面。教师通常是接受某些专门学科的训练,从事某一具体科目的教学,但是面对的是一个个复杂的、整体的学生,哲学可以帮助教师超越自身的学科局限,全面地认识作为学习主体的学生、教材、教法、情境的复杂性。

再次,也是最重要的,它有助于培养教师的批判意识。哲学给我们的不仅仅是一种综合的知识或视野,更是一种对"智慧"的热爱,一种批判性思考的意识。在日常生活中,我们常常迷信权威、轻信常识,易受偏见或情绪的影响,同时我们也不免受到各种社会因素的羁绊和限制。就像柏拉图所描述的,我们或许有点像"洞穴中的囚徒",看到的不是真实的世界本身,而是一些蒙蔽了我们眼睛的"影子"[2]。哲学的怀疑精神和批判方法,可以帮助我们建立理性的自主,展开批判性思考,反思这种困境。**对于教师来说,不仅要常常对自己持有的教育观念和行为方式进行批判性的反思,更重要的是要帮助学生克服各种社会文化的障碍与束缚,学会批判性思考,成为真正自主的人。**

"洞穴中的囚徒"

[1] 孟宪承:《教育哲学引论》,《教育通讯》1940年第3卷第45期。
[2] 柏拉图著,郭斌和、张竹明译:《理想国》(第七卷),商务印书馆2002年版,第272页。

专栏 2.3

洞穴隐喻

"让我们想象一个洞穴式的地下室,它有一长长通道通向外面,可让和洞穴一样宽的一路亮光照进来。有一些人从小就住在这洞穴里,头颈和脚腿都绑着,不能走动也不能转头,只能向前看着洞穴后壁。让我们再想象在他们背后远处高些的地方有东西燃烧着发出火光。在火光和这些被囚禁者之间,在洞外上面有一条路。沿着路边已筑有一带矮墙。矮墙的作用像傀儡戏演员在自己和观众之间设的一道屏障,他们把木偶举到屏障上头去表演。"

"……接下来让我们想象有一些人拿着各种器物举过墙头,从墙后面走过,有的还举着用木料、石料或其他材料制作的假人和假兽。而这些过路人,你可以料到有的在说话,有的不在说话。"于是,这些被囚禁者只能看到火光投射在他们对面洞壁上的阴影。如果路人发出声音,引起囚徒对面洞壁的回声,他们也会将回声当成是洞壁上的阴影发出的。因此,他们会断定这些阴影和回声都是事物本身。

假如"其中有一人被解除了桎梏,被迫突然站了起来,转头环视,走动,抬头看望火光,你认为这时他会怎样呢? 他在做这些动作时会感觉痛苦的,并且,由于眼花缭乱,他无法看见那些他原来只看见其阴影的实物。如果有人告诉他,说他过去惯常看到的全然是虚假,如今他由于被扭向了比较真实的器物,比较地接近了实在,所见比较真实了,你认为他听了这话会说些什么呢? 如果再有人把墙头上过去的每一器物指给他看,并且逼他说出那是些什么,你不认为,这时他会不知说什么是好,并且认为他过去所看到的阴影比现在所看到的实物更真实吗?"……

(资料来源 柏拉图著,郭斌和、张竹明译:《理想国》(第七卷),商务印书馆 2002 年版,第 272 页。)

二、主要教育哲学流派的思想

(一)教育哲学流派纷呈

有关教育问题的哲学思考,由来已久。单就过去一个多世纪来说,随着社会的急剧变革、教育的不断调整、哲学的百家争鸣,西方教育哲学流派风云际会,逐渐形成了两大派:一派推崇自由和民主主义,包括进步主义、改造主义、人本主义、建构主义、后现代主义等;另一派主张复归传统和权威主义,包括永恒主义、要素主义、新托马斯主义、行为主义(见表 2.1)。其中,不少流派(如进步主义、行为主义等)对教育实践产生了深刻的影响。

表 2.1　权威主义教育哲学与民主主义教育哲学①

权威主义教育哲学	民主主义教育哲学
观念论和实在论	实用主义与存在主义
源自洛克的白板说	源自卢梭的著作
强调学习的结果	强调学习的过程
学科中心课程	经验中心或学生中心课程
内含聚合性思维	内含发散性思维
永恒主义、要素主义、行为主义和实证主义	进步主义、改造主义、人文主义、建构主义、后现代主义

　　这些教育哲学流派虽然植根于西方的社会语境和教育土壤，但它们通过不同的方式，与我国传统的教育哲学和居于指导地位的马克思主义交相辉映，对我国的教育理论与实践产生了不同程度的影响。就当前我国教育改革与发展的实际而言，影响较大的，主要是三个，即实用主义、建构主义和后现代主义的教育思想。因此，下面主要选取这三个流派进行简要的介绍。

（二）实用主义的教育思想

　　通常认为，实用主义（pragmatism）是美国"土生土长"的哲学派别。美国哲学家皮尔士（C. S. Peirce）最先提出"实用主义"的概念，经由詹姆斯（W. James）和杜威的发展，实用主义逐渐在世界范围内产生了广泛的影响。与传统的哲学不同，这派哲学关注"经验"，提倡"行动"，认为知识和价值都需要根据它们在行动上的效应加以检验。与皮尔士、詹姆斯不同，杜威将哲学看作教育的一般理论，将教育看作哲学的实验室，从而将他的自然经验主义、实验主义（或工具主义）的思想，直接在教育领域加以检核。其教育方面的著述，最有影响者为《民主主义与教育》、《我们怎样思维》、《经验与教育》。此外，杜威在担任芝加哥大学哲学、心理学与教育学系主任期间，开办了芝加哥大学实验学校（又称"杜威学校"），推行教育改革的实验。下面简要介绍杜威的教育哲学。

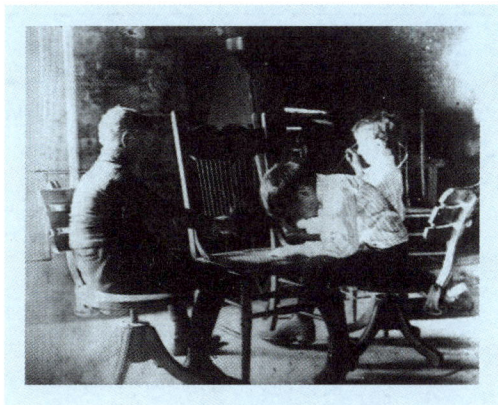

杜威学校

　　(1)"教育即生活"。杜威认为，教育不是为遥远的未来生活做准备，而是生活的过程本身。个体总是处在社会之中的，并通过参与群体的生活，通过与他人沟通，在理智和道德方面获得发展的。这个过程就是个体生长的过程，就是经验不断改组或改造的过程。

---

① Parkerson，D. H. & Parkerson，J. A.，*The American Teacher：Foundations of Education*，NY：Routledge，2008，p. 25.

(2)"学校即社会"。社会总是通过有意识地控制儿童的环境对他进行教育的,而学校就是社会为了对未成熟的社会成员进行教育而创建的典型环境。在杜威看来,学校不应脱离社会生活,而应该是社会的雏形或缩影。它应该是一个简化的、纯化的社会环境,应该成为平衡各种社会分歧或利益矛盾的共同体。它应该成为社会改革和社会进步的基本方法,它应该为培养民主主义社会的良好公民作贡献。

(3)"做中学"(learning by doing)。杜威反对"为求知而求知",主张在行动中求知,通过行动去求知,而且知识的最终目的是为了行动,为了解决生活的问题,更好地适应环境。因此,学校课程应该从儿童的生活经验出发,以儿童的社会生活为中心,将园艺、纺织、木工、金工、烹饪等人类的基本事务纳入教材。杜威认为,学校课程的组织应该根据儿童自然倾向的发展,逐渐从心理的顺序过渡到逻辑的顺序(见表2.2)。

杜威

表2.2　杜威学校的课程

年龄阶段	课程	知识	组织
4—8岁	游戏和劳作	主动的活动	心理的顺序
8—12岁	地理和历史	沟通的信息	↓
12岁以后	科学	理性的科学	逻辑的顺序

杜威认为,人们的认识过程与科学家在实验室中解决问题的过程是一致的,也就是作为理智探究的科学方法。这种方法应用在教学活动中,就构成五个阶段[①]:

学生必须感觉到困难,最好是他在自己所参与的活动中感到受挫,这样,如何使活动继续下去的问题就产生了。

学生一旦感觉到问题,就得加以探究并明白地界定问题。

在彻底地调查和分析情境之后,学生就要搜寻资料,以明确怎样使自己开始时的活动得以重新继续下去,或者将其改造成一个更合适的形式。

学生根据假设从自己的资料中推出它的含义。这时,他在脑子里演习他的每个假设实行起来会得到什么结果。

学生把看来最能达到他的目的的假设付诸实践,并验证这个设想是否正确。

杜威的教育哲学不仅对美国的进步教育运动提供了思想的支撑,而且对美国以外的教育发展产生了广泛的影响。 1919年4月30日,杜威来华讲学。"教育即生活"、"学校即社会"、"做中

---

① 布鲁巴克著,马立平、马荣根译:《西方教学方法的历史发展(下)》,载瞿葆奎主编:《教育学文集·教学》(中册),人民教育出版社1988年版,第493页。

学",几乎成了 20 世纪上半叶我国学校教育的"口号"。即便在今天,仍然可以在我国的学校实践和教育思想中发现杜威教育哲学的踪迹。

杜威 60 岁生日晚餐会演说词(摘录)

(蔡元培)

……我所最先感想的,就是博士与孔子同一生日,这种时间的偶合,在科学上没有什么关系;但正值博士留滞我国的时候,我们发现这相同的一点,我们心理上不能不有特别感想。博士不是在我们大学说:现今大学的责任,就该在东西文明作媒人么? 又不是说:博士也很愿分负此媒人的责任么? ……博士的哲学,用 19 世纪的科学作根据,用孔德的实证哲学、达尔文的进化论、詹姆斯的实用主义递演而成的,我们敢认为西洋新文明的代表。孔子的哲学,虽不能包括中国文明的全部,却可以代表一大部分;我们现在暂认为中国旧文明的代表。孔子说尊王,博士说平民主义;孔子说女子难养,博士说男女平权;孔子说述而不作,博士说创始。这都是根本不同的。因为孔子所处的地位、时期,与博士所处的地位、时期,截然不同;我们不能怪他。但我们既然认旧是亦是文明,要在他里面寻出与现代科学精神不相冲突的,非不可能。即以教育而论,孔子是中国第一个平民教育家,……他的教育是重在发展个性,适应社会,决不是拘泥形式,专讲画一的。孔子说:"学而不思则罔,思而不学则殆。"这就是经验与思想并重的意义。他说:"多闻阙疑,慎言其余,多见阙殆,慎行其余。"这就是试验的意义。我觉得孔子的理想与杜威博士的学说,很有相同的点。这就是东西文明要媒合的证据了。但媒合的方法,必先要领到西洋科学的精神,然后用他来整理中国的旧学说,才能发生一种新义。……

(资料来源 《蔡元培全集》(第三卷),中华书局 1984 年版,第 349 页。)

(三) 建构主义的教育思想

建构主义(constructivism)是一种由认知主义发展而来的哲学思想。这一思想的源头,可以追溯到康德(I. Kant),经皮亚杰(J. Piaget)、维果茨基(L. Vygotsky)、布鲁纳(J. Bruner)、格拉泽斯菲尔德(E. von Glasersfeld)等人的发展,逐渐成为教育领域颇有影响的思潮。一般来说,建构主义一方面承认客观世界的存在,但另一方面又认为,有关世界的理解和知识,是由个体在一定的社会情境中建构起来的。建构主义本身也是派别纷呈,包括激进建构主义、社会建构主义、信息加工理论等[1]。这些派别大体又可纳入两大阵容:一派是"心理建构主义",关注个体知识建构的心理过程;另一派是"社会建构主义",关注个体知识建构的社会过程。由于建构主义主要涉及

---

[1] 高文、徐斌艳、吴刚主编:《建构主义教育研究》,教育科学出版社 2008 年版。

知识问题,它对教育领域的影响集中体现在学习、课程与教学方面。

建构主义认为,知识不是客观的,而是个体在一定的情境中建构起来的。这一观点对传统的课程观提出了一定的挑战。课程中的知识(或经验)并不是客观的,而是社会选择的结果,体现了某些群体(特别是支配阶层)的利益和价值观。另一方面,纳入课程的知识(或经验),对教师和学生来说,不是规定教和学的进程、具有确定意义的"蓝本",而是有待他们诠释和建构的意义开放的"文本"。

在建构主义看来,学习不是被动的接受过程,而是主动的建构过程;学生不是"白板"或"容器",而是具有一定知识、经验或社会背景的学习者。教学的过程就是教师促使学生在真实的问题情境中,依托自己的独特经验,建构自己的知识,并赋予经验以意义。建构主义拥有众多不同的教学模式,如"抛锚式教学"、"认知学徒制"、"发展性教学"等,形成了与传统课堂不同的新型课堂(见表 2.3)。

表 2.3　传统的课堂与建构的课堂①

传统的课堂	建构的课堂
课程始于构成整体的部分,强调基本的技能	课程始于整体并扩展到各部分,强调关键的概念
高度重视与既定课程的严格一致	侧重发现学生的问题和兴趣
材料主要是教科书和练习册	材料主要来源于物质的和手工的素材
学习建立在复述的基础上	学习是互动的,建立在学生已知内容的基础上
教师将信息散发给学生;学生是知识的接受者	教师与学生进行对话,帮助学生建构他们自己的知识
教师的角色是指导性的,源于权威	教师的角色是互动性的,源于协商
通过测验,根据正确的答案,进行评价	评价包括学生的作业、观察、观点以及测验。过程与结果同样重要
知识被看作是不变的	知识被看作是动态的,并随着我们的经验在不断变化的
学生主要是单独学习的	学生主要是在群体中学习的

这种课堂具有几个重要的特征:

学生不是消极静听,而是积极参与;

课堂环境不是专断型的,而是民主型的;

课堂活动不是单向独白的,而是互动合作的,是以学生为中心的;

教师通过示范、指导或搭建脚手架,辅助学生的学习,激励学生成为自主的学习者。

建构主义对我国教育改革与发展也产生了重要的影响。特别是在新一轮基础教育课程改革中,建构主义提供了重要的理论基础和思想资源。更为重要的是,建构主义不只是停留在理念的层面,而是逐渐转化为教师的课堂教学实践。它认为学生是学习的主人,强调学习的自主性和情

---

① http://www.thirteen.org/edonline/concept2class/constructivism/index_sub1.html

境性,注重思考和理解,这都有助于教师重建课堂教学的观念和行为模式。但是,建构主义在教育过程中,怎样有效而公平地促进每个学生的发展,也面临一些挑战。

(四) 后现代主义的教育思想

后现代主义(postmodernism)最初源于艺术、建筑和文学批评领域,后来才扩展到哲学、社会学、政治学、教育学等领域。严格来说,后现代主义并不是一种统一的学说,而是一系列反现代主义的态度或策略。在哲学领域,**后现代主义则是由反对传统形而上学、基础主义(本质主义)、逻各斯中心主义、人类中心主义等,关注多样、差异、冲突、权力、解构的学说构成的**,包括福柯(M. Foucault)和利奥塔(J. Lyotard)的后结构主义、罗蒂(R. Rorty)的新实用主义、德里达(J. Derrida)的解构主义、伽达默尔(H. Gadamer)的诠释现象学、哈贝马斯(J. Habermas)的批判理论,甚至也包括激进的社会建构主义,等等。通过这些学说,后现代主义也对教育领域产生了重要的影响,多尔(W. Doll)、拉瑟(P. Lather)、厄舍(R. Usher)、爱德华兹(R. Edwards)等都是典型的代表。此外,弗莱雷(P. Freire)、阿普尔(M. Apple)、吉鲁(H. Giroux)、阿罗诺维茨(S. Aronowitz)、麦克拉伦(P. MacLaren)等人,则与后现代主义有不同程度的关联。

在教育目的观上,后现代主义反对统一的、抽象的、终极的教育目的。他们认为,每个学生都是特殊的、具体的,具有不同的个性心理特征和社会文化背景,拥有不同的发展可能性。那些统一的、抽象的、终极的教育目的,往往会忽视学生发展的多样性和差异性,束缚和压制学生的自由发展。面对来自社会文化的宰制和压迫,教育的目的就在于,促进学生的批判性思考,给他们"赋权",帮助他们摆脱各种社会的控制和压迫,实现个人的自由和解放,重建和谐与公正的社会秩序。例如,吉鲁就认为,教育是一项文化政治的活动,其目的就在于为民主社会造就具有批判意识和能力的公民。

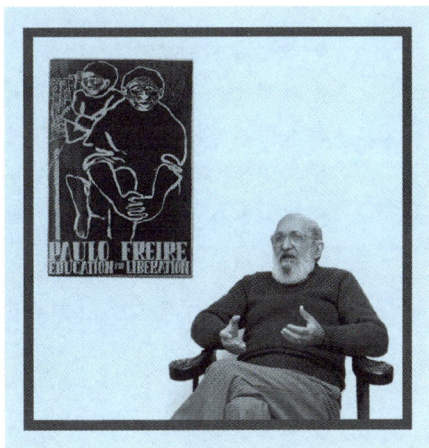

弗莱雷(P. Freire)

在课程观上,后现代主义反对线性的课程开发模式,主张学科整合、课程开放、意义生成。后现代主义对基础主义持激进的批判态度,认为知识或经验都是个体化的、情境化的、整体性的。根据多尔的观点,课程的设计应该遵循四个标准:(1)丰富性(richness),是指课程的深度、意义的层次和解释的多重性,强调课程要为学生提供各种可能的学习机会,同时要内含适量的不确定性和疑难,促进学生的思考和探索。(2)回归性(recursion),是指课程要促进学生与环境、他人、文化以及自身知识的反思性互动。(3)关联性(relations),是指课程不仅要促进其内部各学科或要素之间的整合,而且要与其以外的经济、文化等因素进行关联。(4)严格性(rigor),是指课程要保持复杂的不确定性与批判的解释性之间的辩证关系,一方面要意识到事物所具有的复杂的不确定性,另一方面要有目的地搜寻多种解释和关联。[1]

---

[1] 多尔著,王红宇译:《后现代课程观》,教育科学出版社 2006 年版。

在教学观上,后现代主义反对预设和灌输,主张动态生成、对话探究。首先,教学不是封闭的,而是一个复杂的、开放的系统。其次,教学的过程不是线性的、预设的,而是非线性的、动态生成的。因此,在教学方法上,后现代主义主张丰富多样、灵活多变,反对模式化,应该通过学生的自主探究和参与行动,通过教师和学生的平等对话和交往。例如,弗莱雷就反对基于书本的"储蓄"(banking)的教育观和讲授式教学,而主张基于问题的对话式教学。弗莱雷认为:"没有了对话,就没有了交流;没有了交流,就没有了真正的教育。"①面对压迫性的社会结构,教师不是"教书匠",而应该成为"转化型的知识分子",帮助学生通过批判性思考,把握各种知识和社会结构背后存在的意识形态和权力关系,使其成为民主社会中具有批判能力且负责的一分子。

专栏 2.5

储蓄式教育观

- 教师教,学生被教。
- 教师无所不知,学生一无所知。
- 教师思考,学生被考虑。
- 教师讲,学生听——温顺地听。
- 教师制订纪律;学生遵守纪律。
- 教师做出选择并将选择强加于学生,学生唯命是从。
- 教师作出行动,学生则幻想通过教师的行动而行动。
- 教师选择学习内容,学生(没人征求其意见)适应学习内容。
- 教师把自己作为学生自由的对立面而建立起来的专业权威与知识权威混为一谈。
- 教师是学习过程的主体,而学生只纯粹是客体。

(资料来源 弗莱雷著,顾建新、赵友华、何曙荣译:《被压迫者教育学》,华东师范大学出版社2001年版,第25—26页。)

后现代主义有关现代教育的批评确有启发性,但它在实践层面往往缺乏有效的策略。它倡导多元,尊重差异,富有怀疑和批判精神,消解各种束缚个体自由的社会力量和教育关系,重建个体与自我、与他人、与社会、与自然的和谐关系。但是,后现代主义容易导向相对主义、主观主义、虚无主义,而教育在根本上是以一定的价值为导向的。

---

① 弗莱雷著,顾建新、赵友华、何曙荣译:《被压迫者教育学》,华东师范大学出版社2001年版。

三、马克思主义教育思想的指导地位

(一)"回到马克思本身"

马克思主义是当前我国教育改革与发展的指导思想,深刻地影响了我国教育的路线、方针、政策。自从马克思和恩格斯之后,形成了诸多追随马克思和恩格斯的思想派别,除了苏联和中国正统的马克思主义之外,还有"西方马克思主义"的传统。他们都秉承了马克思的社会批判立场。但是在这里,我们主要回到马克思本身,简述他有关教育与人的全面发展的基本思想,以及这些思想对我国教育目的和方针的具体影响。

(二)个人的全面发展理论

早在马克思之前,就有许多思想家,如亚里士多德、夸美纽斯、卢梭、裴斯泰洛齐,提出过德、智、体等多方面和谐发展的思想。然而,与他们不同的是,马克思是从个人发展的社会历史条件出发,阐明人的全面发展的内涵的。

伦敦海格特公园的马克思墓

马克思认为,"人的本质并不是单个人所固有的抽象物,在其现实性上,它是一切社会关系的总和"①。因此,有关人的认识,应该从他们现有的社会联系,从他们的生活条件出发。他认为,人的发展"既和他们生产什么相一致,又和他们怎样生产相一致","个人是什么样的,取决于他们进行生产的物质条件"。② 这意味着,人的发展是与社会的生产力和生产关系紧密结合在一起的,也就是说,人的发展是与社会生产的发展相一致的。

但是,资本主义及旧式的劳动分工造成了人的"异化",造成了人的片面发展。因此,马克思认为,分工本身是一定物质力量(社会历史条件)的产物,只有当个人重新驾驭这些物质力量并消灭(旧的)分工时才能使个人获得自由的和全面的发展。在马克思看来,这种全面发展的人应该是"能够适应极其不同的劳动需求并且在交替变换的职能中……使自己先天的和后天的各种能力得到自由发展的个人",应该"以一种全面的方式,也就是说,作为一个完整的人,占有自己的全面的本质"。③ 要驾驭这些物质力量并消灭旧的分工,没有集体是不可能实现的。"只有在集体中,个人才能获得全面发展其才能的手段,也就是说,只有在集体中才可能有个人自由。"④但是,不是任何集体都能使个人自由发展的,只有"真实的"集体,即个人的自由联合体(即共产主义的社会),才能实现一切社会成员的自由的、全面的发展。

因此,教育的任务就是培养自由而全面发展的个人。要实现这一任务,马克思认为,要将教

---

① 马克思:《费尔巴哈提纲》,载《马克思恩格斯选集》(第1卷),人民出版社1995年版,第56页。
② 马克思:《德意志意识形态》,载《马克思恩格斯选集》(第1卷),第68页。
③ 马克思:《1844年经济学哲学手稿》,载《马克思恩格斯全集》(第42卷),人民出版社1979年版,第123页。
④ 马克思、恩格斯:《德意志意识形态》,载《马克思恩格斯选集》(第1卷),第119页。

育与生产劳动结合起来,特别是在机器生产时代,尤其要将童工的生产劳动与教育结合起来。他认为,教育主要有三件事:"第一,智育。第二,体育,像体操学校和军事训练给予的。第三,技术教育,这种教育传授全部生产过程的一般原理,同时引导儿童和年轻人实际使用和掌握一切行业的基本工具。"①

(三)马克思主义对我国教育的影响

马克思主义关于人的全面发展学说,指出了人的全面发展的历史必然性,从而也为社会主义的人才培养指明了方向。这一学说,构成了我国教育目的和方针的思想基础。尽管在不同的历史时期,我国教育目的和方针在表述上有些许的变化,但马克思关于人的全面发展学说的精神却一直蕴含其中。例如,1982年,第五届全国人民代表大会第五次会议通过《中华人民共和国宪法》规定:"国家培养青年、少年、儿童在品德、智力、体质等方面全面发展。"1990年,《中共中央关于制定国民经济和社会发展十年规划和"八五"计划的建议》中说:"教育必须为社会主义现代化建设服务,必须与生产劳动相结合,培养德、智、体全面发展的建设者和接班人。"1993年,《中国教育改革和发展纲要》重申了这一教育方针。1995年,《中华人民共和国教育法》规定:"教育必须为社会主义现代化建设服务,必须与生产劳动相结合,培养德、智、体等全面发展的社会主义事业的建设者和接班人。"《国家中长期教育改革和发展规划纲要(2010—2020年)》又指出:"全面贯彻党的教育方针,坚持教育为社会主义现代化建设服务,为人民服务,与生产劳动和社会实践相结合,培养德智体美全面发展的社会主义建设者和接班人。"更为重要的是,通过这一教育目的和方针的指引,马克思关于人的全面发展的学说直接体现在教育政策、学校制度、课程安排以及课堂教学中,转化为现实的力量。

专栏2.6

就若干问题给临时总委员会代表的指示

4. 男女青少年和儿童的劳动

我们认为,现代工业使男女儿童和青少年参加伟大的社会生产事业的趋势,是进步的、健康的和正常的趋势。然而在资本主义条件下,这种趋势被造成了畸形而成为使人憎恨的事情。在合理的社会状态中,无论哪一个儿童,从9岁起都应当成为生产劳动者,正像身体健康的成年人一样,都不应当逃避普遍的自然规律。这个规律是:为了能够有饭吃,就要劳动,不仅用脑劳动,而且也用手劳动。

可是,现在我们只是谈(工人的)带男女儿童和年轻人。(应当把他们分为三类,区别

---

① 马克思著,瞿葆奎译,马骥雄、邵瑞珍、林祥嵋校:《马克思就若干问题给临时总委员会代表的指示·4. 男女青少年和儿童的劳动》,载《外国教育资料》1983年第3期。

对待。第一类的范围，从 9 岁到 12 岁；第二类，从 13 岁到 15 岁；第三类，包括 16 岁和 17 岁。我们建议，任何工场或家庭劳动雇用第一类的时间，由法律限于二小时；第二类，限于四小时；第三类，限于六小时。对第三类，还必须至少给一小时的间歇，用来吃饭或休息。

在 9 岁以前开始小学的教学，也许是可取的。但是我们在这里谈的，只是抵制资本主义制度各种趋势最必要的措施。这个社会制度把工人贬低为仅仅是资本积累的工具，并且使穷困的父母成为出卖他们自己子女的奴隶主。儿童和青少年的权利必须加以维护。他们自己还不能这样来行动。因此，替他们来行动是社会的义务。

如果资产阶级和贵族阶级忽视对它们后代的义务，那是它们自己的罪过。享受这些阶级特权的儿童，是注定要受到它们各种偏见的危害的。

工人阶级的情况则迥然不同。工人是没有自由的人。在极其多的情况下，他甚至无知得连他孩子的真正利益，或人类发展的正常条件也不能了解。可是，工人阶级中较有觉悟的一部分人，充分了解这个阶级的未来，从而人类的未来，全都决定于形成年青的工人一代。他们知道，首先，必须把童工和青少年工人从目前制度的摧残下拯救出来。这只有变社会意识为社会力量才能实现，而在一定的情况下，除了通过国家权力实施的普遍法律以外，没有别的方法能这样来做。工人阶级实施这种法律，不是巩固政府的权力。相反，他们把现在用来反对他们的那种权力，变为他们自己的武器。他们靠集体的行动，能够得到靠许多分散的个人努力所不能得到的结果。

从这个观点出发，我们说：除非同教育结合起来，就决不容许任何一个父母和任何一个雇主去使用青少年的劳动。

至于教育，我们理解为三件事情：

第一，智育。

第二，体育，像体操学校和军事训练给予的。

第三，技术教育，这种教育传授全部生产过程的一般原理，同时引导儿童和年轻人实际使用和掌握一切行业的基本工具。

智育、体育和技术教育循序渐进的过程，应当同青少年劳动者的分类相一致。技术学校的开支，应当靠出售它们的产品来得到部分的弥补。

有报酬的生产劳动、智育、体育和综合技术教育的结合，将会使工人阶级提高到远远超过贵族阶级和资产阶级的水平。

不言而喻，法律必须严禁雇用所有从（9 岁）到 17 岁的人（包括 17 岁在内），去做夜工和在一切有害健康的行业中劳动。

马克思写于 1866 年 8 月底。

（资料来源 马克思著，瞿葆奎译，马骥雄、邵瑞珍、林祥嵋校：《马克思就若干问题给临时总委员会代表的指示·4.男女青少年和儿童的劳动》，载《外国教育资料》1983 年第 3 期。）

本章小结

　　作为"爱智慧"的学问,哲学在历史上就与教育有密切的关联:教育催生了哲学,哲学又推动了教育。对教师来说,哲学提供的不止是知识,更是综合的视野和批判的态度。在哲学与教育的互动中,在西方形成了许多教育哲学流派,其中对当前我国教育改革与发展具有重要影响的是:以杜威等为代表的实用主义教育思想;以皮亚杰、维果茨基等为代表的建构主义教育思想;以弗莱雷、吉鲁等为代表的后现代主义教育思想。但是,马克思主义(特别是马克思本人)有关人的全面发展的学说深刻地影响了我国的教育思想和实践。

思考与实践

　　1. 国内一位知名的人文学者曾对什么是哲学有如下论述,请结合自己已有的哲学知识进行分析:

　　什么是哲学? 很多人对哲学的认识是有问题的,这和我们的哲学课有关,我们的中学、大学都有哲学课,学的是马克思主义哲学,是非常简单化的马克思主义哲学。我想象的哲学是非常有意思的,但我考上北大哲学系以后,听课感觉是比较沉闷的,是很让人失望的,那不是真正的哲学。我对哲学的一点概念不是从课程上学来的,而是从书上读来的,我读了西方哲学史,一些大哲学家如康德、尼采的一些作品,我对尼采很感兴趣,我翻阅了很多尼采的著作。我也读了所有马克思的哲学原著,我们学校教科书里的东西和马克思哲学原著所表达的东西完全是两回事。通过我自己的阅读,我觉得哲学是对世界、人生问题的根本思考。

　　哲学开始于什么呢? 柏拉图说哲学开始于惊疑,即哲学是从惊奇和疑惑开始的。当人对世界对自己感到惊奇的时候,会问这个世界到底是什么? 我们每个人都有类似的经历,现在很难看到星空,我小时候在上海这样的大城市都能看到星星,当看到满天星星的时候你会感到非常惊奇,这个世界那么大,地球是宇宙中一颗小小的星,还有无数和地球一样的星星,那么这个世界到底是什么? 于是你想知道它是什么,这就开始哲学的思考。所以你的哲学开始于仰望星空时产生的敬畏、惊奇,这就有哲学的感觉了。面对世界是因为惊奇,面对人生是因为困惑、疑惑,当你对人生困惑的时候,会思考人生到底有什么意义? 人生的意义是什么? 我们活一场的意义是什么? 想这些问题就是在想哲学问题。因为惊奇而问世界是什么,这可以叫做世界观,是对世界的看法。因为困惑而问人生到底有什么意义,这是人生观,是对人生的思考。

　　2. 英国哲学家罗素说,"哲学,就我对这个词的理解来说,乃是某种介乎神学与科学之间的东西。它和神学一样,包含着人类对于那些迄今仍为确切的知识所不能肯定的事物的思考;但是它又像科学一样是诉之于人类的理性而不是诉之于权威的,不管是传统的权威还是启示的权威。一切确切的知识——我是这样主张的——都属于科学;一切涉及超乎确切知识之外的教条都属于神学。但是介乎神学与科学之间还有一片受到双方攻击的无人之域;这片无人之域就是哲学"。

(资料来源 罗素著,何兆武译:《西方哲学史》,商务印书馆1977年版,导言)

结合这段论述,说说哲学与其他学科相比究竟具有什么特性和价值。

3. 试对下述观点作出评论:

从片面追求升学率教育向素质教育转变,其实质就是教育本性的回归,是教育的正本清源。那么教育的"本"是什么? 它的"源"在哪里? 这些带有根本性问题的答案,只能到教育哲学的层面上去追寻。对于物理教学而言,最为本原的问题不外乎三个方面:第一,什么是物理(本体论问题);第二,为什么教物理(价值论问题);第三,怎样教物理(方法论问题)。人们对于这三个根本性问题的思考与回答,就构成了物理教育哲学的主体内容。

4. 查找资料,比较杜威的"教育即生活"与陶行知的"生活即教育"之间的异同。

5. 实用主义、建构主义和后现代主义在教育的看法上是否有相同之处? 如果有,是什么?

6. 收集同学(或老师)有关"教育是什么"的看法,分析这些看法背后体现出来的知识观和价值观,并说明这些观点的合理性。

延伸阅读

1. 陆有铨著:《现代西方教育哲学》,河南教育出版社1995年版。
2. 高文、徐斌艳、吴刚主编:《建构主义教育研究》,教育科学出版社2008年版。
3. 林逢祺、洪仁进主编:《教师不可不知的哲学》,华东师范大学出版社2009年版。
4. 杜威著,王承绪译:《民主主义与教育》,人民教育出版社1990年版。
5. 奥兹门、克莱威尔著,石中英、邓敏娜等译:《教育的哲学基础》(第七版),中国轻工业出版社2006年版。
6. 奥恩斯坦、丹尼尔著,杨树兵等译:《教育基础》,江苏教育出版社2003年版。

第三章

教育的心理基础

一、人接受教育的必要性与可能性

（一）人的心理发展的特殊性

    1. 人的发展具有可塑性

    2. 人的发展具有继承性

    3. 人的发展具有能动性

（二）影响人的发展的因素分析

（三）教育在人的发展中的作用

    1. 价值导向

    2. 强化作用

    3. 社会规范

    4. 加速发展

    5. 延时效应

    6. 潜能开发

二、个体的发展结构与教育

（一）个体发展结构概述

    1. 认知过程

    2. 情感过程

    3. 意志过程

（二）基于个体发展结构的教育

    1. 全面发展教育

    2. 素质教育

    3. 全人教育

三、发展阶段与教育

（一）关于人的发展阶段及其划分

（二）心理发展阶段理论的教育意义

    1. 教育要适应受教育者的接受能力

    2. 教育要依受教育者的心理发展过程循序渐进

    3. 教育要抓住受教育者心理发展的"关键期"，适时施教

    4. 教育要给学生的心理发展以积极的支持

四、个体差异与教育

（一）心理发展的个体差异

    1. 认知方面的个体差异

    2. 能力发展的个体差异

    3. 气质性格的个体差异

    4. 学习风格的个体差异

（二）基于心理差异的个性化教育

    1. 个别化教学

    2. 学生发展指导

"你想过不浪费孩子的生命,让孩子16岁大学本科毕业、18岁研究生毕业、21岁博士毕业吗?"

"这可能吗?简直异想天开!"

然而,当前的确有家长这么做,且信心百倍。他们实践的正是社会上悄然兴起的"超前教育"。

日前,一场北大中国名师巡回报告会在广州举行,吸引了上千名家长及学生前来听课,面对专家们出神入化的演示和"推销",家长们有些惊叹,也有些怀疑……

半信半疑,正是当前普罗大众对超前教育的主流看法。

"13乘以9等于多少呢?"13岁考上中国科学技术大学的特色数学专家何××现场即兴发问。

问题一抛出,台下很多家长和学生纷纷口算或心算起来。"伸出你的双手,数到第三个手指,放下,你会发现你的手型刚好是答案117。"何××一边讲,一边演示着。

顿时,台下一道道好奇的目光齐刷刷聚焦何××。"真绝呀!这么准呀!……"何××展示的是他的快乐超速学习法。

那如果是"14乘以9,18乘以8……这些怎么比划呢?"、"手指会不会不够用?"……台下有学生照样画葫芦,却发现此办法不灵验了。何××立刻表示,其他的数字又有其他办法。"那岂不是很难记住,记这么多方法还不如记乘法口诀!"有学生认为。

何××说,除了数学,英语、汉语也都有法可循。比如"海"字,是由"水"、"人"、"母"三个偏旁构成,由此你想到水是人类的母亲,有水才有生命。"汉字的偏旁部首是有意义的,了解这些偏旁部首就比较好记忆汉字,否则就比较困难。"又比如英语单词"spring":是春天的意思,它还有弹簧的意思,怎么记忆呢?"你看,s像一个能弯曲的铁丝,p就是你按压弹簧时砰砰的声音,这样子不就好记多了。"

尽管何××的描绘栩栩如生,但还是有学生发问:有时每个人的联想都不同,岂不是每个字、每个单词的意义都不同?

倡导超前教育的专家袁××教授也到现场演示英语和汉语教学方法。他归纳为:颠倒顺序,先学英语,再学拼音。"3岁的时候,孩子进入到一个语言敏感期,这时候我会先教他英语字母,因为汉语拼音的发音与字母的发音很相似,比如说'柱子',我会告诉她Z-H-U-Z-I,以英语字母的方式去学习,然后用搜狗拼音法在电脑上打出一连串跟"柱子"同音的词,这样他就可以同时认识很多汉字了。

不过,台下有学生听得一头雾水,初一学生徐敏对记者说,他宁愿按照汉语和英语各自规律,循序渐进地学习,不然连英语和拼音的读音都很容易混淆。①

学完本章内容,你或许对这一案例有自己的认识。

---

① 《"超前教育"真能人造"神童"?》,《羊城晚报》2010年6月16日。

1. 初步形成人需要接受教育、人只有接受教育才能成为人的基本观念。

2. 了解个体心理发展的基本结构,在教育和心理发展之间建立初步关联。

3. 掌握个体心理发展的阶段性和差异性等基本知识,学会运用心理学的基本知识来指导教育工作。

人的心理发展有着独特的属性,具有接受教育得到发展的可能。人只有接受教育才能成为人。**心理发展是教育的基础,教育要以心理发展为前提,并受到心理发展的制约。教育必须适应受教育者身心发展的需求,遵循受教育者身心发展的规律。** 人的心理发展具有阶段性,不同个体在同一年龄阶段表现出共同的阶段性特征,这是个体心理发展的共性、一般性;人的心理发展也具有差异性,这是个体身心发展表现出的个性,或者说特殊性。

一、人接受教育的必要性与可能性

(一)人的心理发展的特殊性

人作为生命体,与其他生命体有着很大的区别,有着独特的生命属性。 人生来具有高级神经系统、成熟的语言器官和发展完善的双手,为人后天在与其他个体的交往活动中、在给定的社会文化环境中、在参与社会实践活动中,获得并丰富语言、发展思维、形成并提升自我意识,在创造性地参与自然环境改造从而改造自身心理世界提供了生理条件。动物在出生后,许多器官就达到非常成熟的状态,人的许多器官的发展成熟,需要一个很长的生长期。[①] **这就是人作为生命体出生之初所具有的发展的未完成性。** 作为个体的人出生之初的这种软弱状态,使得新生个体离不开成人的照料,除了在与环境的交互作用中得到自然发展之外,必须在成人的指导和帮助下,在成熟个体有目的、有计划、有系统的教育下,才能获得参与社会生产生活所需的各种能力。因此,人具有接受教育的必要性,人生来只是可能成为一个人,是一个潜在的人,最多只是一个自然人,**新生个体只有接受教育才能成为一个真正的人,从一个自然的人成为一个现实的社会的人。人也是可教育的,必须接受教育才能得到发展。**

关于狼孩的案例

世界上有许多关于野兽哺育孩子的案例,其中有"狼孩"、"猪孩"、"豹孩"、"熊孩",他们都

---

① 参见叶澜主编:《新编教育学教程》,华东师范大学出版社 1991 年版,第 80—81 页。

是先由动物养育,而后被人发现又重新回到人类世界的。到现在为止,我们了解到的这方面的案例不下30个,最著名的要算是印度孟加拉州发现的"狼孩"了。关于这两个狼孩,有着可靠而丰富的资料。

这"狼孩"是在1920年10月,一位印度传教士辛格在一个丛林地区的狼穴中发现的。经过村人的报讯,辛格让人把洞穴挖开,发现两只小狼和两个裸体小女孩卷伏在一起。当辛格要把她们带走时,她们如同野兽一样张牙露齿企图拒捕。但辛格最终还是将她们带回了蜜那波城他所创办的孤儿院里抚养。

狼孩

据辛格的估计,大的女孩被发现时,大约有8岁,小的1岁半左右。据推测,她们必是在半岁左右时被母狼带到洞里去的。辛格给她们起了名字,大的叫卡玛拉,小的叫阿玛拉。

当她们被领进孤儿院时,她们一切生活习惯都同野兽一样。她们不会用双脚站立。只能用四肢走路,速度比一般人跑得还快。她们害怕日光,在太阳下,眼睛只开一条窄缝,而且,不断地眨眼。她们习惯在黑夜里看东西。她们经常白天睡觉,打瞌睡或者一连几个小时面向墙壁静坐不动;一到晚上则活泼起来,开始活动,在院子里走来走去,东嗅西闻,寻找生肉或动物吃,往往企图逃入丛林。每夜10点、1点和3点循例发出非人非兽的尖锐的怪声。她们完全不懂语言,也不发出人类的音节。她们两人经常动物似地蜷伏在一起,不愿与他们接近,并曾两次咬伤了别的小孩。她们不吃东西时,如果有人或有动物走近,便呜呜作声去吓唬人。在太阳下晒得热时,即张着嘴,伸出舌头来,和狗一样的喘气。她们不肯洗澡,也不肯穿衣服,并随地便溺。

她们被领进孤儿院后,辛格夫妇异常爱护她们,耐心抚养和教育她们。可是在最初的一年里,辛格夫妇想尽一切办法也不能使这两个狼孩和他们接近。

总的说来,小的阿玛拉的发展比大的卡玛拉的发展快些。进了孤儿院两个月后,当她渴时,她开始会说"bhoo(水,孟加拉语)",可是卡玛拉用了25个月才开始说第一个词"ma(妈,指辛格夫人)"。阿玛拉也较早对别的孩子的活动表现兴趣。遗憾的是,阿玛拉进院不到一年,便死了。

进院16个多月,卡玛拉才会用膝盖走路,但仍多半用四肢爬行;2年8个月才会用两脚站起来,要5年多才会用两脚走路,可是一旦要走快,始终都要用四肢爬行。自从1922年8月说出一个"ma"字后,直至1924年2月她一共只学会了6个字。到1926年1月她会说出30个字,至1927年增加到45个字,并曾说出用3个字组成的句子。

从各方面来看,专家们认为,卡玛拉的大脑在生理解剖特点上是正常的,没有低能的象征,也正因如此,她才能在一生中适应几次生活上的巨大转变。她的智力水平之所以非常低,不是由于大脑在发育上有什么缺陷,而是由于缺乏人类社会环境众多而繁复的刺激。

卡玛拉一共在孤儿院生活了9年,到1929年11月14日因患尿毒症而死亡。自她被发现到她死亡的 9 年零 1 个月的这一段时间,辛格都记有详细的日记,并拍下了许多照片。

（资料来源 陈震东：《对教育起源的探索》,载瞿葆奎主编,瞿葆奎、沈剑平选编：《教育学文集·教育与教育学》,人民教育出版社 1993 年版；程正方：《野兽哺育的孩子与隔离人世的儿童》,载瞿葆奎主编,雷尧珠、王佩雄选编：《教育学文集·教育与人的发展》,人民教育出版社 1989 年版。）

任何生命体都处于发展变化之中,人作为生命体的发展变化除了一般生命体的共同特征外,还具有以下几个特点：

1. 人的发展具有可塑性

人出生之初所具有的发展的未完成性,使人的发展具有很多和动物不同之处。动物出生时的发展成熟,使其后天的发展受到很大的局限,其发展只是机能的不断稳固和强大；而人出生之初,具有独特的生理基础和发展的不成熟,为人的后天发展蕴含着巨大的潜在可能性,也为后天在成熟个体和社会群体有意识的教育下得到发展提供了生理机能条件。因此,成熟个体或社会群体可以根据社会生产和生活的需要,根据个体发展的现实条件,有针对性、有意识地对新生个体进行塑造,按照社会生产生活需要和个体发展可能性进行培养。

2. 人的发展具有继承性

人作为生命个体,需要后期的发展和提升。新生个体由于发展具有未完成性,必须在上一代（或同辈中年长者）的帮助和指导下获得成长。因而,人作为生命体的发展具有继承性和累积性,必然要学习继承前人积累的知识文化成果,以前人已有的发展为基础,在前人经验的基础上进一步得到积累。个体在发展的过程中传承人类文化成果,同时,以自己的实践与创造丰富人类的知识经验积累。

3. 人的发展具有能动性

人所具有的神经系统、语言器官和双手,不仅使人具备认识和改造外部世界的能力,还使人不断发展完善自我意识,超出动物界。人改变了完全受制于环境的动物般的命运。人在与环境的交互作用中,不断发展和提升自己的认识能力,也使自己具有规划未来和把握自己命运的能力。因此,人的发展不是被动地适应环境,也不是被动地接受成熟个体或社会群体的塑造,而是能主动地根据所处自然环境和社会状况,按照自身的兴趣和愿望,规划自己的发展,并利用各种可能因素为实现发展目标创造条件,将外在因素转化为适合自身发展的现实条件。也就是说,人能够把外在环境按照自己的意识转化为影响自身发展的外在现实因素,人的主观能动性成了影响人自身发展的重要因素。

（二）影响人的发展的因素分析

在个体的发展中,究竟哪些因素在发挥作用？各种因素在人的发展中分别发挥着怎样的作用？相互之间的关系怎样？教育又发挥着怎样的作用？教育如何整合其他因素,利用各种因素创造更好的条件去有效地影响人的发展呢？为此,我们首先要对影响人发展的因素及其作用方式、机理进行分析。

对影响人的身心发展的因素,仁者见仁、智者见智。站在不同立场有着不同的认识,从不同学科出发也会得出不同的结论。在历史上形成了**单因素决定论、二因素相互作用论以及多因素多层次论等,**各种理论观点对各种因素之间关系的认识,也从非此即彼的绝对二分法,到逐步认识到各因素之间的相互作用。

单因素决定论是指有些人认为在众多影响人发展的因素中,只有一个因素是有决定意义的。其中一部分人强调内因、人之自然性的决定作用,如遗传决定论、成熟决定论等;也有一部分人认为环境在人的发展中起着决定性作用,如环境决定论。优生学的创始人高尔顿(Francis Galton,1822—1911)是"遗传决定论"的鼻祖;行为主义的创始人华生(John Broadus Watson,1878—1958)是"环境决定论"的主要代表。

遗传决定论强调遗传在心理发展中的作用,认为个体的发展及其个性品质早在生殖细胞的基因中就决定了,发展只是这些内在因素的自然展开,环境只是起到引发作用。高尔顿从英国政治家、法官、军官、文学家、科学家和艺术家中选出 977 位名人,包括调查和他们有血缘关系的亲属中有多少人与他们同样著名。结果是,他们的父子兄弟中有 332 人也同样出名。而另一个由相同人数组成的一般平常人的对照组,他们的父子兄弟中只有一个名人。高尔顿认为,这种显著差别就是能力受遗传决定的证明。

高尔顿

环境决定论认为儿童心理的发展完全是外界影响的被动结果,从而片面地强调和机械地看待环境的作用。按照华生的说法,已知刺激就能预言反应,已知反应就能推断先行的刺激。他通过经典条件反射的方法对婴儿的行为进行"塑造",特别是在情绪方面进行了大量研究,结果表明儿童对许多事物产生怕、怒、爱等情绪多数都是习得的。

专栏 3.1

华生的恐怖学习实验

华生

出生后 11 个月的阿尔巴特一直跟白鼠游玩,一点也不惧怕。实验开始,这个孩子一旦被白鼠碰上,实验者就在背地里敲打铁棒,发出巨大的音响。他惊吓得跳起来,哭丧着脸。如此繁复,终于使他哭出声来。一周后,再让他见白鼠,他伸出手后又缩了回去。同上一次实验一样反复数次,最后仅仅让他见白鼠而不伴声音,他也会哭泣起来并跑开了。这个实验(1920)表明,被视为本能的情绪反应,实际上可以在一定的条件下形成。

二因素相互作用论建立在对遗传和环境都是心理发展必不可少因素的普遍认识之上。由于遗传与环境的研究日趋深入，研究者们注意到遗传和环境在人的发展中不可缺少，开始摒弃遗传或环境决定的二分法，把遗传与环境、成熟与学习各看作一对矛盾，力图克服单因素论的绝对性，认为二者的相互作用决定人的发展，强调各自发挥什么作用，分析两者的相互制约关系。这些研究，把主体的自身作用列入到影响个体发展的因素之中，并强调各因素在个体发展过程中的不同地位、作用力大小的动态变化。

让·皮亚杰（Jean Piaget，1896—1980）等强调遗传和环境的相互作用，大致可以概括为以下几点。**第一，遗传与环境对心理发展的作用是相互制约、相互依存的，**即某一个因素的作用大小、性质依赖于另一因素。例如，环境对某种特性或行为的发生、发展能否起作用，起多大作用，往往依赖于这种特性或行为的遗传基础。**第二，遗传与环境的作用是相互渗透、相互转化的，**遗传可以影响环境，环境也可以影响遗传，同时遗传中有环境，环境中有遗传，有机体当前对环境刺激作出的某种行为反应，是它的遗传素质和过去环境相互作用的产物。**第三，遗传与环境对心理发展的相对作用不是始终固定不变的，**在不同的发展阶段、不同水平、不同性质机能上是有所不同的，在发展的初级阶段，一些较简单的初级心理机能（如感知、动作以及初级言语等）受遗传的制约性较大，而在一些较复杂的高级心理机能（如抽象思维能力、高级情感等），则更多地受环境的影响。

那么，教育在人的发展中有着怎样的作用？教育与其他因素在人的发展中如何发生相互作用？

长期以来，我国教育理论界普遍认为，遗传素质是人发展的物质前提，环境和教育对人的发展起决定作用，教育在人的发展中起主导作用。这就是所谓的影响人发展的"三因素论"。我国解放前的教育学著作认为，"三因素论"全面地体现了影响人发展因素的组成及其相互关系，它把带有宿命论色彩的遗传决定论中对遗传作用的认识，改造为人的发展的物质基础；在环境因素中，突出社会环境的作用；对教育的作用，则强调它在人的发展中定向、加速与强化的主导作用。

自20世纪80年代以后，对这一理论的批评日渐增多，非议越来越大。研究者认为，"三因素论"只着重分析影响人身心发展的外因，而不是人的内因和主观能动性在人的发展中的作用。一方面强调教育在人的发展中起主导作用，另一方面又把教育看作影响人的发展的外因，并认定决定事物发展的根本原因在事物的内部。对各种因素作用的分析存在着孤立地、静止地、简单化地看问题的缺陷，它提供的是一幅影响人发展因素的平面、静态分析图，把复杂、丰富、多变的个体发展与影响发展的因素间的相互作用关系大大简化和绝对化了，难以洞彻到影响人的发展的各因素以及教育如何促进人的发展的内在活动结构。因此，对影响人发展因素的分类不应以因素本身的性质为据，而应以对人的发展的影响性质为据，以一种动态、综合、系统、辩证的思维方式来分析影响人发展的因素。

让·皮亚杰

根据影响人发展的因素所处的不同层次，影响人发展的因素可分为对个体发展的潜在可能产生影响的因素，和对个体发展从潜在可能转化为现实产生影响的因素两大类。[①]

个体自身的因素如先天因素、后天因素和环境因素为人的发展提供了可能，个体的活动则使人的发展从潜在可能转化为现实。遗传因素和其他先天因素，为个体的身心发展提供了来自主体自身足够的、广泛与多样的条件。后天因素是在个体出生后逐渐形成的，包括身体生长发育水平与健康状态，心理能力的发展水平，知识、经验的积累水平与结构，对人、对事、对己的倾向性态度等，涉及个体的体质、能力、知识、经验、立场、态度等个体内在素质。后天因素是前一阶段发展的结果，又对后一阶段的发展产生影响，影响着个体对环境的选择与作用方式。后天因素对个体发展作用的强弱，与个体已经达到的发展水平相关。当人的发展水平达到已形成较清晰的自我意识和自我控制水平时，人能有目的地、自觉地影响自己的发展。环境因素为人的潜在发展可能性变为现实，提供了实现的条件。环境对个体发展的意义，取决于个体的态度。个体对环境持积极态度，就会发掘环境中有利于自身发展的条件，克服消极的阻力，从而拓展自己发展的可能。

先天因素、后天因素以及环境因素都是影响个体发展可能性因素，但需要在个体的生命实践活动中实现相互作用、相互渗透，并发生相互转化，从而将发展可能性转变为现实。个体自身的生命实践活动在将发展可能性转化为现实中具有决定性意义。根据个体活动的水平，个体活动可分为生理、心理和社会等三种不同层次，社会实践活动是人的活动中最高层次、也是最富有综合性的活动。人的社会实践活动从综合的意义上把主体与客体、个体与社会、人的内部世界与外部世界联系起来，是推动人本身发展的决定性因素。

各种因素对人的发展的影响和作用并不等同，在不同的时期和不同的情形中，其作用力有强弱之分、方向之别。遗传是人的身心发展的生理前提，为人的身心发展提供着可能性。遗传主要表现为生理解剖结构，在生理结构没有达到成熟之前，它在儿童身心发展中起着主导作用。而当人的神经系统的结构初步成熟以后，其机能便构成起主导作用的内因，过去的经验或已有的心理发展水平，包括年龄特征，对儿童心理发展产生重要影响。个体的主观能动性在影响儿童发展的因素中处于最高层次。儿童在积累有一定的经验和知识以后，就能够结合当前的情况，善于改组并创造性地运用自己的过去经验和知识解决矛盾。外部环境是影响人身心发展的外部因素，包括自然环境和社会环境。自然环境指的是物质环境，可分为纯自然环境和人化自然环境两个子类别，前者是未经人加工过的自然环境，后者则是经过人改造的物质环境。社会环境指的是各种各样的社会关系，也可分为自发的人际关系和有组织的人际关系两个子类别，前者是人在社会交往中自发形成的人际关系，后者则是有意识地组织起来的人际关系，宗教、职业、教育等都在其内。教育属于影响人的发展的外部因素中的社会环境的一部分，在人的身心发展中发挥着独特的不可取代的作用。在人发展的不同时期，教育能根据影响个体发展的不同因素采取有针对性的措施，更好地利用这些因素来

[①] 叶澜认为，影响人发展的因素可分为可能性与现实性两个层次，包括个体自身条件、环境条件和主体所进行的各种类型实践活动等因素，这也就是"二层次三因素论"。下文有关观点参见叶澜著：《教育概论》，人民教育出版社2006年版，第191—219页。

促进个体发展,将个体发展的可能性转变为现实性。在个体的整个发展过程中,人的生命实践活动是使各种因素发生相互作用、使个体发展可能性转化为现实性的桥梁,是影响人发展的根本性因素。也正是在个体的生命实践活动中,外部因素才对人的发展发生作用。儿童是在自身与环境相互作用的活动中接受环境的影响的,离开了活动,儿童内在发展的可能性就不可能转化为现实性。[①]

(三) 教育在人的发展中的作用

教育是影响人发展的一种特殊因素。教育作为一种特殊的社会实践活动,由教育者和受教育者个体共同参与,它是一种人为的社会实践活动,以影响个体的身心发展为直接目的,是他人为影响受教育者个体而精心设计的一种活动。教育对个体发展具有特殊的功能:

1. 价值导向

教育区别于自然影响的最大特点就在于其目的性,教育作为一种有目的地培养人的社会活动,在一定程度上规定着人的发展方向,即依据一定的目的对人施加影响,有着较为明确的方向性。受教育者若能依循这种方向,通过自身的主观能动性,持续地接受教育者所施加的影响,就会自觉不自觉地将教育中所包含的方向性,转化为自身发展的方向。当然,其中也有教育影响的方向不被受教育者接受的情形,它大多发生在这样一些情况下:第一,教育活动不符合受教育者的接受能力,与受教育者身心发展需要相悖。第二,教育中所申明的目的与实际的目的不相一致,也就是表述出来的目的与教育中实际所达到的目的不一致甚至完全相悖。第三,教育中所规定的目的,与教育所赖以生存的社会文化环境中的主导价值观念等相冲突。学校教育在一定意义上是对社会文化环境的"纯化",能够排除和控制一些不良因素的影响,从而能够为年轻一代提供明确的或者说正确的发展方向。但这种对环境的"纯化"不应该是过分的简化,不应该回避社会文化中的一些与学校方向不一致的方面,否则,一旦学生走出校门,接收到来自社会各方面的影响时,在学校中形成的价值观念就会遇到挑战,甚至对学校中传递的东西发生怀疑和背离。

2. 强化作用

教育对人的发展起着一定的强化作用。抛却教育的影响,人也能够得到发展,自发的环境影响也为人的发展提供了各种各样的条件和便利。但是,教育特别是学校教育,是根据一定的要求,按照一定的目的,选择适当的内容,利用集中的时间,有计划、有组织、有系统地向学生施加影响的,这些都是自发的、偶然的、片段的环境影响所无法比拟的。教育能够对人的发展起到其他因素所无法起到的推进作用。当然,这种推进作用也需要以调动学生的积极性、主动性为前提。

3. 社会规范

学校教育按社会对个体的基本要求,对个体发展的方向与方面做出社会性规范,使个体社会化过程进入有意识状态。社会对个体的规范,表现为教育目的和目标,从而规范着学校其他工作,通过各种教育活动促使学生达到规范的目标。学校教育把社会认可的道德规范教给学生,并

---

① 参见郑金洲著:《教育通论》,华东师范大学出版社 2000 年版,第 129—133 页。

按照这一规范去形成或校正学生的道德行为,通过各种途径提高学生的社会意识、社会责任感和社会交往能力。

4. 加速发展

教育能够加速人的一般发展进程。在日常生活和工作实践中,个体的身心同样能得到发展,学校作为一个组织机构,在一定程度上以追求效率为主要指向,也即以如何更快更好地培养人才为着眼点。学校教育能加快个体发展变化的速度,缩短实现发展目标的时间。学校教育目标明确、时间相对集中、有专人指导,它通过专门培训过的教师的努力,起着社会环境其他因素中任何成员都不可能起到的作用,引导学生向一定方向发展。由于教师是专职的教育人员,熟悉教育的内容,懂得教育这个转化活动的规律和方法,因而使得学生的发展速度在某些方面会超出那些没有接受同等教育的人。此外,学校教育使个体处在一定的学习群体之中,个体之间发展水平有差异,这也有助于个体的发展。

5. 延时效应

学校教育尤其是中小学基础教育,对个体发展的影响不仅具有即时的价值,而且具有延时的价值。学校教育的内容大部分具有普遍性和基础性,即使专门学校的教育内容,也在该领域中具有普遍性和基础性,因而接受教育后,个体所得到的发展一方面表现为掌握所学知识,帮助解决所面临的现实问题,另一方面,个体所学的这些知识对其今后的发展具有长远价值,而且有些知识需要在一段时间之后才会发生作用。此外,学校教育提高了人的需要水平、自我意识和自我教育的能力,能帮助个体形成对自身发展的自主能力,使个体的发展由自发提高到自觉的阶段,这对人的发展来说,更具有长远的意义。

6. 潜能开发

学校教育的内容具有丰富性,有助于开发学生多方面的才能。而且,在学校中不同学生之间表现出才能的多样性和差异性,以及学生个体之间的相互交往有助于潜能的相互激发。专门学校更有助于对学生某些方面的才能进行开发。在学校教育中,教师具有一定的教育学和心理学素养,有助于他们发现学生的独特性,积极创造条件促进学生个性发展和潜能开发。

专栏 3.2

"新基础教育"

"新基础教育"由华东师范大学教育学系叶澜教授和她的研究团队创建。20 世纪 80 年代末，叶澜教授在上海进行深入调查，指出教育实践中存在无视人的现象。1994 年，开始"新基础教育"探索性研究；1999 年开始进入"新基础教育"发展性推广性研究阶段；2004 年开始进入成型性研究阶段。为期 15 年的"新基础教育"研究，从教学领域到班级建设，到学校整体层面，在进行教育实践改革的同时实现教育理论的建构，在实现学校转型变革的同时实现人的成长，即实现学生、教师和校长的发展和成长，并在此基础上进行重建中国教育学的尝试和努力，提出创建"生命·实践教育学"学派。

"新基础教育"在学校转型变革中确立了"成事"与"成人"相结合的导向，在成事中成人，通过成人来成事，体现了"生命关怀"的价值取向。通过对中国社会转型期发生的深刻变化，以及社会中人的生存方式的改变进行研究，在对时代精神深入把握的基础上，提出新的教育理想。深入研究社会转型对人的生存方式造成的影响，以及中国基础教育学校转型性变革的内涵，明确了中国学校变革的基本走向，重构学校教育中的人的生存方式。

（详细内容参见叶澜著：《"新基础教育"论——关于当代中国学校变革的探究与认识》，教育科学出版社 2006 年版；叶澜、李政涛等著：《"新基础教育"研究史》，教育科学出版社 2010 年版。）

二、个体的发展结构与教育

教育的功能最终需要落实到受教育者的发展，表现为受教育者个体身心各方面品质的发展。心理结构揭示了各种心理现象之间的联系与关系，研究个体心理发展的结构，揭示心理现象的内在联系，是有效开展教育活动的前提，能为学校教育提供基本的构成框架，或明确基本的教育内容。

（一）个体发展结构概述

人的心理结构大致可以分为两个方面：心理过程和个性心理特征。关于个性心理特征的有关内容，在个体发展的差异性的有关内容中再进行阐述。这里主要就与个体发展结构有关的心理过程进行说明。心理过程是指心理活动发生、发展的过程，也就是人脑对现实的反映过程。一般而言，心理过程分为认识过程、情感过程和意志过程，这三个过程既互相区别又互相联系。

1. 认知过程

认知过程也即"知"，是指人在认识客观世界的活动中所表现出的各种心理现象，包括感觉、知觉、记忆、思维、想象等。认知过程是人的最基本的心理活动过程。人具有自觉地认识世界的能力,认知过程就是人脑对客观对象的属性及其规律的反映,是人们认知客观对象、掌握客观规律、获取知识和运用知识的过程。人分别利用眼、耳、鼻、舌等各种感官能直接反映物体的个别属性,这叫做感觉。感觉是其他认识活动的基础,是最简单的认识过程。人还能通过感官及经验的作用,对感觉到的事物个别属性进一步加工,把多种属性整合起来,形成对物体的整体认识。感觉和知觉常常是紧密地联系在一起的,统称为感知过程。人们感知过的事物还能够以经验的形式在头脑里留下痕迹,必要时我们能回忆起它的形象、特征及名称。人脑对过去经历过的事物的反映就是记忆。人不仅直接地感知事物,反映它的表面特征,还能间接地、概括地反映事物内在的运动规律与本质特征。这就是思维。

2. 情感过程

情感过程也即"情",是指人认识客观事物时产生的各种内心体验过程。人在认识事物的过程中,对所认识的事物并不是冷漠无情、无动于衷的,而是有着鲜明的态度体验,充满着情感色彩,总会伴随着喜、怒、哀、乐等各种各样的情绪或情感体验,并根据自己或社会的需要采取一定的态度。这就是情感过程。情感以情绪经验的积累为基础,离开情绪,情感将无法存在和发展。与认识过程比较,情绪和情感过程在更大程度上受主体的需要等主观心理因素的制约,其反映结果带有更大的主观性,有时甚至难以用语言来准确描述和表达,具有更为明显的个体差异性。

3. 意志过程

意志过程也即"意",是指人们为实现奋斗目标,努力克服困难,完成任务的过程。在意志过程中产生的行为就是意志行为,也即"行"。人不仅能够认识世界,对事物产生某种态度体验,而且还能根据对客观事物及其规律的认识在活动中自觉地改造世界。人们自觉地确定一定的目的,制定计划或方案,在行动中排除各种障碍,克服种种困难,力求实现预定目标的心理过程,称之为意志过程。意志是人的积极能动性的集中体现,也是最为复杂的一种心理过程。

(二)基于个体发展结构的教育

对个体心理发展结构的研究,为教育内容或提出相应的教育理论提供了依据。**与个体发展结构的三分法相适应,在教育内容中有德育、智育、体育等方面。**基于对个体心理发展结构的认识,人们提出了不同的教育理论或对教育内容作出了不同划分。

1. 全面发展教育

在教育史上,人的全面发展是一个重要主题。古今中外一些著名教育家都有关于全面发展教育或人的全面发展的论述。孔子承袭西周贵族"礼、乐、射、御、书、数"即"六艺"教育的传统,设置了《诗》、《书》、《礼》、《乐》、《易》、《春秋》的框架。亚里士多德根据人心理发展的特点,提出进行体育、品格教育,以及包括哲学、数学、天文学等在内的理性教育,以实现人的和谐发展。捷克著名教育家夸美纽斯认为,所谓教育应该是"周全的教育",所有人都应该在智育、

赫伯特·斯宾塞

德育、宗教教育以及健康教育等方面得到全面培养，他要求人们广泛地学习知识。**英国哲学家和社会学家斯宾塞（Herbert Spencer，1820—1903）《教育论——智育、德育和体育》一书，提出了智育、德育和体育的基本框架，**斯宾塞的教育学说与哲学观点和社会观点分不开。他认为教育是"为我们准备完美的生活"，他从个人利益的角度，说明科学知识在教育中的重要作用和意义。他把人类生活分为直接保存自己的活动、间接保存自己的活动、抚育子女的活动、社会政治活动、休闲活动等五个方面，主张给统治阶级的儿童以广博的实际知识。苏霍姆林斯基（B. A. Cyxomjnhcknn，1918—1970）认为，实现人的全面发展要把学生的德、智、体、美、劳和谐发展与培养他们的个性结合起来。蔡元培提出"五育"（军国民教育、实利主义教育、公民道德教育、世界观教育和美感教育）并举的教育思想，以此为培养共和国健全人格之公民服务。长期以来，**我国一直强调德智体等方面的全面发展，**德智体全面发展成为主导我国教育一个时期的基本方针。

苏霍姆林斯基　　　　　　　　　蔡元培

2. 素质教育

素质教育是我国近年来提出的一种教育思想。**素质教育是指以提高受教育者诸方面素质为目标的教育模式，它重视人的思想道德素质、能力培养、个性发展、身体健康和心理健康教育。**素质教育所涵盖的内容反映了个体发展的结构。素质有狭义和广义之分。狭义的素质即"遗传素质"，广义的素质指人在先天生理的基础上，后天通过环境影响和教育训练所获得的、内在的、相对稳定的、长期发挥作用的身心特征及其基本品质结构，主要包括道德素质、智力素质、身体素质、审美素质、劳动技能素质等。1997年，原国家教委下发《关于当前积极推进中小学实施素质教育的若干意见》，明确提出："素质教育是以提高民族素质为宗旨的教育。它是依据《教育法》规定的国家教育方针，着眼于受教育者及社会长远发展的要求，以面向全体学生、全面提高学生的基本素质为根本宗旨，以注重培养受教育者的态度、能力，促进他们在德智体等方面生动、活泼、主动地发展为基本特征的教育。"素质教育中的素质主要包括内在素质和外在的素质。内在素质主要是人对世界、环境、人生的看法和意义，包括人的世界观、人生观、价值观、道德观等；外在素质是一个人具有的能力、行为、所取得的成就等。

专栏 3.3

国家关于素质教育的总体要求

坚持以人为本、全面实施素质教育是教育改革发展的战略主题,是贯彻党的教育方针的时代要求,其核心是解决好培养什么人、怎样培养人的重大问题,重点是面向全体学生、促进学生全面发展,着力提高学生服务国家服务人民的社会责任感、勇于探索的创新精神和善于解决问题的实践能力。

坚持德育为先,能力为重,全面发展。

推进素质教育改革试点。建立减轻中小学生课业负担的有效机制;加强基础教育课程教材建设;开展高中办学模式多样化试验,开发特色课程;探索弹性学制等培养方式;完善教育质量监测评估体系,定期发布测评结果等。

(资料来源 《国家中长期教育改革和发展规划纲要(2010—2020)》)

3. 全人教育

日本著名教育家小原国芳提出全人教育的思想。小原国芳(1887—1977),玉川学园的创始人,主要著作有:《全人教育论》、《教育改造论》、《教育的根本问题——宗教》、《教育的根本问题——哲学》、《自由教育论》等。小原国芳认为,人的心理有知、情、意三方面,与此相对应,作为价值论则有真、善、美三种价值,知、情、意包含人的心意活动的全部。教育的最终目的只有一个,全人的教育是教育理想的唯一归宿。他提倡教育必须是全人教育,所谓"全人教育",是指全人格教育、和谐人格的教育。要实现教育的目的,培养真正的全人,必须进行全人的、全面的教育,培养完全的文化人格而不是残缺分裂的文化人格,教育内容必须包含人类文化的全部,包括宗教教育、艺术教育、道德教育、学问教育、健康教育和生活教育六个方面。这六个方面并不是分割的,而是一个密切联系的培养全人的整体。

小原国芳

三、发展阶段与教育

个体身心发展具有一定的阶段性,教育要以每个阶段已达到的发展水平为基础。只有当我们对人生各阶段的基本特征以及这些特征出现的一般序列、前后因果有较为清晰的认识,才有可能从实际意义上来谈论教育与发展的关系,真正从促进个体发展的角度提出每一阶段教育面临的任务和具体措施。

（一）关于人的发展阶段及其划分

个体的生命发展表现出阶段性。每个人都会经历婴儿期、儿童期、少年期、青年期、成年期、老年期等阶段，这是我们能感受到的人生不同阶段的最基本表现。

人的发展是一个不断从量变到质变的过程，是从渐进性的量变到跃进性的质变的过程。当某些代表新质要素的量积累到一定程度时，就取代旧质要素而成为优势的主导地位，这时就发生质的"飞跃"，表现为间断现象——阶段性。阶段性同连续性紧密联系，后一阶段的发展总是在前一阶段的基础上发生，而且后一阶段既包含前一阶段的要素，又萌发下一阶段的新质。

专栏 3.4

U 形人生曲线

U形人生曲线

所谓 U 形人生曲线的走向是这样的：当青涩少年刚刚步入成年生活时他们通常是雀跃的，此时曲线处于高点。紧接着生命步入中年开始走下坡路，此时的曲线也随之急剧下降直到抵达生命的最低点，即我们通常所说的"中年危机"。但接下来的发展恐怕会出人意料了，进入老年，人们越来越多地收获了他们在年轻时拼命追求而不得的东西：幸福感。

自 20 世纪 90 年代初期以来，更多的研究者开始对 U 形人生曲线产生兴趣。达特茅斯经济学教授大卫·布拉克夫劳尔（David Blanchflower）和奥斯沃德教授研究了 72 个国家居民的幸福感，各个国家幸福感 U 形曲线的最低点有所不同：乌克兰居民幸福感最低点在 62 岁，瑞士居民幸福感最低点在 35 岁。大部分国家的幸福感最低点在 40 岁至 50 岁之间，全球平均最低点为 46 岁。

有一系列的原因可以用于解释幸福感 U 形曲线。斯坦福大学心理学教授劳拉·卡斯滕森（Laura Carstensen）认为，原因在于老年人更懂得珍惜现在，他们会重视当下的感受，而不会为了将来牺牲现在的快乐。另一个观点认为，在老年时人们对于自己的长处和缺点能够欣然接受，放弃成为总裁等愿望。不管幸福感 U 形曲线的原因是什么，老年时幸福感的上升不仅让人们拥有更多快乐体验，还有利于身体健康。卡耐基梅隆大学的谢顿·科翰（Sheldon Cohen）的研究表明，快乐的人们被流感病毒感染的几率更小。①

丹麦神学家克尔凯郭尔把人生划分为三个阶段：第一阶段主要是审美，对应于青年时期，这个时期把审美价值理解为最高价值；第二阶段主要是伦理，对应于中年时期，这个时期

---

① 陆彦等:《U 形人生》,《经济学人》2011 年 2 月。

把伦理价值理解为最高价值;第三阶段主要是宗教,对应于老年时期,这个时期把信仰理解为最高价值。审美对应于艺术,伦理对应于道理,信仰对应于宗教。

随着心理学的发展,心理学家对人生阶段的研究日益深化。特别是发展心理学中有关的一些研究,为人的年龄阶段的划分提供了科学依据,并对人的心理发展作出科学说明。在关于人的发展的心理学理论中,有三个著名的发展理论:皮亚杰的发生认识论、埃里克森的精神分析理论和格塞尔的成熟理论。

皮亚杰是 20 世纪世界上最著名的心理学家之一,他把从婴儿到少年的认知发展,区分为感知运动阶段、前运算阶段、具体运算阶段和形式运算阶段。第一个阶段:感知运动阶段(约 0—2 岁),在这一阶段,婴儿通过一系列先天性条件反射,如摇头、摆手、抓握等这类极简单的动作,发展了感知运动图式,逐渐地把自己和环境区分开来,形成对客体的最初反映和表象记忆。感知图式为以后的认知发展奠定基础。

第二个阶段:前运算阶段(约 2—7 岁),这一阶段的儿童已经掌握了口头语言,但使用的语词或符号还不能代表抽象的概念,思维仍受具体直觉的束缚。皮亚杰用"前运算"一词来描述这一思维发展阶段的特征。所谓"运算",系皮亚杰从逻辑学中借用的一个术语,指借用逻辑推理将事物的一种状态转化为另一种状态。这一时期的儿童的思维具有不可逆的特点。可逆性是指改变人的思维方向,使之回到起点。前运算的儿童不能这样思维。

第三个阶段:具体运算阶段(约 7—11 岁),这个阶段的儿童虽然缺乏抽象逻辑思维能力,但他们能够凭借具体形象的支持进行逻辑推理。这个阶段的标志是守恒观念的形成。所谓守恒是指儿童认识到客体在外形上发生了变化,但其特有的属性不变。此时他们的思维具有可逆性。

第四个阶段:形式运算阶段(约 11 岁到成人期),这一阶段的儿童不仅能认识真实的客体,而且也能考虑非真实的、可能出现的事件。这种能超越时空的、对假设性因素的考虑,是思维发展的一个很大进步。此时的儿童能够进行假设—演绎思维,即不仅从逻辑考虑现实的情境,而且考虑可能的情境(假设的情境),也能运用符号进行抽象思维,同时还能进行系统思维,在解决问题时,能分离出所有有关的变量和这些变量的组合。

爱利克·埃里克森(Erik Erikson,1902—1994)的精神分析理论是另一个具有代表性的分段理论。他强调后天学习的重要性,强调社会环境和社会文化遗产对心理发展的影响。他认为,人的发展是一个生物与社会事件所引起的进化过程,发展中包括成熟和偶然事件所带来的影响。从出生到青年期末,人的心理发展要经历五个阶段:

第一个阶段:信任对不信任(0—1 岁),新生婴儿要学习的基本态度在于他们能够信任他周围的世界。

爱利克·埃里克森

如果婴儿能从保育中感到温暖和舒适,就能把这种经验扩大到以后的经验之中;另一方面,如果照料是不合适的或者不一致的、消极的,儿童则会在恐惧和怀疑中成长起来。

　　第二个阶段:自主对羞怯、怀疑(2—3 岁), 婴儿为了实现自主愿望,进行最基本的独立性探索,想超越环境的限制,相应地会引起内心的胆怯。此时如果允许儿童按自己的方式去做力所能及的事情,儿童将会形成自信和自主之感;如果成人支配一切活动,儿童则会对自己具有应付环境的能力表示怀疑,而且对自己的行为或自身抱有羞怯感。

　　第三个阶段:主动对内疚(4—5 岁), 儿童朦胧地意识到生活是一种有一定目的的活动,常以攻击性行为来表示自己的创造能力,随之也会带来内心的矛盾。此时,要注意激励他们的主动精神,如果对他们的行为做过多的限制,或让他们感到无用、羞怯,那么他们就会时常出现内疚感。

　　第四个阶段:勤奋对自卑感(6—11 岁), 儿童用新的经验从相反的角度进行探索,把充沛的精力集中到力所能及的范围之内。同时,又担心自己仍是一个孩子,人格尚不完整,由此产生一种自卑感。此时,如果儿童的努力经常不成功,如果他的活动不受重视或不受欢迎,那么便会感到自卑。

　　第五个阶段:同一性对角色混乱(12—18 岁), 当儿童由青少年时期而接近身体成熟,并要求独立时,他们便关心自己的同一性。像"我是谁"、"我将成为什么样的人"、"人们把我看成什么人"等问题,将继续不断地纠缠着青少年。发展的目标在于建立自我同一性。危险则在于角色的混乱,特别反映在性和专业的统一性或职业的准备方面。如果青少年得到帮助,能在不同情境保持明确的角色,并达到稳定的自我知觉,那么他将发展安全的同一性。如果青少年觉得自己不能适合于生活的方方面面,那么势必体会到角色的混乱。

　　阿诺德·卢修斯·格塞尔(Arnold Lucius Gesell,1880—1961)的成熟理论为个体发展阶段提出了另一种观点。格塞尔是成熟理论的代表人物,他研究的兴趣集中于生理成熟、成长和心理发展的同步关系,最著名的研究是对同卵双胞胎的对照性研究。他曾将一对同卵双胞胎的孩子作为被试,在不同的成熟期训练他们走路、判断、滑旱冰等动作。研究结果表明,**在儿童还没有达到明显的成熟准备之前,经验的训练是收效甚微的。** 即使在最初的训练中取得了一点成绩,也同样没有多大价值。到了一定的成熟准备期,从未接受过这种行动训练的孩子,只要略加训练就可以迎头赶上。格塞尔用图 3.1 来说明成熟与发展是如何相互关联的,从这个示意图中可以发现,儿童的兴趣和活动是在逐渐加宽的圆圈中不断变动的,起初只是身体的自我活动,以后涉及社会环境。[①]

阿诺德·卢修斯·格塞尔

---

① 参见郑金洲著:《教育通论》,华东师范大学出版社 2000 年版,第 107—108 页。

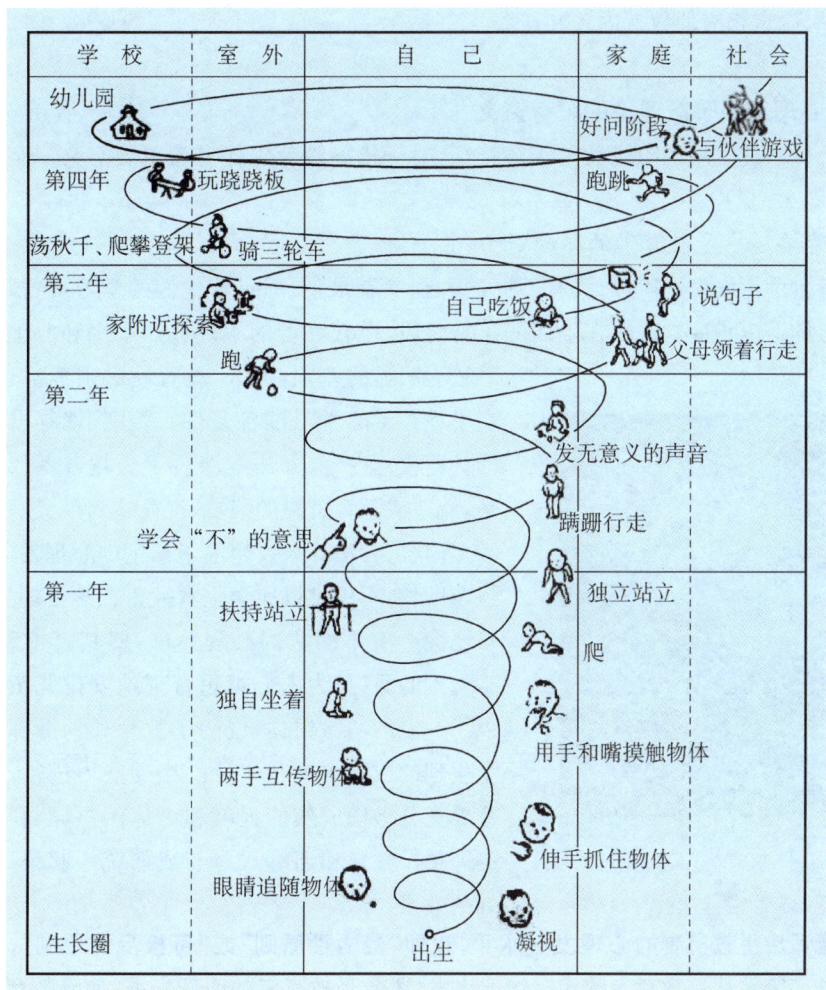

图 3.1 儿童成熟与发展相互关联示意图[1]

关于人的发展,研究者采取不同的立场和视角,会提出不同的划分标准和人生阶段理论。人的发展阶段的划分,以人在与环境交互作用的活动中所表现出的发展水平和自主水平为依据,人处于不同的发展阶段,其整体发展水平表现出相应的总体特征。**在个体发展的不同年龄阶段,表现出区别于其他年龄阶段的典型特征,也就是年龄特征。**个体发展的年龄特征不是每一年龄阶段各方面特征相加之和,而是各方面的变化特征及它们相互作用的特定内容与方式,它呈现出结构性与整体性。年龄特征反映了个体因从事不同性质活动而表现出的身心两方面特点、自主水平等。然而,即使某一年龄段的共同性特点,在每个个体身上又必然有其独特表现方式。**年龄特征在具体个人身上是稳定性与可变性的统一、个性与共性的统一。**对处于不同年龄阶段的人,社会赋予相应的要求,具有一定的共同性。这也是对个体进行教育分期时需要考虑的一个重要因素。对于不同年龄阶段个体的教育,必须结合相应的年龄特征,根据社会的共性要求,提出相应

---

[1] 转引自郑金洲著:《教育通论》,华东师范大学出版社 2000 年版,第 108 页。

的教育目标、确定相应的教育内容和任务。

（二）心理发展阶段理论的教育意义[①]

认识个体心理发展的阶段及其年龄特征，对于搞好教育工作有着重要意义。至少有以下几个方面：

1. 教育要适应受教育者的接受能力

受教育者的不同发展阶段，具有不同的心理发展水平，标示着他们的学习准备状况，标示着他们对学习的适应程度。既然在不同的年龄阶段，受教育者的生理成熟水平和心理发展水平有着较为明显的差别，那么，教育就必须考虑这些差异，适应受教育者的学习准备条件。否则，就难以达到预期目的。若教育内容、方法等滞后于受教育者的心理发展水平，就造成教育资源的浪费，产生少、慢、差、费的现象；若教育内容、方法等大大超前于学生的心理发展水平，就会拔苗助长，不仅难以使学生掌握正在学习的知识技能，而且还会产生不愉快的心理体验，使其害怕和逃避学习。格塞尔的研究，为人们慎重合理地安排儿童早期教育提供了一定的实验根据，说明了教育和训练都必须根据儿童生理的成熟水平和实际的接受能力进行，对儿童的教育要充分考虑成熟的程度和个体的差异，利用自我调节的力量。教育和训练只有与成熟统一起来，才能获得较好的效果。

赞可夫

教育要适应受教育者的心理发展水平，也即"量力性原则"或"可接受性原则"，是指教育内容、方法、进度等要从受教育者的实际情况出发，适合受教育者的心理发展，使受教育者能够掌握教师所教的知识、技能等。苏联教育学家列·符·赞可夫（1901—1977），曾通过实验研究，提出教学的高难度和高速度原则，这看上去似乎与量力性原则矛盾，其实不然。他所讲的高难度，并不是越难越好，而是主张要选用学生能够理解的教材进行教学。他所反对的是旧教材内容的简单贫乏，认为这样的教材降低了学生的学习兴趣，阻碍了学生的智力发展。他所讲的高速度，并不是开快车、赶进度，而是要不断以广博有趣的知识去丰富学生的智慧，使之深刻理解，形成知识体系。他所反对的是旧教学的重复，迫使学生咀嚼已知的材料，原地踏步。

2. 教育要依受教育者的心理发展过程循序渐进

个体的心理发展是阶段性和连续性的统一。一方面，心理发展具有一定的非连续性，表现为发展的不同阶段；另一方面，各个发展阶段之间表现出一定的顺序，后一阶段以前一阶段的发展为基础，具有连续性。连续性和阶段性是交叉、重叠的，各阶段之间不是突然的中断和全新的开始。在不同的发展阶段，展开不同的教育活动，按照发展的序列循序渐进。

皮亚杰认为，教育应按照儿童的年龄阶段来加以组织。他明确指出，"一切理智的原料并不

[①] 此处有关观点，参见郑金洲著：《教育通论》，华东师范大学出版社 2000 年版，第 109—115 页。

是所有年龄阶段的儿童都能够吸收的；我们应当考虑到每个年龄阶段的特殊兴趣和需要"。教师要发现符合每个阶段的知识有哪些，然后用该年龄阶段的心理结构所能吸收的方式传授给学生。在他看来，试图离开儿童年龄阶段的心理特点去加速学生的发展，这只是浪费时间和精力。只有在每一个年龄阶段都运用良好的教育方法，才可以增进而不损害儿童智能的发展。按他的说法，教育应该走在发展的后面，或至多与发展相平行，才是有效的。

而苏联心理学家维果茨基（Lev Vygotsky，1896—1934）认为，**儿童有两种发展水平，一是现有发展水平，即由一定的已经完成的发展系统所形成的发展水平；二是即将达到的发展水平。这两种水平之间的差异，就是最近发展区。**他提出，教育者不应只看到儿童今天已达到的发展水平，还应该看到仍处于形成的状态，正在发展的过程；教育不应只适应发展的现有水平，走在发展的后面，而应适应最近发展区，从而走在发展的前面。赞科夫以此为据，更进一步指出，儿童心理某些已经完成的程序，只是教学的起码条件，教学远不能停留于此，而应走在发展的前面；教学与发展的关系是因果关系，教学的结构是因，学生的发展进程是果。按维果茨基和赞科夫的说法，**教育（教学）是学生心理发展的源泉，理所当然要走在发展的前面。**

维果茨基

无论持哪一种观点，都必须对受教育者的心理发展水平有清醒的认识。儿童的心理发展是连续的，前一阶段孕育着后一阶段发展的萌芽，教育和教学应适度、适量地在这个"萌芽"状态上下功夫，让学生"跳一跳，摘桃子"。

3. 教育要抓住受教育者心理发展的"关键期"，适时施教

关键期的概念是奥地利生态学家康拉德·劳伦兹（Konrad Lorenz，1903—1989）提出的，他在研究鸟类的自然习性时发现，刚孵出的幼鸟，如小鸡、小鹅，会在过后很短的一段时间内追逐自己的同类，若错过了这段时间，便很难再学会此类行为或"印刻"自己的"母亲"。他认为这个时间是幼禽认识并追随母禽的关键期。**儿童在心理发展的每一阶段，都有一些重要的本质特征，教育要依循这些本质特征，适时施教。**在心理学中，这样的时期也被称之为关键期，即在个体生命历程中，有某一个时期会对某种刺激特别敏感，过了这个时期，同样的刺激便不会再有同样的效力。学生若在这一时期未能在某一方面获得相应发展，则对以后的发展会产生不良的影响。已有研究表明，2岁是口头语言发展的关键期，4岁是形状知觉的关键期，

劳伦兹

4—5岁是学习书面语言的关键期。抓住关键期的有利时机，及时进行适当的教育，当能收到事半功倍的效果。

4. 教育要给学生的心理发展以积极的支持

在埃里克森看来，一个人的人格是沿着由一系列转折点构成的连续体而发展的，应该在合意的性质与危险的品质之间维持平衡，当消极的性质在比例上超过积极性质时，将会造成发展的困难。在教育教学中，一个学生落在埃里克森心理社会化发展的二分法的哪一边，取决于他体验到的课堂气氛和所保持的人际关系的性质。儿童需要成人给以心理逻辑上的支持，以便在不同的情境中能够满怀信心，愿意在智力上、社会上和情绪上自行检验。教师应该为学生提供必要的支持和信任关系，帮助学生发展起积极而健康的人格和人生观。对于学生的发展来说，积极的心理体验至关重要，它能够增强学生的学习兴趣，提升其学习动机，进而促使其在学习中能发挥较强的主观能动性，并取得良好的学习成绩，反之，则无法取得这样的教学效果。

专栏 3.5

如果我当老师

如果当教师的话，我想把以下的话告诉自己，策励自己。

我如果当小学教师，决不将投到学校里来的儿童认作讨厌的小家伙、惹得人心烦的小魔王；无论聪明的、愚蠢的、干净的、肮脏的，我都要称他们为"小朋友"。那不是假意殷勤，仅仅浮在嘴唇边，油腔滑调地喊一声，而是出于忠诚，真心认他们作朋友，真心愿意作他们的朋友的亲切表示。小朋友的长成和进步是我的欢快；小朋友的羸弱和拙钝是我的忧虑。有了欢快，我将永远保持它；有了忧虑，我将设法消除它。对朋友的忠诚，本该如此；不然，我就够不上作他们的朋友，我只好辞职。

我如果当中学教师，决不将我的行业叫做"教书"，犹如我决不将学生入学校的事情叫做"读书"一样。书中称积蓄着古人和今人的经验，固然是学生所需要的；但就学生方面说，重要在消化那些经验成为自身的经验，尤其重要在能够随时随地就事事物物得到新经验——不限于书中的经验。说了"读书"，便把这个意思抹杀了，好像入学校只须做一些书本上的工夫。因此，说了"教书"，也便把我当教师的意义抹杀了，好像与从前书房里的老先生，并没有什么分别。我与从前书房里的老先生，其实是大有分别的。他们只须教学生把书读通，能够去应考、取功名，此外没有他们的事儿了；而我呢，却要使学生能做人、能做事，成为健全的公民。这里我不敢用一个"教"字。因为用了"教"字，便表示我有这么一套完整的本领，双手授予学生的意思；而我的做人做事的本领，能够说已经完整无缺了吗？我能够肯定地说我就是一个标准的健全的公民吗？我比学生，不过年纪长一点，经验多一点罢了；他们要得到他们所需要的经验，我就凭年纪长一点，经验多一点的份儿，指示给他们一些方法，提供给他们一些实例，以免他们在迷茫之中摸索，或是走了许多冤枉道路才达到目的——不过如此而已。所以，若有人问我干什么，我的回答将是"帮助学生得到做人做事的经验"，我决不说"教书"。

我如果当大学教师，还是不将我的行业叫做"教书"。依理说，大学生该比中学生更能够自己看书了；我或是自己编了讲义发给他们，或是采用商务印书馆的大学丛书或别的书给他们做课本,他们都可以逐章逐节地看下去,不待我教。如果我跑进教室去,按照着讲义上、课本上所说的复述一遍,直到下课铃响又跑出来,那在我是徒费唇舌,在他们徒费时间,太无聊了;我不想干那样无聊的勾当。我开一门课程,对于那门课程的整个系统或研究方法,至少要有一点儿是我自己的东西,依通常说法就是所谓"心得",我才敢于跑进教室去,向学生口讲手画。我不但把我的一点儿给与他们,还要训导他们、帮助他们,各自得到他们的一点儿。唯有如此,文化的总和才会越积越多,文化的质地才会今胜于古,明日超过今日。这就不是"教书"了。若有人问我这叫什么,我的回答将是:"帮助学生为学。"

（资料来源 叶圣陶:《如果我当教师》《今日教育》2010 年第 11 期。）

四、个体差异与教育

人的心理发展具有阶段性,这是个体在某一阶段的发展所具有的共性。但即使处于同一阶段,不同的具体个体的发展又有差异。教育作为一种培养人的社会实践活动,既要针对同一年龄阶段个体的共性特征,提出一般的普遍要求;又要注意到同一年龄阶段不同个体的个性特征,提出相应的教育要求,采用针对性的教育措施。在共性、一般性的基础上充分考虑到个性、特殊性,是使教育达到良好效果的前提和保证。

（一）心理发展的个体差异

个体差异是指个体在成长过程中受遗传和环境的交互影响,从而在身心特征上显示出彼此各不相同的现象。心理学的大量研究表明,人的发展的阶段性是普遍存在的,人的身心发展由低一级水平向高一级水平过渡,这种顺序是不可改变的。但是,承认发展阶段过渡的一般性,并不意味着在具体个体身上,或在不同的文化背景条件下不存在阶段过渡的特殊性,不存在种种个别差异。儿童的个别差异可以表现在各不相同的方面,如性别、社会经济地位、在家庭中的出生顺序等,都会对教育产生影响。

概而言之,个体差异主要表现为个性的差异。个性是指决定个人的个别性与独特性的种种特质的总和,是一个人区别于他人的其本身所固有的性格特征。

专栏 3.6

气质类型的有关观点

古希腊著名医生希波克拉特(Hippocrates,公元前 460—公元前 370)在《论人的本性》一书中,按照四种体液的多寡来说明个体的气质类型。他认为,人体含有四种不同的液体,即血液、黏液、黄胆汁和黑胆汁。它们分别产生于心脏(血液)、脑(黏液)、肝脏(黄胆汁)和胃(黑胆汁)。四种体液形成了人体的性质,机体的状况取决于四种液体的配合。血液占优势的人属于多血质,黏液占优势的属于黏液质,黄胆汁占优势的人属于胆汁质,黑胆汁占优势的人属于抑郁质。每一种体液也都是由寒、热、湿、干四种性能中的两种性能混合而成。血液具有热—湿的性能,因此多血质的人温而润,好似春天一般;黏液具有寒—湿的性能,黏液质的人冷酷无情,好似冬天一般;黄胆汁具有热—干的性能,黄胆汁的人热而燥,如夏季一般;黑胆汁的人具有寒—干的性能,因此抑郁质的人如秋天一般。四种体液配合恰当时,身体便健康,否则就会出现疾病。多血质型气质的人,感受性低而耐受性较高,不随意的反应性强,具有可塑性和外倾性,情绪兴奋性高,外部表露明显,反应速度快而灵活。胆汁质型气质的人,感受性低而耐受性较高,不随意的反应性高,反应的不随意性占优势,外倾性明显,情绪兴奋性高,抑制能力差,反应速度快,但不灵活。黏液质型气质的人,感受性低而耐受性高,不随意的反应性和情绪兴奋性均低,内倾性明显,外部表现少,反应速度慢,具有稳定性。抑郁质型气质的人,感受性高而耐受性低,不随意的反应性低,严重内倾,情绪兴奋性高而体验深,反应速度慢,具有刻板性,不灵活。

个体心理发展的差异,至少表现在以下几个方面:

1. 认知方面的个体差异

(1) 认知发展差异。这突出地表现在思维的差异上。例如,多数6—7岁的儿童能进行10以内的整数加减运算,但少数发展快的儿童能进行20以内甚至100以内的加减运算,而一些发展较慢的儿童,上小学时还未完全掌握10以内的数概念,更不能进行加减运算。思维越是发展到高级水平,学生之间的差别就越大。甚至是同一个人在某一学科领域的思维可能达到形式运算水平,但遇到新的困难时,又会退回到具体运算水平。而且,在某门学科能进行形式运算思维,并不意味着他在其他学科领域也能以同样的方式思维。有研究表明,青少年一般先在自然科学领域中出现形式运算思维,在社会科学领域的思维发展较慢。

(2) 认知风格差异。认知风格的个别差异也许与教育关系最为密切,影响着师生的相互作用。认知风格一般包括两个方面:一是指个体处理信息的方式,二是指个体对事物作出反应的策略。心理学家西格尔和库柏经过研究,确认不同的个体有着不同的认知风格:注意刺激的整个特征与考察刺激的细节,区分刺激为几大范畴与区分刺激为许多小范畴,直觉的归纳思维与逻辑的演绎思维,快速冲动的反应行为与缓慢费力的解题行为,等等。按照另外一种分类,认知风格可分为场独立与场依存、冲动型与沉思型、复合型与发散型。认知风格影响学习风格,每一种认知风格及其变式,都会导致学习结构在速度和精确性方面以及在品质方面的差异。

2. 能力发展的个体差异

能力差异是指个体在智力、体力及工作能力等方面的差异,是由性别、年龄、文化背景等因素造成的。主要表现在以下方面:

(1) **发展水平的差异**。能力有高低的差异。在一般能力方面,能力的水平差异主要指智力发展水平的差异。智力是什么?虽然心理学家们众说纷纭,有的认为智力是获得并运用任何一种知识和技能的总的能力,还有的认为智力是指在所在环境中生活和适应的能力等,但心理学界通过对智力近一个世纪的研究,使得我们对它已有了相当多的了解。仅就智力测验而得到的智商而言,可以看到,人的智力发展有一定差异。心理学家们把智商100看做常态标准,经过测量发现智商在90—110范围之内的占人口总数的一半。处于高端和低端的是特殊的人,分数在120以上的可视为天才,而分数在70以下的则为智力迟钝者。

(2) **表现早晚的差异**。人的能力的充分发挥有早有晚。有些人的能力表现较早,年轻时就显露出卓越的才华。这叫"人才早熟"。古今中外能力早慧者不胜枚举。例如,奥地利作曲家莫扎特5岁就创作了他的第一首乐曲,8岁时举办独奏音乐会。唐初四杰之一的王勃10岁能作赋,13岁写出著名的《滕王阁序》。另一种情况叫做"大器晚成"。即智力的充分发展在较晚的年龄才表现出来。这些人年轻时并未显示出众的能力,但到中年才崭露头角,表现出惊人的才智。例如,我国的画家齐白石,本来长期做木匠,40岁才显露绘画才能,成为著名的国画家。明代医学家李时珍,在61岁时才写成《本草纲目》。

(3) **结构的差异**。能力有各种各样的成分,它们可以按不同的方式结合起来。能力的不同结合造成结构上的差异。例如,有人长于想象,有人长于记忆,有人长于思维等。不同能力的结合,也使人们互相区别开来。例如,在音乐能力方面,有人有高度发展的曲调感和听觉表象能力,而节奏感较差;而另一人有较好的听觉表象能力和强烈的节奏感,而曲调感差。

(4) **性别的差异**。20世纪30年代的许多研究发现,男女在一般智力因素上没有性别差异。40年代,韦氏智力量表问世,使智力测验不仅能考察一般智力因素,还能测查特殊智力因素。性别差异并未表现在一般智力因素上,而是反映在特殊智力因素中。

3. 气质性格的个体差异

气质差异表现为气质类型及其行为特征的差异。气质类型是由神经过程的基本特性按照一定的方式结合而成的气质结构。因此,气质类型的行为表现带有稳定的规律性。一般说来,一个人无论从事什么活动,即使各种活动的性质和内容千差万别,但气质特征却得到同样的表现。不同学生对同一事件和行为的不同反应,或者在面对同样的情况时有着不同的表现,这和他们的气质类型有关。

性格是一个人对现实的态度以及与之相应的习惯化的行为。性格是个性心理特征中最重要的方面,是人的主要个性特点的集中体现。人们在现实生活中显现出的某些一贯的态度倾向和行为方式,如大公无私、勤劳、勇敢、自私、懒惰、沉默、懦弱等,都反映了自身的性格特点。**性格特征表现为如下几个方面:一是态度特征**,表现个人对现实的态度的倾向性,如对社会、集体、他人的态度,对劳动、工作、学习的态度以及对自己的态度等。**二是理智特征**,表现心理活动过程方面的个体差异,如在感知方面,是主动观察型还是被动感知型;在思维方面是具体罗列型还是抽象概括型,是描绘型还是解释型;在想象力方面,是丰富型还是贫乏型,等等。**三是情绪特征**,表现个人受情绪影响或控制情绪程度状态,如个人受情绪感染和支配的程度,情绪受意志控制的程度,情绪反应的强弱、快慢,情绪起伏波动的程度,主导心境的性质等。**四是意志特征**,表现在个人自觉控制自己的行为及行为努力程度,如是否具有明确的行为目标,能否自觉调适和控制自身行为,在意志行动中表现出独立性还是依赖性,是主动性还是被动性,是否坚定、顽强、忍耐、持久等。

专栏 3.7

关于性格类型的几种理论观点

心理学家高度重视对性格理论研究,并尝试从不同角度对人的性格类型进行划分,不同性格类型存在着明显的差异。

(1)机能类型说。这种学说主张根据理智、情绪、意志等三种心理机能在性格结构中所占的优势地位来确定性格类型。其中,以理智占优势的性格称为理智型。这种性格的人善于冷静地进行理智的思考、推理,用理智来衡量事物,行为举止多受理智的支配和影响。以情绪占优势的性格,称为情绪型。

(2)向性说。美国心理学家艾克森提出按照个体心理活动的倾向来划分性格类型,把性格分为内向、外向两类。内向型的人沉默寡言,心理内向,情感深沉,待人接物小心谨慎,性情孤僻,不善交际;外向型的人心理外向,对外部事物比较关心,活泼开朗,情感容易流露,待人接物比较随和,不拘小节,但比较轻率。

(3)独立—顺从说。这种学说按照个体的独立性,把性格分为独立型和顺从型两类,独立型的人善于独立发现和解决问题,有主见,不易受外界的影响,较少依赖他人。顺从型的人独立性差,易受暗示,行动易为他人左右,解决问题时犹豫不决。

---

4. 学习风格的个体差异

个体学习成效虽然与个体学习能力水平高低有较大相关,但更依赖于个体的学习活动与其学习风格相适应的程度。**学习风格是指学习者在完成学习任务时所表现出来的一贯的、典型的、独具个人特色的学习策略和学习倾向。**学习策略是指学习者在完成学习任务或实现学习目标时采取的一系列步骤、方法。学习倾向是指学习者的学习情境、态度、动机、坚持性,以及对学习环境、学习内容等方面的偏好。学习风格的生理因素包括个体对外界环境生理刺激、对一天内时间节律以及在接受外界信息时对不同感觉通道的偏爱。比如,有的学生属于视觉型,擅长读、看,自己看书、做笔记;有的学生属于听觉型,擅长听,多听多说;有的学生属于动觉型,擅长动手、动口。有的学生在左右脑的发展上不一致,右脑与直觉艺术倾向联系,左脑与逻辑和系统思维联系。

学习风格可以分为以下几种:

(1)场独立型和场依存型。赫尔曼·威特金(Herman A. Witkin,1916—1979)提出,有些人知觉时较多地受他所看到的环境信息的影响;有些人则较多地受来自身体内部线索的影响。他把受环境因素影响大者称之为场依存型,把不受或很少受环境因素影响者称之为场独立型。前者是"外部定向者",基本倾向于依赖外在的参照;后者是"内部定向者",基本倾向于依赖内在的参照。场依存型的人不能将一个模式分解成许多部分,或只能专注于情景的某一个方面。场独立型的人善于分析和组织。场依存型的人在学习社会材料时较场独立型的人好,而场独立型的人在学习未经充分组织好的材料时较场依存型的人好。

（2）**冲动型和沉思型**。杰罗姆·凯根(Jerome Kagan)等人对认知速度进行过深入研究,区分出两种不同的认知风格。冲动型学生一直有一种急忙做出选择的欲望,犯的错误更多;沉思型学生则采取谨慎小心的态度,做出的选择比较精确,但速度要慢些。认知速度的差异与智力分数无关,但与在学校中的学习成绩有关。与沉思型儿童相比,冲动型的儿童更容易分析、急于求成,成绩较差,掌握性动机比较弱。鉴于认知速度与教育的关系,许多研究者建议,训练儿童以减少其冲动性。有研究发现,自我指导训练能减少冲动型儿童的错误。给冲动型儿童呈现沉思型学习的榜样,让他们进行练习并给予反馈,似乎是一种有效的方法。

（3）**深层加工和表层加工**。学生对信息进行加工的深度存在两种方式,一种是深层加工,另一种是表层加工。深层加工指深刻理解所学内容,将所学内容与更大的概念框架联结起来,以获取内容的深层意义。表层加工指记忆学习内容的表层信息,不将它们与更大概念框架联结起来。深层加工有利于侧重理解的考试,表层加工有利于侧重事实学习和记忆的考试。

（4）**整体型和系列型**。英国心理学家戈登·帕斯克(Gordon Pask)发现,有的学生在解决问题时把精力集中在一步一步的策略上,他们提出的假设一般比较简单,每个假设只包括一个属性。这种策略被称之为系列性策略,从一个到下一个假设呈直线式进展。而另一些学生则倾向于用比较复杂的假设,每个假设同时涉及若干属性。这种策略被称为整体性策略,从全盘考虑如何解决问题。

（5）**分类风格**。分类风格是指当个体知觉彼此相似的物体时所采用的标准,它反映了个体组织信息的个人偏好,可以用分类任务加以评定。分类任务有三种:相关的、描述的和类别的。相关的分类风格是根据事物的主题或功用分类;描述的分类风格是指根据一些细节或物理特征进行分类;类别的分类风格是将具体事件归属于一个上位概念。分类风格与学习成绩相关,但因果关系并不清楚。

（二）基于心理差异的个性化教育

个体发展的差异影响着学习方式,对不同学生应采取不同的教育措施,因材施教。从教学活动的角度,需要进行个别化教学;从学生发展角度,需要针对学生个体差异进行发展指导。

1. 个别化教学

学生发展的个体差异,要求教育活动要做到因材施教,即根据学生不同的心理特点,有的放矢,因势利导地去组织和进行教育、教学工作。当前主要是采用班级授课制这种教学组织形式,教师面对的是几十个面貌不同、心理特征各异的学生,往往是用同一种教材、同一种方法来进行教学活动。心理学家西蒙兹对6岁的一年级学生和9岁的四年级学生进行了智力测验,比较他们的智龄和生活年龄(生龄)之间的差距。测验结果表明,一年级学生中智龄为6岁的即属于常态的占34％,智龄为7—9岁的占31％,智龄低于6岁的有35％,其中智龄只达3岁的有3名。四年级的9岁儿童中,智龄为9岁的占25％,智龄为10—13岁的有37％,低常的、智龄为5—8岁的共有

38%,其中智龄只有 5 岁的学生有 2 名。如果这种测量是准确的话,那么,若还以统一的教材和教法进行教学,就难以适应三种不同智力水平和不同需要的学生。

因材施教的最佳方式是个别教学。教师要在现有的班级授课制下,做到"各因其材"地去教,需要将班级教学、分组教学和个别教学有机地结合起来。当前,适应学生发展的个体差异,探索采取了一些有效教学形式,主要有如下几种:

(1) 走班制。这种教学形式是指,同一个班级的学生日常管理仍在一个固定的班级,称为行政班,但学生可自由选择上课内容和学习的教室,学生走班后上课的教室为教学班。不同班级的学生,根据自己所选科目的不同到不同的教室上课,需要时自习也会在教学班上。走班制主要适用于年龄较大的学生班级。2003 年,教育部颁布的《普通高中课程方案》规定,高中生在学校除了要学习必修课程,还有总量超过必修课程的国家选修课程和一定数量的学校自主开发的校本选修课程。学生可以根据自己喜好,选择自己喜欢的学科方向和教师,安排自己的课堂学习。近年来,许多高中开始推行走班制这种新型教课模式。

(2) 分层教学。分层教学又称分组教学、能力分组,是教师根据学生现有的知识、能力水平和潜力倾向,把学生分成几组水平相近的群体,根据不同班组的实际水平进行教学。分层教学强调以学生的现有知识、能力水平,分层次进行教学,使所有学生都在已有发展水平上得到提高。可以采取班内分层目标教学模式,又称"分层教学、分类指导"教学模式,它保留行政班,但根据不同学生的实际,确定不同层次的教学目标,进行相应的教学。也可以按照学生知识能力水平和所处层次,分成不同的教学班,教师根据学生所处发展层次和水平,确定合适的教学目标有针对性地进行教学,学期末根据学生的努力情况及后续学习现状,再进行层次调整。还可以在课堂教学中进行分层互动,教师根据学生的学习状况、知识水平、特长爱好及社会环境,组成一个个学习小组,充分发挥师生之间、学生之间的互动,特别是利用学生发展的层次差异与合作意识进行人际互动,使每个学生都得到应有的发展。在分层教学模式下,同一层次内学生的基础和水平更为整齐,能够比较好地适应学生的兴趣和差异。

(3) 个性化教学。个性化教学就是尊重学生的个性、兴趣、特长、需要进行施教,通过对学生进行个别化的综合调查、研究、分析、测试、考核和诊断,根据社会未来发展趋势和职业前景、学生的个人潜质特征、自我价值倾向以及家长的目标与要求,对教育对象进行量身定制教育目标、教育计划、辅导方案。在对学生进行沟通、引导、激励和辅导时主要采用"一对一"、"面对面"、"即时反馈"的方式,有利于启发独立思考、学习方法训练、思维方法训练,及时发现问题并加以解决、提高学习兴趣和学习效率。

专栏 3.8

私塾再现:进步还是倒退

教书的先生一身古代装束,穿着无领、巨袖、对襟、束带的长袍,一手持经书,一手附于身后，一边踱步，一边带领学生朗诵，教室里一片朗朗读书声。这是 2005 年 10 月 29 日正式开课的位于中国江南城市苏州的一家现代私塾"菊斋私塾"上课时的场景。

近来，中国一些地方如江西、湖南、浙江、重庆、深圳等地都出现了类似的开办私塾的"复古"风潮。私塾教育是中国的一种传统的教育模式，它兴起于 2000 多年前，指旧时由家庭、宗族或教师自己设立的教学场所，一般只有一位教师，采用个别教学法，没有一定的教材和学习年限。私塾曾经是儒家文化传承的重要载体，中国古代伟大的思想家孔子就是以这种方式向弟子们传授他的思想。19 世纪末 20 世纪初随着国门的打开，西方的教育模式和理念进入中国，私塾则因其注重"死记硬背"的教育方式而渐渐退出了历史舞台。

从 20 世纪 90 年代以来，一股注重传统文化的热潮兴起，许多地方在青少年和儿童中开展了吟诵中华古诗词的活动。私塾的重新"抬头"正是近年来学习中国古典经文的热潮兴起的一种具体体现。"菊斋私塾"创办者说，"创办私塾主要目的是弘扬国学，培养儿童的古典文化底蕴和优雅情怀"。私塾教学内容主要是经学、韵文、古乐、书画、茶道等。

对此，表示赞同的观点认为，在传统文化不断丧失、道德水平日渐下滑的今日，从培养学生的道德素养和培养学生的传统文化修养方面，私塾的"复活"都有极其重要的现实意义。从另一方面讲，私塾的个别化教育的特点也和提倡个性化的教育的现代教育理念不谋而合。

而反对的观点则认为在提倡教育创新的今天这种现象不啻是一种文化上的倒退，对当前教育现状的改进弊大于利。

（资料来源 《私塾再现：进步还是倒退》，《北京周报》2005 年第 51 期。）

(4) 多元智能教学。20 世纪 80 年代，美国著名发展心理学家、哈佛大学教授霍华德·加德纳（Howard Gardner）博士提出多元智能理论。加德纳认为，人类的智能是多元化而非单一的，主要由语言言语智能、数理逻辑智能、视觉空间智能、身体运动智能、音乐韵律智能、人际沟通智能、自我认识智能、自然观察智能等八个方面组成，每个人都拥有不同的智能优势组合。智能既可以是教学的内容，又可以是教学内容沟通的手段或媒体，这个特点对于教学是很重要的。多元智能理论是一种"内在建构性"的学习观，强调每个人以自己的方式来理解知识和建构自己对事物的认识，在教学中特别关注学习者个体智能的差异对教学的意义。学校教育的改革必须重视"学生个体的差异"。

霍华德·加德纳

专栏 3.9

"多元智能教学菜单"范例

智能类型	可供选择的个性化多元学习方式
语言言语	利用讲故事的形式进行讲解、开展讨论、写诗、编（神话、传奇故事、短剧）、写新闻稿、制作脱口秀节目、访谈、制作简报、为解决一个问题写信给他人
数理逻辑	用数学公式表达结论、设计和实施试验、运用推论的方法论证、运用类比的方法说明、描述事物或现象的模型或对称性、对事实分类
视觉空间	制图、作画、画图表、制作（幻灯片、录像带、相册）、制作艺术品、设计黑板报或纸牌游戏、图解、涂鸦、涂颜料、绘图、雕刻、建筑构图、改变事物大小和形状
身体运动	角色扮演或模仿、用舞蹈表达、展开某项或系列的活动、设定活动任务、动手设计制作或建造、郊游、收集身边的资料
音乐韵律	为展示的作品设计背景音乐、打节拍、唱歌、写抒情诗、分辨音乐的节奏范式、制作乐器、用乐器或恰当的音乐来表达自己思想感情
人际沟通	通过小组合作学习、主持会议、在会议上致辞、有目的地运用社交技能学习、参与公益性活动、交流讨论
自我认识	描述能助你成功的自身品质、设定目标并向目标努力、评价自身的价值、写日记、评价自己的学习或工作、描述你的感受、读名人传记、发现他人优点、接受他人的反馈评价
自然观察	收集和分类资料、郊游、记观察笔记、描述本地或全球环境的变化、饲养宠物、照顾野生动物、爱护花园（公园）、使用望远镜（显微镜、放大镜）、画自然景物画、拍照、以"自然主题"开展研究性学习

2. 学生发展指导

《国家中长期教育改革和发展规划纲要（2010—2020 年）》明确提出，要在普通高中"建立学生发展指导制度，加强对学生的理想、心理、学业等多方面指导"，计划 10 年内在普通高中率先建立"学生发展指导制度"。"普通高中学生发展指导"是为了面向每个学生终身、全面、和谐和健康发展，给予学生相应的正确指导，包括学业指导、生活指导、生涯指导等。学生发展指导制度，是对学生个人在理想、学业、生活、心理、就业等方面给予及时必要指导的制度，目的是为了促进每一个学生的发展。

在一些西方国家和我国港台地区都很重视学生发展指导制度的建设。1909 年，弗兰克·帕森斯（Frank Parsons）在波士顿的公立学校建立了职业指导体系，20 世纪初，指导已成为美国中等教育不可分割的一部分；1960 年，马来西亚教育部编著出版《学校指导服务》一书；1974 年，我国台湾的中学也开始设立学生辅导制度；20 世纪 70 年代，法国初中实行方向指导教育。日本饭田芳郎等在《学生指导用语辞典》一书中曾指出：根据每个儿童所具备的条件，如素质、环境、成长经历、将来的出路等对学生进行指导和帮助，以便发展适应现代生活的个性，培养他们适应未来社会的品质与态度。

当前，我国学校教育中探索实行心理健康教育制度、学生成长导师制等，教育部2002年颁布《中小学心理健康教育指导纲要》，明确规定："学校要逐步建立在校长领导下，以班主任和专兼职心理辅导教师为骨干，全体教师共同参与的心理健康教育工作体制。专职人员的编制可从学校总编制中统筹解决。"学生成长导师制是学校德育工作的重要创新，目的是建立全员德育工作体系，浙江省曾推行过"学生成长导师制"，采用师生自愿结对，使教师从传统的"学生导师"转变为学生"人生成长的导师"，帮助学生解决学习、生活、身体、心理等方面的困惑。上海市天山中学曾开展"高中生涯发展指导的实践研究"的教育部规划课题研究，构建起高中生涯发展指导的目标与内容体系，形成校内立体综合指导和校内外协同指导的模式。学生发展指导首先要明确学生发展指导的任务，与教学任务既相联系又相区别，服务于学生的全面发展，为了每一个学生的终身发展，即主要对学生进行个别指导和方向性指导。学生发展指导的方法可以是集体指导，也可以是个别指导。一般来说，低年级可以以集体指导为主，高年级则可以以个别指导为主，但也不完全同于人生成长导师制。人生成长导师制主要是一种个别指导制度，是调动全体教师共同承担指导学生成长职责的制度，学生发展指导的途径与方法并不限于此。学生发展指导制度还需要进一步探索。

案例 3.2

上海市天山中学高中生涯发展指导

当前，不少中学生对自己未来的发展方向并不十分明确，存在着"学习无动力、升学无厚望、生涯无规划、发展无方向"的现象，令教育管理者、教师和家长忧心忡忡。如何顺应社会发展和学生个体发展的需要，对中学生进行生涯发展指导，有效地引导学生健康地成长？上海天山中学以"高中生涯发展指导的实践研究"为抓手，开展了生涯教育活动。

学校梳理出学生在高中阶段人生发展的一条主线，即：高一"生活新起点"，高二"专业探索"，高三"跨越成功——升学或就业"。并据此确立了各年级指导重点，即：高一"立志成才"教育和学业生涯规划指导，高二理想教育和生活生涯规划指导，高三"三观"教育和职业生涯规划指导。这一规划有利于帮助学生解决在不同年级段所面临的人生课题。

学生发展是生涯发展指导的主体。天山中学为学生创造了参与实践活动、思考问题的环境与条件，引导他们把学业和职业联系起来，将学校学习生活与外部的职业世界相联系，让学生作为活动的主体在问题情境中互动、检视、反思与抉择，促进该阶段积极品质的形成。例如，薛剑晨老师的《成功从今天开始》教学，运用"大头的烦恼"这一案例，以小品表演活动创设两难问题情境，学生们学习搜集分析相关资料，权衡多种影响因素，从多个角度考虑问题，在班级中充分发表个人的见解,在同学间"头脑风暴"式的互动中,辩证地思考如何拥有选择的智慧,智慧地作出人生选择。此外,在主题教育课中,班主任们选取的"哈佛精英故事"、"快乐冒险岛"、"折丝带"等活动都激发了学生活跃的思维、热烈的讨论,对于启迪学生认识社会和人生,启示生涯发展方向,确立职业志向,培养自我规划与自我决策能力等,都起到了积极的作用。

（资料来源　改编自夏惠贤：《统筹规划,引领生涯发展——上海市天山中学"高中生涯发展指导的实践研究"述评》,《思想理论教育》2009 年 2 期。）

本章小结

　　教育活动要以对儿童心理发展的认识为基础,教育要建立在儿童心理发展的基础之上,心理学中关于儿童发展的一些理论为教育活动提供了理论依据。心理学的一些理论对于教育具有十分重要的意义。比如,心理能力与智力理论,如加德纳的多元智能,对于课程规划及教材设计颇富启示;认知发展理论,如皮亚杰、维果茨基的理论影响各科课程安排的时机与顺序;情意层面发展的理论,如埃里克森的人格发展阶段理论、科尔伯格的道德发展理论、马斯洛的需要层次理论等,为教育目标中知情意的均衡发展提供了依据。

　　学习教育的心理基础知识,对搞好教育工作具有重要意义。教学前,教师应该用发展心理学的观点,了解学生身心发展的程度,包括智能的成熟阶段、学习上的心理需求、学习的已有知识基础、目前经验的背景等。要为学生提供适宜的学习环境,丰富的教学活动,培养造就学生的个性。掌握教育的心理基础知识,有助于培养学生积极进取的学习态度,从而顺利进行有效的学习活动;还有助于教师运用各项心理学知识及技巧,促进学生思维能力的发展。

思考与实践

　　1. 通过本章学习,你认为学习心理学基础知识对搞好教育工作有什么意义？如何运用心理学基础知识帮助自己更好地开展教育？

　　2. 北宋时期,著名的政治家、思想家、文学家王安石有一篇文章《伤仲永》,大致是讲一个叫做方仲永的人,他 5 岁时的一天,突然哭着要笔墨纸砚等文具,作诗四句。后来,他父亲带着他四处炫耀,不让他有机会学习,最终"泯为众人"。王安石最后的点评,大致意思是:仲永年少时的天资比一般有才能的人高得多,但他没有受到后天的教育,最终成为一个平凡的人。像他那样天生聪明、有才智的人,没有受到后天的教育,尚且要成为平凡的人;那么,那些不是天生聪明、本来就平凡的人,如果不接受后天教育,想成为一个平常的人恐怕都很难!

联系本章内容,分析这个故事给我们带来的启示。

3. 有调查发现,目前有一半左右的孩子接受过超前教育,针对 3—7 岁孩子进行的超前教育主要集中在识字、数学、阅读和英语口语四个方面。

据了解,除了幼儿园的特长班、兴趣班等有时会涉及很多小学教育的内容外,对孩子进行超前教育的"主力"是父母,他们在平时猛下工夫,教孩子学语文、数学、英语,甚至拿着小学的教材教,在校园教育的基础上将义务教育大大提前。于是,我们的身边产生了许多"小神童",有的才 4 岁就会读书看报、讲英语、背唐诗;有的才 5 岁就认识 1000 多个字,足以应付一年级全年的语文课程……

与此同时,有些学校也为孩子的超前教育推波助澜。比如要求孩子上一年级时,最好能认识几百个汉字,或者有特长。学校在挑选学生时,有时也要看孩子获奖的次数,是否参加过英语、数学等培训,是否有一技之长等等。与此相对应的是,小学生教育超前的现象在许多中心小学、实验小学中显得尤为突出。

结合本章内容,对这种现象进行评论或辩论。

4. 请结合实际,谈谈你对个体发展的阶段性与差异性的理解,在教育工作中应该如何针对个体发展的阶段性和差异性进行教育。

5. 全国特级教师丁盛宝在《我是怎样教数学的》中写到:平时,我讲授一个新的单元,总要分以下几步走:(1)先给基础有缺漏的同学补一些过去没有学好的知识,填平他们的知识缺陷,使他们达到班内的平均水平,以利于接受新的知识。(2)课内讲授新知识时,照顾班内大多数学生的水平。(3)在教了一段时期之后,同学中出现了新的差距。我就根据实际情况,依据教材的内容,有时把学生分成两组,重新安排课堂座位,进行复式教学。对理解力好的同学一般只要提一提、点一点,由他们自己看书,做题目;而理解力差的同学则由我加强辅导,领着他们一起做题目,让他们慢慢学会自己走路。对两个组,我出的题目也是不尽相同的。(4)在进行复式教学之后,还有一小部分学生跟不上,我就给他们进行课外辅导。(5)单元测验后,如还有个别学生跟不上,我就把他们请到办公室来一个一个地进行具体辅导。我把这种分层补缺、逐批过关的做法叫做"筛米粉"。学生经过各种不同的筛过后,每个同学就都能达到合格的水平了。请你运用所学知识对丁老师的做法进行分析和评价。

延伸阅读

1. 郑金洲著:《教育通论》,华东师范大学出版社 2000 年版。

2. 叶澜著:《教育概论》,人民教育出版社 2006 年版。

3. 叶澜主编:《新编教育学教程》,华东师范大学出版社 1991 年版。

4. 王道俊、王汉澜著:《教育学》,人民教育出版社 1999 年版。

5. (美)斯莱文(Robert E. Slavin)著,姚梅林等译:《教育心理学——理论与实践(第 7 版)》,人民邮电出版社 2004 年版。

6. (美)霍华德·加德纳著,沈致隆译:《多元智能》,新华出版社 2003 年版。

7. 林崇德主编:《发展心理学》,人民教育出版社 2009 年版。

第四章

教育的社会基础

开篇案例

　　某市针对中小学生课业负担过重的问题,开展了新一轮的"减负"行动,先行以两个小学作为试点,向全社会公开承诺:一二年级不留书面作业,三四五年级书写作业量不超过一小时。但是,这一行动却并没有得到家长们的认可。

　　一年级学生家长曲女士说:"原来老师还会留一些听写的作业,还有写字练习,自从'减负'之后,这些都没有了,现在的孩子真是相当的轻松了。"可是她高兴没两天便坐不住了,因为她与其他家长交流发现,像她这样真正让儿子享受着"减负"快乐的家长没有几个,很多家长都在老师不留作业之后,开始自行布置家庭作业,而且作业量要比以前老师留得还多。理由只有一个"学习不能放松"。在多方"调查"之后,曲女士带着儿子到书店买回了一套与教材同步的课课练习卷和一套单元测试习题。她现在每天回家都让儿子做两张卷子,因为不做心里实在没底。

　　对于家长们的做法,一所学校的校长认为,目前升学、就业等一系列的压力已经把现在的家长们"妖魔化"了,这是社会问题,不是通过学校的减负就能解决得了的。难道说家长们就那么希望自己的孩子没有"喘息"之机,一定要把孩子的业余时间占用得满满的才行?四年级学生家长潘先生说:"谁愿意这样呀,谁不希望孩子能每天快快乐乐地生活?学校是减负了,可是中考、高考还得考吧,每天回家就一个小时功课,那还考什么?这辈子就彻底减负了。"……

　　(资料来源　《课上学校忙"减负",课下家长为孩子"增负"忙》,《哈尔滨日报》2010 年 12 月 19 日。)

学习指导

　　1. 认识教育与社会的基本关系,理解学校和班级作为社会组织或机构的内涵。

　　2. 理解"知识社会"概念的基本内涵及其现实意义,以及教育在建设知识社会的过程中的作用。

　　3. 理解教育与文化的内在联系,以及多元文化给教育带来的挑战。

　　4. 查阅教育年鉴或绿皮书,了解当前我国社会及教育发展的不均衡状况,分析造成这些不均衡的原因,思考促进社会和教育公平的原则和方法。

　　5. 了解教育法的体系,收集和整理各种与教育有关的法律案例,分析教育行政部门、学校、教师或家长的法律责任。

　　从根本上说,教育的活动是一项社会的活动,而教育的问题也是一个社会的问题,总是与它所处的社会文化环境有着密切的联系。特别是学校教育,它所面对的受教育者——学生,往往是来自不同社会群体或阶层的,具有不同的价值或利益诉求;它所传递的内容——知识、技能、情感态度和价值观,也是人类社会文化沉淀的结晶;它所采用的手段——如信息技术等,也是现代社会科技进步的结果;更为重要的是,它本身就是在一定的社会语境中展开的,是当代社会系统中不可或缺的一部分,深深地嵌入其中。尽管我们不应该(事实上也不可能)将教育从社会系统中完全抽离出来,但在这里为了讨论的方便,我们还是将教育作为相对独立的子系统,分析这个系统与整个社会系统及其子系统之间的关系,特别是这些系统对于教育的基础意义。

一、教育与社会的关系

社会是由众多子系统所构成的复杂系统。教育就是这个系统的组成部分,它除了具有自身的相对独立的要素环境,还与其他社会系统之间产生各种关联:一方面它受到其他社会系统的制约,另一方面又对其他社会系统产生一定的影响或作用。前一个方面涉及的就是教育的社会基础、背景或环境问题,后者就是教育的社会功能。

(一) 教育作为一种社会现象

教育不仅有助于促进个体的生存和发展,而且对整个社会或族群的延续和更新具有重要的意义。相比其他动物的幼崽,人类初生的婴儿极为羸弱,而且其成熟的周期也是最为漫长的;没有成人社会的力量,单凭婴儿自身是很难生存和发展的。从一开始,社会就通过教育的过程,不断向年轻一代传递社会已经建立的知识、技能、道德、习俗、信仰等,使年轻一代逐渐从未成熟的、高度依赖的状态发展到相对成熟的、独立自主的状态,形成对国家或社会的认同和归属,成为一名合格的社会成员。其实,这个过程就是社会化的过程。法国社会学家涂尔干(E. Durkheim)就说:"教育在于使年轻一代系统地社会化。"最初这个过程是融贯在社会生产或生活的过程之中,后来随着生产力水平的提高、经验的积累和文字的出现,逐渐形成了专门从事教育活动的机构——学校。在今天,学校不是促进个体社会化的唯一机构,却是最为重要的机构。

涂尔干

专栏 4.1

社会化的过程:乔治·米德的观点

美国社会学家乔治·米德认为,自我由两个部分构成:"主我"(I)与"客我"(me)。"主我"是自我的"自然"特征,如正常婴儿都有无约束的冲动和动力。"客我"是自我的社会部分——

对社会要求的内化和对那些要求的个人意识。"主我"首先发展起来,而"客我"的社会化过程要经历三个阶段:

(1) 模仿阶段(0—2 岁):儿童仅仅从事与父母"手势交流"的活动,模仿父母的动作。这个阶段,真正的"客我"尚未发展起来。

(2) 嬉戏阶段(2—4 岁):儿童开始从事角色扮演的活动:他们把自己想象为处于他人的角色或地位,从而发展起从他人的角度看待自我与世界的能力。起初,儿童借用的是重要他人(significant others)的角色。重要他人是指与儿童相处十分紧密、同时对他们自我发展影响最大的那些人。一般来说,第一重要他人是父母或代理父母之职者;到后来,兄弟姐妹、家里的朋友及其他一些非亲非故者陆续加入到儿童的借用角色之列。儿童第一次把自己看作是社会客体:"我在做此事"、"马丽要糖果"。

(3) 群体游戏阶段(4 岁之后):儿童开始走出家庭,与更多的人和群体发生联系,同时他们也把家庭看作是他们所隶属的群体。儿童开始关心与家庭无关的群体,包括作为整体的社会中他们所扮演的角色。他们发展起了一般意义上人们对他们的要求和期望的观念,即"概化他人"(generalized others)。当能够这样做时,他们已将"社会"内化了,"客我"的形成过程已经完成。

(资料来源 波普诺著,李强译:《社会学》(第十一版),中国人民大学出版社 2009 年版,第161—162 页。)

在现代社会中,学校是一个正式的社会组织。作为一种正式的社会组织,一般需具备三个条件:第一,有共同的目标;第二,有相对固定的彼此间相互作用的形态,这种形态往往以权力或权威结构(即科层制)的形式表现出来;第三,组织成员之间能够协调合作,共同完成预定的目标。在学校中,尽管每个管理者、教师和学生都有属于自己的目标,有人把它当作灌输知识的场所,也有人把它当作社会文化活动的中心,或养成学生良好品德的所在,但一般说来,人们都有这样的共识:学校的设立,是要促进人的身心发展,促进学生的社会化,使之成为合格的公民。正是这一共同的目标,将不同的社会个体或群体汇集在一起,统整着学校行为和活动。学校的科层化也表现得较为明显,它根据一定的规则和章程,依照所需的专业安排,任用各级行政与教学人员;学校内部由校长、教导主任、教师、职工及学生组成了一个相对完整的体系,他们在各自的群体中,占据着一定的职位,享有一定的权利,并承担一定的义务。

专栏 4.2

科层制的特征

科层制(又称官僚制)是德国社会学家韦伯(M. Webb)提出的,用以描述工业社会中具有高度生产力和效率的组织的理想型。它具有以下特征：

- 劳动分工。将所有任务分解为高度专业化的工作,给每个工作者履行责任所必需的职权。
- 规则。按照一致的抽象规则系统的要求去完成每一项任务。这样做有助于确保完成任务的一致性。
- 职权等级。按等级安排所有职位,每个下级部门应接受上一级的控制。组织中从上到下有明确的指挥链。
- 非个人化。对下属保持一种非个人化的态度。管理者和下属的这种社会距离有助于保证管理者在理性思考的基础上做决定,不带有个人喜好和偏见。
- 竞争。在资格选拔的基础上雇佣员工,根据工作表现确定是否提升。这就自然避免了员工被武断地辞退,达到了很高的公正水平。

韦伯

（资料来源 伦恩伯格、奥斯坦著,孙志军等译：《教育管理学》,中国轻工业出版社 2003 年版,第 26 页。）

甚至在学校组织中,班级也是一个严整的社会体系。**班级教学是现代教育中最典型的一种形式,它通常由一位教师或几位教师和一群学生共同组成,经由师生相互影响的过程来达到预定的教育目标。**这个社会体系的运作模式,可用图 4.1 来表示：

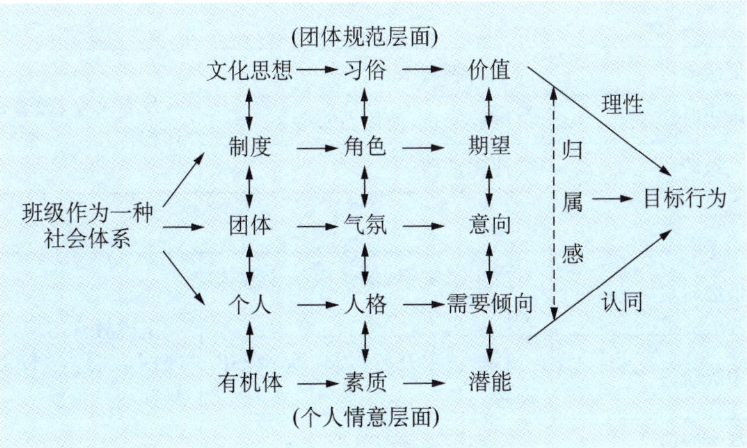

图 4.1 班级作为社会体系的运作模式

这一模式是社会学家盖兹尔(J. W. Getzel)提出的。他认为,在社会体系中表现社会行为,通常受着两方面因素的影响：一为制度方面的因素,一为个人方面的因素。前者指制度中的角色期望,同团体规范层面;后者指个人的人格特质与需要倾向,同个人情意层面。制度中的角色期望,必须符合社会文化思想、习俗和价值,个人的人格及心理需要同其生理素质、潜能等又是紧密相联的。团体是介于制度和个人之间的一个中介因素,起着调节、平衡的作用。团体活动会形成一种气氛,这种气氛影响着团体中每一成员的意向。团体的气氛及其成员的意向一旦形成,就会发挥协调角色期望与个人需要的功能。① 班级社会体系要达到预期的目标,促使社会行为发生改变,可以通过约束学生个人情意的倾向,以适应团体规范的要求,也即达成社会化;也可以调整制度中的角色期望,以适应个人人格的需要,也即角色人格化。

(二) 社会对教育的影响

无论教育本身作为一个社会化的过程,还是学校和班级所呈现的社会特征,都与它们作为人类社会的组成部分有关系。它们本身并不能独立于一定的社会历史条件而存在,而是随着社会历史条件的变化而变化的。总体来说,在人类社会发展的不同阶段上,由于经济基础不同,政治关系变化,文化积累增加,教育也在目的、内容、手段、制度上表现出很大的差异。例如,摩尔根(H. Morgan)在《古代社会》里根据生活手段的技术状况,把社会分为野蛮、蒙昧和文明三种类型,各种类型还可进一步区分为低、中、高三个阶段。每一个阶段有着各自不同的特征和标志,相应的教育的发展程度也有所不同,见表 4.1。

表 4.1 文明的类型与教育的特征

(1) 野蛮时代		
野蛮低级阶段	以野果和坚果为食物	没有文字,但开始有目的地实施教育,如"入社",以道德教育为主
野蛮中级阶段	食用鱼类和使用火	
野蛮高级阶段	发明了箭	
(2) 蒙昧时代		
蒙昧低级阶段	发明制陶术	没有文字,教育形式多表现为口耳相传
蒙昧中级阶段	饲养家畜、使用石头等	
蒙昧高级阶段	使用铁器	
(3) 文明时代		
文明低级阶段	产生了文字,但仅限于少数人掌握	正规教育出现,重视语言教育和理性教育,学校系统完备,普及教育
文明中级阶段	科学技术开始兴起、读写水平提高	
文明高级阶段	文字等被普遍掌握	

具体来说,一个社会的经济、政治、文化等子系统的变化和差异,也会要求教育系统做出积极

① 转引自陈奎熹:《教育社会学》,台湾三民书局 1982 年版,第 241 页。

的反应和调整。首先,在经济系统方面,随着生产力水平的不断提高,人类逐渐从农业经济走向工业经济,而今又在向知识经济时代迈进。在这一过程中,不仅资源配置的基础逐渐从土地、商品,发展到信息或知识,而且社会关系也逐渐从对人或物的依附或半依附关系转向一种相对"自由"的关系。由此,学校教育系统不但获得了越来越坚实的物质基础,而且在结构和形态方面也发生了实质性的变化。例如,教育系统逐步实现了从"形式化"到"制度化"的转变过程,开始走向"终身化";教育权利逐渐从"特权"或"精英"阶层下移到普罗大众,开始走向"普及化"和"全民化";教育关系逐渐从权威性、等级性、依赖性、单向性走向民主化、扁平化、自主化、多向化。其次,在政治结构方面,通常有中央集权制和地方分权制的区分。这种结构上的差异,会直接反映在教育体制上。集权的国家往往会采取集权的教育体制,典型的如法国;分权的国家通常也会采取分权的教育体制,如美国;同时,也有些国家介于集权和分权之间,因此采取的往往是混合的体制,如日本。[①] 至于文化方面,可以参见本章的第三部分。

(三) 教育的社会功能

教育与社会的关系是双向的,教育离不开社会提供的条件,同时也会对整个社会及其子系统产生影响。特别是在当代社会背景下,教育正在成为促进经济增长、政治进步、文化发展的重要力量。下面主要从经济、政治、文化等方面,简要分析教育对这些社会子系统的作用。

1. 教育的经济功能

有关研究表明,教育对国民经济增长具有突出的贡献。20 世纪 60 年代,舒尔茨(T. W. Schultz)研究了美国 1929—1957 年的经济增长,认为教育对国民经济增长的贡献是 33%。另外,据美国经济学家丹尼森(E. F. Denison)对美国 20 世纪 20—80 年代国民经济增长的分析,认为教育对国民收入增长的贡献达到了 49.20%(详见表 4.2)[②]。

表 4.2　教育对国民收入增长率的贡献

项　　目 ＼ 年份(年)　比例(%)	1929—1948	1948—1973	1973—1982
国民实际收入增长率	2.44	3.58	1.26
归功于教育的增长率	0.48	0.52	0.62
归功于教育的增长率占实际国民收入增长率	19.7	14.5	49.2
受雇者人均实际国民收入增长率	1.33	2.45	−0.26
归功于教育的增长率	0.48	0.52	0.62
归功于教育的增长率占受雇者人均实际国民收入增长率	36.10	21.20	—

具体来说,教育对经济的这种贡献,主要是通过以下途径来实现的:

首先,教育可以实现劳动力的再生产。随着人类生产力水平的提高,生产手段从刀耕火种,

---

① 详见吴康宁:《教育社会学》,人民教育出版社 1999 年版,第 75—91 页。

② 赖德胜:《教育与收入水平》,北京师范大学出版社 1998 年版,第 39 页。

走向机械化、自动化。面对日渐精细化、复杂化的生产机器，人们不经过专门的教育或培训，就难以胜任某项工作或职业。因此，在现代社会，教育通过培养各种专门性的人才，履行着劳动力再生产的重要职能。据20世纪80年代的研究，平均来说，一个受过四年初等教育的农民，其生产率比未受过教育的农民要高出8.7%，其年产出要比未受过教育的农民要高13.2%。[1]

其次，教育可以提升人力资本的价值。 在经济活动中，不仅物质资料是重要的资本，人本身也是重要的生产要素资本。舒尔茨提出人力资本的概念，并认为"教育作为经济发展的源泉，其作用是远远超过被看作实际价值的建筑物、设施、库存物资等物力资本的"。获得一定知识和技能的人是一切资源中最为重要的资源，人力资本的收益大于物力投资的收益。现在，越来越多的国家意识到，国际竞争的核心是经济竞争，经济竞争的核心是科技竞争，科技竞争的核心是人才竞争，而人才竞争的关键则在于教育，所以它们都开始把教育摆在关系到国计民生的重要战略地位。不仅如此，就个人来说，教育可以帮助他获得直接的经济利益。一般来说，受教育的水平越高，个人的经济收入也就越高(参见表4.3)。

表4.3　教育投资的收益率[2]

收入水平	国家	年份	个人收益率			社会收益率		
			初等	中等	高等	初等	中等	高等
高收入	希腊	1993		8.3	8.1		6.5	5.7
	新西兰	1991		13.8	11.9		12.4	9.5
中等收入	玻利维亚	1990	20.0	6.0	19.0	13.0	6.0	13.0
	中国	1993	18.0	13.4	15.1	14.4	12.9	11.3
	墨西哥	1992	18.9	20.1	15.7	11.8	14.6	11.1
低收入	埃塞俄比亚	1996	24.7	24.2	26.6	14.9	14.4	11.9
	尼泊尔	1999	16.5	8.5	12.0	15.7	8.1	9.1

（资料来源　Based on Psacharopoulos, G. andPatrinos, H. A.（2002）*Returns on Investment in Education：A Further Update*. Washington, DC：World Bank.）

再次，教育可以促进科学技术的生产。 科学技术是第一生产力。而教育还具有直接生产科学技术的作用，通过科学技术的研发，把潜在的生产力转化为现实的生产力。在这方面，现代大学起到了重要的作用。所谓"产—学—研"相结合，是现代大学的特征。通过研究，促进教学，培养人才；同时形成科技成果，转化为生产过程，推进经济的发展。

2. 教育的政治功能

法国政治学家迪韦尔热说："没有——或几乎没有——任何事物完全是政治性的"，但是"一切——或几乎一切——都带有部分政治性"[3]。同样，**教育具有鲜明的政治特征，它承担着培养国**

---

[1] 张人杰选编：《国外教育社会学基本文选》(修订版)，华东师范大学出版社2009年版，第310页。

[2] 转引自：Guthrie, J. W.（Ed.），*Encyclopedia of Education*（2nd ed.），vol. 2, NY：Gale, 2003, p. 650.

[3] 迪韦尔热著，杨祖功、王大东译：《政治社会学》，华夏出版社1987年版，第11页。

家公民和政治精英,促进政治民主化的重要使命。

首先,促进政治民主化。民主是现代社会的政治理想,是作为专制的、集权的社会的对立面出现的。它的精神主旨是,使每个人都享有平等地参与国家管理和社会事务的权利和机会。教育作为启迪民智的手段,在推进政治民主化方面有特殊的作用。主要表现在以下方面:第一,直接向学生传递有关民主生活的知识和价值观,使他们具有参与民主生活的意识和能力。第二,通过教育民主化,使每个公民不分地区、民族、阶层、性别、信仰等,都享有平等的受教育权利和机会——这本身就是政治民主化在教育领域的体现。第三,促进教育过程本身从专制、封闭或单向控制,走向民主、开放和自由,从而使学生在学校营造的民主氛围中耳濡目染,逐渐形成参与公共生活的民主精神。

其次,培养合格的公民。如果说培养"人才"是教育的经济目标,那么培养"公民"就是教育的政治目标。"公民"概念不仅仅意味着拥有特定国家的国籍,而且意味着具备相应的知识、技能和倾向。例如,在知识层面,要了解国家制度、政府组织、民主法治等方面的事实与信息;在技能层面,要有关注公共生活、参与民主决策、沟通表达技巧等;在情意层面,要有公共精神和服务能力。帮助学生形成这些知识、技能和态度,使他们成为负责任的公民,是现代学校教育不可忽视的责任。

再次,培养政治人才。例如,在英国,伊顿、哈罗、拉格比等公学,牛津、剑桥等大学培养出一大批政治家。据统计,1951 年,英国保守党议员中,有 80.5% 的人上过牛津、剑桥等。在美国,1789—1953 年,约有 67% 的高级政治领导人(包括总统、副总统、众议院议长、内阁成员、最高法院法官)是大学毕业生,其中绝大多数毕业于名牌院校,如哈佛、耶鲁、普林斯顿、达特茅思等。在日本,1937 年在总数为 1377 名文职官员中,有 1007 名即 73.6% 的人是东京大学的毕业生。

3. 教育的文化功能

教育与文化之间有着天然的联系,它本身就是社会文化的重要载体,具有促进文化延续和发展的重要作用。具体来说,包括以下三个方面:

首先,促进文化的传递和保存。英国人类学家马林诺夫斯基(B. Malinowski)就说:"教育就是指一个文化体系的传递;在文化变迁的时候,除了传递以外,也兼指两个文化体系的传播和融合。"这意味着,从纵向上来说,教育总是试图将过去社会积累的文化遗产传递给年轻一代,在促进年轻一代社会化的同时也实现了文化的传承和繁衍;从横向上来说,教育有助于促进文化在不同的社会空间和社会群体中流动和传播,这既可以发挥特定文化的辐射作用,同时又可以促进文化之间的交流和融合。

其次,促进文化的选择。在学校教育中,课程是传递社会文化的直接载体,但它所承载的并不是所有的社会文化遗产。因为社会本身是复杂的,既有文化的精华,又有文化的糟粕,既有丰富的、创生的元素,又有贫乏的、僵化的成分,所以,并不是所有的社会文化遗产都适合学校的课程体系;即便这些文化遗产都是积极的,也未必要将它们都纳入学校的课程体系。事实上,由于学校课程的容量限制,也不可能将它们"全盘吸收"。在这种意义上说,学校课程必定是经过精心选择的社会文化。在选择的过程中,往往需要考虑两个方面:一是所选择的文化要符合特定国家或社会的需求;二是所选择的文化要基于学生的发展需要。除了课程层面的文化选择之外,在教师层面也存在一定的文化选择空间。他们并不是简单地复制教材或教参上的内容,而是根据对自我的定位、对学生的认知、对课程的理解、对环境的感知,最终确定"教什么"、"怎么教"之类的问题。因此可以说,教师就是一个文化选择者。

再次,促进文化的更新。文化的传承与文化的更新是内在统一的:没有文化的传承,文化的更新就无从谈起;没有文化的更新,文化的传承就失去了意义。教育的文化更新功能主要体现在三个方面:第一,教育选择和重组社会文化的过程本身,就是在进行文化的更新,即在有目的的过滤既往社会文化中某些贫乏的、僵化的、糟粕的内容,并在各种积极的文化因素之间建立起系统的关联,从而实现了社会文化的优化和系统化;第二,教育本身也在不断生产新的知识或经验,特别是在高等教育阶段,学术研究直接促进了知识的创生,丰富了文化的积累;第三,更为重要的是,教育通过人才的培养,不断创造新的文化。

二、知识创新与教育

(一) 迈向知识社会

从18世纪60年代以来,随着新技术的不断发展和新能源的不断发现,人类逐渐从农业社会过渡到工业社会,经济市场化、政治民主化、文化多元化的进程不断加快,创造了前所未有的物质财富和精神文化。"二战"结束之后,以核能源、计算机技术、微电子技术、生物技术等为标志的第三次工业革命浪潮席卷全球,人类步入了以知识经济为特征的信息社会(information society)。与工业社会不同,信息社会呈现出一些崭新的面貌:在生产过程上,从工业化、程序化、标准化转向个性化、弹性化、多元化;在生产形式上,从劳动和技术密集型走向知识和信息密集型;在组织形式上,从相对封闭的系统化走向开放的扁平化;在信息传递上,从单向传播走向双向的、交互的传播。这些变化也对教育发展提出了新的要求:不仅在教育目的上要致力于综合性、个性化、创造性人才的培养,而且在教育过程和制度的安排上要适应这种人才培养的需要,逐步走向多样化和民主化、全民化和终身化。[①]

但在以技术进步为基础的信息社会中,原有的知识获取不平等现象,并没有因新技术的出现而得到根本的改善,相反产生了新的"数字鸿沟"甚至"知识鸿沟"。因此,"知识社会"开始引起了人们的重视。这个概念,最初是由德鲁克(P. F. Drucker)提出的,近来在一些国际组织的推动下获得了新的发展。2008年,联合国教科文组织更是发布了《迈向知识社会》(*toward Knowledge Societies*)的报告。这个报告认为,相比信息社会,知识社会不仅仅意味着技术和连接的问题,而且更富有广泛的社会、伦理和政治方面的内容。知识社会的核心是"为了创造和应用人类发展所必需的知识而确定、生产、处理、转化、传播和使用信息的能力。而人类发展所必需的知识,其基础是与自主化相适应的社会观,这种社会观包括了多元化、一体、互助和参与等理念"。知识社会的最终目标是实现真正的知识共享,使每个人都拥有平等而普遍地获取知识的机会和手段,但通往这一目标的途径却是多样的。因此,该报告使用了复数形式的"知识社会"一词:"这是为了避免提供现成的单一模式,这种模式不足以充分反映文化多样性和语言多样性,而语言文化多样性是唯一可以使每个人都能在当今的变革中找到自我的途径。在建设任何社会的过程中,知识和文化形式总是多种多样,其中包括那些受到现代科技进步强烈影响的形

① 唐晓杰:《信息化背景下教育的新范式》,载熊川武等主编:《教育研究的新视域》,辽海出版社2003年版,第333页。

式。如果由于狭隘而宿命的决定论观点，信息与传播技术的革命最终导致仅仅考虑一种社会形式。这是我们所无法接受的。"报告认为，只有建设知识社会才能"铺就通向世界化进程人道化的道路"。[①]

专栏 4. 3

什么是知识社会

一般认为，知识能促进社会和经济的转型与变迁，进而通向一个以知识为基础的社会。从狭义上说，知识社会是以知识为基础的社会，知识的生产、传播和应用成为人类活动各方面的组织规则。在知识社会中，知识的生产、传播、吸收和创新渗入社会各个领域，并成了最为主要的活动，决定人类社会的表现形态；国家、事业、行业领域的发展都要以知识为核心进行，知识的发展成为社会发展的主要动力；人类的日常生活进入一个以消费知识为特点的新阶段；知识的发展与其要求社会制度、社会发展相应跟进、协调之间的障碍和矛盾成为人类社会发展的基本矛盾。从广义上说，知识社会是更为进步的社会，其特点在社会各个方面将进一步表现出来。

- 从知识的利益方面讲，知识社会是产业社会。
- 从知识的传播方面讲，知识社会是信息社会。
- 从知识的获取方面讲，知识社会是学习社会。
- 从知识的运用方面讲，知识社会是生态社会。
- 从知识的保护方面讲，知识社会是法治社会。
- 从知识的判断方面讲，知识社会是道德社会。
- 从知识的发展方面讲，知识社会是创新社会。
- 从知识的目的方面讲，知识社会是审美社会。
- 从知识的价值方面讲，知识社会是精神社会、理性社会。
- 从知识的基础方面讲，知识社会是教育社会。

（资料来源　孙霄兵：《知识社会与教育发展》，载《中国教育报》2008 年 9 月 23 日。）

（二）知识社会的教育

建构知识社会的途径是多种多样的，但教育无疑是其中极为重要的一环。诚如前述，知识社会旨在建立公共知识空间，真正实现知识共享，这一新的趋向要求人们重建教育的理念，真正将教育从信息传递转变为知识共享的过程，帮助每个人发展"为了创造和应用人类发展所必需的知

[①] 以上引自 http://www.un.org/chinese/esa/education/knowledgesociety/1_1.html

识而确定、生产、处理、转化、传播和使用信息的能力"。因此,有必要建立全民终身教育(lifelong education for all),即不分区域、民族、种族、阶层、性别、宗教信仰等,所有公民都有平等而普遍地获取公共知识、进行持续学习的机会和能力。这意味着,教育不仅要在空间上打破学校与社会之间的界限、在时间上拓展到人的整个一生,而且要在对象上面向每个社会成员,而不是局限在接受学校教育的学生群体的范围。由此建构的是一个全民的教育网络。作为这个网络中的最为重要部分,学校教育本身也需要按照全民终身教育的理念加以重组,一方面要加强与其他社会教育体系的衔接,并面向公众开放公共教育资源,另一方面也要适应知识社会的需求,积极调整学校教育的目的、内容、形式、手段及各种关系(详见表 4.4)。

表 4.4　工业时代与知识时代的教育[①]

工业时代	知识时代	工业时代	知识时代
教师即指导者	教师即促进者、向导、顾问	竞争的	合作的
教师即知识源	教师即合作学习者	课堂中心	社区中心
课程指向的学习	学生指向的学习	规定的结果	开放的结果
分时段的、严格计划的学习	开放的、灵活的、按需的学习	遵循规范	创造的多样性
主要是事实为本的	主要是项目和问题为本的	计算机是学习的科目	计算机是所有学习的工具
理论的、抽象的原理与调查	真实的、具体的行动与反思	静态的媒体呈现	动态的多媒体交互
操练与练习	探究与设计	限于课堂的交流	世界范围的无边界的交流
规则与程序	发现与发明	考试:通过常模来评估	表现:由专家、导师、同伴和自我评估

三、文化传承与教育

关于教育与文化,前面已经提到教育在文化方面的一般功能,这里要特别讨论的主要是文化类型、多元文化等方面对教育的重要影响。

(一) 文化类型与教育

基于对原始文化的考察,和对现代文明的认识以及文化背景、条件决定教育的信条,玛格丽特·米德(M. Mead)区分了自古至今的三种不同的文化类型,并且阐述了不同文化类型中相应的教育方式。

---

① Trilling, B. and Hood, P., Learning, Technology, and Educational Reform in the Knowledge Age, in *Educational Technology*, May/June 1999.

1. 前喻文化

前喻文化（prefigurative culture）是一种变化迟缓、难以察觉的文化，**其典型的特征是"未来重复过去"**。在前喻文化中，老年人无法想象变化，所以只能把这种持续不变的意识传给他们的子孙。前喻文化有赖于三代人的实际存在，它的延续既依赖老一代的期望，又依赖年轻人对老一代期望的复制。**前喻文化条件下的教育的主要任务就是要形成这种复制，他们从父母那里受到教育，重复着他们的生活。**依循这样一种教育方式，儿童在成长的过程中，对周围的人毫无疑义地接受的一切也毫无疑义地接受下来，文化得到了"完美"的复制和延续。

2. 同喻文化

同喻文化（cofigurative culture）是这样一种文化：社会成员的模式是同代人的行为，**其典型的特征是"现在是未来的指导"**。在同喻文化中，年轻一代的经验与他们的父母、祖辈的经验有着显著的不同，前喻文化中牢固的代与代之间的关系被打破，代与代之间出现裂痕；**年轻一代更注重从同代人那里互相交流感受，获取经验，其结果是经验连续性的断裂。**

3. 后喻文化

后喻文化（postfigurative culture）表示那种**年长者不得不向孩子们学习**他们未曾有过的经验的文化类型。在这种文化中，儿童面临着一个完全未知的，因而也无法掌握的未来。老年人不懂得孩子们了解的东西。过去，就一个文化系统内的经验而言，总是有一些老年人比所有的孩子懂得多，现在这样的老年人没有了。年轻一代再也不会有年长一代那样的经验。米德说："**从这个意义上，我们必须认识到我们是没有'子孙'的，正如我们的子孙没有'祖先'一样。**"①

（二）多元文化与教育

多元文化并不是一种文化类型，而是用来表示一种多种文化并存的实际状态，更是用来表达对这些文化之间相互关系的立场或态度。多元文化作为一个概念，最初是在 20 世纪 20 年代提出的，其内涵也在不断丰富和扩展：从殖民地的本土文化与宗主国文化的并处，到不同民族或种族之间的文化共处，逐渐扩展到不同区域、阶层、性别、宗教信仰等群体之间的文化并存。奥尔波特（G. Allport）按由远及近、由外到内的标准把多元文化分为：人类文化、种族文化、民族文化、国家文化、城镇文化、邻里文化、家庭文化。班克斯（J. Banks）在区分宏观文化与微观文化的基础上，将微观文化分为以下八个类别：种族或民族来源、社会经济水平、地域、城镇农村、宗教、性别、年龄、特殊性。

多元文化并存，既要求教育满足不同文化群体的多样化需求，又要求教育积极应对他们之间可能存在的文化差异及其引发的冲突。具体在学校教育中，美国学者戈尔尼克等人（D. M. Gollnick et al.）认为存在种族群体间的冲突、民族间的冲突、移民间的冲突、群体内部的冲突、个体与群体间的冲突、不同宗教信仰间的冲突、语言上的冲突、非言语行为上的冲突、社会经济地位间的冲突、性别间的冲突、同辈团体间的冲突、残障儿童与正常儿童之间的冲突、学业成绩优秀学生与落后学生之间的冲突。② 面对多元文化的事实和问题，人们提出了"多元文化教育"的概念，就是以教育中存在的文化多样性为出发点，使具有不同文化特征的学生都享有同等机会的教育；

---

① 玛格丽特·米德著，曾胡译：《代沟》，光明日报出版社 1988 年版，第 77 页。
② Gollnick, D. M. and Chinn, P. C., *Multicultural Education in a Pluralistic Society*, 1983, pp. 21-23.

这种教育是在尊重不同文化且依据不同的文化背景、文化特征的条件下实施的,目的在于帮助学生形成对待自身文化及其他文化的得当方式及参与多元文化的能力。[①] 在多元文化教育中,多元文化教育的目的并不一味地在于促使文化日趋多样化,而是试图使"多"与"一"之间协调起来,是在遵循文化差异的前提下,将"个体文化"与"共同文化"统一起来。"理解"与"和谐"是多元文化教育追求的主要目标。在课程上要消除文化偏见,在教学上,要相信学生的文化认知能力,要适应学生的文化多样性,采取丰富的教学活动,促进他们之间的合作思考,形成性别平等,对他们有高期望。

专栏 4.4

教师从事多元文化教育所应具备的素养

1. 教师要具有一定的影响力,要有足够的知识与技能去解释族群文化;
2. 充实各族群的历史文化知识;
3. 注意自己对不同族群的态度、行为及语言;
4. 利用多种不同的方式传递不同族群的文化特征;
5. 正视学生中存在的种族差异,对学生表现出来的种族态度要保持敏感;
6. 审慎地选择教材,筛除有种族歧视、偏见等内容的教材;
7. 选择课外书籍或视听材料补充教材的不足,增强学生对其他族群的认识;
8. 由了解自己的文化开始,进而与来自于其他文化背景的学生分享不同文化;
9. 尽量选用有一致观点的教材,而避免选用在一些问题上有冲突认识的材料;
10. 避免在概念、内容及各科教学活动中渗入偏见的成分;
11. 对少数族群的学生要有较高的期望,激发他们的上进心;
12. 力争取得少数族群学生家长的合作与支持;
13. 提倡合作性学习,以促进族群间的整合;
14. 在学校的各正式和非正式的群体中,保持其相互间的平等,创造整合的气氛。

(资料来源 Banks, J. A., *Multicultural Education: Theory and Practice*, 1989, pp. 204 - 205.)

四、社会公平与教育

(一) 社会差异

社会在发展的过程中总会表现出一定的差异性,即社会系统内部要素之间的非均衡性和非

[①] 郑金洲:《多元文化教育》,天津教育出版社 2004 年版,第 29 页。

同步性。最为常见的社会差异,包括区域差异(包括城乡差异)、阶层差异、种族差异、性别差异、宗教差异等。当这种差异不断扩大,造成不同的社会群体或个体在选择和占有社会资源方面的机会不均时,就带来社会不公平问题。

(二) 社会差异的教育影响

特定社会中存在区域、阶层、种族、性别等差异,通常也会对教育产生深刻的影响。下面主要结合我国经济和社会发展的实际,分析区域(包括城乡)、阶层、性别等方面的社会差异,对我国学校教育实践带来的主要影响。

1. 区域差异与教育资源分配

由于地理、人口、文化、历史等方面的原因,我国经济与社会发展在不同的区域之间存在较大的差异。这种差异,首先是表现东部、中部和西部地区之间。总体来说,东部地区不仅在经济规模上远远超过中西部地区,在经济结构上优于中西部地区,而且在社会文化生活方面与中西部地区存在一定的差别。这种差异决定了这些地区教育财政的投入总量和分配方式,以及家庭的教育支出,进而影响了不同地区受教育者在教育资源占有方面的差异。相比较中西地区而言,东部地区属于"发达地区",无论是教育经费投入、学校设施、师资配备甚至在教育观念方面,都具有一定的优势。

另一个区域差异表现在城市(镇)地区与农村地区之间。在我国,这集中地反映在城乡二元结构之中。城市(镇)地区是以非农经济(工业和第三产业)和非农群体为支柱的,而农村地区是以农业和农民为基础的。两类地区除了在经济发展总体水平方面存在差距,而且在居民收入、社会保障、文化设施、生活方式等方面也有明显的不同。由此,城乡教育在经费、设施、师资、入学率等方面也呈现出不均衡的状态。由于农村地区教育发展水平低于城市(镇)地区,农村地区的一些学校办学经费不足、教学设施落后、师资流失严重,而一些优质的生源也开始向城市(镇)地区集中;但另一方面,现有的城乡二元结构,不利于农村流动人口子女在城市(镇)地区接受教育。

2. 阶层差异与教育机会均等

由于我国尚处在社会主义初级阶段,特别是在推进市场经济的过程中,社会阶层(social classes)的分化也在一定程度上是存在的。通常,我们可以从政治、经济、文化、职业甚至宗教等多个角度对社会成员的阶层分布进行判断。这种社会阶层上的差异,不仅限制了学校教育的功能的发挥,而且对个体的受教育机会和过程产生重要的影响。例如,美国鲍尔斯(S. Bowls)和金蒂斯(H. Gintis)考察了社会经济地位与个人所受学校教育的年限之间的关系,发现两者是紧密相联的。他们用父母收入、职业和教育水平的加权总和来表示社会经济背景,并按由低到高分为10个类别,按平均数计算,处在第9个类别的儿童,比处在第1个类别上的儿童多受5年的学校教育。他们的材料涉及的是美国的"非黑人"男性,年龄在25—64岁,来自"非农业"背景的熟练劳动力,见图4.2[①]。

---

① 鲍尔斯、金蒂斯著,王佩雄、范国睿等译:《美国:经济生活与教育改革》,上海教育出版社1990年版,第197、45页。

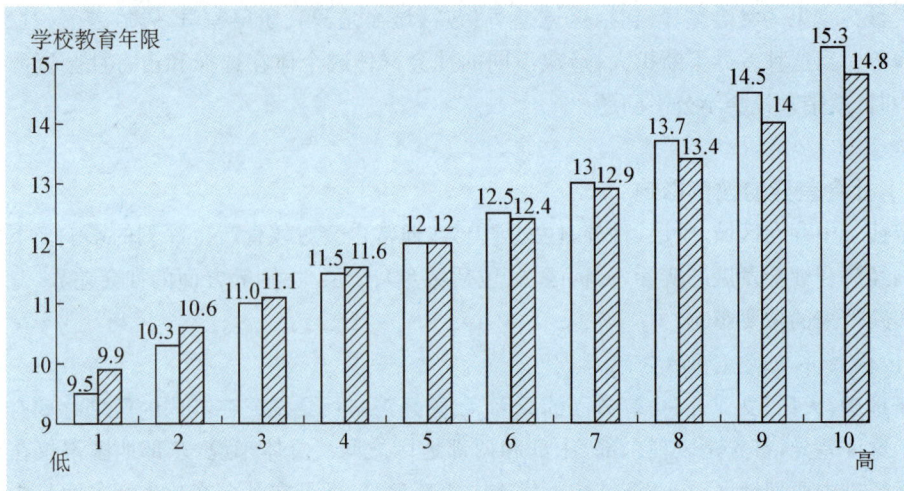

图 4.2　家庭社会经济背景(十分位数)①

3. 性别差异与角色刻板印象

关于"性别",有两个层面:一是生理意义上的性别(sex),强调的是个体先天所具有的生理性征;二是社会意义上的性别(gender),强调的是个体对自身性别及其承担的社会角色的认同。两者并不是完全一致的。在不同的社会文化里,对男性和女性的行为模式的期待,可能是不同的。换句话说,社会对具有不同生理性别的个体往往持有不同的角色期待,并通过各种社会机制将这种角色期待传递给这些个体。**学校教育(特别是教材)就是实现个体性别角色认同的重要机制之一**。研究表明,我国中小学教材反映不同的性别角色期待:(1)在数量上,男女比例失衡,而且随年龄增长,教材中女性比例越少。(2)在形象上,女性形象较为单一,特别缺乏独立身份的女性主角。(3)男女在职业分工、活动领域、性格、行为等方面传统性别刻板印象严重。男性从事的职业较为多元,有科学家、政治家、医生、律师、教授等,而女性从事的职业较为狭窄、单一,多为传统家庭角色的延伸,如教师、护士、服务员;男性活动的领域多在家庭以外,而女性活动的领域多在家庭;性格特征上,女性的主流品质是温柔、善良等。②

> 专栏4.5
>
> ## 中学历史教材中的女性
>
> 有研究对我国六套中学历史教材和一套教学参考书进行了分析,发现在政治领域中出现的女性共有 70 处,其中超过 1/5 的女性出现在帝王的宫闱和将相的官府之中,有近 1/2 女

---

① 对每一个社会经济团体来说,左侧条形表示该团体内所有成员所受学校教育的平均年限的估计值。右侧条形表示与全部样本的平均智商成绩相同的人所受学校教育的平均年限的估计值。

② 史静寰主编:《走进教材与教学的性别世界》,教育科学出版社 2004 年版,第 14—22 页。

性出现在统治阶级的统治活动中。其中有少数参政意愿、主动进入政治领域的女性有 17 人次，她们多为皇室，不是在涉及政治法令或改革中，徇私枉法、缺乏远见和自律、搬弄是非、妨碍改革和法令的顺利实施，最终受到谴责的人物，就是腐朽荒淫、在政治统治和朝代更迭中兴风作浪、祸国殃民、最后为人所不齿者。即便是有积极作用的女性，如北魏冯太后、三娘子、昭君、文成公主等，她们或是在皇室统治出现故障时，临时参与、协助夫家、助其完成统治；或者遵从依赖、压抑自我，最终孤寂寥落。

（资料来源 史静寰主编：《走进教材和教学的性别世界》，教育科学出版社 2004 年版，第 11 页。）

（三）促进教育公平

当上述社会差异及其教育差异不断扩大，逐渐对社会的持续发展和个体的基本权利构成威胁或损害的时候，社会公平问题就开始凸显出来，成为政府部门和社会公众关注的中心。而在促进社会公平方面，教育具有重要的作用。2010 年颁布的《国家中长期教育改革和发展规划纲要（2010—2020）》就强调："把促进公平作为国家基本教育政策。教育公平是社会公平的重要基础。"

一般来说，公平或正义就是让每个人得到他们所应得的东西。一项社会政策、制度安排或公共活动要体现公平或正义，通常应该遵循三个基本原则：(1)平等原则：给同等的人以同等的对待；(2)差别原则：给予不同的人以不同的对待；(3)补偿原则：所有人都可以从中获得利益，但应该使处境最不利的群体或个人从中获得最大的利益。根据这些原则，教育公平就不是"平均主义"、"吃大锅饭"，也不是"完全的市场化"。特别是在义务教育阶段，一项政策或制度安排要同等地尊重所有的相关利益人（主要是学生）的基本权利和利益，保证他们不分地区、民族、阶层、性别等，都拥有进入公立学校系统，接受九年义务教育的机会；同时，要有差别地对待他们之间存在的各种差别，包括先天禀赋、家庭背景、个人努力、实际贡献等，不仅要让优秀或特长学生获得自由的发展，而且要使因地区差异、家庭背景、先天因素等造成的处境不利的学生从中获得最大或最多的发展。《国家中长期教育改革和发展规划纲要（2010—2020）》提出，"教育公平的关键是机会公平，基本要求是保障公民依法享有受教育的权利，重点是促进义务教育均衡发展和扶持困难群体，根本措施是合理配置教育资源，向农村地区、边远贫困地区和民族地区倾斜，加快缩小教育差距。"可以说，这正是对公平或正义原则的积极回应。

专栏 4.6

"择校热"

"择校"通常是指在"就近入学"政策下，家长为了子女能接受更好或更方便的教育而为其选择非"分配"学校的现象。有调查显示,在 12183 个样本中,"择校生"占了 40.5%。其中,省会城市的择校比例为 42.7%,明显高于地级市的 36.5%。在省会城市,父亲职业为私营企业主的学生的择校比例比平均择校率(42.70%)高 8 个百分点,其次是党政干部和个体工商户,分别高出 7 个和 6 个百分点。在中等城市,父亲是私营企业主的学生的择校比例比平均水平(36.54%)高 10 个百分点,其次是个体工商户和企业管理人员,他们分别比中等城市择校平均水平高 8 个和 4 个百分点。

调查表明,选择择校的家长主要是通过亲友的经验介绍、托熟人联系校内人员获取招生信息,通过公开程序获取招生信息的家长不到 1/3。择校生通过特长生和成绩特别优秀等方式进入目标学校的比例分别是 6.16% 和 15.85%,而通过交纳共建费、就近买房、转户口、家长捐资或者作出其他贡献的方式获得择校权利者达到 55.82%。对于择校费用问题,63.79% 的家长认为择校费用没有构成对家庭的经济负担;30.55% 的家长感觉到了择校费用的压力,但还可以负担;认为超越自己负担程度的家长仅占 5.66%。而在未择校的家庭中,有 16.1% 的家长回答是家庭经济条件妨碍了择校。

尽管社会舆论对"择校"深恶痛绝,但被问及"对择校现象的看法"时,高达 74.48% 的家长表示对"择校"完全赞同或基本赞同,只有 25.52% 的家长表示了反对。相比于 40.5% 的实际择校率来说,不管是已择校还是未择校的家庭,大部分对择校持支持态度。

(资料来源 《"择校热"为何高温难降?三个利益主体如何权衡》,《光明日报》2009 年 12 月 24 日。)

五、法律保障与教育

(一)依法治教

所谓"依法治教",就是以法律为依据和准绳,对各项教育事业的发展进行规划和治理。它是"依法治国"方略在教育领域的具体体现。特别是改革开放以来,我国教育的法制化进程不断加快,按照"有法可依,有法必依,执法必严,违法必究"的精神,逐步建立了中国特色社会主义的教育法体系。

(二)教育法的体系

要实现"依法治教",首先就是"有法可依"。因此,有必要建立完善的教育法的体系,从而为政府及其教育行政部门的决策和管理,为学校的办学活动,为教师和学生的行为提供法律的准绳。在过去三十多年里,我国以宪法为根本依据,逐步制定了教育的基本法:《中华人民共和国教育法》(1995),形成了若干教育的部门法,如《中华人民共和国义务教育法》(1986,2006 年修订)、《中华人民共和国教师法》(1993)、《中华人民共和国职业教育法》(1996)、《中华人民共和国高等教育法》(1998)、《中华人民共和国民办教育促进法》(2002)等。此外,国务院还颁布了一系列教育行政法规,教育部也出台大量的教育行政规章。这些教育法规不仅对我国的教育性质、目的与方针有明确的规定,而且对教育行政和办学主体的活动有约束,对教师和学生的权利和义务都有规定和要求(具体见专栏4.7)。

专栏 4.7

教师和学生的权利和义务

《中华人民共和国教师法》第七条规定:教师享有下列权利:(一)进行教育教学活动,开展教育教学改革和实验;(二)从事科学研究、学术交流,参加专业的学术团体,在学术活动中充分发表意见;(三)指导学生的学习和发展,评定学生的品行和学业成绩;(四)按时获取工资报酬,享受国家规定的福利待遇以及寒暑假期的带薪休假;(五)对学校教育教学、管理工作和教育行政部门的工作提出意见和建议,通过教职工代表大会或者其他形式,参与学校的民主管理;(六)参加进修或者其他方式的培训。

第八条规定,教师应当履行下列义务:(一)遵守宪法、法律和职业道德,为人师表;(二)贯彻国家的教育方针,遵守规章制度,执行学校的教学计划,履行教师聘约,完成教育教学工作任务;(三)对学生进行宪法所确定的基本原则的教育和爱国主义、民族团结的教育,法制教育以及思想品德、文化、科学技术教育,组织、带领学生开展有益的社会活动;(四)关心、爱护全体学生,尊重学生人格,促进学生在品德、智力、体质等方面全面发展;(五)制止有害于学生的行为或者其他侵犯学生合法权益的行为,批评和抵制有害于学生健康成长的现象;(六)不断提高思想政治觉悟和教育教学业务水平。

《中华人民共和国教育法》第四十二条规定,受教育者享有下列权利:(一)参加教育教学计划安排的各种活动,使用教育教学设施、设备、图书资料;(二)按照国家有关规定获得奖学金、贷学金、助学金;(三)在学业成绩和品行上获得公正评价,完成规定的学业后获得相应的学业证书、学位证书;(四)对学校给予的处分不服向有关部门提出申诉,对学校、教师侵犯其人身权、财产权等合法权益,提出申诉或者依法提起诉讼;(五)法律、法规规定的其他权利。

第四十三条规定,受教育者应当履行下列义务:(一)遵守法律、法规;(二)遵守学生行为规范,尊敬师长,养成良好的思想品德和行为习惯;(三)努力学习,完成规定的学习任务;(四)遵守所在学校或者其他教育机构的管理制度。

(三) 依法执教

作为未来的教师,除了具备专业方面的知识和技能之外,还需要有法律的意识,懂得怎样依据法律的要求从事日常的教育教学工作。无论从教师自身还是学生来说,依法执教都具有重要的意义。从教师方面来说,教师需要了解和承担自己在专业工作中必须承担的法定义务,避免因为自己的不作为,导致对学生权利的侵犯;同时也要积极维护自身所享有的法律所赋予的专业权利，免受其他社会或行政权力的干预和践踏。从学生方面来说，教师需要了解并保护学生在学校教育中应该享有的基本权利，至少要保证学生的基本权利不受侵犯。然而，在现实中，一些教师由于缺乏这方面的意识，而在教育工作中采取体罚、辱骂、罚款、侵犯隐私等机制监控和管理学生，这不仅漠视了学生的基本权利，而且违背了教育的基本精神。

案例 4.1

教师撕看并曝光学生日记被判侵权

2001 年 11 月 30 日下午放学后，在某中学就读的余刚和其他同学一起打篮球。同班女生王某上前用纸为他擦汗。这个动作被班主任汪老师看见，她认为两个学生"恋"上了，当即将王某喊到办公室。她给王看了两页日记，是其私下从余刚放在课桌内的日记本上撕下的，上面记录着余刚对另一名女生的好感。汪老师还告诉王某，余刚对其不是真心的，他脚踏两只船。第二天，汪老师不让余刚进教室上课。余刚的家长多次到学校，恳求让孩子上课，都被汪拒绝。几天后，汪老师又将余刚的日记拿给班上其他几个学生看。学校和县教育局给汪做工作，可汪仍然坚持不让余刚上课。直到 12 月 5 日，在学校校长的命令下，余刚才进了教室。而此时，余刚无法承受巨大的心理压力，当天离家出走。第二天在重庆被找回。7 日，余刚回校上课，但有人对他指指点点。余刚父母要求汪老师在一定范围内赔礼道歉，消除影响，但被汪拒绝。余刚遂将自己的班主任告上法庭，要求汪赔礼道歉，并赔偿精神损失费。

汪老师在法庭上表示，她履行教师职责，检查学生笔记，从而知晓该生早恋，违反了校规。她说，余刚日记不具有隐私权的保密性；隐私内容是早恋，严重违反了《中学生守则》，这种隐私内容受公共利益的限制；而且，看余刚笔记是教师知情权的一部分。而且，她以校方身份对余刚进行全面教育，对其违反校规进行批评，让其停课、写检查等行为，属于正当教育范畴，是善意的，不具有贬损余刚名誉权的性质。对此，余刚的代理律师认为，汪称日记记录的早恋行为是违规的、与公共利益不相符的说法是错误的。他们认为，余刚作为一名未成年人，在其年龄段对异性产生爱慕或向往是非常正常的健康心理，作为教师，应正确引导并理解这一行为，而不是肆意侮辱，用带有歧视性的语言四处宣扬，并告诫其他学生孤立余刚。

最终，法院经审理认为，汪老师未经学生余刚同意，撕看余的日记并向他人传阅，还在学生中讲有损余刚名誉的话，其行为已损害了余刚的名誉权和隐私权。汪以余刚早恋为由要求其写检讨、不准余刚上课学习等行为，侵害了余刚的受教育权。虽然汪教育帮助学生的出发点是好的，但由于采取方式不当，致使余刚精神受到损害，导致其离家出走的严重后果，使其身心和学习受到严重影响。因此，汪应该向余刚赔礼道歉，并给予一定的精神损害赔偿。

（资料来源　《重庆一名教师因撕看并曝光学生日记被判侵权》，《中国青年报》2002 年 10 月 10 日。）

本章小结

　　教育不仅与个体的发展有关,还与它所处的社会文化环境有着紧密的联系。作为社会的一个子系统,教育受到经济、政治、文化等其他社会子系统的制约,同时也对经济增长、政治进步、文化发展产生一定的作用。在当代语境下,学校教育还需要应对一些重要社会议题,如知识社会、多元文化、社会公平、依法治国等,适应社会发展的现实要求,致力于知识的共享和创新,促进文化的理解和宽容,推进社会的公平和正义,实现"依法治国"的基本方略。

思考与实践

　　1. 杜威说:"社会群体每一个成员的生和死的这些基本的不可避免的事实,决定教育的必要性。一方面,存在群体的新生成员——集体未来的唯一代表——的不成熟和掌握群体的知识和习惯的成年成员的成熟之间的对比。另一方面,这些未成熟的成员有必要不仅在形体方面保存足够的数量,而且要教给他们成年成员的兴趣、目的、知识、技能和实践,否则群体就将停止它特有的生活。"[①]

　　结合这段论述,说明教育与个体、社会之间的关系。

　　2. 知识社会强调知识分享和知识创新。在一个文化多元的社会里,教育应该怎样让具有不同背景或价值观的学生实现知识的共享和对话呢?

　　3. 晚年的钱学森多次表达他对我国教育的忧虑:"为什么我们的学校总是培养不出杰出人才?"他所说的不是一般人才的培养问题,而是科技创新人才的培养问题。这就是"钱学森之问"。然而,有观点认为,学校教育的目标是培养合格的公民,而不是杰出人才或创新人才;而且学校也培养不了这样的人才。你怎样看待这种观点?

　　4. 近年来,"择校"问题、农民工子女教育问题、高考制度问题等,都引起了公众广泛的关注。选择其一,结合教育公平的原则进行简要的分析。

　　5. 教师是否有惩戒过错学生的权利? 其法律的依据是什么? 如果有,教师在惩戒学生时应该遵循什么原则?

延伸阅读

　　1. 联合国教科文组织国际教育发展委员会编著,华东师范大学比较教育研究所译:《学会

---

① 杜威著,王承绪译:《民主主义与教育》,人民教育出版社 1990 年版,第 3—4 页。

生存——教育世界的今天和明天》,教育科学出版社 1996 年版。

2. 吴康宁:《教育社会学》,人民教育出版社 1998 年版。

3. 郑金洲:《教育通论》,华东师范大学出版社 2000 年版。

4. 马和民主编:《新编教育社会学》,华东师范大学出版社 2002 年版。

5. 张人杰:《国外教育社会学基本文选》(修订版),华东师范大学出版社 2009 年版。

II 走进学校

第五章

课 程

开篇案例

据说,拉尔芙·泰勒(Ralph W. Tyler)主持了著名的"八年研究"后名声大振。在一次午餐时,有个学校的校长向他请教,到底怎样才能把学校搞好,才能使课程教学有效。泰勒当即想了四句话要告诉他,他想把它们写下来却找不到纸,只好在一张餐巾纸上写下了那四句话。校长看后很满意。后来,泰勒在这四句话的基础上,进一步发挥,写成了一本书。这本书后来成为了课程理论的经典,而以那四句话为核心所构成的"泰勒原理"则成为课程理论难以逾越的高峰。可以说,学习和研究课程理论的人,没有人不知道那四句话,也没有人不知道那本书。泰勒到底说了什么样的四句话呢?他又写了一本什么样的书呢?

让我们进入"课程"这一章的学习吧,学习后你就会明白了。

学习指导

1. 理解"课程"的含义和类型,辨析课程与教学之间的关系。

2. 了解课程的表现形式,认识课程各表现形式在实际教学中的作用。

3. 掌握"泰勒原理",即课程目标、课程内容、课程实施和课程评价的基本课程结构。

4. 明了课程资源开发与利用的一般要求,能够结合教学实践进行课程资源的开发与利用。

一、课程的含义与类型

课程是教育的核心构成,是教育实施的重要支撑。理解课程、把握课程是有效进行教育教学的起点和推动力量。因此,"怎样认识课程并对课程做出界定"是教育领域的一个基本问题。

(一) 课程的含义

课程是一个使用广泛而涵义多重的术语,不同时代、不同的人、不同语境中,所使用的课程概念的内涵和外延是不相同的。从某种程度上,每个人都有对课程的认识、理解和建构。因此,要给出一个较为一致的、受到大家认同的课程涵义,是非常困难的。但从人们对课程的不同理解中,却可以看出各种取向的课程概念。

在中国,"课程"一词最早出现在唐朝。唐朝孔颖达在《五经正义》里为《诗经·小雅·巧言》中"奕奕寝庙,君子作之"一句注疏:"维护课程,必君子监之,乃依法制。"据考证,这是"课程"一词在汉语文献中的最早记载。孔颖达用"课程"一词指"寝庙",其喻义为"伟大的事业",这里的"课程"涵义十分宽泛,远远超出学校教育的范围,与今天的课程之意相去甚远。宋朝朱熹在《朱子全书·论学》中多次提及课程,如"宽着期限,紧着课程","小立课程,大作工夫"等。朱熹的"课程"

主要指"功课及其进程",这与今天人们对课程的理解基本相似。在中国,从词源来分析,课是指"课业";程是指"进程",课程主要指功课及其进程。

在西方,英语里面最早的是英国著名哲学家、教育家斯宾塞(H. Spencer)在 1859 年发表的一篇著名文章《什么知识最有价值》一文中出现"课程"(curriculum)一词。课程(curriculum)这个词在拉丁文中原意是静态的"跑道"(race-course)或"道路"(career)。根据这个词源,最常见的课程解释是"学习的进程"(course of study)。这一解释无论是在英国牛津字典,还是美国韦伯字典,甚至《国际教育字典》,都是这样解释的。

课程作为一个独立的研究领域,对课程进行系统研究并从理论上加以概括是 20 世纪以后的事。一般认为,美国课程专家博比特(F. Bobbitt)1918 年出版的《课程》(the Curriculum)一书,标志着课程作为专门研究领域的诞生。随后,查斯特(W. W. Charsters)、拉尔夫·泰勒(R. W. Tyler)、布鲁纳、麦克唐纳德(J. B. MacDonald)等西方学者对推进课程论研究作出了突出的贡献。

综而观之,可以把课程界定为:课程是按照一定的教育目的,在教育者有计划、有组织的指导下,受教育者与教育情境相互作用而获得的全部教育经验。

(二)课程的类型

对课程从不同角度进行划分,可分出不同的类型。

1. 学科课程与活动课程

(1)学科课程

学科课程(subject curriculum)是按照学科分别设置,在教师的严密组织和具体指导下,侧重于各学科的逻辑顺序,以学习、掌握系统的基础知识和基本技能,发展学科能力为主要目的,以理论知识和间接经验为主要内容的教育课程。

学科课程的历史最悠久。我国古代,《礼记》上就有"诗书礼乐以造士"的记载。《史记》说:"孔子以六艺教人。"中国古代的"六艺",指礼、乐、射、御、书、数。在西方,古希腊、古罗马学校中,通行的有代表性的课程为所谓的七种自由艺术,简称"七艺",即文法、修辞、辩证法(逻辑)、算术、几何、天文、音乐。到中世纪,还有所谓的"武士七技",即骑马、游泳、投枪、打猎、下棋、吟诗。这些都可看作是最早的学科课程。

学科课程经过夸美纽斯、赫尔巴特和斯宾塞等人的进一步理论深化而更加成熟。17 世纪,夸美纽斯基于"把一切事物教给一切人类"的理想,提出要设置"百科全书式"的课程,主张开设包括玄学、物理学、机械学、政治学、宗教等众多学科。19 世纪,赫尔巴特从心理学出发,主张课程应为培养学生多方面的兴趣服务,因而主张设置能够培养学生经验的、思辨的、审美的、同情的、社会的和宗教的兴趣的多样的学科。斯宾塞从教育要为完满的生活做准备和知识价值论出发,提倡学习实用的科学知识,围绕完满生活的五个方面来组织和安排课程。

第一,为准备直接的自我生存活动,包括个人健康,生育儿女,需要学习生理学科。

第二,为准备间接自我生存的活动,包括谋生、赚钱、设计、生产等,需要掌握逻辑学、数学、力学、物理学、化学、天文学、地质学、生物学、有关的社会科学等多种学科。

第三,为准备做父母和教育子女的活动,需要学习生理学和教育学科的知识。

第四,为将来尽公民职责做准备,需要学习历史、社会学、生物学与心理学。

第五,为准备将来善于在闲暇中满足爱好与感情的需要,需要学习油画、雕塑、音乐、诗歌等课程。

一直到今天,学科课程仍然是学校课程的主要课程形态。这与它所具有的优点是分不开的。学科课程可以使相同或相近学科领域的基础知识连贯起来,形成逐步递进、内容连续的逻辑系列,有利于人类文化的传递;所授知识、技能具有完整性、系统性和严密性;便于老师教学和发挥教师的主导作用。但学科课程也具有明显的局限性。学科课程的内容往往与学生的生活实际相脱离,在教学中容易忽视学生的兴趣及学生全面发展的价值,可能会压抑学生在教学过程中的主动性和积极性。因此,有必要对学科课程进行改革。

(2)活动课程

活动课程(activity curriculum),也称为经验课程或儿童中心课程,是从儿童的兴趣和需要出发,以儿童的经验为基础,以各种不同形式的一系列活动组成的课程。它主张联系儿童的社会生活经验,从儿童的兴趣与需要出发,以儿童的活动为中心来设计课程的内容、结构与过程。

案例5.1

证明土豆皮的作用

在国外小学教学的一次课上,教师提着一筐土豆进了教室,要求学生自己想办法,来说明土豆皮的作用。课堂中有多种仪器可供学生选用。其中有一个同学做得非常好。(1)他选择了大小不同的两个土豆,把大的削去皮,拿到天平上去称,直至与小的土豆同重。(2)然后,把两只土豆放在炉子里烘烤一段时间。(3)拿出来后,再放到天平上称。结果发现,带皮的土豆重于去皮的土豆。由此说明,土豆皮具有保持水分的作用。(4)然后,把两只土豆放在空气中,结果,几天后去皮的土豆烂了,而带皮的土豆没有。由此说明,土豆皮可防止腐烂。

这一案例中,教师没有直接向学生讲授:土豆皮的作用有两点,一是保持水分,二是防止腐烂;而是给学生提供土豆、仪器,提出要求,指导学生发挥自己的聪明才智去解决问题。学生通过自己的思考想出了与众不同的方法,其创新精神得到了培养;学生通过自己动手实验,其实践动手能力也得到了锻炼。

活动课程作为一种课程类型,形成于20世纪初,主要代表人物为美国著名的哲学家和教育学家杜威。杜威的活动课程理论建立在"经验来自行动"和"教育即生活"、"教育即生长"、"教育即经验的改造"的基本原则之上。杜威反对分科教学,主张课程的内容要适合儿童的需要和接受能力,主张以活动为中心组织教学,从"做中学",特别强调游戏、活动作业、手工、烹调、缝纫、表演、实验等对儿童发展的意义。

表 5.1　学科课程与活动课程的差异[①]

	学科课程	活动课程
认识论	知识本位	经验本位
方法论	分析	综合
教育观念	社会本位论 "教育为生活作准备"	个人本位论 "教育即生活"
知识的传递方式	间接经验	直接经验
知识的性质	学术性知识	现实有用的经验性知识
课程的排列	逻辑顺序	心理顺序
课程的实施	重学习结果	重学习过程
教学组织形式	班级授课制	灵活多样
学习的结果	掌握"双基"	培养社会生活能力、态度等

活动课程强调学生的自主性和主动性,强调学生通过自己的实践活动获得直接经验,强调训练学生的综合能力及个性养成。但它也有局限性:课程内容及安排往往没有严格的计划,不易使学生获得系统、全面的科学知识和基本技能。20世纪90年代以来,我国课程计划中增设"活动课"。在新一轮的课程改革中,在基础教育阶段的课程计划中进一步将其明确为"综合实践活动",具体分为"研究性学习"、"社区服务"、"社会实践"、"劳动技术教育"等几个部分。

2. 综合课程与核心课程

(1) 综合课程

综合课程（integrated curriculum）是与分科课程相对应的一类课程,它打破传统的从一门科学中选取特定内容构成课程的做法,根据一定的目的,从相邻相近的几门科学中选取内容并将这些内容相互融合,构成课程。

根据综合课程的综合程度及其发展轨迹,可分以下几种:**一是相关课程**（correlated curriculum）,就是在保留原来学科的独立性基础上,寻找两个或多个学科之间的共同点,使这些学科的教学顺序能够相互照应、相互联系、穿插进行。**二是融合课程**（fused curriculum）,也称合科课程,就是把部分的科目统合兼并于范围较广的新科目,选择对学生有意义的论题或概括的问题进行学习。**三是广域课程**（broad curriculum）,就是合并数门相邻学科的教学内容而形成的综合性课程。**四是核心课程**（core curriculum）。

综合课程的综合范围可大可小,可以是相近学科在基础范围中的综合,也可以是拓展边缘学科的新课程领域。综合课程的开设既是现代科学发展的需要,又是学生认识和把握科学知识基础的需要。

---

① 郑金洲著:《教育通论》,华东师范大学出版社2000年版,第283页。

专栏 5.1

我国实施的综合课程

目前,我国基础教育课程改革的一项重要内容就是实施综合课程。例如,在小学开设"思品与生活"、"思品与社会"、"艺术"、"科学"等综合课程,在初中开设了"历史与社会"、"科学"、"艺术"等综合课程。

综合课程往往以主题组织教学内容。围绕主题把与主题相关的内容,既综合又分开的讲授出来。例如,讲到海洋这一主题时,(1)会讲到世界各大洋的分布、海洋生态、大气圈、季风的形成等内容,这就涉及自然地理的内容;(2)在讲海洋中的动植物时,则会涉及生物学的内容;(3)在讲海洋的形成时会讲到水,水是由 H 元素和 O 元素组成的;也会讲到海水里面含有大量的盐,其中之一是氯化钠等,这就涉及化学的内容。(4)当然,讲到水时会讲到水的"三态(液体、固体、气体)变化":水受冷至零摄氏度时会结成冰,受热至一定程度时,会蒸发变为气体,这就涉及物理学的内容。这样,通过海洋这一主题,就把地理、生物、物理、化学等学科的内容有机地组合在一起,实现了课程的综合,从而使得学生对"海洋"有了一个全方位的立体的了解与认识。

综合课程有助于增强学科间的横向联系,避免完整的知识被人为地割裂;符合学生认识世界的特点,有利于学生整体把握客观世界;有利于解决有限的学习时间与人类科学技术飞速发展的矛盾。通过综合课程,能够在一定程度上压缩课时,使学校能够在较短的时间里安排学生学习更多的知识。

当然,综合课程并不是简单地将几门学科拼凑到一起,若不能真正体现综合,就会变成"凑合",就不能体现综合课程的优势。因此,无论是综合课程的开发还是教学,都要真正体现综合性。

(2) 核心课程

核心课程(core curriculum),是围绕人类基本活动或一些重大的社会问题来确定中心学习内容的一种课程。人类基本活动或社会问题就像包裹在教学内容里的果核一样,所以叫核心课程问题,也被称为问题中心课程。

综合课程中的相关课程、融合课程和广域课程都是在学科领域的基础上进行的知识综合的课程形式,它们打破了原有的学科界限,是旧的学科课程的改进和扩展;而核心课程则是以解决实际问题的逻辑顺序为主线来组织教学内容的。

核心课程论者认为:编制课程既要照顾儿童的发展阶段,又要反映人类的基本活动,主要围绕人类基本活动来确定不同年级学习的核心主题。例如:1—2 年级学习周围的环境,包括家庭、学校和所在社区;3—4 年级学习较广的环境,由县、省到国家等;9—10 年级学习社会经济;11—12 年级作参加社会生活的准备。

核心主题可以避免学科课程距离生活过远,能对儿童的兴趣和动机给予必要的引导;还可避免活动课程内容过分零散的缺点。核心课程在兼顾学生发展和社会的需要、在增强学科间的联系方面,在结合学生的兴趣、需要以及认识特点方面,是有积极意义的。但是,如何保障学生获得深入、系统的知识,还有待研究。

3. 必修课程与选修课程

（1）必修课程

必修课程(required courses)是指同一学年的所有学生必须修习的公共课程。必修课程是为保证所有学生的基本学力而开发和设置的课程,它强调学生的"共性发展"。在基础教育阶段设置国家规定的必修课程是为了保证学生有良好的基本学力和最低限度的共性发展。必修课程的学习会为选修课程的学习打下良好的基础。过早的教育分流很可能会对学生今后的专业学习及转换造成不可逆的负面影响。必修课程也是对学生进行通识教育的重要措施。

（2）选修课程

选修课程(elective courses)是指依据不同学生的个性特点与发展方向,容许个人有所选择的课程。选修课程是适应学生的个别差异而开发和设置的课程,它强调学生的"个性发展",也将尽可能发掘每个学生的潜在可能性作为课程的目标。

专栏5.2

选修制度

选修课程的产生与选修制度(elective system)相关的。选修制的确立最初是在大学,后来才传播到中学。最早倡导选修制的是1810年创办柏林大学的德国著名教育家洪堡(W. Von Humboldt),他主张在大学里,教授可以自由地教他认为最好的课程,学生也可以学习他愿意学习的任何课程。选修制的真正发展是在美国。1825年,弗吉尼亚大学首开选修课,但作为一种制度尚未正式确立。直到1869年,选修课制度才由美国教育家、哈佛大学校长埃利奥特(Charles William Eliot)加以正式确立,并大力推行。1893年,以埃利奥特为首的美国"中等学校研究十人委员会"(the Committee of Ten on Secondary School Studies)基于充分的调查研究,正式倡导在中学开设选修课程。至20世纪初,选修制开始席卷欧美大中学校。选修制传入我国是在20世纪初,它的出现与"五四"运动时期倡导科学与民主,倡导个性自由与解放的思潮直接有关。

4. 国家课程、地方课程与校本课程

（1）国家课程

国家课程(national curriculum)是指国家委托有关部门或机构制定的基础教育的必修课程或称核心课程的课程标准或大纲。国家课程具有统一规定性和强制性。国家课程是一个国家基础教育课程方案的主体部分,对于基础教育的发展,特别是人才培养的质量和规格具有决定性作用。国家课程可以确保学生学习的权利,明确学生在接受学校教育时应达到的标准,提高学生接受学校教育的连续性和连贯性,为公众了解学校教育提供依据。

（2）地方课程

地方课程（local-based curriculum），又称为地方本位课程，或地方取向课程，它是地方教育主管部门以国家课程标准为基础，在一定的教育思想和课程观念指导下，根据地方社会发展及其对学生发展的特殊需要，充分利用地方课程资源所设计的课程。 地方课程常用来指地方自主开发、实施的课程。它是不同地方对国家课程的补充，反映了地方和社区对学生素质发展的基本要求，具有鲜明的地域色彩。对于地方课程的地方本位，可以从三方面理解：一是立足于地方，二是服务于地方，三是归属于地方。地方课程可以促进国家课程的有效实施，弥补国家课程的空缺，加强教育和地方的联系，调动地方参与课程改革与课程实施的积极性。

（3）校本课程

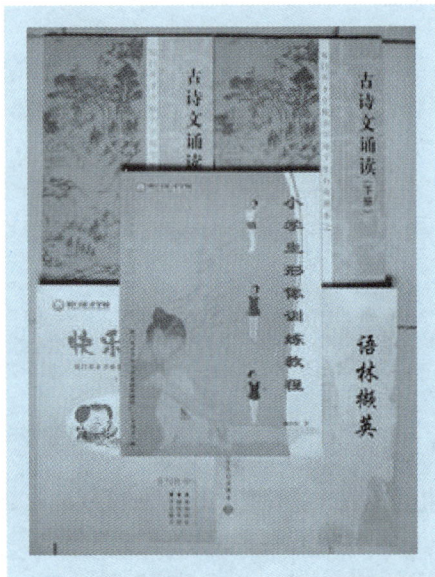

校本课程（school-based curriculum）是学校在充分理解国家课程标准的基础上，从实际出发，根据自身特点与资源，灵活组织编制并实施的个性化课程。 校本课程的内涵一般是指由学生所在学校的教师编制、实施和评价的课程，它的本质内容主要表现在三个方面：一是在课程的权力方面，学校拥有课程自主权；二是在课程开发的主体方面，教师是课程开发的主体；三是在课程开发的场所方面，具体学校是课程开发的场所。所谓校本，一是为了学校，二是在学校中，三是基于学校。为了学校，是指要以改进学校实践、解决学校所面临的问题为指向；在学校中，是指要树立这样一种观念，即学校自身的问题，要由学校中的人来解决，要经过学校校长、教师的共同探讨、分析来解决，所形成的解决问题的诸种方案要在学校中加以有效实施。[1] 校本课程可以确保国家课程的有效实施，照顾学生的个别差异，促进教师专业能力的持续发展。

校本课程开发（school-based curriculum development 或 site-based curriculum development，缩写词是 SBCD），是以学校作为课程开发的基地，通过学校教师的日常教学实践推进课程开发的一种形式。校本课程开发的价值追求在于各学校间的个性、多样性与灵活性。

表 5.2　国家课程与校本课程开发模式比较[2]

项目	国家课程开发	校本课程开发
课程目标	以开发全国共同、统一的课程方案为目标	以开发符合学生、学校或地方等特殊需要的课程方案为目标
参与人员	课程开发是学者专家的权责，只有校外的学者专家有权参与课程开发	所有的与课程开发有利害关系的人士均有参与课程开发的权责

① 郑金洲：《走向"校本"》，《教育理论与实践》，2000 年第 6 期。
② 崔允漷著：《校本课程开发：理论与实践》，教育科学出版社 2000 年版，第 16 页。

续 表

项目	国家课程开发	校本课程开发
课程观	课程即书面的课程文件,是计划好的课程方案	课程即教育情景与师生互动的过程与结果
学生观	学生无个别差异,是被动的学习个体,课程可以在事前做好详细、完善的计划	学生不但有个别差异,也有主动建构学习的能力,课程因学生需要进行调整
教师观	教师仅是课程的实施者,教师的职责就是依照设计好的课程方案加以忠实的呈现	教师是课程的研究者、开发者与实施者,教师有主动诠释课程、开发课程的能力

当前,我国的基础教育应以国家课程为主,地方课程和校本课程为辅。《基础教育课程改革纲要(试行)》中指出:"学校在执行国家课程和地方课程的同时,应视当地社会、经济发展的具体情况,结合本校的传统和优势,学生的兴趣和需要,开发和选用适合本校的课程。"

专栏5.3

我国的三级课程管理体系

三级课程管理是权力和责任的再分配,以三级权力主体构建。对教科书的管理主要有两个制度:一是编写资格认定制度;二是教科书审定制度,给出教科书目录。

国家:制定国家基础教育课程;审议省级上报的课程推广方案;评估全国范围内的课程质量。

地方:开发地方课程。指导学校校本课程的开发,学校是真正发生教育的地方,学校有一定发言权。

学校:开发校本课程。教科书选择权。

二、课程的表现形式

课程有许多具体表现形式,主要有课程计划、课程标准、教科书和课程表等。

(一)课程计划

1. 课程计划的涵义

课程计划,是国家教育主管部门根据教育目的和培养目标制定的有关教学和教育工作的指导性文件。课程计划是课程的具体表现形式之一,是课程的总体设计或总体规划,它规定教学的科目、学科设置顺序、各门学科的教学时数和学年编制。课程计划体现着国家对学校的统一要求和办学的质量标准,是学校组织教学和教育工作的重要依据,是实现教育目的和任务的蓝图。

2. 课程计划的内容

课程计划主要由培养目标、课程设置、实施要求、课程评价等内容组成。

（1）培养目标

课程计划对培养目标做出了相应的反映。我国中学教育的培养目标是通过对学生实施全面的基础教育，使他们在德、智、体、美、劳等方面都能得到发展，使他们具有为社会主义现代化建设服务的基础文化素质。

（2）课程设置

课程设置是课程计划的核心内容，它对学校开设的教学科目、各学科的开设顺序、各门学科的授课时数及学年编制等都做出明确规定。

① 科目设置。开设哪些学科是课程计划的中心问题。中小学的教学科目设置，基本以科学的分类为依据，并选择其中最一般的、对青少年一代最必需的科学知识构成学科。

② 学科顺序。各门学科的开设顺序是课程设置的重要内容。课程计划中设置的各门学科不能同时齐头并进，也不宜单科独进，一定要按规定年限、学科内容、各门学科之间的衔接、学生的发展水平，由易到难，由简到繁，合理安排，使先学的学科为以后学习的学科奠定基础，同时学的学科之间能相互沟通，并满足学生多方面发展的需要。

③ 课时分配。课时分配包括各学科的总时数，每一门学科各学年（或学期）的授课时数和周学时等。各门学科的课时数的分配要根据学科的性质任务、内容分量、难易程度、在课程计划中的地位和作用等进行综合考虑。

④ 学年编制和学周安排。这部分主要包括学校里的学期划分、各个学期的教学周数、学生参加生产劳动的时间、假期和节日的规定等。我国学校一般均为秋季招生与始业，一学年分为两个学期，学期之间有寒假或暑假。

专栏5.4

课程计划的演进

课程计划，也称为课程总纲、教学计划、课程方案等。

1881年，清政府制订了一个类似现代课程计划的文件，称之为"课程规条"。1904年光绪皇帝批了由张百熙和张之洞主持拟订的《奏定学堂章程》，它具有一定的课程计划的性质，其中有关于课程设置方面的内容。1912年时任教育总长的蔡元培主持制订了我国第一个《普通教育暂行课程标准》，这种"课程标准"以及其中规定的"分科课程标准"，在旧中国学校中沿用了很长时间。解放后，我国教育开始全面模仿苏联，1952年7月我国颁布了《师范学院教学计划（草案）》，1953年又制订出我国第一个《中学教学计划（修订草案）》，自此，"教学计划"的名称在我国沿用。1992年8月原国家教委颁布《九年义务教育全日制小学、初级中学课程计划（试行）》，正式使用了"课程计划"一词。2003年教育部颁布了《普通高中课程方案（实验）》，开始使用"课程方案"一词。

（3）实施要求

实施要求是对课程计划的实施所做出的各项要求，是顺利完成课程计划的必要保障，它对课程计划的地位、调整权限、适用范围等做出指令性解释。

（4）课程评价

课程评价主要是对课程评价方式方法、评价原则等做出总体规定。课程评价是对学生学习效果的检测，是对学校教育教学工作的鉴定和考核。

（二）课程标准

1. 课程标准的涵义

课程标准是确定一定学段的课程水平及课程结构的纲领性文件。它规定了学科的教学目的与任务，知识的范围、深度和结构，教学进度以及有关教学方法的基本要求。课程标准是课程计划的分学科展开，它体现了国家对每门学科教学的统一要求，是编写教科书和教师进行教学的直接依据，也是衡量各科教学质量的重要标准。

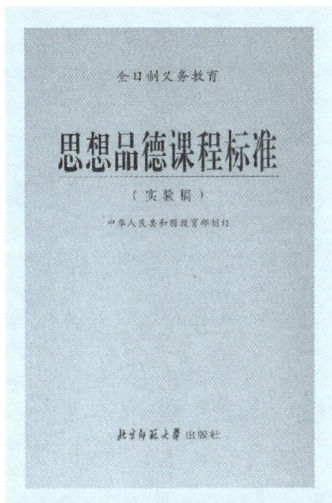

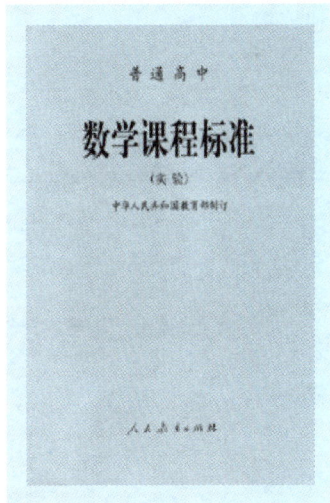

专栏 5.5

《基础教育课程改革纲要(试行)》中的相关规定

国家课程标准是教材编写、教学、评估和考试命题的依据，是国家管理和评价课程的基础。应体现国家对不同阶段的学生在知识与技能、过程与方法、情感态度与价值观等方面的基本要求，规定各门课程的性质、目标、内容框架，提出教学和评价建议。

义务教育课程标准应适应普及义务教育的要求，让绝大多数学生经过努力都能够达到，体现国家对公民素质的基本要求，着眼于培养学生终身学习的愿望和能力。

普通高中课程标准应在坚持使学生普遍达到基本要求的前提下,有一定的层次性和选择性,并开设选修课程,以利于学生获得更多的选择和发展的机会,为培养学生的生存能力、实践能力和创造能力打下良好的基础。

2. 课程标准的内容

课程标准一般由以下几部分内容组成。

① 前言部分:说明本课程(学科)的特点、意义,阐明本课程(学科)的基本理念,以及本课程标准的设计思路。

② 课程目标部分:规定课程的总体目标及各学段(或年级)的具体目标。

③ 内容标准部分:这是课程标准的中心部分或基本部分。结合具体内容,规定教学所要达到的最低标准,通常会以案例的形式给出教学建议。

④ 课程实施建议部分:给出教学建议、评价建议、教材编写建议以及课程资源的开发与利用建议等。

专栏 5.6

课程标准的历史演进

1912 年 1 月,中华民国教育部公布了《普通教育暂行课程标准》。此后,课程标准一词沿用了约 40 年。

课程标准一般包括总纲和分科课程标准两部分。前者是对一定学段的课程进行总纲设计,是一种纲领性文件,规定各级学校的课程目标、学科设置、各年级各学科每周的教学时数、课外活动的要求和时数以及团体活动的时数等;后者根据前者具体规定各科教学目标、教材纲要、教学要点、教学时数和编订教材的基本要求等。

1952 年后,称前者为"教学计划"或"课程计划",后者为"教学大纲"。2001 年新课程改革以来,前者称为"课程方案",后者称为"课程标准"。下面所谈到的"课程标准"是从后者意义上使用的概念,即课程标准是各学科的纲领性指导文件,规定了学科的教学目的和任务,知识的范围、深度的结构,教学进度以及有关教学法的基本要求,是课程计划的分学科展开。

(三) 教科书

1. 教科书的涵义

教科书,也称教材、课本,是依据课程标准编制的、系统反映学科内容的教学用书。教科书是课程标准的具体化,课程计划中规定的各门学科,一般均有相应的教科书。教科书不同于一般的书籍,通常按学年或学期分册、单元和章节。它主要由目录、课文、习题、实验、图表、注释、附录等

一些教科书

一些教辅书

部分构成。课文是教科书的主体部分。

随着科学技术的发展,教学手段的现代化,教学内容的载体也多样化了,教科书的概念也已经扩展了,有人用教材的概念来表达。下面的内容都属于教材的范围:

① 教科书;

② 教学指导书/参考书;

③ 自学指导书/辅导书;

④ 实验指导书/辅导书;

⑤ 补充读物/课外读物;

⑥ 工具书、挂图、图表、其他直观教具;

⑦ 多媒体教学软件、教学程序软件包;

⑧ 录音磁带;

⑨ 幻灯片、电影片、音像磁盘或录像带等。

其中,使用最普遍的还是教科书,其他大都具有教学辅导材料的性质。

专栏 5.7

世界上的教科书认可和采用制度

日本教科书研究中心的研究人员在对 23 个国家和地区的教科书制度研究后,把教科书的认可和采用制度归纳为以下五大类:

第一类是国定制,即由国家和地方教育行政部门决定的制度,苏联、印度等国是完全实行国定制的,韩国除此之外还部分使用审定制,有的国家则部分的使用国定制。

第二类是审定制,即由民间编写经国家或地方教育行政部门审查、批准的制度,如日本、西班牙、以色列等国就实行这一制度。

第三类是认定制,即由民间编写经国家或地方教育行政部门认可的制度,它与审定制的不同在于它的教科书的内容不受官方的制约,这种制度的使用以法国、加拿大为典型。

第四类是选定制,即由国家或地方教育行政部门在各门学科里都选定几种教科书,供各学区或学校选择,荷兰以及美国的 27 个州就采用这种制度。

第五类是自由制,即教科书的出版发行完全自由,教科书的使用也由学区或学校自己选择,英国、澳大利亚等一些国家和地区就使用这种制度。

自 1986 年起,我国九年义务教育的教材采用审定制,把教科书的编写和审查分开。

2. 教科书的编写

（1）教科书编写原则

教科书的编写要求妥善处理思想性与科学性、观点与材料、理论与实际、知识和技能的广度与深度、基础知识与当代科学新成就的关系,还要遵循一些基本原则,这些原则是:

① 适应性原则。教科书要适应当前的社会发展、个人发展、知识发展,适应教育制度、教学目标、教学环境等。

② 综合效应原则。教科书编写要兼顾传授知识、培养能力和思想品德方面,兼顾社会发展和个人发展。

③ 整体性原则。教科书是作为一个整体存在并发挥其综合功能的,单科教材与教材系列要互相一致,构成一个整体。

④ 系统性原则。教科书编写要重视知识的连贯性,它和整体性一起构成了学生所学内容的总框架。

⑤ 稳定与弹性结合原则。要注意教科书的稳定性和变动性的统一。

⑥ 渐进性原则。教科书编写要不断总结经验,采用螺旋式上升策略。

⑦ 效能原则。教科书编写要有助于教学,有助于提高教学效率。

专栏 5.8

《全日制义务教育语文课程标准(实验稿)》中教材编写建议

1. 教材编写要坚持正确的指导思想,以马克思主义为指导,坚持面向现代化,面向世界,面向未来。

2. 教材既要体现时代特点和现代意识,也要重视继承和弘扬中华民族优秀文化,理解和尊重多元文化,帮助学生树立正确的世界观、人生观和价值观。

3. 教科书要适应学生的身心和认知发展特点,符合语文学科的特点及其能力形成和发展的规律,有助于激发学生的兴趣和创新精神。

4. 教科书内容的选择要有利于学生学习方式的转变,便于学生形成自主、合作、探究的学习方式。

5. 教材的选文既要体现时代性,同时也要具有典范性,选文要有丰富的文化内涵,体裁多样,激发学生学习的兴趣。

6. 教科书的体例和呈现方式要突破传统,灵活多样,富有创意,要设计一些活动性体验性强的专题。

7. 教科书的设计要有一定的弹性,能够使得老师与学生有发挥的余地和空间,关注到不同师生学习和发展的需求。

8. 教材要重视现代信息技术的运用,注意到信息技术背景下学习内容及学习方式的深入与转变。

9. 必修课教科书与选修教科书又有各自不同的特点。必修教科书可设计成五大模块,选修教科书的弹性和自由更大。

(2) 教科书编写方式

在已经确定教科书内容的基础上,针对各科教科书的特点确定教科书的排列和组合方式,教科书历史上大致出现过以下几种方式。

① 直线式,对一科的教科书内容采取环环相扣、直线推进的排列方式,基本上以学科体系为纵轴。

② 圆周式,随着学生年龄的增长和理解程度的加深而逐步扩大教科书的广度,深度上没有特殊要求。

③ 螺旋式,针对学生接受能力、认识能力和学科特点,按照繁简、深浅、难易等的不同程度,使一种教科书的基本概念和基本原理分层次的重复出现,逐步扩展,螺旋式上升。

④ 过渡式,它是为跨入新阶段学习新知识掌握新方法而提高安排有关奠基内容的编排方式。

(四) 课程表

课程表是课程在实施过程中具体而微观的表现形式,它以表格的方式呈现课程(科目)在具体实施中的位置。课程表上不仅反映课程(科目),也反映晨起、晨练、晨读、(早、晚)自习、班会、课间休息、课间操、课外活动等内容。

课程表,按照所适用的范围,一般分为学校课程表和班级课程表两种类型。

学校课程表,是对全校不同年级和不同班级课程的安排。学校课程表要协调不同课程(科目),教师时间,教室使用,学校设备、设施使用等多方面的因素。

班级课程表,是对一个具体的班级的课程的安排。班级课程表,在学校课程表协调的基础上,还要协调不同课程(科目)、自习、班会等相关因素。

课程表的安排,一般明确什么时间、地点、人物、课程、活动等因素。

课程表上的时间,一般是以"周"为单位排的,即每周如此循环;有的课程要分单、双周;另一

课表

方面,每天的时间也可清清楚楚地加以科学的划分,要写清楚具体的上下课时间和活动时间,以便师生按时上下课或开展相关活动。

课程表上的地点,主要是教室、实验室、上课使用的场地等。这些地点在学校课程表上往往需要标注清楚,以备查询或调课时使用。由于这些地点的使用相对固定,教师告诉学生一下就可以了,所以班级课程表上一般不标注。

课程表上的人物,主要是任课教师,或某班级(的学生)。这也主要在学校课程表上体现。

课程的安排是课程表使用的根本目的所在。课程表要把不同课程(科目)在每天、具体的时间体现出来。

课程表还会把晨起、晨练、晨读、(早、晚)自习、班会、课间休息、课间操、课外活动等活动内容体现出来。这些活动内容有的是全校统一、全年级统一的,需要体现统一性;有的则需要不同年级或班级之间错位开展。因此安排课程时,需要统筹考虑。

课程表中,有时用些说明性的文字,对在表格中不能清晰表达的内容加以解释说明。总之,小小的一张课程表,就规划好了学校的日常生活。

三、课程的组织

美国进步教育协会发起了一项对美国乃至世界教育极有影响的"八年研究"(1934—1942年),参与这项研究的,除专业人员外,还有横贯美国的 300 所大学、学院和经过挑选的 30 所实验中学。这项研究不仅对美国的课程产生了深远影响,还孕育了拉尔芙·泰勒的课程原理。**泰勒在 1949 年出版了《课程与教学的基本原理》**(*Basic Principles of Curriculum and Instruction*)。**这部书被公认为是现代课程论的奠基石,**是现代课程研究领域最有影响的理论构架,有"现代课程理论的圣经"之美誉,泰勒也因此被誉为"现代课程之父"。

泰勒在书中提出的四个基本问题构成了考察课程与教学问题的基本原理,既为课程开发提供了坚实的理论基础,又为现代课程研究开创了范式。这四个基本问题,即本章开篇中提到的四句话是:

(1)学校应力求达到哪些教育目标?

(2)提供什么样的教育经验才能实现这些目标?

(3)怎样才能有效地组织这些教育经验?

(4)我们怎样才能确定这些目标正在得到实现?

泰勒

《课程与教学的基本原理》(中文版)

　　不管人们是否赞同"泰勒原理",也不管人们持何种哲学观点,如果不探讨泰勒提出的这四个基本问题,就不可能全面地探讨课程问题,也不可能全面地理解课程。这四句话后来被高度概括为:课程目标、课程内容、课程实施和课程评价四个方面。对课程的把握,可以从这四个方面入手。

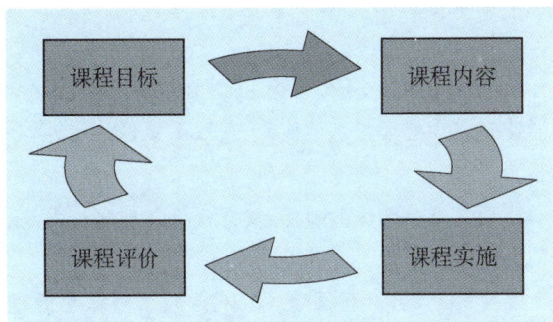

图5.1　泰勒原理

（一）课程目标

1. 课程目标的含义

　　课程目标是指课程要实现的具体目标和意图。课程目标是指导整个课程编制的准则,也是指导教学的重要准则。

　　课程目标与教学目标联系最为紧密,常有人把二者混为一谈,甚至使用"课程与教学目标"这样含混的说法。**但二者的区别是明显的。**这主要体现在目标制定者、目标使用范围和目标功能方面。①

① 课程目标主要是由教育行政部门和课程工作者完成的,具有较强的方向性和规定性;教学目标主要由教师来制定,具有较强的实用性和灵活性。

② 课程目标首要作用是为课程编制提供依据和参考,其次是为教师的教和学生的学提供参考;教学目标主要为教师的教和学生的学提供依据。

③ 教学目标是最具实践性和实效性的教育目标,它是教学活动的起点和终点,也是教学评价的重要依据;课程目标是培养目标和教学目标的桥梁目标,其衔接作用和指导意义是其他教育目标不可代替的。

专栏 5.9

基础教育课程改革的具体目标

改变课程过于注重知识传授的倾向,强调形成积极主动的学习态度,使获得基础知识与基本技能的过程同时成为学会学习和形成正确价值观的过程。(课程目标)

改变课程结构过于强调学科本位、科目过多和缺乏整合的现状,整体设置九年一贯的课程门类和课时比例,并设置综合课程,以适应不同地区和学生发展的需求,体现课程结构的均衡性、综合性和选择性。(课程结构)

改变课程内容"难、繁、偏、旧"和过于注重书本知识的现状,加强课程内容与学生生活以及现代社会和科技发展的联系,关注学生的学习兴趣和经验,精选终身学习必备的基础知识和技能。(课程内容)

改变课程实施过于强调接受学习、死记硬背、机械训练的现状,倡导学生主动参与、乐于探究、勤于动手,培养学生搜集和处理信息的能力、获取新知识的能力、分析和解决问题的能力以及交流与合作的能力。(课程实施)

改变课程评价过分强调甄别与选拔的功能,发挥评价促进学生发展、教师提高和改进教学实践的功能。(课程评价)

改变课程管理过于集中的状况,实行国家、地方、学校三级课程管理,增强课程对地方、学校及学生的适应性。(课程管理)

2. 课程目标的制定

制定课程目标需要有一定的依据。根据已有的研究,可以确定的是,学生、社会、学科是课程目标的三个基本来源。因此,要对它们进行研究,并处理好三者之间的关系。泰勒在《课程与教学的基本原理》一书中,把学习者的需求、当代社会生活的需求和学科的发展作为课程目标的三个来源。他认为,任何单一的信息来源,都不足以提供能让学校为教育目标做出全面且理智的决

---

① 高孝传、杨宝山、刘明才主编:《课程目标研究》,教育科学出版社 2001 年版,第 5—7 页。

定的基础。每种来源都具有某种可取的价值。

（1）对学习者本身的研究

课程是为学习者而设的,如果不熟悉学习者的状况就无从设定目标。泰勒强调对学习者需要和兴趣的研究。泰勒说:"学校没必要重复学生在校外已获得的教育经验。学校应将精力集中于学生现阶段发展的严重差距上。"[①]因此,那些指明这些差距即教育性需要的研究十分必要,它能为选择教育目标提供基础,这类研究大多由两部分组成:一是发现学生的现状,二是将这种状况与公认的常模作比较,以确定差距或需要。另一种特别值得关注的是对学习者的研究,是对学生兴趣的调查。这是因为课程学习是一个主动的过程,它要求学习者自己积极主动的努力。清晰了学生的需要和兴趣,就为提出课程目标提供了有价值的基础。

（2）对当代社会生活的研究

随着社会的发展和知识体系的突飞猛进,学校要完成其所担负的所有任务实有困难,学生要学习所有的知识也不可能,因此,有必要从文化遗产中精选最重要的内容教给学生。同时,社会的发展对人的素质也提出了要求,教育要培养适应社会发展的人。为此,有必要对当代社会生活进行研究,并据此设置课程目标。

怎样将当代社会生活的需求确定为课程目标呢? 泰勒的做法是,把当代社会生活内容分为不同的方面,以便对各个领域进行调查,然后逐一搜集适合这些方面的资料以确定课程目标。他曾把当代社会生活分为以下几类:(a)健康,(b)家庭,(c)娱乐,(d)职业,(e)宗教,(f)消费,(g)公民生活。在这些条目下可以做更为详细的划分。有相当多的课程是根据对校外生活的分析而设计出来的。

（3）对学科的研究

学生在学校中所要学习的课程主要是在日常社会生活经验中难以获得的知识,而学科是知识的主要支柱,而且它们在课程目标的实现上具有重要教育功能。**学生在学校中所学习的课程实际上要通过分门别类的学科(subjects 或 disciplines)来实现。**因此,学科知识及其发展成为课程目标的基本来源之一,制定课程目标时必须研究学科知识、类型及其价值。

怎样将学科发展确定为课程目标呢? 泰勒早就指出,在确定课程目标时,应该将学科专家(subject matter specialists)的建议作为重要来源。由于学科专家熟谙自己的领域,所以能够根据学科的训练方法和内容,指出学科能对其他人作出哪些可能的贡献。

在把学科及其发展作为确定课程目标的来源时,必须正确地认识并把握知识的价值。这需要思考如下问题。第一,知识的价值是什么? 即知识的存在是为了理解世界,还是为了控制世界? 第二,什么知识最有价值? 英国的斯宾塞提出了这一著名命题,并坚定地回答:"什么知识最有价值,一致的答案就是科学。"[②]今天看来,这种功利主义的课程观并不能解决人类所面临的问题,人们开始意识到,最有价值的知识除了科学,还有使生活意义得以提升的知识,因此必须坚持科学精神与人文精神的整合、科学知识与人文知识的整合。第三,谁的价值最有价值。知识并不是价值中立的,而是价值负载的,它负载着社会意识形态,负载并衍生着文化、种族、民族、阶级的差异和不平等。因此,在将学科知识确定为课程目标时,应当考虑知识的价值问题。

---

① (美)泰勒(Ralph W. Tyler)著,罗康、张阅译:《课程与教学的基本原理》,中国轻工业出版社 2008 年版,第 7 页。
② (英)斯宾塞著,胡毅、王承绪译:《斯宾塞教育论著选》,教育科学出版社 2005 年版,第 44 页。

（二）课程内容

课程内容是课程的主体部分。课程目标一旦有了明确的表述，就在一定程度上为课程内容的选择和组织提供了一个基本的方向。课程内容是课程目标的最直接的体现，是实现课程目标的手段，直接指向"应该教什么"的问题。

课程内容的核心问题是课程内容的选择，即课程选择（curriculum selection）。学生、社会和学科是课程目标制定，也即课程开发的三个维度，对这三个基本维度的关系的不同认识，反映了不同的教育价值取向，由此形成了"儿童本位课程论"、"社会本位课程论"、"学科本位课程论"三种典型的课程观。**课程内容的选择，也即形成了三种基本的取向：课程内容即学科知识，课程内容即社会生活经验，课程内容即学习者的经验。**

1. 课程内容即学科知识

当把学科的发展作为课程目标的主要来源时，学科知识就成为课程的主要内容。人们有把课程内容视为学生需要学习的知识的传统。这种做法是把有价值的知识系统化为以事实、原理、体系等形式构成一定的科目或学科，在此基础上对学生进行分科教学。这种取向的实质是从知识本身出发，强调学科知识的系统化及教育进程的安排，教学的任务是把经过精心选择和系统化的知识传递给学生。这些系统化的知识，主要体现在"教材"中，教材成为学科知识的载体，由此导致"教教材"现象的出现。以学科知识为教学内容，有助于体现所学内容的系统性，教学内容明确，却对学生的学习需求与兴趣等缺乏关注，容易抑制其学习积极性与主动性。

2. 课程内容即社会生活经验

当把社会生活经验作为课程目标的主要来源时，社会生活经验就成为课程内容。美国著名课程论专家博比特（F. Bobbitt）曾明确指出课程应当对社会的需要做出反应，并通过研究成人的活动，识别各种社会需要，把它们转化为课程目标，再进一步把这些目标转化为学生的学习活动。

实际上，选择社会经验的根本问题是如何处理学校课程与社会生活的关系。对此，出现过三种典型的观点。

（1）被动适应论

被动适应论认为教育只是社会生活的准备，学校课程是使学习者适应当代社会生活的工具。美国课程论专家博比特和查特斯（W. Charters）是这种观点的典型代表。

（2）主动适应论

主动适应论认为个人与社会是互动的、有机统一的，学校课程不仅适应着社会生活，还不断改造着社会生活。美国的约翰·杜威（John Dewey）是典型的主动适应论者，他明确地说："学校是社会进步和改革的最基本的和最有效的工具。"[1]

（3）超越论

超越论认为学校课程与其他社会生活经验的关系是一种对话、交往、超越的关系。学校应主动选择社会生活经验，并不断批判与超越社会生活经验，不断构建新的社会生活经验。

当对学校课程与社会生活经验之间的关系认识发展到超越论阶段时，学校课程的主体地位真正确立起来，学校课程成为主动选择和超越社会经验的力量，成为时代精神的重要建构者，这

---

[1] （美）约翰·杜威著，赵祥麟、任钟印、吴志宏译：《学校与社会·明日之学校》，人民教育出版社1994年版，第16页。

是课程内容选择所需要出现的状态。

3. 课程内容即学习者的经验

当把学习者的需要作为课程目标的主要来源时,学习者的经验就成为课程内容。经验课程论者,大都把学习者的经验置于课程的核心或重要地位。实际上,学习者的经验,既不同于一门课程所涉及的内容,也不同于教师所从事的活动,而是指学习者与外部环境的相互作用。学习者是课程的主体和开发者,学习者的个人知识和经验、学习者在同伴交往和其他社会交往中所形成的社会经验是课程内容的基本构成。课程内容取决于学习者的经验所强调的是,学习的质和量取决于学生而不是教材。学科知识和社会生活经验只有为学习者所选择、认同、接受的时候,才能对他们的发展起作用。

上述三种取向的课程内容,都有其合理性与局限性,课程内容的选择,只有在三者之间进行有效的协调、平衡,才能使课程内容发挥最大的效用。

(三) 课程实施

1. 课程实施的涵义

课程实施(curriculum implementation)是指把课程计划付诸实践的具体过程,它是达到预期课程目标的基本途径。

从课程计划到课程实施还有一个过渡环节,即"课程采用"(curriculum adoption)。课程采用是指做出使用某项课程计划的决定过程。课程采用不同于课程实施。课程采用关注的焦点是是否决定采用某项课程计划;课程实施关注的焦点是课程实践中实际发生的变革的程度及影响变革的因素。

专栏 5.10

课程的五种类型与课程实施

美国著名课程论专家古德莱德(John I. Goodlad)将"课程"划分为五个层次,也是五种不同的类型,这对我们理解课程实施很有帮助。

理想的课程(ideological curriculum),即观念层次的课程,由一些研究机构、学术团体和课程专家提出的应该开设的课程。这类课程能否产生实际影响,要看它是否被官方所采用。

正式的课程(formal curriculum),由教育行政部门规定的课程计划、课程标准和教材,我们平时在课程表中看到的课程即属此类。正式的课程包括社会层次的课程与学校层次的课程。社会层次的课程,是由教育行政部门规定的课程计划、课程标准、科目表和教科书等。学校层次的课程(institutional curriculum),被限定于日、周、学期、学年的确

古德莱德

定的时间里,通常以学科的形式组织起来。这部分课程大部源于国家和地方确立的"社会层次的课程"。学校有关人员根据学校的特色和需要,以社会层次的课程为基础,进行选择和修改,由此形成学校层次的课程。

领悟的课程(perceived curriculum),即教学层次的课程(instructional curriculum),也就是学校教师对于正式课程加以解释后所认定的课程。这个层次的课程体现了教师对课程的理解。领悟的课程与正式的课程之间可能会产生一定的距离,从而减弱正式课程的某些预期的影响。

运作的课程(operational curriculum),即在课堂上实际实施的课程。观察和研究表明,教师领悟的课程与他们实际实施的课程之间会有一定的差距,因为教师常常会根据学生的反应随时进行调整。

经验的课程(experiential curriculum),指学生在课堂学习中实实在在体验到的东西,即实际学习或经验的课程。

从古德莱德的课程五层次来看,理想的课程和正式的课程属于课程计划、课程采用阶段,而领悟的课程、运作的课程和经验的课程则进入课程实施阶段。古德莱德的课程层次理论,更新了传统的课程概念,拓展和深化了对课程变革内涵的理解。

2. 课程实施的取向

课程实施的取向是对课程实施过程本质的不同认识以及支配这些认识的相应的课程价值观。**课程实施的取向集中表现在对课程计划与课程实施过程之间的关系的不同认识上。**美国课程学者归纳出课程实施的三种基本取向,即忠实取向、相互适应取向和课程创生取向。

（1）忠实取向

课程实施的忠实取向(fidelity orientation)（或忠实观）认为,**课程实施过程就是忠实地执行课程计划的过程。**衡量课程成功与否的基本标准是课程实施过程对课程计划的实现程度,实施的课程愈接近预定的课程计划,则课程实施愈成功,反之则实施程度低或失败。

这一取向把课程实施看作一种线性的过程,课程专家在课堂外设定课程变革计划,教师在课堂中实施计划。其实质是,教师即课程专家所制定的课程变革计划的忠实执行者,教师对课程几乎没有任何改动的余地。这就限制了教师的自主性与创造性。实践表明,忠实取向的课程实施是不太可能实现的。

（2）相互适应取向

课程实施的相互适应取向(mutual adaptation orientation)（或相互适应观）,**把课程实施看作一个连续的动态过程,**相互适应课程实施是一个由课程设计者和课程实施者共同对课程进行调整的过程。调整包括两个方面,一是课程计划为适应具体教学情境和学生特点而进行的调整,二是课程实施以及教师和学生为适应课程计划而做出的调整。

相互适应取向强调课程实施不是单向的传达、接受,而是双向的相互影响与改变。课程并不是固定不变的,规定的课程与实施的课程可能是不同的,会在一些方面存在差异和不一致。这一取向突出了课程实施的实践性,具有较强的可行性。

(3) 课程创生取向

课程实施创生取向(curriculum enactment orientation)(或课程创生观)认为,**真正的课程是教师与学生联合创造的教育经验,**课程实施过程是教师与学生在具体教学情境中共同合作、创造新的教育经验的过程。已有的课程计划只是课程创生过程中,可供选择的一种参考而已。

课程创生取向有四个基本理念。一是"信任我"(trusting me),即相信教师、学生对课程的理解,并具有基于教学实践的缔造才能。二是"展示给我看"(showing me),即每个教学情境都是独特的,需要教学者和学习者在选择教学资源、确定教学方案等方面均发挥创造才能。三是"做我需要做的事"(doing what I want),即不受预定计划的限制,不以达标的程度为指向,追求意义的统整和师生持续的发展、成长。四是"与你一起"(being with you),即完整的教育经验是在互动、合作、交流、沟通中形成的。

课程创生取向认为,教师的角色是课程开发者。教师与学生成为建构积极的教育经验的主体,课程创生的过程也就是教师和学生持续成长的过程。这一取向最大限度地调动了师生的积极性,发挥了师生在课程改革和实施过程中的作用。但也对师生的创造才能提出了极高的要求,是否能够适合大多数的教育实际,尚待验证。

(四) 课程评价

课程评价(curriculum evaluation)是课程研究中必不可少的环节,也是衡量课程目标实现程度的重要依据。

1. 课程评价的概念

课程评价的概念最早由美国"课程评价之父"拉尔夫·泰勒提出,他认为:"评价的过程,从本质上讲,就是判断课程和教学计划在多大程度上实现了教育目标的过程。"[①]可见,泰勒把课程评价看作对课程与教学目标实际达成程度的描述,即把课程评价看成是确定行为与目标之间一致性的程度。随后,这一概念被广泛运用于课程理论与实践中,并成为课程研究中定义最为多样、最难理解的概念之一。其后的评价专家大多认为评价还应是做出价值判断的过程,还有人提出"评价即研究"的命题。

我们把**课程评价理解为评价者根据一定的标准以适当的方法、途径对课程计划、活动及结果等有关问题的价值或特点做出判断的过程。**

这一理解包含这样几个要点:一是评价主体是课程评价者;二是评价的对象包括课程计划、课程活动和课程结果等方面;三是评价的标准,即课程评价需要持一定标准进行;四是评价的方法、途径,课程评价需要通过一定的方法和途径;五是评价的性质,课程评价是价值或特点的判断,不是纯技术性的工作,也不单是现象的客观叙述。

2. 课程评价的对象

在许多情况下,课程评价是针对学生的学习,特别是学习的结果进行的。其实,课程评价的对象范围远比学生学习结果要广泛得多。国外随着教育系统内各项事业的进展,课程评价的对

---

① (美)泰勒(Ralph W. Tyler)著,罗康、张阅译:《课程与教学的基本原理》,中国轻工业出版社 2008 年版,第 226 页。

象逐渐扩展到课程计划、课程内容、课程目标等，从而逐渐明确了课程评价的对象不应局限于学生的学习。这使课程评价的对象不断地丰富起来。

国外有学者把美国著名课程论专家施瓦布(J. Schwab)提出的四个课程要素，即教师、学习者、教材以及环境，作为课程评价的对象。这四个要素作为课程评价的对象还是太狭隘了一些。从课程的动态过程来看，课程评价的对象包括课程方案、课程实施、课程效果。

① **课程方案**。包括课程计划、课程目标、课程内容、课程资料等，这类评价对象中还应包括课程设计思想。附属评价对象是课程设计者。

② **课程实施**。对这类对象的评价主要是看，课程实施的是否到位，是否符合课程方案的精神等。附属评价对象是课程实施者(学校、校长、教师等)。一般情况下，人们侧重于将教师教学活动和教师行为作为评价的主要对象。

③ **课程效果**。对这类对象的评价主要看，课程实施是否达到最初的设计标准，课程的实际效果如何等。附属评价对象是课程受益者(学生的学习结果，家长、社会的满意度等)。一般情况下，人们习惯于把学生的学习成绩作为课程评价的对象。

此外，课程评价还应该包括一个自反性评价，即课程评价的反思性评价，也就是上述对课程的评价是否合适，存在什么合理处与不足处。

3. 课程评价的类型

依据不同的标准，课程评价可以有多种不同的分类方法。

(1) 形成性评价与总结性评价

根据评价的作用性质，把评价分为形成性评价与总结性评价。这两种评价是由美国课程评价专家斯克瑞文(M. Scriven)于1967年提出的两种评价类型。

形成性评价(formative evaluation)是在课程开发或课程实施尚处于发展或完善过程中进行的，其主要目的在于搜集课程开发或实施过程中各个局部优缺点的资料，作为进一步修订和完善的依据。

总结性评价(summative evaluation)则是在课程开发或课程实施完成之后施行的，其主要目的在于搜集资料，对课程计划的成效做出整体的判断，作为推广课程计划或不同课程计划之间进行比较的依据。

专栏5.11

诊断性评价

与形成性评价与总结性评价相关的还有一种评价类型，称之为诊断性评价(diagnostic evaluation)。诊断性评价是在课程计划或教学活动开始之前，对需要或准备状态的一种评价，其目的在于使计划或活动的安排具有针对性。在布卢姆(B. S. Bloom)的评价体系中，曾把诊断性评价、形成性评价、总结性评价作为达成预定教育目标的序列手段。不同的评价在学生学习的不同时段施行，以促进预定行为目标的达成。

（2）效果评价与内在评价

根据评价关注的焦点，把评价分为效果评价与内在评价。效果评价（pay-off evaluation）与内在评价（intrinsic evaluation）也是由斯克瑞文提出的，这两种评价的区分代表着两种不同的思想取向。

效果评价是对课程或教学计划实际效用的评价，它注重课程实施前后学生或教师所产生的变化；至于课程运用的具体状况、变化产生的原因等，则被置之度外。因此，效果评价往往是通过对前测与后测之间、实验组与控制组之间的差异做出判断而进行的。

内在评价则是对课程计划本身的评价，不涉及课程计划可能有的效果。效果评价与内在评价，一个关注结果，一个关注过程，二者具有互补性。理想的课程评价体系应该把两种评价结合起来。

（3）内部人员评价与外部人员评价

根据评价人员的身份，把评价分为内部人员评价与外部人员评价。

内部人员评价（insider evaluation）是指评价由课程设计者或使用者自己做出的课程评价。内部人员评价的长处在于评价者了解课程设计方案的内在精神和技术处理技巧，评价结果有利于课程方案的修订与完善；其缺点是，评价者可能蔽于自己的设计思想，不了解其他人对于课程设计的需要，致使评价缺乏应有的客观性。

外部人员评价（outsider evaluation）是指课程设计者或使用者之外的人员作出的课程评价。外部人员评价中，评价者虽然对计划的内容思想不太了解，却有更为开阔的评价思路，可能取得具有客观性和令人信服的结论。

总之，各种分类使用的是不同的标准，一种分类方式并不一定能够涵盖所有的评价形式，而且各个类型之间并非相互排斥，而是可以彼此相容的。即使某种分类内部，也并非十分严格，而且只是一种典型的概括。因此，评价分类研究并非为了对号入座，而是为了便于理解、把握各类评价的特点。

本章小结

课程是按照一定的教育目的，在教育者有计划、有组织地指导下，受教育者与教育情境相互作用而获得的全部教育经验。课程可分为学科课程与活动课程，显性课程与隐性课程，综合课程与核心课程，必修课程与选修课程，国家课程、地方课程与校本课程等类型。课程有许多具体表现形式，主要有课程计划、课程标准、教科书和课程表等。

课程目标、课程内容、课程实施和课程评价是课程的基本结构。学习者的需求、当代社会生活的需求和学科的发展是课程目标的三个重要来源。课程内容的选择形成了三种基本的取向：课程内容即学科知识，课程内容即社会生活经验，课程内容即学习者的经验。课程实施也有三种基本取向，即忠实取向、相互适应取向和课程创生取向。课程评价是评价者根据一定的标准以适当的方法、途径对课程计划、活动及结果等有关问题的价值或特点做出判断的过程。课程评价有形成性评价与总结性评价、效果评价与内在评价、内部人员评价与外部人员评价等类型。

思考与实践

1. 通过本章的学习,结合自己的学习体验,谈一下你对课程的理解。

2. "泰勒原理"和古德莱德的五种课程对教师的课程理解有怎样的价值?

3. 阅读下面材料并回答问题。

在芝加哥大学实验学校(杜威于19世纪末创立的学校)中,孩子们在教师的指导下自己动手建设自己的校舍、购置学校的设备,也模拟社会上的商业活动在学校里开设商店,进行简单的买卖活动。他们课程的相当一部分,也是在教师的指导下,由学生选择一些他们感兴趣的话题,通过探究学习。

请问:这个学校的活动反映了什么样的课程理论? 请对这种课程理论加以评价,并谈谈它对我国的课程改革有何启示。

4. 阅读下列文字,并收集相关资料,对新课程实施中教师的困惑加以分析。

我一直从事初中数学教学工作,新课程实施以来,我注意到学生更喜欢数学了,课堂呈现勃勃生机的景象,教学方式灵活多样,师生之间平等交流、共同学习的民主关系逐步形成。但我在新课程实验中也有一些困惑,比如,课堂变"集市",教学过于追求"情境化"。教学情境的创设是引发学生主动学习的启动环节,根据教学目标和教学内容有目的地创设教学环境,不仅可使学生掌握知识、技能,更能激活学生的问题意识,使生动形象的数学问题与认知结构中的经验发生联系。部分教师在教学中过于追求情境化,"上游乐场分组玩"、"上街买东西",单纯用"生活化"、"活动情趣化"冲淡了"数学味",忽略了数学本身具有的魅力。再比如,评价的多样化与呈现形式与中考指向"短路"。新课标指出:"评价的方式应多样化,可将考试、课题活动、撰写论文、小组活动、自我评价及日常观察等多种方法结合。"数学学习评价多样化,评价形式要求通过"评分加评语"形式呈现,而现实的升学压力和功利性,教师忽视了对学生基本素养的培养,"考什么,教什么","怎么考,怎么教","不考,不教"成为课堂主旋律,且更关注中考命题走向、题型分值,而对全新的中考命题新框架、新思路、新亮点,部分教师只能"摸着石头过河",缺乏细致深入的专业化研究。

5. 课程标准在课程实施中如何落实?

6. 教师应该如何使用教科书? 目前教科书的编写存在哪些问题? 应当如何改进?

延伸阅读

1. (美)拉尔夫·泰勒著,施良方译,瞿葆奎校:《课程与教学的基本原理》,人民教育出版社1994年版。

或版本：(美)泰勒(Ralph W. Tyler)著，罗康、张阅译：《课程与教学的基本原理》，中国轻工业出版社 2008 年版。

2. (美)派纳等著，张华等译：《理解课程》，教育科学出版社 2003 年版。

3. (美)丹尼尔·坦纳、劳雷尔·坦纳著，崔允漷等译：《学校课程史》，教育科学出版社 2006 年版。

4. (澳)科林·马什著，徐佳、吴刚平译：《理解课程的关键概念(第 3 版)》，教育科学出版社 2009 年版。

5. (美)小威廉姆·E·多尔著，王红宇译：《后现代课程观》，教育科学出版社 2000 年版。

6. 钟启泉编著：《现代课程论(新版)》，上海教育出版社 2003 年版。

7. 施良方著：《课程理论——课程的基础、原理与问题》，教育科学出版社 1996 年版。

8. 张华著：《课程与教学论》，上海教育出版社 2000 年版。

9. 王斌华著：《校本课程论》，上海教育出版社 2000 年版。

第六章

教学

一、教学的含义
(一)"教"与"学"探源
1. "教"字探源
2. "学"字探源
(二)"教学"的含义演变

二、教学设计
(一)教学设计的主要内容
1. 教材分析
2. 学情分析
3. 确立教学目标
4. 分析重点、难点
5. 教学准备
6. 设计教学过程
7. 设计课外作业
(二)教案的两种类型
1. 文字表述型教案
2. 表格型教案

三、教学策略
(一)讲述策略
1. 讲述的言语策略
2. 讲述的阶段策略
(二)提问策略
1. 设问策略
2. 发问策略
3. 待答策略
4. 叫答策略

5. 听答策略
6. 结问策略
(三)讨论策略
1. 讨论的准备策略
2. 讨论的启动策略
3. 讨论的展开策略
4. 讨论的结束策略
(四)板演策略
1. 教学板书
2. 声像呈示

四、课堂管理
(一)制订课堂规则
1. 课堂规则的基本要求
2. 课堂规则制订的时机
3. 课堂规则的合法化
4. 课堂规则的不断完善
5. 彻底一贯地执行规则
(二)课堂管理策略
1. 适当表扬
2. 警告提醒
3. 行为暗示
4. 停顿调控

5. 提问引导
6. 延后处理

五、教学评价
(一)评课
1. 确定评判点
2. 掌握质量标准
3. 把握评课尺度
(二)课堂学生评价
1. 开放性的评价
2. 针对性的评价
3. 鼓励性的评价
4. 适当延迟评价
(三)学业成绩评价
1. 作业评价
2. 考试评价
3. 档案袋评价
4. 评价报告单
(四)学生评语
1. 全面而辩证,切忌走极端
2. 要有针对性,切忌千篇一律
3. 评价的方式,要易于接受

开篇案例

帕夫雷什中学(即苏霍姆林斯基领导的学校)的教师阿·格·阿里辛柯和姆·阿·雷萨克这样上数学课:

在解答应用题的时候,他们所教的班好像分成了好几个组。在第一组里,是学习最好的儿童,他们无需任何帮助就能很容易地解出任何应用题;其中还有一两个学生能够即席口头解答,不需要做书面作业;教师刚刚读完条件,学生就举手要求回答。对此,当给这些学生智慧力所能及的、但并不轻松的、要求紧张地动脑的工作;有时候,需要给学生布置这样的习题,使他不能独立地解答出来,但是教师给予的帮助只能是以稍加指点和提示为限。

第二组里是一些勤奋努力的学生,他们能很好地完成作业,是和进行一定程度的进展的脑力劳动、探求和克服困难分不开的。教师们常说,这一部分学生是靠付出劳动和用功学习而取胜的,他们能顺利地学习,是因为他们勤奋用功和坚持不懈。

第三组学生,能在没有帮助的情况下完成中等难度的习题,但对复杂的习题则有时解答不出。在他们做作业的过程中,对这些学生的帮助要有高度的教育技巧。

第四组学生对应用题的理解很慢,解答也很慢。他们在一节课上所能完成的作业,要比第二组、第三组学生所做的少一半到三分之二。但是教师无论如何不要催促他们。

第五组是个别的学生,他们完全没有能力应付中等难度的习题。教师要为他们专门另选一些题目,始终只能指望他们在一节课上有所进步,哪怕一点点进步也好。

这些组的学生并不是停滞不动、凝固不变的,凡是给人以成功的乐趣的脑力劳动,总是会收到发展学生能力的结果的。

(资料来源 苏霍姆林斯基著,杜殿坤译:《给教师的建议》,人民教育出版社 1984 年版,第4 页。)

学习指导

1. 理解教学的含义,认识教学的不同组织形式。
2. 理解教学设计的含义,能够选用所执教某一单元教学内容进行教学设计。
3. 能够在实际中运用讲述、提问、对话、指导四种教学策略。
4. 认识课堂管理的基本要求,在教学中运用课堂管理的主要方法。
5. 学会并运用不同的教学评价方式。

一、教学的含义

教学是教育的重要途径,是教师工作的主要内容。为了更好地从事教学工作,我们需要对教学的含义有深刻的理解。

(一)"教"与"学"探源

要了解"教学"的含义,我们需要先考察"教"与"学"字的含义。在我国,"教"与"学"两个字早在三千多年前的甲骨文中就已经出现了,并且有多种写法。

1. "教"字探源

教(jiào)

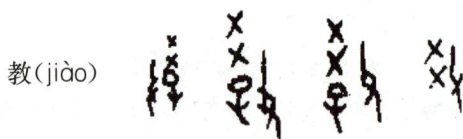

甲骨文中的"教"字①

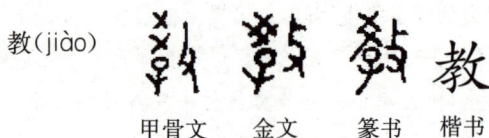

教(jiào)

甲骨文　金文　篆书　楷书

"教"的字形演变②

甲骨文的 是个会意字,从攴(pū),从子,从爻,爻亦声。"攴",像是一支手拿着一根小木棒之类的东西,即教师以手持杖或执鞭。"爻"是被教鞭轻轻抽打的象征性符号。在奴隶社会,奴隶主要靠鞭杖来施行他们的教育、教化。也有人认为,"教"字的甲骨文形体左上是筹码,左下是孩子,左右合起来表示孩子学习筹算的意思。两说虽有分歧,但用戒具施教是一致的。由此可以确定,**"教"字的本义是教育、教导。**

对"教"字的结构,有人作了不同的分析,认为"教"字从孝(孝),从攴,亦即以"孝"为教,因而"教"字也就从"孝"了。《说文解字·教部》:**"教,上所施,下所效也,**从攴,从孝。"意即"教"的本义是上面的施教,下面的效仿。段玉裁注说:"上施,故从攴;下效,故从孝。"可见,许慎和段玉裁认为,"教"字左边的部分音"孝",是"仿效学习"的意思;右边的"攴",也是一个独立的字,是"敲击"、"管束"的意思。左边是仿效学习,右边是施以管束,合起来就是"上施下效"、"教化教育"之意。③

由上可见,**"教"字的初始义含有"教"与"学"两层意思,**这才是"教"字最完整的意思。

---

① 马如森著:《殷墟甲骨文实用字典》,上海大学出版社 2008 年版,第 84 页。

② 骈宇骞著:《中华字源》,万卷出版公司 2007 年版,第 96 页。

③ 吴东平著:《汉字的故事》,新世界出版社 2006 年版,第 351 页。

后来,"教"字由"教育"义引申出"传授"义。例如,《左传·襄公三十一年》:"教其不知,而恤其不足",意思是说,要传授给他所不知道的,要抚恤给他所不足的东西。在当"传授"讲时的"教"应读为平声"jiāo",特指传授知识、技能等。

2. "学"字探源

学(xué)　　

甲骨文中"学"字①

学,也是个表意字,具有教导、启迪之意,指代的是教师交叉(爻)着双手(臼)用于驱散笼罩在(冖)学生(子)脑海中的疑团(见右左图②)。这就是指学习。

根据甲骨文的形体,学者们做出了这样的解释:"学"字表示古人用双手构木为屋,或修其房屋的情形。其中的"臼"为双手形,上部中间的"爻"或"×"为构筑房屋用的木料等物品,其下的"冖"为房屋形。"学"是个会意字。构筑或修理房屋在先民眼里是十分复杂的技术,一定要向别人学习才能获得。因此,甲骨文中的"学"字,有"学习"的意思。

不过,甲骨文的"学"字还有"教"的意思。向别人学习房屋的建造或修理技术,自然也包括掌握这种技术的人向学习者传授技术的过程,即"教"。如甲骨文中:"王学众",其意思是:王教众人。所以有的学者认为,甲骨文中的"学"与"教"同为一字,那就是"学"字。

甲骨文以后的"学"字的古文多在甲骨文的基础上增添了一个"子"字。""子"指小孩,即需要学习者。对此,有学者认为,"学"字从"臼"(双手),从"爻"(渔网),"冖"为"大人的双腿",下为"子"。其意思像是一个孩子在大人膝下学习编织鱼网的技术。因为编织渔网是一种复杂的技术,不学是不能掌握的。也有学者认为,在古人看来,学习是孩"子"们的大事,他们出世之后就需要接受教育,但他们是被关在"冖"(mì)里,即在"狭小范围"内。在古代,教孩子学习计算时,开始是用短竹签来计数的。"爻"就是代表这些竹签的象形字。"臼"是两只手。由此看来,"学"的最初意思是:孩子们学习搬弄短的竹签。显然这是一种启蒙前的学习内容和教学方法。

繁体字的"學",其实也包括"教"与"学"两方面的意思。可以理解为用双手(臼)持爻(本为

---

① 马如森著:《殷墟甲骨文实用字典》,上海大学出版社 2008 年版,第 84 页。
② (新加坡)陈火平绘著:《趣味汉字》,新世界出版社 2009 年版,第 27 页。

卦术,此处指古代的书籍),以教膝下(ㄏ,两腿之形)之子(子),或"子"用双手(臼)捧书(爻)学于大人膝下(ㄏ)。可见,古代的"教"与"学",原为一字,以后才分化为二字。"学"字的构形充分反映了我们民族的先人早就注重对儿童的教育,教育必须从孩子抓起。学者们从"学"字的结构出发,作了不同的理解,但有一个共同点,即都认为"学"字有"学习"的意思。这大概就是"学"的本义。①

比较"教"、"学"两个字的构成,可以说**"教"字来源于"学"字,**或者说教的概念是在学的概念的规定性中加上了又一层规定性。

(二)"教学"的含义演变

汉语中"教学"的语义经过了几次不同的发展。②

第一,教学即学习

"教学"两字连用,最早见之于《尚书·兑命》:"斅学半。"孔颖达解释说:"上学为教,音 xiào;下学者,学习也。言教人乃是益己之半也。"《学记》引用它作为"教学相长"的经典依据:"学然后知不足,教然后知困,知不足然后能自反也,知困然后能自强也。故曰:教学相长也。"宋人蔡沈对此作注:"斅,教也……始之自学,学也;终之,教人,亦学也。"这说明其词义只是一种教者先学后教、教中又学的单方向活动。可见,在古代个别教学的组织形式下,教与学不分,以学代教。教学即学习,是指通过教人而学,以提高自己。这是我国"教学"的最早语义。

第二,教学即教授

19世纪末20世纪初,新式学校、班级集体授课等兴起,旧式教学法受到挑战,外来新式教学法引入,如介绍自日本的"五段教学法",人们对"怎么教"重视起来,"教授"一词被人们所接受。例如,1912年国民政府教育部公布的《师范学校规程》和1913年公布的《高等师范学校规程》都规定教育学科包含"教授法"。1928年版的《教育大辞典》,把"教学法"解释为"各种教授方术者"。在近代班级集体教学的组织形式下,"教学"从而有了第二种语义,即教授。

第三,教学即教学生学

1917年,陶行知从美国学成回国,考察了许多学校,对当时学校教育中"先生只管教,学生只管受教"的状况极不满意。他极力主张把"教授"必为"教学"。他认为:"教的法子必须要根据学的法子,……先生的责任不在教,而在教学,教学生学。"他还主张将南京高等师范学校全部课程中的"教授法"改为"教学法"。由此,教学有了第三种语义:教学生学。

第四,教学即教师的教与学生的学

解放后,中国全面学习苏联教育家凯洛夫主编的《教育学》。苏联教育学家对"教学"所下定义是:"教学过程一方面包括教师的活动(教),同时也包括学生的活动(学)。教和学是同一过程的两个方面,彼此不可分割地联系着。"于是,教学有了第四种语义:教学是教师的教和学生的学的活动。这样一种观点,受到我国教育学界的广泛认同。

---

① 吴东平著:《汉字的故事》,新世界出版社2006年版,第273—274页。
② 参考施良方、崔允漷主编:《教学理论:课堂教学的原理、策略与研究》,华东师范大学出版社1999年版,第4—6页。

专栏 6.1

英语中的"教学"

在西方,"教"、"学"和"教学",早在古希腊文中都有。英语中,与之对应的单词有 teacha 或 teaching(教、教导)、learn 或 learning(学、学习)和 instruct 或 instruction(教导、教学)。

learn 来自中世纪英语中 lernen 一词,意思是学习或教导。lernren 来源于盎格鲁-撒克逊语言中 le'rnian 一词,其词干是 lar,lar 是 lore 一词的词根。Lere(经验知识)本来的意思是学习或教导,现在被用来指所教的内容。因此可以说,learnt 和 teach 是由同一词源派生出来的。派生词 learn 与所教的内容相联系。

teach 一词还有另一派生形式。它来源于古英语中 taecan 一词,taecan 又是从古条顿语中的 taikjan 一词派生来的。taikjan 的词根是 teik,意思是拿给人看,它又可以通过条顿语以前的 deik 一词,一直追溯到梵语中的 dic。

与 teach 一词有关系的还有 token(符号或象征)。token 来源于古条顿语 taiknom,这与 taikjan 是同源词,古英语中 taecan 的意思是教。所以,token(符号或象征)与 teach(教导)从历史上看是相互联系的。根据这一派生现象,教学就是通过某些符号或象征向某人展示某事物,利用或象征唤起对事件、人物、观察、发现等等的反应。在这一派生现象中,teach 与使教学得以进行的媒介相联系。

总之,英语中 teach 与 learnch 是同一词源派生出来的,learn 与所教的内容相联系,teach 与使教学得以进行的媒介相联系。后来,语义发展走向分化,教与学是指两种不同的活动,两个不同的概念,而不像汉语涵盖教与学两个方面的"教学"概念。在一些英文文献中看到的"teaching—learning"这一合成词与我国通常所理解的教学(既包括教又包括学)形式可以等同。

teach 与 instruct 两个词的释义还有分歧。有人认为,前者多与教师的行为相联系,作为一种活动;后者多与教学的情景有关,作为一种过程。绝大多数学者还是把它们当作同义词,可以互相替代。

(资料来源 参见施良方、崔允漷主编:《教学理论:课堂教学的原理、策略与研究》,华东师范大学出版社 1999 年版,第 7—8 页。)

根据对教学的探析,我们认为,教学是教师在一定条件下运用教学方法引导学生学习知识、技能、态度等以促进其发展的实践活动。

这个界定有以下几个要点:(1)教学的主体是教师(教学主体);(2)教学的对象是学生(教学对象);(3)教学的内容是知识、技能、态度(课程);(4)教学的目的是促进学生的发展(教学目的);(5)教学是在一定条件或环境中发生或进行的(教学环境);(6)教学的手段是教学方法的运用(教学方法);(7)教学的实质是一种实践性活动(教学实质)。

这个界定强调教学主要是教师的实践活动,强调教师的行为。我们希望用"教学"这一词语来表达教师的行为与活动,而用"学习"一词来表达学生的行为与活动。

个别教学

班级授课制

小组教学

二、教学设计

教学设计是教师施教前的一种智慧创造活动,**是课堂教学的重要准备**,是课堂教学顺利实施、有效达成的保证措施。每位教师都应该掌握教学设计技能。

教学设计从范围上可分为学期教学设计、单元(或课题)教学设计和课时教学设计。学期教学设计是对一个学期的教学内容进行整体规划和系统设计。单元教学设计是对一个单元的教学内容进行规划和设计。课时教学设计则是对具体的课堂教学内容进行规划和设计。这里,我们重点探讨教学中教师使用最多的课时教学设计。

（一）教学设计的主要内容

按照教学设计的步骤流程，一份完整的教学设计方案应该包括如下具体内容：课题名称、教材分析、学情分析、教学目标、教学重点难点、教学准备、教学过程、布置作业。

1. 教材分析

在进行教学分析前，教师需要深入钻研领会课程标准。课程标准（教学大纲）是国家教育行政部门按照国家的教育方针和教育法规，用纲要的形式来规范各门学科的教学活动的学科教学的指导性文件。它反映了某一学科的教学目标、任务、教学内容、教学进度、教学方法以及教学评价等的基本要求。课程标准是编写教材、实施教学的依据，也是评价教学质量的标准。教师要认真研究领会课程标准的精神和内容，把课程标准的要求落实到具体的教学之中。

教材是为了有效反映和传递课程内容诸要素而组织的文字与非文字材料及所传递的信息。现代教学论强调"不是教教材（课本），而是用教材（课本）"。新的教材观认为，教材是国家课程方案和课程标准的主要载体，是学生在校学习的主要资源（非唯一资源），是教师进行课堂教学的依据（仅是依据），是"教学的工具"和教学的抓手。因此，教师在开始设计具体的教学方案时，必须确立新的教材观，创造性地使用教材，灵活地利用教材，使教材成为一种动态的、生成性的资源。教学设计需要教师对教材进行整体把握与细致分析。

首先要整体把握教学内容。这就需要搞清所要设计的教学内容在学段中、在整册教材中、在单元教学中、在整篇课文或课题中的地位和作用。换言之，要把教学内容置于一个教材内容体系之中来考察。这就要求教师要通读教材，不仅要通读一学期的教材，还要通读一学年，甚至一学段的教材。这样才能从整体上把握具体教学内容在整个教材体系中的地位，准确对教学内容进行定位。

其次，要对具体教学内容进行分析。一是分析它与其他教学内容的联系，二是分析它的特点与特性。

有位数学教师在教学初中几何"相似三角形"时，这样作教材分析：

> 相似三角形的知识是在全等三角形知识的基础上的拓广和发展，相似三角形承接全等三角形，从特殊的相等到一般的成比例予以深化，学好相似三角形的知识，为今后进一步学习三角函数及巩固有关的比例线段等知识打下良好的基础。
>
> 本节课是为学习相似三角形的判定定理做准备的，因此，学好本节内容对今后的学习至关重要。

这一教例对教学内容在教材中的地位和作用分析得很清楚，明确了这一点在教学时就会有针对性地进行教学。

2. 学情分析

教学设计是围绕帮助、促进学生的学习而展开的，要为学生着想。教师要对学生的情况进行分析。这种分析既包括对学生整体情况的分析，如学生的来源、家庭背景、生活环境、知识结构等,也包括对学生学习具体教学内容状态的分析,如学生是否学习过相关知识,已具备什么条件,还需要什么条件,学生的知识基础和学习内容之间有哪些距离,学习本内容适合他们的教学方式方法是什么,应该准备些什么内容帮助他们拾阶而上,等等。教师特别要了解学生的兴趣点、困难点和认知冲突点,并抓住这些点有针对性地进行设计。

在"认识小数"的教学设计中,教师做了这样的学情分析:①

> 本节教学内容是在学生掌握了万以内数的认识和加、减运算,以及初步认识分数的基础上教学的。这是小学阶段学生第一次接触小数。
>
> 而在实际的生活中,特别是学生在逛商场购物,或者买一些学习用品时都已见过小数,所以教学时应该联系学生的生活实际,创设一定的生活情景进行学习,使学生初步体会小数的来源与含义,能正确地认读小数部分是一位的小数,知道小数部分名称。

这则学情分析既分析了学生的知识状况,又分析了学生的生活经验,分析简明扼要却十分到位。在分析的基础上,教师得出要联系学生生活实际,设计一定生活情景进行学习的设计策略。

3. 确立教学目标

教学是一种有目的、有计划、有组织的活动,它总是要从一定的教学目标出发,围绕教学目标展开活动。教学的评价也需要以教学目标为依据来进行。因此,教学目标是教学活动的出发点,也是教学活动的归宿,是教学过程不可缺少的组成部分。教学目标是预期的学生学习的结果,是预期的学习活动要达到的标准。教学目标具有教学定向的功能,同时对指导测量与评价、指导教学策略的选择和学生的学习等具有重要影响。科学地设计教学目标是教学设计的重要工作。

教学目标的设计需要了解教学目标分类。关于教学目标分类,世界各国的学者提出了各种不同的分类理论。这里介绍世界上影响较大、运用频率较高的美国心理学家布卢姆创立的教学目标分类理论。

布卢姆长期从事教育目标的分类研究,他于1956年出版的《教育目标分类研究》一书,对教学目标的具体化研究产生了极大影响。布卢姆把教育目标分类和教学评价密切结合起来,主张以明确的分类目标为"评"的价值尺度,以有效地促进教学作为评价的主要目的。他把教育目标分为三大类别,分别是认知领域、情感领域和动作技能领域。认知领域的目标分为六个主要类别,依次是知识、理解、运用、分析、综合、评价。情感领域的目标分类为五个主要类别,即接受或注意、反映、价值、组织、性格化或价值的复合。动作技能领域的分类目标包括知觉、模仿、操作、准确、适度、习惯六个类别。这里重点谈一下与我国中小学教育有密切关系的认知领域教学目标的分类情况。

(1)知识。指学生需要掌握的基本知识,其核心是学生对知识的记忆,表现为学生能够记忆和回忆有关事实、定义或理论。这是教学的最低目标。

(2)理解。指学生理解所学知识或材料的能力,表现为学生能够把握有关材料的含义、中心思想、核心观点。这是能力的最低目标。

---

① 陈惠芳:《备课:用终生的时间来准备》,载肖川主编:《名师备课经验·数学卷》,教育科学出版社2006年版,第173页。

（3）应用。指学生运用所学知识解决具体问题的能力,表现为学生能够运用所学的概念、方法、原则和理论去解决问题。这是比理解水平更高的能力目标。

（4）分析。指学生把所学的知识和材料分解为一个个部分或要素的能力。

（5）综合。指学生把各种片段的知识、材料、信息和要素重新组织成一个新的整体的能力。这是较高级的能力目标。

（6）评价。指依据一定标准对有关材料进行价值判断的能力,其核心是让学生学会价值判断。这个目标代表认知领域的最高目标。

布卢姆的教育目标分类是有层次结构的。他的分类重视学生行为发生的由简单到复杂的递增,又有普遍联系,后一类目标只能建立在已经达到的前一类目标的基础之上,也就形成了目标的层次结构。这就是布卢姆教育目标分类理论及其特点的基本情况。在布卢姆的教育目标分类基础上,人们习惯上把教学目标分为知识目标、能力目标和情感目标三大块,并以此来确立教学目标。从理论上看,教学目标可以分为三个领域,但在实际教学时,这三个领域的目标则难以分别实施,三个目标的实现是以综合形态进行的。

教学目标的编订要注意选择适当的概括、抽象水平,即要有足够的包容度,不能过于琐碎,同时注意不能大而无当。每一陈述中只能包含一个行为目标。如把母目标表述为"知道和理解……"就不妥当,应该改为"知道……"或"理解……"。教学目标的主语都是学生,为了行文的方便往往省略不写。每一教学目标内都含有一个行为动词,如"知道"、"理解"、"说明"、"解释"等,这些行为动词代表可观察的学生的行为表现。教师在表述教学目标时需要选择恰当的词语,准确地表达教学目标,要克服教学目标表述的含糊性。表 6.1 提供认知教学目标的部分动词实例,供参考。①

表 6.1　认知教学目标的部分动词实例

目标层次	特　征	可参考选用的动词
知道	对信息的回忆	为……定义、列举、说出（写出）……的名称、复述、排列、背诵、辨认、回忆、选择、描述、标明、指明
领会	用自己的证言解释信息	分类、叙述、解释、鉴别、选择、转换、区别、估计、引申、归纳、举例、说明、猜测、摘要、改写
应用	将知识运用到新的情境中	运用、计算、示范、改变、阐述、解释、说明、修改、订计划、制定……方案、解答
分析	将知识分解,找出各部分之间的联系	分析、分类、比较、对照、图示、区别、检查、指出、评析
综合	将知识各部分重新组合,形成一个新的整体	编写、写作、创造、设计、提出、组织、计划、综合、归纳、总结
评价	根据一定标准进行判断	鉴别、比较、评定、判断、总结、证明、说出……价值

---

① 参考张祖忻、朱纯、胡颂华编著:《教学设计——基本原则与方法》,上海外语教育出版社 1992 年版,第 143 页。

教学目标的编订还要明确目标实现的条件和标准。 目标实现的条件即学生完成规定行为所需要环境和条件。如"根据课本……""不用笔记……""不参考资料的帮助来做……"等。同样的行为表现,若是条件不同,行为的性质也将有所改变。教学目标实现的标准即教学所要求的行为完成的质量水平。如"没有语法错误或拼音错误","30分钟内完成……"等。目标实现标准的确立使教师评估学生的学习结果有了依据。

有位数学教师在教学初中几何"相似三角形"时,确立了这样的教学目标:

1. 知识目标:理解相似三角形的概念,掌握判定三角形相似的预备定理。
2. 能力目标:培养学生探究新知识,提高分析问题和解决问题的能力,增进发散思维能力和现有知识区向最近发展区迁延的能力。
3. 情感目标:加强学生对新知识探究的兴趣,渗透几何中理性思维的思想。

这一教学目标按照知识目标、能力目标、情感目标分别列出,三项目标都十分清楚,一目了然,便于把握。在目标用词上用了"理解"、"掌握";"培养"、"提高"、"增进";"加强"、"渗透"等动词,有一定的区分度,表述清楚、准确。

新课程改革提出要从"知识与能力"、"过程与方法"、"情感态度与价值观"三个维度出发设计课程目标。 以此为指导,教师在备课时需要考虑从这三个方面确立教学目标。知识与技能是显性的、短期的目标;方法、情感、态度、价值观是隐性的、长期的目标。教学目标的设计既要关注短期目标的达成,又要注重长期目标的发展和生成。"三维"教学目标的设计要注意对每项具体教学目标作细致的分析和解读,尤其注意加强过程与方法目标、情感态度与价值观目标的分析,要有针对性和可操作性。

有位语文教师对《匆匆》一课,设计了这样的教学目标:

知识与能力:掌握本课生字新词;熟读课文,背诵课文,背诵自己喜欢的段落;培养学生鉴赏、品评文字的能力。

过程与方法:通过反复诵读鉴赏、品评、积累语言;联系生活实际加深体验;适时引入朱自清的相关资料以及林清玄的《和时间赛跑》、普希金的《一朵小花》等资源,帮助学生感悟文本的深刻内涵。

情感态度与价值观:感受时光匆匆,生命易逝,从而懂得珍惜时间就是珍惜生命,共同探讨一个严肃的人生命题:人应该怎样活着才算没有虚度?

三维目标的实现必须在具体的教学实践中加以落实。教例中教学目标的设计从新课程的三个维度出发,结合具体的课文进行设计,设计得十分清晰明确。这样设计教学目标就可以使新课程的三维目标得到具体落实。

4. 分析重点、难点

在教材分析、学情分析和教学目标的基础上,教师要确定教学的重点、难点。**教学的重点是针对教学内容的重要性而言的。** 教学重点是最基本、最重要、最关键的内容。**教学的难点是针对学生**

的学习难度而言的。 教学难点是学生不易理解、不易掌握、容易混淆、容易出错的地方。教学设计时，教师要把教学重点和难点专门列出来，以凸显它们的地位，以便在教学过程中突出重点，攻破难点。

下面是一位教师在"代数式的值"的教学设计中所作的"难点分析及对策"：

> 本节课的难点在于求代数式的值，特别是代数值代入时，学生容易犯错误，造成张冠李戴的现象；而且在进行分数代入遇乘方时，学生容易犯不添加括号的错误。克服的有效手段是通过学生的练习，分组讨论，并用变式训练的教学进行矫正。

教师根据以往经验，掌握了学生学习过程中经常出现的问题，因此，把这一问题作为教学难点，并提出了有效对策。这样来确定教学重点、难点就能够做到有的放矢。

5. 教学准备

教学准备是为保证课堂教学的顺利进行，教师或学生或师生共同所做的准备工作。

从准备的主体看，**教学准备可分为教师准备和学生准备。** 教师准备主要包括教具准备和组织准备。教具准备即上课前教师对教学用具的准备工作。为了便于学生理解和巩固所学知识、促进学生技能技巧的形成，教学时常常需要教师运用教具。教具包括实物、标本、模型、图片、挂图和地图、幻灯、教学电影、教学录像、教学录音、教学仪器、药品等。有些教具可以直接购买使用，有些教具则需要教师自制。特别是随着信息技术和多媒体的发展，许多课堂教学还需要教师自制教学课件。教师选用或自制教具，要清楚详细地写入教学设计方案，并在课前准备妥当，以避免临时忙乱、乱中出错。组织准备即上课前教师对学生或教学内容等所做的准备工作。

6. 设计教学过程

教学过程一般分为导入部分、展开部分和结课部分三大块。 其中展开部分是重点。从组成内容上看，展开部分由教学讲解、教学指导、教学提问、教学板书、媒体运用等内容构成。从结构上看，展开部分主要由三种教学引领组成：一是铺垫性引领，二是发展性引领，三是拓展性引领。铺垫性引领就是教师引领学生初步感知课文或课题，了解相关背景、学习基本知识为后继学习做好铺垫。发展性引领就是在已有基础上引领学生进一步深入学习相关理论、运用所学知识。拓展性引领就是把所学知识进行迁移运用到相关领域或其他领域。具体到不同的课文或课题学习，这三种阶段的引领可以有不同的表现。

下面是一位语文教师对《荷花》一文设计的教学流程。

案例6.1

（一）感受音乐，情境导入

播放音乐，出示画面，激情导入。

（二）进入情境，初品课文

1. 闭眼听录音想象。

2. 带着脑中荷花美景自由读文,找出写荷花美的语句,品读谈感受。

(三) 精读细研,品味荷花

1. 品味荷叶美。

2. 品读荷花美。

(1) 荷花"冒"出美。

(2) 荷花姿势美。

3. 想象荷花美。

(四) 转换角色,个性体悟

1. 在情境中学生醉为荷花,展示各种姿势。

2. 大胆想象,你变成了一朵荷花,小鱼会告诉你什么? 小鸟会告诉你什么? 你最想说什么?

(五) 积累延伸,美感再造。

1. 醉在荷花池边你会发出什么感叹?

2. 此时此刻你最想做什么?

(如用最好的画笔画下它,让它永远与我们相伴。又如用最美的语言写下来……)

(资料来源 汤养珍:《〈荷花〉教学设计》,http://www.chinaschool.org/jtjj/jxsj/2004 - 0510 -tyz.htm)

这一教例中的(一)、(二)属于铺垫性引领,(三)是发展性引领,(四)、(五)是拓展性引领。通过前后相继的三种引领,学生逐步理解教学内容,并拓展教学内容,使之循序渐进地得到发展和提高。

7. 设计课外作业

一般在教学结束前教师要向学生布置课外作业。因此,需要教师对课外作业进行事先设计。布置课外作业的目的主要有如下方面:(1)进一步巩固所学知识,培养学生独立学习的能力;(2)拓展课堂教学内容,实现"课内学习、课外练习";(3)预习将要学习的内容,做好新的学习的准备等。教师的作业设计应注意要求要明确具体,内容要具有代表性。难度较大的作业应给以提示。设计的作业要富有弹性,适合不同水平和层次的学生练习。作业的量要适中,特别注意不要增加学生的学习负担。

(二) 教案的两种类型

教学设计的结果是形成教案。从表达形式上看,**教案有三种基本类型:文字表述型、表格型、卡片型。**这里介绍前两种类型。

1. 文字表述型教案

文字表达型教案是教师用文字形式把教学设计的结果表达出来。这是教案最基本、最常用的方式。具体而言,文字表述型教案有两种方式,一种是讲稿式的详案,一种是纲要式的简案。详案是把教学过程中的教学内容、教学步骤、教学方法等详细写出的教学设计方案。一般而言,新任教师和新备课题需要写详案。写详案比较费时费力,但却有助于教师全面准确地把握教学内容。简案是只写教学内容的要点、主要教学步骤和主要教学方法等的教学设计方案。一般而言,教师十分熟悉教学设计内容或为节约编写时间才写简案。写简案不仅节约编写时间,而且能够使要点更加突出,也有助于教师避免照本宣科,在教学中发挥更大的主动性,把课上得活泼生动。不论是写详案,还是写简案,都要根据教师的教学经验和教学水平来决定。教师最好是先写详案,在熟悉教学内容之后再用简案。

2. 表格型教案

表格型教案就是教师根据教学要求,设计一张"教案一览表",把各种内容填进相应表格的教学设计呈现方式。 表格型教案其实是文字表述与表格相结合的一种教学设计呈现方式。它把上课时的各种要素,如教学内容、师生活动、板书步骤、时间要求、媒体运用等,加以合理组织,相互对应地写进表格,具有言简意赅、一目了然的特点。教案一览表的设计要简明扼要,忌错综复杂;纵横之间联系要一一对应,忌交叉混乱。再者,要根据不同的教学内容、课型、教学活动方式等,设计不同的教案一览表,忌千篇一律。

案例6.2

开发口语训练素质资源——由漫画练说话

(张亚昀)

一、教学对象

初一年级学生

二、教学目标

1. 体验与感悟家庭生活的丰富多彩,捕捉人物的特征,选择恰当的方式,力求有创意地表达。

2. 在学习的过程中体会乐趣,在快乐中训练说话。

三、教学过程

分阶段	教师活动预设	学生活动	效果预测
导入阶段	询问学生:在以往的生活中和父亲之间有没有发生过一些好玩的、有趣的,特别的事情。请学生来讲一讲	讲述成长过程中,发生在自己家里、自己身上的一些趣事	※一种可能:因为师生之间不熟悉,又有很多听课老师,学生可能不敢讲。如果遇到这样的情况,老师自己先讲一件与自己的孩子之间发生的趣事 ※另一种可能:学生你一言我一语的介绍,课堂气氛活跃

续　表

分阶段	教师活动预设	学生活动	效果预测
第一阶段	看多媒体短片,以此来引起学生的兴趣。把学生分成几个大组,请学生讨论后归纳每一个片段。每一个片段都必须用四个字进行概括。然后请学生写在黑板上准备交流。比一比,哪一组概括得又多又好 老师要适当讲评学生的概括内容	1. 分组 2. 概括每一个片段,并用四个字来表现 3. 写在黑板上,交流	※一种可能:能力较差的学生无所适从,不知从何入手。或者有的学生组无法完整地概括出这些片段。有的学生虽然都用了四个字,但是无法准确表达片段的内容。希望借助小组讨论形式,帮助这些同学解决以上问题 ※另一种可能:有一些能力较强的学生能用精彩的词语概括归纳每一个片段的内容 对于小组成员来说,是一种个体合作的写作演习;对于全班同学来说,是一种班级写作合作学习
第二阶段	要求每组选择一幅画面讲述。可以就画面内容讲述,也可以专门就父子俩的心理活动进行表达,还可以像配音一样,给父子俩配上对话	1. 观看短片 2. 分组讲述、表达、配音 3. 交流	这又是一次写作合作学习的过程,同样有个体合作和班级合作两个方面。合作中体现个性特点:(1)对话。(2)心理独白。(3)第一(三)人称的讲述
第三阶段	在前两个阶段的基础上,请同学口头作文。要求:(1)故事情节的完整性。(2)能把精彩词语运用在作文中,使文章更有文采	口头作文。把刚才各组讲述的内容汇总起来,并辅之以优美的词汇,完整地表达短片所表现的内容	以这位同学的讲述来引导全班同学的完整表达
总结	教师小结这节课学生的收获	—	—

四、作业布置

从以下三题中任选一题完成。

1. 将漫画《父与子》的故事讲给家人听。

2. 以《这堂课上得真_____》为题,说说自己的课后感。

3. 从自己的生活中选材,讲一个《父(母)与子(女)》的小故事。

五、补充说明

辅助手段:使用电脑,WindowsXP 以上,支持 Flash 操作。

(资料来源　倪文锦、谢锡金主编:《新编语文课程与教学论》,华东师范大学出版社 2006 年版,第 210—212 页。)

这则教案"教学过程"部分的设计采用了表格形式。每个阶段做什么事情,师生有哪些活动,可能有何种效果看上去一目了然,十分清晰。这样的表格型设计有利于教师在课堂上有序操作。

三、教学策略

教学是一种复杂的活动,需要教师综合运用多种教学行为来完成。每种教学行为都是教学过程的组成部分,教师在教学实施中运用教学行为时有一个选择和组合的过程。在此,我们介绍一些主要的教学行为策略,为教师的教学提供参考。

(一) 讲述策略

讲述是教师以口头语言向学生讲解、说明教学内容并使学生理解的行为。讲述是最为常用的教学方法,因此,教师掌握讲述策略对提高教学效果至关重要。

1. 讲述的言语策略

讲述主要通过教师言语进行,因此教师掌握良好的言语策略就十分重要。在讲述的表达方面,要做到语音准确,语流连贯,语调起伏,语速适中,语词准确。

(1) 语音正确。语音正确,要求教师使用标准的普通话进行讲述。普通话是教师的规范教学语言,要做到发音标准,吐字清晰,字正腔圆。研究表明:"教师讲普通话比讲地方话具有较积极的社会心理影响。在学生不看见教师的条件下,讲普通话的教师比讲地方话的教师在人格特征、讲课效率和人际吸引诸方面都获得了更为积极的评价。这意味着,教师用普通话教学,将会取得更好的教学效果。"[①]因此,教学中要避免使用地方话。

专栏 6.4

教师口音与教学

无论哪个年龄组,被试对不同口音教师的评价具有非常显著的差异,讲普通话的教师所获得的评价明显高于讲家乡话的教师。在中学生和大学生的评价里,存在着非常显著的教师的性别与口音的相互作用。讲普通话的女教师与讲家乡话的女教师所获评价差异比讲普通话的男教师与讲家乡话的男教师所获评价的差异更大。这意味着在中学和大学阶段,与男教师相比,被试更倾向于高估讲普通话的女教师,低估讲家乡话的女教师。换言之,口音对于女教师具有更重要的意义。

在所有 20 个项目中,被试对普通话口音的教师的评价,都高于对家乡话口音的教师的评价,只有在少数项目上差异不显著。例如,讲普通话的女教师被评价为比讲家乡话的教师更漂亮,个子更高,个性更强,更和善、幽默、诚实,更富有进取心和领导才能,更聪明,更有知识,

---

① 张积家:《教师口音的社会心理影响》,《心理科学》1990 年第 6 期。

有才智,教学能力更强,教学态度更认真,讲话更清楚、易懂、可信。如果她讲课更受学生欢迎,学生更愿与她交朋友,更愿意让她担任自己的任课教师和班主任。学生认为从她那里可以学到更多的知识,只是在"自信"这一维度上差异不显著。对男教师的评价与女教师大体一致,但在漂亮、身高、幽默、个性、讲话清楚和对课的喜欢等方面差异不显著。

(资料来源 张积家:《教师口音的社会心理影响》,《心理科学》1990年第6期。)

(2) 语流连贯。语流连贯,要求教师的言语表达具有流畅性。研究表明,教师语流的流畅性与学生成绩之间有显著正相关。教师语流中断可造成学生成绩的显著下降。语流连贯,并不是指教师不停地说,就是好的表达。教师在表达时,也要注意适当的停顿,从而让表达充满节奏。

(3) 语调起伏。语调起伏,要求教师在表达时恰当地运用语调的抑扬、轻重、缓急来传情达意。讲述时的语调,有先抑后扬、先扬后抑、扬抑交错等不同方式,有先轻后重、先重后轻、轻重交错等不同方式,也有缓有急。只有运用多种语调来表达,才能够避免讲述的乏味,使讲述表现出显明的节奏性。

(4) 语速适中。语速适中,要求教师单位时间内所发出的音节适量。语速的太快或太慢都会影响讲述的效果。语速太快,传递的信息量大,信息在听者大脑中停留的时间太短暂,不容易被记忆;语速太快,讲述者也容易出现思维断路或空白,出现上句不接下句的情况,反而会影响表达的流畅性与整体效果。语速太慢,容易让听众等得焦急,情绪烦躁,产生厌烦感、压抑感。所以,讲述时必须学会控制语速。一般而言,教师在进行单向表达时以每分钟250个音节左右为宜。

(5) 语词精确。语词精确,需要所使用的语词具有明确的指向性,避免使用模糊性的语词表达。语词精确,也要求教师正确运用专业术语。

2. 讲述的阶段策略

从教学过程的角度看,讲述大体可分为导入、详述、汇总三个阶段。

(1) 导入的策略。导入阶段主要是教师通过适当的方式激发学生的学习动机、引发学习兴趣。导入常用的策略有直接导入、复习导入、事例导入等。直接导入,就是教师在讲述之初,直截了当地说明教学任务,引导学生进入学习状态。这种导入的好处是可以把学生的注意力和思维迅速集中到教学内容上来。直接导入适用于相对简单、容易的教学内容,太抽象、太难理解的内容不适宜直接导入。复习导入,就是教师由引导学生对旧知识的复习引入新知识的学习。这种导入方式利用旧知识讲解新知识,使旧知识成为新知识学习的基础,使新旧知识之间相互联系、相互响应。复习导入,既有利于建立新旧知识之间的联系,巩固所学的新旧知识,又有助于调动学生的学习积极性。事例导入,就是教师根据内容选择恰当的故事或实例引入所要讲解的内容。这种方式容易吸引学生的注意,接近学生与学习内容之间的距离。

(2) 详述的策略。详述阶段主要是教师对讲述的内容进行分析和描述。从讲述内容的性质差异看,讲述主要有三种表现形式,即诠释性讲述、描述性讲述和说明性讲述。诠释性讲述,主要用于介绍概念或术语的含义;描述性讲述,主要用于说明一个过程、一种结构或一系列步骤;说明性讲述,主要用于说明为什么做某件事或某件事发生的原因。这是详述阶段常用的讲述方式,教师应根据情况加以选择。

(3) 汇总的策略。汇总阶段主要是教师将讲述的主要内容和结论再次展示给学生,使学生能够加深、升华对此前所学内容的认识。汇总的方式主要有归纳汇总、比较汇总等。归纳汇总就是教师在讲述行将结束时,对所讲内容进行整理、归纳、提炼、概括,使之更加具有条理化、系统化,以加深学生的认识。比较汇总就是教师采用辨析、比较教学内容的方式结束讲述,以加深和扩展学生对内容的理解,提高学生的辨别能力。在汇总阶段,教师也可采用概括归纳、提示引导、布置作业、组织讨论、提问答疑等方式突出教学重点和难点,加深学生对讲述内容的理解与认识。

(二) 提问策略

提问是教师向学生提出有价值的问题以了解学生掌握情况、引发学生思考、促进学生学习的一种教学行为。在教学中,提问具有不可低估的作用,好的提问可以盘活整个课堂教学。

整个提问活动,按照产生顺序,可分为设问—发问—待答—叫答—听答—结问几个方面。因此,提问策略可从这几个方面探讨。

1. 设问策略

设问即根据教学需要设计教学问题。设问一般在课前进行,也可在课堂教学过程中随机设问。问题设计的好坏直接影响提问的效果。设问时,要注意如下方面:

(1) 设计问题要有目的性。明确设计的意图,知道设计这个问题是要做什么用,是想考察学生哪方面的能力、考察到何种水平与程度等。

(2) 设计问题要有选择性。主要抓住关键点设问,抓住易混处、易错点、难点设问,抓住貌似无疑却有疑的地方设问,抓住容易引起联想、想象的地方设问,抓住看似矛盾的地方设问,在新旧知识的迁移中设问。

(3) 设计问题要有层次性。即问题之间在难度上要体现出坡度,一般遵循先易后难、由简到繁、层层递进的方式,逐步引导。一般先提知识性问题,再提理解性问题,后提创造性、批判性问题。

(4) 设计问题要有针对性。要适合学生的能力、兴趣、教育程度与学习经验,针对不同班级、不同类型、不同层次的学生设计不同的问题。

(5) 设计问题要有激发性。要能够激发学生的学习兴趣,能够激发学生思考。为此,问题最好能包含有"为什么"、"如何作"以及要求解释、比较、批判或找出因素、关系、用途等的内容。

(6) 设计问题要有准备性。备课过程对课堂提问有所准备,并在教案中写明,以避免临渴掘井。

2. 发问策略

发问即将设计好的或临时设计的问题向学生提出的过程。发问要注意如下方面:

(1) 抓住提问的时机。孔子说"不愤不启,不悱不发",提问的最佳时机是学生"心求通而未得"、"口欲言而未能"时。课堂教学中,提问的时机,可抓住学生思维停滞时,学生无疑问时,出现私下议论时,课堂气氛沉闷时,学生注意力分散时,即将结课时等。

(2) 用好提问的语言。提问的用语,一定要简洁、清晰、准确,避免学生产生模糊混乱的感觉。提问的用语,应具有科学性,没有歧义,防止学生误解;针对不同类型的问题,选用相应的语词;提问的语速要适中,避免语速过快或过慢;提问的节奏要和谐。

(3) 变换提问的方式。提问要面向全体学生，先问后提，即先提出问题，后让学生回答；提出问题后，要确认学生完全听懂了问题；提问方式要灵活多样，可以是口头提问，也可以是书面提问，可以正面提问，也可反面提问，可把问题分配给一个学生，也可分配给小组或全班。

(4) 控制提问的数量。提问的数量要适当，提问的密度不能太大，数量不能多。一般一次提一个问题，或两个有联系的问题。不能对学生连提几个问题，这会干扰学生对问题意义的认识。

(5) 创设提问的气氛。整个提问过程中，教师要以和颜悦色的态度对待学生，创设尊重、赞扬、鼓励回答的气氛，自由发挥的气氛。可通过微笑、目视全班、点头示意等积极的表示方式创设氛围。

3. 待答策略

待答就是提出问题后，等待学生做出回答的过程。这个过程时间并不长，却充满教学艺术与智慧，直接影响到教学提问的质量。

(1) 学会等待。待答是对教学提问时间和节奏的控制。提问后，教师要给学生留出足够的思考时间。实际上，提问间隔超过 10 秒，教师就会觉得时间很长了，容易出现不耐烦的神色。教学提问后，教师要有三个等待时间。

第一等待时间是提出问题后。此时要等待学生思考，要给学生回忆、联想、组织语言等的活动时间。

第二等待时间是学生回答过程中。此时要耐心等待学生继续思考或调整思路，不宜进行插话、追问等，要等学生回答完毕再说话。

第三等待时间是学生回答完毕后。此时教师要等一会儿再评价学生的回答，或提出另一问题，这样可以使学生有时间反思或者补充刚才的回答，也给其他没有发言的学生以思考如何评价发言的时间。

研究表明，教师提出问题后把"思考时间"延长 3—5 秒，学生的课堂参与相应增加。给学生留出"思考时间"，看似放慢了教学节奏，实则加快了教学进度，提高了教学效果。

(2) 学会观察。教师提出问题后，并不是单纯地等待学生回答就可以了，还要善于察言观色，从学生神态举止中对学生的思维状态和学习情况作出分析判断，并根据学生的反应作出相应的教学调整。

4. 叫答策略

叫答即叫学生回答。保证每个学生尽可能多地获得均等的回答机会，是叫答的基本原则。这可是教育过程公平的重要方面。要防止有的学生回答很多次，而有的学生没有机会回答的现象。

教师可以根据一定的规则进行叫答，这些规则应是师生双方达成共识的。比如，当有些学生总是很积极举手要求回答时，教师要与他协商：把机会让给其他同学好吗？当有些学生总是不要求回答时，教师要为其创造适当的回答机会。当学生渴望回答，并且大声叫喊时，教师要适当加以抑制；当学生回答不积极或沉默不语时，教师要鼓励他们参与回答。

教师点名让学生回答是一种常用的叫答策略。这一叫答方式，有助于增加对所提问学生进行检查、训练的针对性和问题解决的针对性。运用这一策略时，要注意回答机会的均等，不能只把问题抛给那些需要特别关注的人，比如尖子生或差生。

按座位依次回答也是一种常用的叫答策略。这种策略可以使大部分学生，甚至每个学生获得回答机会，但也容易造成需要回答的问题并不适合所轮到的学生的情况。

在叫答时,教师要根据学生的个体情况和班组的整体状况以及问题的特点等,选择恰当的叫答策略。

5. 听答策略

在学生回答问题时,教师要学会听取。

(1) 要有倾听的耐心。学生回答时,教师要认真倾听,让学生充分发表意见,不要打断学生的发言,急于发表自己的看法,限制学生的思维。

(2) 听取回答的内容。听学生的回答是否符合提问的要求,是否准确、全面、有新见。

(3) 听取学生的思维类型。学生回答问题时,可以反映其思维类型。例如,有的学生属于冲动型思维,思考不周密就积极举手,对此,教师要帮助其理清思路;有的学生属于滞后型思维,很长时间也没有反应,对此,教师要给予更多的思考时间。

(4) 对听取的内容进行分析。教师要边听取学生回答,边进行分析,思考如何评论学生的回答。如果学生回答存在问题,要思考这是一种什么性质的问题,出现问题的原因何在,如何解决等。

6. 结问策略

结问就是对教师的提问与学生的回答进行总结评价。结问主要包括两方面的内容。

(1) 对回答做出评价。学生进行了充分回答后,教师要对学生的回答做出适当的评价。教师如果不对回答做出评价,将影响学生学习的积极性。对学生回答的评价,要本着尊重为主、鼓励为主的原则,使学生能够从教师的评价中获得学习的信心。

(2) 对问题做出总结。提问的最后阶段,教师要注意根据学生的回答和问题本身对问题做出总结。提问的总结,对学生所学知识的系统与综合、认识的明晰与深化等,都起着重要作用。通过总结使学生对问题有一个明确、系统的认识,或者给学生明确、完整的答案,或者引导学生进行开放性思考。

(三) 讨论策略

班级内成员之间的讨论是一种重要的互动方式与学习方式。通过讨论,交流观点,学生之间可以形成对某一问题较为一致和深入的理解与认识。但讨论不容易控制,比较耗费时间,而且讨论的结果无法预料,要成功地组织学生讨论必须付出一定的努力。这就需要教师掌握一定的组织、引导学生讨论的策略。

1. 讨论的准备策略

精心的准备是讨论成功的保障。讨论前教师和学生都需要做一些相应的准备。**第一,确定讨论主题。**讨论前,教师要确定并精确表述有待讨论的主题。主题要相对独立,所讨论的内容集中。不论是事实性的定论知识,还是所涉及的问题具有争议性或开放性的问题,都可以成为讨论的主题。其中,答案没有唯一性,每种答案背后又可能有不同逻辑推理、事实依据支持的争议性问题,最具讨论价值。讨论的主题可以是单学科的,也可以是跨学科的,如果涉及几方面的内容,要对内容进行结构化,以便于主题更加集中。

第二,合理划分小组。小组内部成员的构成对讨论的结果会有影响,小组与小组之间的水平也会影响组间比较。因此,分好小组,对讨论也是很重要的事情。

教师要掌握班内学生之间相互交流的情况、彼此喜欢程度,在此基础上将全班分组,并尽量把互相之间比较喜欢,而经验和观点又不同的学生分在一组,以使小组成员之间既有内聚力,又可因经验与观点的差异而相互启发、共同受益。

小组规模可根据班组规模、分级组数、教学目标、讨论主题等具体情况而定,每小组的人数一般以4—8人为宜。

小组讨论的座位模式会影响讨论的结果。研究表明,座位模式如果便于成员之间的眼神交流,则可增加互相交流的机会。因此,座位模式应以成员之间面对面或侧面能够看到对方为宜。

第三,考虑教师角色。教师要考虑当学生讨论时,自己所扮演的角色。在讨论过程中,教师可能会扮演旁观者、参与者、推动者、调控者、协调者等不同角色。不论扮演哪种角色,教师的主要任务是鼓励学生参与,并给予适当的分析、指导与评论以推动讨论的展开与深入。

第四,促进学生准备。在讨论的准备阶段,教师还要帮助学生做好讨论的准备,使学生具备参与讨论的基本条件。学生准备讨论的内容,主要包括如下方面。一是讨论的素养准备。在讨论时要做到:喜欢与他人一起交流看法,欢迎他人加入讨论;认真倾听他人发表见解,不轻易打断他人发言;尊重他人的意见,不论自己是否同意;避免攻击和轻视讨论的同伴;掌握必要的言语和非言语交流的基本技能等。二是讨论主题的资料准备。在获知讨论主题后,应该尽量在讨论前收集相关的资料,并做相应准备,以便于深入讨论。

2. 讨论的启动策略。

讨论启动阶段,教师要做好如下方面的工作。

第一,明确讨论主题。教师要在口头言语表达的基础上,把待讨论的主题写在黑板上,以便于学生确认讨论的主题。教师对讨论主题要做简要的解释,并说明为什么要把它作为讨论主题。

第二,明确讨论的要求。整个讨论过程中,每个学生需要做些什么,整个小组需要做些什么,对讨论的方法有什么要求,讨论的结果以什么样的方式呈现,是每个人都要提交一份答案还是小组提供一份答案还是两者都需要,提交的答案有没有其他的要求(如字数上的要求、条目上的要求、质量上的要求)等,这些都要在讨论开始前向学生讲明白。明确讨论要求的过程,就是讨论定向的过程。讨论的要求明确了,学生就会向着这个方向努力。

第三,明确学生的角色。让学生明白自己在讨论中应该做什么,有助于他们学会怎么进行讨论。教师要向学生说明他们在讨论中应承担的角色。对首次开展讨论的班级,这一点尤为重要。明确学生的角色,其实就是明确学生在讨论中自己所应承担的职责与任务。

3. 讨论的展开策略

教师提出讨论主题后,主要扮演听众的角色,不应再提其他问题,否则将破坏讨论。虽然教师基本上保持沉默,但却需要密切关注学生的讨论进展。在学生讨论的过程中,教师要专心倾听,并对学生的发言谨慎地做出反应。即教师尽量少讲话、少干预,而把更多的时间和思考的空间留给学生,让他们去思考、去讨论。因为学生是讨论的主体,这样做他们在讨论中才能有更多的收获。

讨论中也会出现一些情况,需要教师介入。教师要根据讨论的实情,判断何时应该介入,以什么样的方式介入,介入到何种程度。一般来说,出现下列情况时,需要教师的介入。

第一,发言离题时。如果发现连续几个人的发言离题太远,教师要提醒学生回答讨论的主题。

第二,出现事实上的错误时。如果讨论中出现事实上的错误,而学生没人发现时,教师应及时指出。

第三,出现尚未发觉的逻辑错误时。如果确定存在,教师要及时纠正。

第四,个别人发言太多或不参与讨论时。对发言过多者,要求其概括主要观点,而后转问别人的意见;对不参与发言者,先问一个事实问题,而后追问解释性或评价性问题,引导其发表看法。

第五,无人发言时。此时,教师需要等待并打破沉默。一定时间的等待是必要的,有利于学生留出思考的时间,有利于学生对思考的内容加以组织并表达出来。但长时间的等待会形成尴尬的气氛,此时需要教师鼓励学生发言,打破沉默。

第六,讨论难以继续时。出现讨论难以继续可能有两种情况。一是讨论中遇到障碍,无法继续深入。教师要探明原因,并给予有针对性的指导。二是主题讨论的价值已被挖掘出来,继续讨论已不再具有意义。此时,教师可转换讨论主题,或引导学生讨论原主题的一个新侧面。

第七,出现争执时。面对学生之间的争议,教师可采取的策略有:不偏向任何一方,如果偏向一方会伤害另一方;引导学生认识到双方的一致之处;运用幽默化解双方的冲突;根据双方的观点,提出共同面临的问题,把讨论引向深入。

4. 讨论的结束策略

讨论结束时,教师要对讨论结果进行总结和评论,归纳学生对讨论主题的新认识和解决办法。讨论的总结不一定有一致的结论,但必须要有一个引导,教师可提醒学生面临的新问题,给学生指出新的思考路径或解决问题的方向等,以便拓展思考的空间,延伸讨论的范围,为后续教学做好准备。

(四) 板演策略

板演是教师通过板书、声像呈示或动作表演等方式向学生展示教学内容的教学行为方式。教学板演有助于形象地展现教学内容,激发学习兴趣,启发思考,加强记忆,减轻学习负担。

1. 教学板书

教学板书是教师在黑板或其他教学载体上写下教学要点的教学行为。教学板书要根据教学目标、教学内容、学生特点、课堂情境以及教师素质特点等,做出合理的策略选择。

(1) 课前预先设计板书。课前教师要事先预设板书。板书的类型有要点式板书、部分式板书、对比式板书、表格式板书、图解式板书等。板书的类型与形式要与教学目标、教学内容、学生认知发展水平等相匹配。换言之,要根据这些内容选择恰当的板书类型。板书的内容要重点突出,板书的结构要条理清晰,板书的语言要准确简洁。

(2) 适时板书,防止讲写脱节。教学板书应讲写结合,处理好讲解与板书的关系。这就要求板书要适时,一般在讲解后接着板书。板书超前或滞后,均会干扰师生共同的思维过程,破坏正常的教学节奏,影响教学的流畅性;还会造成学生注意力的分散,甚至会引发学生的问题行为。

(3) 根据学情及时调整板书。教学板书不是一成不变地把课前设计的内容板写到黑板上。课堂教学中,教师应注意观察学生对板书的反应,从而决定是否需要修正原先设计好的板书,是否需要临时增加新的板书内容等。板书,一般分为主板书和副板书。主板书位于黑板的正中央,副板书位于黑板的两侧。需要临时增加的内容,可书写于副板书的内容。

(4) 注意板书的呈现效果。板书呈现出来的效果,以清晰、醒目为好。板书的字体应为正楷,字体大小以后排学生能看清楚为宜。板书时可考虑变化字体的大小、结构等以使学生产生新鲜感,还可选用恰当的彩色粉笔进行板书,以便于形成鲜明的对比。

(5) 不要连续板书或无板书。不要长时间连续板书,这会导致学生注意力的分散。如果呈现的材料比较多,可不过度依赖黑板,而采用其他方式,如复印材料给学生。教学时,不要一点板书也没有,适当的板书有助于学生记忆。

(6) 板书时不要随写随擦。有的教师板书很多,或虽然板书内容不多,但喜欢用黑板的同一块地方,于是只好写了擦,擦了写。下课时,黑板上只留下最后板书的那一点内容。这样不利于学生记忆,也不利于帮助他们形成整体的认识。因此,教学板书应该有计划,哪些应该保留,保留多长时间,哪些可以擦除,何时擦除,都要做到主次分明、心中有数。

2. 声像呈示

声像呈示是教师运用声像媒体呈现教学内容以帮助学生获得感性认识,进而学习与构建知识的教学行为。声像媒体包括视听媒体、多媒体等。随着电子计算机及互联网的迅速发展与普及,声像媒体在课堂教学中得到了广泛的运用,成为教师重要的教学工具。

声像呈现主要有五种表示形式。[①]

一是视觉媒体呈示。利用非投影影像媒体(包括标本、图表、挂图、模型与实物教具等)和投影影像媒体(包括幻灯机、投影仪、视频展示台及其视觉材料等)向学生呈现教学资源的行为。

二是听觉媒体呈示。利用录音机、收音机、语言实验室及其听觉材料等向学生呈现教学资源的行为。

三是视听觉媒体呈示。利用电视机、摄录像机、激光视盘机及其视听材料与电影媒体等向学生呈现教学资源的行为。

四是计算机多媒体呈示。利用多媒体技术(能同时获取、处理、编辑、储存和显示文字、声音、图形、图像、视频等两个以上不同类型媒体的综合技术)呈现教学资源的行为。

五是计算机网络呈示。利用计算机网络呈现教与学资源的行为。例如,教师利用计算机网络呈现相关资源,监督学生学习,保存、展现学生学习作品;学生通过网络发表学习作品、观点和建议等。

为了更好地进行声像呈示,教师可运用如下策略。

(1) 恰当地选择教学媒体。教学媒体的使用往往受到媒体本身的特征、媒体使用的成本、可资使用的媒体资源、教学内容的特点、学生的需求程度、教师对媒体的掌握程度等多方面因素的限制。教师要根据各方面的实际,寻找各方面因素的交集,恰当地选择教学媒体。

(2) 课前检查试用教学媒体。为防止课堂教学中意外情况的出现,保证课堂教学媒体的顺利使用,教师最好在课前检查教学媒体设备,并试用教学媒体与资源。这是保证声像呈示效果的重要措施。在试用教学媒体的过程中,可根据呈现效果,做出媒体选择或资源选择的相应调整。

(3) 适时地呈示教学资源。声像资源的呈示往往与教学讲解相结合,要处理好教学讲解与资源呈示之间的关系,把握好呈示的时机。有些声像资源需要先呈示后讲解,有些则需要先讲解后呈示,还有些需要边呈示边讲解。资源呈示与讲解之间要紧密衔接,防止脱节。提前呈示与滞后呈示都会影响教学效果。

(4) 注意呈示的速度与信息量。声像资源呈示时,要注意呈示的速度与信息量之间的关系。呈示速度太快,信息量太大,学生不易记忆与把握;呈示速度太慢,信息量小,则会造成资源浪费,或学生注意力分散。要以恰当的速度、把适量的信息呈现给学生。如果呈示速度太快,学生没有

---

① 崔允漷:《有效教学》,华东师范大学出版社 2009 年版,第 149 页。

来得及把握相关信息,可以选择重新呈示,以确保呈示的效果。

(5) 注意创造良好的呈示背景。 声像呈示对背景有比较高的要求。比如,听觉材料的呈示需要在没有噪音、回音、杂音等干扰的情况下,才会有好的效果;视觉呈示时,需要背景比较干净,没有太多色彩的干扰,避免无关的背景信息和细节的出现。因此,声音呈示时,要注意创造良好的声像呈示背景。

(6) 注意突出呈示材料的重点。 声像呈示时,要尽量把呈示材料的重点突出出来。比如,视觉材料的呈现要尽量突出表现与主题有关的内容,视觉材料位置的摆放从依据材料的重要程度,依次安排左上、左下、右上、右下的位置。可通过标示箭头、画底线、加方框、变字体、加黑加粗字体等提示手段,提醒学生注意重点信息。

四、课堂管理

课堂管理是教师在教学活动过程中协调课堂内的人际关系,维护课堂教学秩序,创造有益于学习的课堂环境所做出的决策和所采取的行动。课堂管理主要指向如何处理和预防学生课堂问题行为。教学与管理相辅相成,良好的教学会减少课堂问题行为的出现,而良好的管理也会促进课堂教学的顺利进行。教师进行课堂管理可从制订课堂规则和把握课堂管理策略等方面着手。

(一) 制订课堂规则

课堂规则是每个学生都要遵守的最基本的日常行为标准,是维护正常的教学秩序,协调学生行为,而要求学生共同遵守的行为规范。这是一种在师生互动、生生互动中形成或遵循的一种习惯性、制度性、合法化的规则。课堂规则一旦被学生所接受,就会逐渐内化为学生的自觉行为,可以唤起学生内在自主的要求和自我管理的欲望,形成心理上的稳定感,养成良好的自律习惯,从而使学生课堂行为规范化。

1. 课堂规则的基本要求

课堂规则在数量和质量上均应有所要求,即课堂规则应少而精。

从数量上看,课堂规则一般 5—10 条为宜。 太多的课堂规则,学生不容易把握,教师也难以控制。为保证课堂规则的有效性,要对课堂常规进行归纳、提炼和概括,尽量删除、避免不相关、不必要的规则,只保留最基本的、最适宜的规则。

从质量上看,课堂规则应具体明确、有可操作性。 课堂规则具体明确、不含糊或存在歧义,才能够使学生准确地理解和把握。"上课期间,注意力要集中,不出现不良的行为表现",这样的规则就太含糊、不明确。"不良的行为表现"是指什么呢?是交头接耳、玩弄铅笔橡皮,还是打瞌睡、看课外书?不把事情说具体,学生是不清楚的。它应明确告诉学生,应该做什么,什么事不能做,否则后果会怎样,这样课堂规则具有可操作性。

一旦各种课堂教学规则在教师心目中得到确认,教师就应该想办法把这些规则明确、清晰、准确地传达给学生,让学生明白这些规矩该如何以及为何被应用。

2. 课堂规则制订的时机

课堂规则制订的时机,对课堂规则的效果有一定的影响。教师不能无缘由地、不分时机地提出对课堂规则的改动,要抓住恰当的时机来进行。

　　一般在新生开学的第一天,教师可以"由上而下"地先行发布一些课堂规则。此时,班集体还没有完全成型,班集体的可塑性很强。教师发布的规则被学生接受和认可的可能性也比较大。当师生熟悉后,再制订课堂规则,则需要征求学生的意见,获得他们的同意与支持。

　　新学期开学伊始,也是制订或修订课堂规则的好时机。

　　当课堂规则与学生行为出现冲突,而课堂规则不能正确地解释或约束学生行为时,教师也可以提议讨论课堂规则的补充、调整或修改。

3. 课堂规则的合法化

　　教师制订的这些规则要通过合法化的程序获得学生们的认可,比如通过召开班委会或班级代表讨论后,再宣布给全班。

　　当然,教师可以在自己制订规则的基础上,与全体学生协商,增加学生们参与规则制订的机会,这会更加增强学生们对规则的认同感,而且增加规则的合法性。著名特级教师魏书生就运用"商量"的办法与全班同学一起商讨制订班规级规则。课堂教学规则的制订是使得课堂教学"有规可依",接下来就是坚决地贯彻和执行。班级规则一旦制订就有人执行、有人监督,坚决执行。

　　有了课堂教学规则,许多干扰课堂教学的行为就会得到避免和约束。这对有效预防课堂教学纪律性变故的发生很有作用,对课堂教学纪律性变故发生后的处理也提供了可以信赖的条件。

4. 课堂规则的不断完善

　　课堂规则的制订不可能一次完成,即使一次完成,也未必一开始就尽善尽美,即使一开始就很完善,随着各种环境和条件的变化,也需要新的规则的约束。因此,课堂规则制订有一个不断修改、完善的过程。

　　在教学实施过程中,教师要不断检查已制订的课堂规则,并根据具体情况对其加以补充、修改或调整。如果需要调整、更改的内容比较多,则应先从最重要的一两项开始。课堂规则的更新过程,仍然需要学生的共同参与。

　　虽然,课堂规则是可更改的,但不要忘记课堂规则一旦确定,就具有稳定性,不能轻易地调整、更改。如确实需要调整、更改,须在学生同意的情况下,才进行调整、更改。

5. 彻底一贯地执行规则

　　课堂规则的制订不是为了规则而规则,而是为了使用。课堂规则一旦制订就需要坚决执行,而且要彻底地一贯地加以执行。只有这样才能把课堂规则落到实处,才能让它发挥真正的作用。如果不能彻底一贯地执行课堂规则,学生就会置课堂规则于不顾,就会出现课堂规则所要约束的问题。

案例 6.3

课堂规则例举

1. 提前到达教室,准备好学习用具,静待上课。
2. 上课和下课时随班长口令起立,向教师问好,表示敬意。
3. 提问和回答问题要先举手,经允许后起立、发言。

4. 认真听别人讲话，不插嘴。

5. 不做与学习无关的事情，如课堂上吃东西、交头接耳、玩弄铅笔或橡皮、看课外书、打瞌睡等。

（二）课堂管理策略

要管理好课堂，必须掌握一定的课堂管理策略。根据教学情境的不同，选择恰当的课堂管理策略，才会使课堂教学高效地进行。下面几种课堂管理策略经常被教师们用到。

1. 适当表扬

适当表扬是指碰到纪律性事件时，教师从中发现学生身上具有的优点或长处，给予适当的表扬，以缓解课堂或尴尬或紧张的气氛，消融师生冲突，解决纪律问题所带来的课堂教学冲击。

表扬是教学管理中的一件利器，遇到纪律性问题时，教师要学会多表扬学生，而不是多批评学生。愿意接受表扬，而不愿意听到批评是人的天性。虽然，很多人喜欢表扬，不喜欢批评，但也有很多人承受得了批评，却承受不了表扬，特别是那些被老师批评惯了，甚至批评麻木了的学生更是如此。如果他们受到老师的表扬反而会感到不好意思，或深怀感激，进而对自己的行为深怀愧疚，这样教育教学工作就好做了。

2. 警告提醒

警告带有一定的威胁性，但又不指明具体的学生。警告的言辞要比较严厉，语气比较严肃，以达到给予学生以警告的震慑作用。比如，学生课堂上小声说话，教师已经暗示过，但仍然没有效果，教师就可以使用警告了："如果再有同学说话，我将要采取严厉措施了。"这样的警告比较有力量，往往能够起到让学生"收心"的效果。

3. 行为暗示

行为暗示就是教师用较大的身体动作把自己的用意、愿望表露出去，让学生明白并从中受到教育。有些学生静坐在座位上，但不听课，或者走神、或者看课外书、或者伏在桌子上睡觉但无鼾声，这类问题行为干扰课堂教学不明显，不宜在课堂里停止教学而公开指责，可以采用行为暗示的方式加以调控。例如，有位教师正要领读课文，发现一位学生心不在焉，于是走到该学生的座位旁，停留了相对较长的时间，然后边领读边走开了。学生已经意识到教师为什么在自己身旁停留较长时间，于是认真朗读起来。当学生无精打采地趴在桌上想睡觉时，教师只需要用手轻轻抚一下他的背，这个学生就能不知不觉挺直了背，赶走了瞌睡虫。教师这样处理，既没有影响其他同学，不用专门占用课堂时间，又较好地教育了该同学，取得了理想的教育效果。

4. 停顿调控

停顿是教师在讲课的过程中，声音突然停顿，以给予学生提醒的应变方式。不论是学生在课堂上窃窃私语，还是在大声说话，教师讲课时声音的突然消失，即停顿，往往能够引起学生的注意，反而会使他们停下来。此时无声胜有声，甚至比教师大声叫喊的效果还好。

5. 提问引导

提问引导是教师通过提问的方式引起学生的注意以应对课堂教学纪律问题的方法。当学生课堂上出现说话、注意力分散等情况时,老师可以采用提问的方式把学生的注意力吸引到课堂上来。

　　有一次该上语文课了,同学们还津津乐道别的事情,张老师不恼不火地说"稻花香里说丰年",接着指名一位学生说出下句。这一大家都熟悉的佳句,一下子把学生的注意力吸引过来,情不自禁齐声说出"听取蛙声一片"。接着,便是心领神会的微笑,并马上投入到新课的学习中。

6. 延后处理

延后处理,也称为冷处理,即当学生发生不良行为时,教师在课堂上不立即处理,或简单处理后,仍按原计划进行教学,等过一会儿或课后单独处理,因此这种方法也可称之为搁置处理法。延后处理的好处是可以避免当时的冲突,教师可以有更长时间思考对策,同时可以给予犯错误的学生以反思的机会。

以课时为界,可以把延后处理分为"课堂延后处理"和"课后处理"两种情况。课堂延后处理,是当学生出现不良行为问题时,教师不立即处理,继续上课,伺机对学生进行教育。这种教育又可分为两种情况。一种是教师结合教学内容对学生进行教育,一种是等教学任务结束后专门对其进行教育。课后处理,是教学变故发生时,教师并不立即处理,而是继续上课,等下课之后再找学生进行单独处理。这种处理的好处是,不占用课堂教学时间,而且可以单独地与学生进行深入交流。

五、教学评价

评价是在量(或质)的记述的基础上进行价值判断的活动。教学评价是在量(或质)的记述的基础上对教师的教与学生的学进行价值判断的活动。**广义的教学评价包括对学生学习过程与结果的价值判断和对教师教学过程与结果的价值判断两个方面。狭义的教学评价指对课堂教学的评价和对教师的评价两个方面。**下面,我们从评课的角度来谈对教师课堂教学的评价,从课堂学生评价、学业成绩评价和学生评语三个方面谈对学生学习过程和结果的评价。

(一)评课

评课是同行或专家对教师的课堂教学活动进行评价的活动。从教学评价的角度,评课要判定课堂教学的优劣、评定教学质量的高低,以此促进教师的反思与教学行为的改进。评课要把握如下方面。

1. 确定评判点

评课有不同的类型,有的是综合评价,有的则是专项评价,不论是综合评价还是专项评价,都需要确定评判点。**评判点,也可称之为观察点,**是评课者进入教室进行观察前需要事先确定好的。

综合评价涉及的面要广一些,会涉及教学理念、教学目标、教学内容、教学程序、教学方法、教学结果、教学特色、教师基本功等多个方面。专项评价则主要针对想了解或需要研究的某个方面进行观察、评判。比如,主要针对教师的提问行为进行的观察与评判,主要针对学生的课堂学习状态的观察与评判之类。

确定评判点是评课的第一步,评判点确定了,进入教室听课时,才能把注意力集中到这些评判点上,从而收集有效的信息和资料,为后面的评判做好准备。

2. 掌握质量标准

评课是一种质量分析,应该有一种质量标准。没有质量标准,就无法评课。评判点确定后,就需要根据评判点制订评判的质量标准。

评课的标准必须建立在科学、合理的基础上。如果评课标准本身就有问题,那么评课也就有问题了。从大的方面来看,评课的标准应该体现一致性、学科性、有效性的原则。

从一致性的角度看,好的课要求教学目标与教学内容的选择、教学环节的设置、教学实施的情况、学生学习的结果要具有一致性。如果教学目标与这些方面之间具有不一致性,特别是大的不一致性,那么这堂课就有问题了。

从学科性的角度看,好的课要求教学活动体现学科特色。是否具有学科特色,是评课中应有的另一重要标准。

从有效性的角度看,好的课应该使学生在有限的课堂学习时间里学有所获、有明显的提高与进步。因此,评课不仅要看教师教得怎么样,更要看学生学得怎么样,主要看学生在教师的指导下学得怎么样。

评课标准应具体、明确、可操作,这样才能够真正使它发挥评价标尺的作用。

3. 把握评课尺度

评课尺度,是指评课时把课评价得合宜得体。为此要做到客观辩证地评课、主次分明地评课。

客观就是评课时,尽量不掺杂个人的情感和偏见,以事实为依据,以标准为准绳,客观公正地对课堂教学做出评价。

辩证就是既要看到值得肯定的一面,又要指出不足和需要改进的方面。评课不能出现好就好得完美无瑕,差就差得一塌糊涂的情况。

评课要全面,但不能面面俱到,要主次突出,最好是抓住几个要点,重点深入地点评,其他的点点到为止。这样才能够深入地剖析问题,并给人留下深刻的印象。

(二)课堂学生评价

课堂学生评价是指教师对课堂教学过程中学生的学习行为和表现做出的判断。课堂评价学生时,要注意把握以下几个方面。

1. 开放性的评价

不论是文科的教学,还是理科的教学,其活动和问题解答都具有相当的开放性,因此评价也应该具有开放性。教师在教学时,不能用教材、教参上的唯一答案来评价学生。这需要教师拥有开放的心态,对所教的内容具有多元的理解和把握,对学生多元的回答,给予积极的肯定与评价。

2. 针对性的评价

评价的内容不同、对象不同,评价的表现方式也应该不同。评价应该具有针对性,不能模式化。例如,有的教师对学生的回答,一律是"很好,请坐"。到底"很好"在哪里,这个同学的"很好"和那个同学的"很好"之间的差异在哪里,这些都要具体地点评出来,才能加深学生对问题的认识,通过评价促进学生的发展。

3. 鼓励性的评价

课堂学生评价属于过程性评价,其功能不在于判断优劣、区分高下,而在于促进学生的发展,因此要以鼓励性评价为主。**教师要以赏识和鼓励的态度对待学生的表现,特别是要妥善处理学生的错误回答。**要认识到学生回答出现错误,是学习过程中的正常现象。对待学生的错误回答,不能简单处理,更不能因此而批评学生,而要善于从中发现其可圈点之处,尽量给学生鼓励和正确的引导。

> 教师在讲解"诚然"这个词语时,首先请学生作解释。一个学生解释道:"诚然,意思是诚实的样子。"他这个解释是错误的,然而教师并没有动声色,只是语气亲切地说:"你为什么这样解释,给大家说说行吗?"那个学生回答道:"可以,你讲过,遇到一个词不会解释时,可以分析词素。这个词我就分析词素了,'诚',是诚实的意思;'然'当样子讲。"教师听了以后当即表扬说:"很好。老师教给你的方法,你注意运用于实际,值得表扬。"接着教师又问那个学生"你把'诚'解释为'诚实'我明白。你把'然'解释为'样子'有什么根据呀?"学生回答说:"去年您给我们讲过一段文言文,叫《黔之驴》。那课书中有这么一句——'慭慭然,莫相知'。您说'慭慭然'就是小心谨慎的样子,还特别强调'然'是词尾,当'样子'讲。"老师听了后又表扬了那个学生说:"好。老师教给你的知识,你牢记不忘,值得表扬。"接着,教师又告诉学生"诚然"这样解释是不对的,但学生还是高兴地坐下了。

为什么学生两次都回答错了,还高兴地坐下了呢?因为教师耐心倾听了他的回答并妥善处理了他的错误回答,表扬了他在回答过程中表现出来值得表扬的地方。面对学生的错误答案,老师没有让学生坐下了事,而是继续耐心倾听他的理解。正是教师在充满期待的倾听中发现了学生的优点,并给予了恰当的评价,使学生虽然回答错了,但心情很好,保持了继续学习的热情。可见,教师掌握教学评价技能对激发学生的学习积极性是十分有利的。

4. 适当延迟评价

延迟评价是在学生活动后教师并不急于发表意见,而是引导学生进一步思考,等学生充分思考,充分发表意见之后再做出评价。在教学中,常会碰到从不同角度、不同侧面来说明问题、解决问题的情况,教师对前面同学的发言则可采用延迟评价。若过早给予终结性评价会扼杀其他学生创意的火花。

(三)学业成绩评价

学业成绩评价指对学生学习结果的评价,主要包括作业评价、考试评价、档案袋评价等。

1. 作业评价

作业评价是教师对学生的平时作业所做出的评价。作业评价时教师应把握如下方面:

(1) 及时评阅。对学生作业,教师要及时地给予评阅。评阅及时,一方面可以把问题消灭在萌芽状态,避免学生在教师评阅出来之前的这段时间里再犯同样的错误;另一方面,及时评阅可以满足学生对结果的期待,激发学生的学习兴趣。学生在完成作业后都对教师的评阅有一种期待心理。教师的评阅要在学生的期待心理还没有消失的时间内完成并反馈给学生。如果教师不能及时给予评阅反馈,学生的这种期待心理消失后,学生也没有心思考虑原来的问题对错了。

(2) 写好批语。对学生的作业要认真写好批阅的评语。**写批语的过程也是一次教师与学生交流与对话的过程。**这种对话既是认知上的,又是情感上的。对学生作业中的错误不能简单地打个"×"了事,要勾划出出错之处;或打上"?"以启发学生自己找出错误原因。教学评价的批语要中肯、简洁,富有启发性。要尽量用"旁批"、"眉批",以更多地给予学生具有针对性、启发性的评价。

(3) 做好讲评。作业批改之后,教师还需要对学生的作业情况作课堂上的讲评。如果教师对学生个体作业的评价是个体评价,那么教师的课堂讲评主要是一种集体评价。作业讲评教师仍然要注意坚持表扬为主、指导为主的原则。教师要运用多种方式进行讲评,如综合讲评、专题讲评、对比讲评等。综合讲评是教师对学生的作业情况所表现出来的具有整体性、普遍性、代表性的优缺点的讲评。专题讲评是教师对学生作业中反映出来的较集中、较突出的问题作专门的讲评,以解决学生某方面学习不到位的问题。对比讲评是把具有可比性的两项内容放在一起进行比较的讲评。教师根据具体情况选择恰当的讲评方式给学生以针对性指导。

2. 考试评价

考试评价是教师对学生的试卷或考试表现做出评定的评价方式。考试可分为笔试与口试两种类型。考试表现主要指口试中学生的表现。笔试方法简便易行,主要考证学生对知识的掌握程度和理论水平,但它一般难以测量出学生的实际才能,如创造才能和应变能力等。因此,笔试测评常与口试测评相结合。口试测量的是学生的知识水平、潜在能力、思维能力、应变能力及处理问题的能力等。考试评价要及时、客观、准确。为此,要做到定量评价与定性评价相结合。

考试成绩出来后,教师还要进行成绩登录工作。成绩登录不仅仅是对本次考试结果的记录,同时包括对全体学生本次考试情况的整体分析与综合评价和对具体学生学习情况的分析。教师多通过考试分析表、成绩报告单、成绩排名等方式进行考试成绩的登录工作。在此,我们推荐另一种成绩登录方式:成绩曲线图,就是将学生的每一次学习成绩都加以记录绘制成一张曲线图。成绩曲线图可以只是学生成绩的曲线图,也可以通过个人成绩与班级平均分、优秀率等几个成绩曲线的对比来科学地反映学生学习成绩的变化。为避免班级排名的压力并让家长及时了解孩子的学业情况,这种图可以只让学生、家长和教师见到。利用曲线图进行评价,其目的不是为了给学生分类,而是为了引起学生的反躬自省;曲线图评价直观地表现学生学习成绩的起伏,从而发挥评价的激励作用;曲线图的制订者可以是教师,也可以是学生,应引导学生逐步向自己评价的方向发展;教师可通过曲线图分析学生个体和群体的学习状态和变化规律;曲线图使评价主体多元化,可使评价内容丰富、灵活化;从对曲线图的分析能够窥见学生的学习态度、学习方法、创新意识和实践能力等多方面信息。[1] 具体见案例6.5。

---

① 裴永平:《教学评价改革一举——成绩曲线图小议》,《辽宁教育》2006年第6期。

案例 6.5

高一(8)班 **李心仪** 学习成绩(语文、数学、英语、三门)曲线图

	高一上 十月考	高一上 期中考	高一上 期末考	高一下 三月考	高一下 期中考	高一下 五月考	高一下 模拟考	高一下 全市考	考试名称

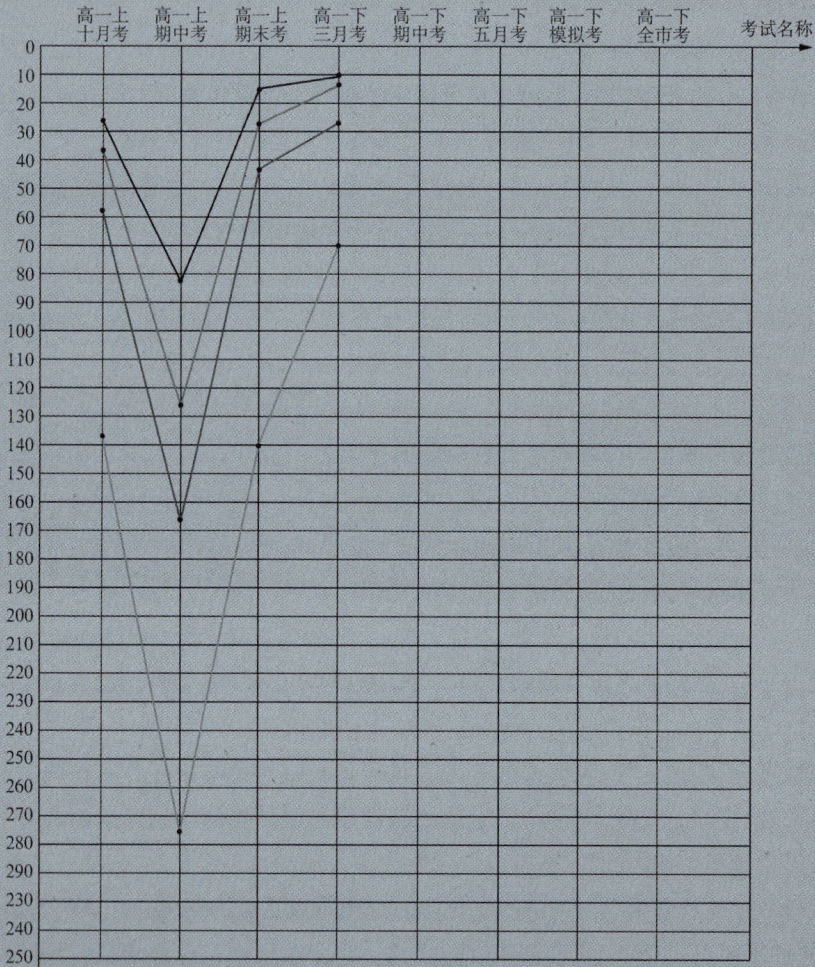

年级名次

注：请用不同颜色的笔描绘出成绩类别的曲线

语文：____ 数学：____

英语：—— 三门：____

李心仪同学的成绩曲线图非常优美,各科同进退,可以看出在上学期的期中考试及之前的一段时间内,她的学习效果不佳,出现了全面后退的结果,但在期中考试后,她作了有效的调整,在期末考试和本学期的三月份月考中都取得了很大的进步。曲线中的信息可以看出,需要找到并总结分析上学期期中考试前的学习退步原因,同样要分析期中考试后的进步原因,这样可以保持好的状态、完善好的方法,走好好的节奏。

(资料来源 老居:《学生学业成绩曲线图研究》,http://blog.163.com/chinajuwanfeng@126/blog/static/168894066201138321240267/,2011-11-14)

3. 档案袋评价

档案袋评价(portfolio assessments)指用档案袋有目的、有计划地收集、记录每个学生(或教师)在学习(或教学)过程中的表现及所获成果的信息,以此对学生(教师)做出评价的一种评价方式。这种档案袋也称之为成长记录袋。它是学生制定学习目标和自我评价的重要参考,也是教师观察学生学习进步的过程,还是对学生做出准确恰当的评价的重要依据。档案袋评价突破了以往以班级为单位的、不能体现每个学生实际发展水平的弊端,可以恰当地评价学生在应用、推理、分析、综合、评鉴等高层次认知行为,以及读、说、写与其他技能,还有学习态度、学习动机、努力情况、求知精神等情意方面的表现。档案袋评价正逐步受到教师的青睐。

传统的标准化考试具有很强的考评性,学生是在一种严肃的考场中而不是在一种自然的学习生活中经历评价,学生从评价结果中得到的只是某一阶段性学习结果的分数而已,这种评价对学生的学习过程几乎是没有帮助的。档案袋评价更重视记录学生日常学习的经历和表现,并向学生提供诊断性信息,实现评价过程与教师指导过程、学生成长过程的一体化。档案袋评价重视对评价对象的正向的、鼓励性的、最佳表现的评价,是一种结果与过程兼具的评价,主张在自然情境中进行评价。档案袋评价应实现学习过程与学习结果的有机结合。在档案袋评价中,教师的指导、学生的学习活动和评价活动从起始到一个阶段的结束,不是相互分离而是相互结合的过程。人们能够从这个档案袋中清楚地看到每个学生学习(或教师教学)的进步和达成度的强与弱,从而为今后提高学习和教学水平提供实践依据和发展方向。

教师可与学生共同建立成长记录袋。成长记录袋的内容包括学生的作品,试卷,同学、教师、家长的评价,学生的自我评价,学生学习行为记录等。档案袋评价应实施多次阶段性的总结,指导学生主动收集与整理学习的成果,把相关的学习作品如参加学习的材料、所办的手抄报、发表文章的复印件、读书心得、综合性学习所做的调查报告等整理成册,以此肯定学生的努力创造与成长进步,从而真正实现对学生学习过程与学习结果的综合评价。

4. 评价报告单

期末,教师可撰写学生全面表现的评价报告单。评价报告单主要是给学生与家长看的,也是教师全面总结学生个体学习情况的一个有力工具。通过学生自评、互评,教师评价和家长反馈等多种手段,对学生的课堂表现、小组表现、作业完成、考试情况等内容逐一加以评定。评定可采用"分数＋等级＋描述性语言"的形式。示例如下:

班级_____ 姓名_____

评价指标		评分等级				评价语
		A	B	C	D	
平时表现（占__%）	课堂表现（分数）					
	活动表现（分数）					
期中考试（分数及所占__%）						
期末考试（分数及所占__%）						
总分						

评价报告单中教师所做出的评价语应包括两方面:**一方面是总结性评价,**即全面反映学生一段时期内的学习情况,包括进步与不足两方面;**另一方面是寄语式评价,**即真诚地给学生提出合理的学习与发展的方向和建议。

(四) 学生评语

学生评语是教师对学生阶段性学习中表现情况的书面评价。这里所说的阶段性,不同的学校有不同的时长,由此可分出一周评语、一月评语、期末评语、毕业评语等不同类型。学习表现情况包括学生学习期间的思想状况、行为表现、学习成绩等内容。

案例 6.6

南开学校《毕业同学录》中,收录了一则当年求学于此的周恩来毕业时的评语:

"君性温和诚实,最富于感情,挚于友谊,凡朋友及公益事,无不尽力";"君家贫,处境最艰,学费时不济,而独于万苦千难中多才多艺";"善演说,能文章,工行书","长于数学","毕业成绩仍属最优"。这则近一个世纪之前的老评语今天读来很让人有耳目一新之感。与今天通行于各大中小学的学生评语相比,其最大特点就在于:这是在给一个"人"而不仅仅是给一个"学生"作评价。将学生当作"人"而不是当一架"考试机器"看,这在今天的许多学校里已经很难做到了。

在写学生评语时要注意如下方面:

1. 全面而辩证,切忌走极端

学生评语是对学生阶段性表现的全面评价,要德、智、体兼顾,既要有过程性内容,又要有结果性内容;既要有思想态度方面,又要有行为规范方面;既要有表现良好的方面,又要有需要改进的方面。**教师要全面而辩证地分析学生成长过程中的成绩与不足,**防止以偏概全,更不能走极端,好的就捧上天,差的就打入地,走极端是不客观、不公正的,会给教育工作带来危害。教师要用发展的眼光来看学生,也要用发展的眼光来评价学生。

2. 要有针对性,切忌千篇一律

写评语要根据学生的具体情况,有针对性地写,**真正体现每个学生的个性化发展特点。**有的教师习惯于把一套模式化的评语,稍加变化便套在学生身上。诸如"该生学习刻苦,成绩良好,团结同学,乐于助人"之类,这样的套话,学生不爱看,家长也得不到什么具体实在的信息。要根据学生在校学习期间的具体表现,写出其特点。比如,"学习刻苦",是一直在"巧学",还是一味的"苦学",团结同学,怎么个团结法,"乐于助人",表现在哪方面,是生活上,还是学习上,还是其他方面。这些只有写具体了,才能符合每个学生的实际情况,写出每个学生的不同。要想写出每个学生的特点,就需要教师日常注意观察,积累学生具体的行为表现的素材。这样写时才有依据、有参考,才能写出针对性。

案例6.7

学生评语1:

你是一个可爱的小女孩,尊敬老师,和同学相处愉快,课间能和同学做有意义的游戏,能爱护花草树木,保持教室清洁。学习上,上课能积极举手发言,认真完成课堂练习。老师希望你以后做事再认真点,那么漂亮的眼睛看东西要清楚,不要着急!

学生评语2:

"真人不露相"这句话用在你身上最合适了,在你不爱说话的外表下,藏着一颗勤奋、努力、上进的心,再加上你的聪明、才智,你学什么东西都特别快。瞧你,这一学期进步多快! 你的勤奋和努力是班里出了名的。上课总能看到你坐得端正的身影,听到你清脆的嗓音。学习、工作你总能带着一股认真的劲儿。瞧你,字迹端正了,成绩稳定了,大家也更喜欢你了。继续加油吧! 你将成为一个更出色的班干部。

---

3. 评价的方式,要易于接受

学生评语既是给家长看的,又是给学生看的,甚至是给其他人(比如将要升入的学校的教师)看的,所以要考虑读者对象。如果是只给学生看的,把"该生"换成"你"将更加亲切,可以拉近师生之间的距离。如果只是给学生看的评语,还要注意坚持鼓励为主的原则,即使要批评也要尽量采取委婉的方式、建议的方式,以使学生易于接受,并保护其自尊心。

除以上几点,还要注意以下细节:字迹要清楚,字迹潦草难认,不易达到要表达的效果;为表示负责,评语的后面要押具教师的签章和日期,签名要完整,切忌只写"姓",日期要明确,切忌不写日期。

写评语是一件十分繁重复杂但又很有意义的工作。**成功的评语可以帮助学生强化优点、认**

清不足、找准方向,也是教师与家长沟通的桥梁和纽带。因此,教师要重视评语的写作,以使其真正发挥教育、沟通等方面的作用。

本章小结

教学是教师在一定的条件下运用恰当的教学方法引导学生学习知识、技能和态度等,以促进其发展的实践活动。

教学设计是教师施教前的一种智慧创造活动,是课堂教学的重要准备,是课堂教学顺利实施、有效达成的保证措施。一份完整的教学设计方案应该包括教材分析、学情分析、教学目标、重点难点、教学准备、教学过程、布置作业等方面。教学设计的结果是形成教案。从表达形式上看,教案有文字表述型、表格型、卡片型。

教师在教学实施中运用教学行为时有一个选择和组合的过程,主要包括讲述策略、提问策略、讨论策略和板演策略。讲述策略要注意把握讲述的言语策略、讲述的时间策略、讲述的结构策略和讲述的阶段策略。提问策略要注意设问、发问、待答、叫答、听答、结问等方面的策略。讨论策略要把握讨论的准备策略、启动策略、展开策略和结束策略。板演策略主要包括教学板书、声像呈现和动作示范三个方面。

课堂管理主要指教师如何处理和预防学生课堂问题行为,可从制订课堂规则和把握课堂管理策略等方面着手。

教学评价是在量(或质)的记述的基础上对教师的教与学生的学进行价值判断的活动。广义的教学评价包括对学生学习过程与结果的价值判断和对教师教学过程与结果的价值判断两个方面。狭义的教学评价指对课堂教学的评价和对教师的评价两个方面。可从评课、课堂学生评价、学业成绩评价和学生评语等各方面来把握教学评价。

思考与实践

1. 通过本章的学习,结合自己的学习体验,谈一下你对教学的理解。

2. 教学组织形式对教学有怎样的影响?

3. 有人对中美两国学校教室进行了对比。美国学校的教室主要有 5 种座次安排的方式,分别是群组式(一个小组围绕在一起)、成排式、半环式、成对式和中心式。群组式和成排式(多是成排和半环的结合)是美国学校最常见的座次安排形式。这种安排与中国课堂教室成排式的座次安排存在差异。

第一,中国教室里的课桌数量远远多于美国。因为中国中小学教室一般有 50—80 名学生,美国公立中小学班级规模一般在 20—35 人。其次,中国教师的课桌,即讲课的地方,在矩形短边中间位置,而美国教师的课桌在矩形长边的中间位置。前者意味着教师与有些学生的距离特别远,学生与教师交流的机会大大减少。后者基本上以教师为圆心,学生相对等距离地分布在半环扇形上,便于教师与学生交流。

第二,中国教室里学生的课桌呈线性均匀分布,美国教室里学生的课桌为集中围绕分布。前者是被动听讲常用的方式,后者是主动活泼管用的技术。前者适于大量灌输信息,后者有利于学生间的互动。

第三,中国教室的课桌间(尤其是前后)没有多余的空间,美国教室的课桌间留有足够的空间。前者意味着教师很难直接接触到所有学生,后者保证教师可以直接走近每一名学生进行交流。

第四,美国教室(尤其是低年级)里的课桌椅高度不一样。中国教室里的课桌椅高度整齐划一。前者照顾到儿童身体发展的个体差异,后者保证教室桌椅排列的整齐美观。

你认为这样的分析是否有道理?课桌椅排列方式对教学有哪些影响?

4. 如何才能使教学设计更加科学、合理?

5. 教师应该如何选择和运用教学策略?

6. 课堂规则的制订需要注意些什么问题?

7. 阅读下面材料并回答问题。

某班学生做完课间操回到教室,刚坐到自己的座位上,忽然有人发出"哎哟"、"哎哟"的惊叫声,老师发现有人在一女生凳子上反钉了几个钉子。

如果你是这位老师,会如何处理?为什么这样处理?

8. 如何才能使评课具有专业性?

9. 阅读下面的教例,对两位教师的教学评价做出分析。

【教例】 　　　　　　　　　　**《小站》教学片断**

一次,有一位教师教学《小站》,要求学生回答"从哪里可以看出小站确实很小"的问题。很多学生举手想回答,其中一位学生首先获得了发言权,她说:"一是这个小站只有慢车才停那两三分钟,快车从来不停;二是这个小站只有一间小屋,一排木栅栏,三五个乘客。"这位教师一听,答案非常正确,情不自禁地说:"啊,答得真好,你真聪明!和老师想的居然一样。"教师原本以为这样一插,肯定会有更多的学生举手发言,哪知刚才举起的一只只小手一下子全不见了!这位教师不知道自己到底错在哪里……其实,道理很简单,教师在课堂上过早地对学生的答案做出了终结性评价,扼杀了学生创新与发展思维的火花。试想,这个学生的答案真的是"非常正确"吗?

请看另一位教师教学《小站》一文的片断,提的是同一个问题。

生1:我从"小站上两个工作人员正在商量着什么"这句话中看出小站的小。

师:噢,是吗?我想同学们一定跟老师一样,很想听听你是怎么想的?你能说说吗?(没有马上评价,只是引导发言者与其他同学一起进入更深层次的思考。)

生1:如果这是一个大的车站的话,就不会只有两三个工作人员……

师:你能从工作人员的多少来推断车站的大小,这是个好办法,其他同学还有什么更好的办法吗?(没有评价答案的对与错,只是肯定了他的思考方法,更加激励了其他同学的积极性。)

生 2：我是从"蜜蜂嗡嗡地飞舞，使这个小站非常宁静"这句话看出这是个小站的。

师：啊，这也能看出？（教师意想不到，但并没有做出评价，而是让学生继续说。）

生 2：如果这是一个大站的话，人肯定很多，那声音也会更大一些，就不会听到蜜蜂的嗡嗡声。所以这里能看出这是个小站。

师：哈哈，你们真是越来越聪明了！还有吗？（对学生的创新思维给予鼓励，并不影响学生对问题的进一步探索。）

生 3：我从"也没有电铃"也可以知道……

师：这么多同学都说了自己的想法，有的甚至是老师都没有想到的，你们可真了不起。那么这些答案到底对不对呢？你们先讨论一下……

不难看出，正因为老师合理地运用了延迟性评价，从而给了学生一个自由思考的空间，让学生在和谐的气氛中驰骋想象、畅所欲言、相互启发，从而获得了更多、更美好的创新灵感，使个性思考得到充分的发展。

（资料来源　本书编委会：《新课程教师课堂技能指导》，中国轻工业出版社 2006 年版，第 97—98 页。）

延伸阅读

1. R·M·加涅等著，王小明等译：《教学设计原理（第五版）》，华东师范大学出版社 2007 年版。

2. 谢利民主编：《教学设计应用指导》，华东师范大学出版社 2007 年版。

3. 郑金洲编著：《教学方法应用指导》，华东师范大学出版社 2006 年版。

4. 李冲锋编著：《教学技能应用指导》，华东师范大学出版社 2007 年版。

5. （英）苏·考利著，范玮译：《学生课堂行为管理（第 3 版）》，教育科学出版社 2009 年版。

6. （美）F·戴维著，李彦译：《课堂管理技巧》，华东师范大学出版社 2002 年版。

7. 李冲锋著：《课堂教学应变：案例与指导》，教育科学出版社 2010 年版。

8. 王策三著：《教学论稿（第 2 版）》，人民教育出版社 2006 年版。

9. 张楚廷著：《教学论纲（第 2 版）》，高等教育出版社 2008 年版。

10. 钟启泉著：《学科教学论基础》，华东师范大学出版社 2001 年版。

11. 李晓文著：《教学策略》，高等教育出版社 2000 年版。

12. （苏）尤·克·巴班斯基著，张定璋等译：《教学过程最优化——一般教学论方面》，人民教育出版社 2007 年版。

第七章

德育

一、德育与教育

（一）什么是道德?

（二）人是道德存在

（三）德育与教育

    1. 教育首先是一种道德实践

    2. 德育是教育的最终目的

二、德育目的

（一）什么是德育目的?

（二）决定德育目的的因素

    1. 历史文化传统的影响

    2. 民族国家政治经济体制的影响

    3. 时代精神的影响

三、德育内容

（一）德育内容的类别

（二）德育内容的确定

    1. 内生型的确定方式

    2. 价值商谈的方式

四、德育途径

（一）直接的道德教育

    1. 开设专门道德课程的优点

    2. 对直接道德教育的质疑

（二）间接的道德教育

    1. 课程内容的道德影响

    2. 教学方法蕴含的道德影响

    3. 班级与学校生活的道德影响

五、德育方法

（一）榜样法

（二）角色扮演法

（三）道德两难案例讨论法

    1. 道德认知发展三水平六阶段模式

    2. 道德两难案例讨论法

    3. 对道德两难案例讨论法的简要评价

（四）价值澄清法

    1. 对价值的界定

    2. 反对灌输

    3. 价值澄清法的运用

    4. 对价值澄清法的简要评价

开篇案例

　　一位纳粹集中营的幸存者,当上了美国一所中学的校长。每当一位新教师来到学校,他就交给那位老师一封信,信中这样说:

　　"亲爱的老师,我是集中营的生还者。我亲眼看到人类所不应当看到的情景:毒气室由学有专长的工程师建造,儿童由学识渊博的医生毒死,幼儿被训练有素的护士杀害,妇女和婴儿被受过高中或大学教育的人们枪杀。看到这一切,我怀疑:教育究竟是为了什么? 我的请求是:请你帮助学生成为具有人性的人。你们的努力绝不应当被用于制造学识渊博的怪物、多才多艺的变态狂、受过高等教育的屠夫。只有在能使我们的孩子具有人性的情况下,读写算的能力才有其价值。"

　　　　　　　　　　（资料来源　鲁洁、王凤贤主编:《德育新论》,江苏教育出版社 2002 年版,第 171 页。）

学习指导

　　1. 了解道德对于人类存在的重要意义。
　　2. 认识德育与教育之间的关系,理解德育是教育的最终目的。
　　3. 认识德育目的确定因素及其意义。
　　4. 掌握德育内容的类别及其确定依据。
　　5. 了解直接的道德教育与间接的道德教育两种不同德育途径的利与弊。
　　6. 认识学科教学是学校德育的基本途径。
　　7. 学会应用德育的基本方法。

　　教育作为人类实践活动,与培养人的品德具有密切的关系。教育从本质上是一种道德实践,它离不开对人的品德的养成,即对人进行的道德教育。

一、德育与教育

(一) 什么是道德?

　　道德是以善恶评价为形式,依靠社会舆论、传统习俗和内心信念用以调节人与人、人与社会、人与国家之间的关系的一种特殊的行为规范,是社会意识形态之一。在中国,"道德"二字连用而成为一个词始见于《荀子·劝学》。英文 morality,源于拉丁文 moralis,意谓风俗、习惯,个性、品行等。道德在体现形式上,首先是具体的历史范畴,随着社会经济生产方式的发展而变化;道德同时也是地方性的,也就是说,道德在具体形态上会反映不同历史文化共同体的生活方式的特殊性。

一般而言,道德可以分为客观和主观两个方面的内容。客观方面,指一定的社会对其成员的要求,包括伦理关系、伦理原则、道德标准、道德规范和道德理想等等,它贯穿在社会生活的各个方面,如社会公德、家庭美德和职业道德等。主观方面,指的是个人的道德意识与道德实践,包括道德信念、道德情感、道德意志、道德判断、道德行为和道德品质等。道德的主要社会职能是通过确立一定的善恶价值标准和行为准则来规范人们的相互关系和约束个人行为,从而调节社会关系。道德的主要价值目标是实现个人的人格完善,并通过对社会的基本人际关系及其处理原则的自觉认识,和对善的价值理想的自愿践行来实现人生的意义和人格的升华。[1]

由此可以看出,"道德"这个名词通常首先在评价的意义上被使用,它体现着人类社会对人的行为的善恶评价。也就是说,当我们谈到道德时,总是意味着与道德方面的错误或道德败坏相对立的道德方面的善恶、正当与否有关。当人们谈到某一具体的行为是在一定的情境中"做了一件道德的事"时,这并不仅仅是指它是一个正确或错误的问题,而是指它是一个"正当的"行为。

(二)人是道德存在

人是一种道德存在。之所以说人是一种道德存在,一是因为我们作为人是社会性的,是处在"相依"状态的(being for others),除了与他人一起生活,我们就无法活得更好。[2] 人天生就是社会性的存在,社会性就是人的自然属性。[3] 人只有在社会中才能真正地成为一个人。在社会性的交往中,人不可避免地与他人处于一种相依存的状态,在这种相依存的状态中,人性不可避免地会存在着善恶价值的选择,并在这种无可避免的对与善恶价值的选择中承担起对与他人的责任。"个人生活"的存在,是以社会生活的存在为前提的。如无社会生活,则无个人生活可言。鲁滨逊式的单个人孤悬独岛的生活在现实生活当中是不可想象的。其实若按道德的含义,如只有单个人,便无道德存在的必要。而鲁滨逊一有了黑人奴隶"星期五"为伴,便产生了道德的需要。

专栏7.1

人是相互依存的

没有人是独自存在的岛屿;每个人都是大地的一部分;如果海流冲走一团泥土,大陆就失去了一块,如同失去一个海岬,如同朋友或自己失去家园;任何人的死都让我蒙受损失,因为我与人类息息相关;因此,别去打听钟声为谁而鸣,它为你鸣。

(资料来源 海明威:《丧钟为谁而鸣?》)

人之所以是道德存在,还在于人的存在的超越性。这种超越性即是,人的生存不像其他生命存

[1] 朱贻庭主编:《伦理学小辞典》,上海辞书出版社2004年版,第29—30页。
[2] 金生鈜:《规训与教化》,教育科学出版社2004年版,第272页。
[3] 施特劳斯著,彭刚译:《自然权利与历史》,三联书店2003年版,第130页。

在物一样,其生存的目的只在于维持物质性生命的存在与延续。人除了维持其物质性存在之外,还追求对这种物质性生存的超越。亚里士多德指出,人的道德生活即是一种"善生活"(good life)或"好生活"。人可以选择且实际上选择着自己的生活,使生活呈现出好与坏、善与恶的程度。人与其他物类的区别就在于,人不仅要生存,而且要生活;不仅要生活,而且要过"好生活"。因此,就人类生活自身而言,道德就是人类生活的内在目的之一。"好生活"或"善生活"的概念,从根本上解释了道德的价值意义,"它具有价值本体论的意味,是人的存在、生活和行动本身的基本价值维度,因而具有与人的存在、人生和人的行动相同的哲学特性——即价值的存在论暨本体论特性"。① 到了近代,康德在论证道德之于人类自身的目的意义时,也曾经指出:"道德就是一个有理性的东西能够作为自在目的而存在的唯一条件,因为只有通过道德,他才能成为目的王国的一个立法成员。于是,只有道德以及与道德相适应的人性,才是具有尊严的东西。"人类不仅要灵性地存在,而且还要有尊严地存在。作为有尊严的文明人,人是有理性的。**理性让人选择了道德的生活方式和行为方式,道德使人真正成为目的,获得其独特的价值尊严,道德的目的王国正是人类孜孜以求的理想生活。**

专栏 7.2

人是超越性的道德存在

有两样东西,我们愈经常愈长久地加以思索,它们就愈使心灵充满始终新鲜不断增长的景仰和敬畏:在我之上的星空和居我心中的道德法则。……后者通过我的人格无限地提升我作为良知存在物的价值,在这个人格里面道德法则向我展现了一种独立于动物性甚至独立于整个感性世界的生命;它至少可以从由这个法则赋予我此在的合目的性的决定里面推得,这个决定不受此生的条件和界限的限制,而趋于无限。

康德

(资料来源　康德著,韩水法译:《实践理性批判》,商务印书馆 1999 年版,第 177—178 页)

人不仅是为了维持其物质性生命而存在,而且还追求超越于物质性存在,这种对于人的本质属性的认识,也深刻地体现在中国传统文化当中。"不是人!"("非人"或"禽兽")可能是汉语里对一个人的最严重的指责。这一极端性的日常表达可以一直追溯到孟子的人禽之辨。孟子认为:"人之所以异于禽兽者几希。庶民去之,君子存之。舜明于庶物,察于人伦。由仁义行,非行仁义也。"②也就

---

① 万俊人:《人为什么要有道德?》(上),《现代哲学》2003 年第 3 期。
② 《孟子·离娄下》。

是说,人与禽兽在许多生理本能上是相同的,只是在一点(几希)的地方与禽兽不同,这一点就是人有人伦仁义道德,而禽兽则没有。而这正是人之为人的本性。孟子在同告子辩论人之本性时,也提出了同样的观点。告子主张"生之谓性","食色,性也"①。认为人性是人生而具有的饮食男女的自然本能。而孟子则认为"然则犬之性犹牛之性,牛之性犹人之性与?"②指出告子的说法抹杀了人与动物的本质区别。在孟子看来,动物"与我不同类也",人之性与动物之性是有本质区别的,人之性就是人之所以为人的本质。这就是人所特有的仁、义、礼、智四种道德心理情感,即恻隐之心、羞恶之心、辞让之心、是非之心。所以,"无恻隐之心,非人也;无羞恶之心,非人也;无辞让之心,非人也;无是非之心,非人也"③。孟子把"人性"特指为道德心理情感,逻辑地包含着人的本质与动物的本质的根本区别,人本质上是一种道德存在的结论。

人是超越性的道德存在,典型地体现在孟子这一段话中④:

> 人之道也,饱食暖衣、逸居而无教,则近于禽兽。圣人有忧之,使契为司徒,教以人伦:父子有亲,君臣有义,夫妇有别,长幼有序,朋友有信。

孟子

人不仅仅是为了生存,而且要生活,**人不仅要生活,而且要追求善生活**。如果人仅仅停留在"饱食暖衣、逸居"的层面上,则与动物毫无区别,人的生存只不过是一种动物性生存而已。

(三)德育与教育

1. 教育首先是一种道德实践

人在本质上是道德存在物,但人不是天生就有道德的。那么,人怎样才能做到有道德地生活呢?远在人类的轴心时代,人类就确信,要使人有道德地生活,就必须要对人进行教育和道德教育。**教育和人性的完善天然地联系在一起,教育发自于人类对善的不断追求**。从根本上说,教育从其产生的那一天起,就是一种道德实践。

考察人类的教育发展史,可以发现,教育发自人类对善的不断追求,人类对于善的追求是跟教育实践紧密地联系在一起的。例如,《说文解字》言,"教,上所施下所效也";"育,养子使作善也"。古希腊苏格拉底提出的问题,基本是与追求"善"的真理有关。继苏格拉底之后,柏拉图提出的问题,归根到底,也是探索使人善的最终根源。至于亚里士多德,他在探索人间的种种"善"及其得以实现的途径时,还探索了作为宇宙的最终原理的至高无上的"善"。古罗马的著名的《辩论》一书把理想的雄辩家描绘成"善人"。在中世纪,在向"神"祈求人的成长和生存的规则时,那个符合"神"

---

① 《孟子·告子上》。
② 同上。
③ 《孟子·公孙丑下》。
④ 《孟子·滕文公上》。

的准则的人,也被看作是"善人"。在文艺复兴时代,教育理想是追求"全人",洛克的教育理想是追求"绅士",卢梭的教育理想是追求"自然人"。然而,"全人"也好,"绅士"也好,"自然人"也好,归根到底,都不过是该时代、该环境中的"善人"的社会形象。由上可见,**从古希腊时期开始,西方社会教育的中心问题一直是实现人的"善"**。人们对教育的关心有着共同点,即都在下功夫研究"善"的性质,研究"善人"的形象以及"使之善"培养的工作。① 由此,康德断言:相对于动物依靠本能实现自身天定的命运,人藉助理性实现其存在的目的。"人只有通过教育才能成其为人,人纯粹是教育的产物。"②因此,**"人是唯一需要教育的存在"**;③不仅如此,人还是唯一可教的存在。

教育不仅是一种有目的的活动,它们的目的还必须合乎道德。**教育不仅是一种有意施加的影响,这种影响还必须出自善意。教育包含使人为善的意图,德育代表使人为善的教育意图。**教育"指的是人们有意地以某种道德上可以接受的方式传递着或传递了某种有价值的东西。说一个人受过教育但一点改善也没有,或者说某人在教育自己的儿子却不想传授任何有价值的东西,这在逻辑上都是自相矛盾的"④。教育实践既是人们试图去传递有价值的内容的实践,又是人们成功地传递了有价值的内容的实践。

2. 德育是教育的最终目的

从上面的考察中,我们得知,教育在本质上是一种道德实践,**教育的本质是使人为善**。因此,教育必然包含道德的目的,没有道德的目的,就无所谓教育。可以说,德育即教育的道德目的。

纯粹的智力训练并非智育。**促进学生智力发展的活动,只有服务于一定社会的道德目的,包含使人为善的意图,才是一种教育。**纯粹的健身运动或竞技运动并非名副其实的体育。促进学生体力发展的活动,只有服务于一定社会的道德目的的意义,包含使人为善的意图,即只有那些含有培养锻炼身体习惯、合作和竞争的精神、坚强的毅力、运动技能等意图的健身运动和竞技活动,才堪称"体育",才是一种教育。⑤ 因此,如果从教育的本义而言,德育是教育的最终目的。所以近代教育学家赫尔巴特明确提出:"教育的唯一工作与全部工作可以总结在这一概念之中——道德。道德普遍地被认为是人类的最高目的,因此也是教育的最高目的。"⑥

专栏 7.3

教育的道德属性思想实验

假定我精通保险箱的工作原理,向一群年轻人传授有关保险箱的知识,我告诉他们保险

---

① (日)大河内一男、海后宗臣等著,曲程、迟凤年译:《教育学的理论问题》,教育科学出版社 1984 年版,第 317—323 页。

② I. Kant, 1803, *Education*. Translated by Annet Churton, The University of Michigan Press, 1971, p. 6.

③ Ibid., p. 1.

④ 同上。

⑤ 黄向阳:《"教育"一词的由来、用法、含义》,载瞿葆奎主编:《元教育学研究》,浙江教育出版社 1999 年版。

⑥ 赫尔巴特:《论世界的美的启示为教育的主要工作》,载张焕庭主编:《西方资产阶级教育论著选》,人民教育出版社 1964 年版,第 249—250 页。

箱有哪些类型、每种保险箱是什么结构、有什么特点、薄弱环节在哪里，我还告诉他们在不知道密码的情况下如何打开保险箱。请问：我这是在教育，还是在教唆？可能你已经发现，这个问题很难回答。主要是因为我没有交待行动的目的。如果我的意图是培养一批能够设计和生产出更加安全、可靠的保险箱的人，我就是在教育；如果我的意图是培养盗窃分子，我就是在教唆。可见，传授知识和技能、开发智力的活动，是不是教育，是不是智育，取决于活动的意图。唯有包含使人为善的道德目的，促进智力发展的活动才是教育，才是智育。

（资料来源　黄向阳：《德育：淡化"工作意识"，强化"目的意识"》，http://www.zhly.cn/EduNews/NewsShow.aspx?NewsId=678）

二、德育目的

(一) 什么是德育目的？

什么是德育目的呢？可以说，德育理论的基本问题之一是什么样的人才能称之为在道德上受过教育的人，即道德教育所要培养的人应当具有什么样的道德品质。因此，简单地说，德育目的就是德育活动预先设定的结果和德育活动追求的终极目标，是德育活动所要生成或培养的品德规格。德育目的表达的是"为了什么进行德育"的问题。

道德教育的目的是一定社会客观现实的反映，它是从社会客观实际出发，根据社会对青少年一代的品德要求和受教育者自身发展的需要提出来的。道德教育目的都体现了当今社会基本行为方式和交往方式中稳定的、长期形成的行为规范和准则，都来自客观现实、来自现实生活。

一般来说，德育目的总是可以概括为以下两个因素：(1)培养一个有道德的人；(2)建设一个有道德的社会，乃至建设一个繁荣昌盛的人类共同体。即任何一个可称得上良善的德育目的的确定，总是需要顾及到两个维度：一个是个人品格的完善，一个是社会乃至人类共同体的完善。也就是说，无论从道德来源还是从道德的功能来看，道德总是产生于人类的现实生活需要，并且是为了促进人类个体的自我完善与人类群体的繁荣的。不同的民族国家、不同的文化共同体在确定本国、本民族的道德教育的目的之时，尽管在具体的内容上会有着差异，但在实质精神上，都必定会体现这两个维度，也只有同时体现了这两个维度，才能称得上是一个良善的德育目的。

(二) 决定德育目的的因素

德育的目的是一定的社会现实的反映，它的制定，总是受到一定的社会现实因素的制约。具体来说，确定德育目的受到以下几个主要因素的影响。

1. 历史文化传统的影响

德育目的的确定，会受到共同体的历史文化传统的深刻影响。在不同的历史文化共同体之间常常会存在着不同的文化样态与价值观体系，人们之间的文化与价值观差异形成了不同的生存方式、生活方式以及不同的善观念，因此，任何道德都是首先以谱系的方式存在和发展着。不同群体、不同阶层、不同个人其所形成的伦理道德观念都从属于他们不同的生活方式、生活环境和生活目标。因此,"在道德实在论的意义上,任何一种道德或者道德观念首先都必定是地方性、本土的。人们对道德观念或道德知识的接受习得的接受方式也是谱系式的"①。西方民主社会中的人们所接受的道德观念及习得方式和一个东方阿拉伯伊斯兰教社会中的人们所接受的道德观念及习得方式会具有很大差别。"道德"一词的本义本就是习俗、习惯的意思。因此,德育目的的确定,总会受到一定的共同体的历史文化传统的深刻影响,从这个意义上,**道德教育目的是人类历史发展的产物,并随着社会历史的发展变化而变化**。任何国家在设定道德教育目的时,必然要结合自己民族的历史文化传统,在消化、吸收和弘扬本民族优秀传统文化的过程中,重塑本国的思想、道德、文化价值观。任何一个国家和民族,由于长期生活在同一的社会环境中,必然形成大致相同的文化传统,这会影响着他们对德育目的的制定。

中国学校的道德教育的目的就要求学生努力做到诚实守信、勤劳敬业、谦虚谨慎、言行一致、尊敬师长、朴素大方、廉洁奉公等美德,这些美德体现了中华伦理道德传统的固有特色,与中国古代"士"、"君子"和"圣贤"的道德教育目的具有内在的一致性;日本天皇于1890年颁布《教育敕语》,望臣民"孝父母、友兄弟、恭俭律己、博爱民众、时守国法、义勇奉公",以继承和发扬"先祖之遗风",而成为"忠良臣民"。战后至现在,日本极力提倡本国历史教育,培养学生具有国家意识,成为认识日本"大和"文化传统的青少年。在美国,民主、自由、人权、个人主义等传统价值观念是美国精神的象征。1987年,美国总统里根提出学校应培养美国人的"国民精神",围绕这一目的实施爱国主义教育和文明史教育。不难看出,中、日、美三国在设定本国道德教育目的时,都非常重视继承和弘扬本民族优秀的历史文化传统,并吸收人类文明发展的一切优秀成果。②

2. 民族国家政治经济体制的影响

随着近代民族国家的建立,教育逐渐制度化。制度化的学校教育是在民族国家之内进行的,学校教育因而受到民族国家的深刻影响。不同的政治制度与经济制度的民族国家,具有不同的政治理想和经济精神,这种政治理想和经济理想,会深刻地影响到教育目的和德育目的确定。任何一个民族国家在推行教育之时,都会根据本国现实的政治、经济和文化等方面的需要,以及未来发展的理想要求,来确定本民族国家所需要的培养下一代年轻人的"规格",并据此来确定道德教育的目的。因此,**具有不同的政治理想与经济精神的国家,其道德教育目的的内涵是有区别的。**

例如,中国作为社会主义国家,中国各级各类学校教育都把培养"四有"社会主义新人和社会主义接班人作为道德教育的目的,强调社会主义、集体主义和共产主义的道德意识。日本则把培养学生成为"面向世界的日本人"作为道德教育的目的,强调以培养完美的人格为目标,人们应当热爱真理和正义,尊重个人价值,注重劳动与责任,成为富有自主精神、身心健康的国民,使其成为和平国家与社会建设者。当代美国学校道德教育的目的是把学生培养成具有爱国精

---

① 万俊人主编:《20世纪西方伦理学经典》(第二卷),中国人民大学出版社2004年版,第8—9页。
② 程晋宽:《中、日、美三国道德教育目的的比较》,《外国中小学教育》2005年第1期。

神,能对国家尽到责任和义务的"负责任的公民",以建立和维持一个统一强大的美利坚合众国。①

3. 时代精神的影响

德育目的的确定,还受到每一个时代的不同时代精神的深刻影响。按照黑格尔的观点,时代精神是每一个时代特有的普遍精神实质,是一种超脱个人的共同的集体意识。它体现于社会精神生活各个领域的历史时代的客观本质及其发展趋势。时代精神具有时代的、历史的特点,它随着时代的推移,而不断变化发展、推陈出新。

时代精神是一个时代的人们在文明创建活动中体现出来的精神风貌和优良品格,是激励人们奋发图强的强大精神动力,构成同时代精神文明建设的重要内容。根据一个国家、一个民族时代精神的内涵以及它在经济、政治、文化等建设活动中所发挥出来作用的大小,可以透视其国民的理性程度与成熟水平,因而成为衡量其文明进步的重要标准。

时代精神反映了一个时代人类社会发展变化基本趋势,反映和影响着人们共同的心愿、意志和精神追求。道德教育目的必须反映人类的共同要求,并要反映一定的时代特点,因此,**道德教育的目的确定,也总是受到一定时代的时代精神的深刻影响**。例如,随着现代科学技术革命和全球经济的一体化,人类社会面临着越来越多的、共同的社会道德问题。面对经济全球化的世界趋势,全球众多国家和地区在制定道德教育目的时,都强调把人类普遍的价值观作为道德教育的根本目的和共同因素。

三、德育内容

(一) 德育内容的类别

德育内容是指德育活动所要传授的具体的道德价值与道德规范及其体系。应该说,德育内容包含广泛,凡是一切与善恶评价有关的理论与行为规范,凡是具有道德陶冶价值的素材,都可以是德育的内容。

从理论上说,德育内容虽然包蕴广泛,但在学校教育的范围内,德育内容还是需要经过严格选择的,并非所有与道德有关的素材均可作为道德教育的内容。正如教育应该选择那些最有价值的知识素材作为教育内容一样,道德教育的内容也需要去芜存菁,择取那些最好、最适合的道德素材作为道德教育的内容。同时,道德教育的内容,也必须按照青少年儿童的发展阶段或者程度来区分和呈现。

那么,道德教育应该包含哪些内容?这些内容又应该按照什么样的原则来择取呢?按照道德的定义,道德是以善恶评价为形式,依靠社会舆论、传统习俗和内心信念用以调节人与人、人与社会、人与国家之间关系的一种特殊的行为规范。我们也知道,一定的德育目的总是指引着道德教育实践的进行,因此也指引着德育内容的选择。根据前面的分析,任何一个可称得上良善的德育目的的确定,总是需要顾及到两个维度:一个是个人品格的完善,一个是社会乃至人类共同体的完善。由此,根据道德的定义以及德育目的的规定,可以看出,在道德教育中,按照道德调整的关系以及道德教育需要达到的目的,**道德教育通常包含了两个方面的内容:与个人自身有关的道**

① 程晋宽:《中、日、美三国道德教育目的的比较》,《外国中小学教育》2005 年第 1 期。

德;与处理与社会及国家有关的道德。不同国家不同的道德教育研究者,在涉及德育内容时,总包含了这两个方面的内容。

德育的内容

1980 年国际道德教育大会将各国道德教育计划中所涉及的内容归纳为四类:(1)社会价值标准,如合作、正直、社会责任、人类尊严等;(2)有关个人的价值标准,如忠厚、诚实、宽容、守纪律等;(3)有关国家和世界的价值标准,如爱国主义、民族意识、国家理解、人类友爱等;(4)认识过程的价值标准,如追求真理、慎于判断等。[①] 其中,(1)、(4)两项主要是与社会和国家,乃至更大的人类共同体有关。

美国学者盖尔斯顿则认为,民主社会中的公民责任所要求的德性一般可以分为四种:(1)一般德性,如勇气、遵纪守法、忠诚等;(2)社会德性,如独立性、开放精神等;(3)经济德性,如职业伦理、暂缓自我满足的能力(自制)、对经济与技术变革的适应性等;(4)政治德性,如辨明并尊重他人权利的能力、愿意只满足于支付得起的东西、评价公职人员表现的能力、从事公共讨论的能力等。[②] 其中(1)、(3)两项主要是与个人有关的德性,(2)、(4)两项主要是与社会与国家有关的德性。

(二) 德育内容的确定

在人类相当长历史时期内,对于什么是道德,对于怎样确定道德教育的内容,人类曾经有过三种不同的答案:第一,社会共同体共同认可的社会规范和习俗就是道德,道德教育的内容就是这些得到社会共同体共同认可的社会规范。第二,存在着先知先觉的道德完美的圣人或者是神,或者佛陀等其他万能的神,这些圣人或者神为普罗大众规定了必须遵守的道德规范,道德教育的内容就是把圣人或者神规定的道德规范传授给下一代,如中国儒家圣人所规定的五伦,又如基督教的摩西十诫。第三,某个掌握了政治权力的集团(阶级、阶层或者宗教团体、政治组织)或者个人,利用所掌握的世俗权力,制定某种以维护其集团利益为主要目的的道德价值观体系,把这种道德价值观体系强行推行到整个社会生活领域当中,并且要求每个人都予以遵守,否则,便要承受种种物质上与精神上的制裁。不管是哪种答案,对于道德教育的双方,不管是传授者还是接受者来说,这些道德教育的内容都是先在的,通常也是无可置疑的。在这种情况下,家庭、学校和社会所共同遵循的道德规范是一致的,道德教育所要做的,就是把这种为大家所公认的道德规范内容传递给年轻一代。

---

① S·拉塞克、G·维迪努努著:《从现在到 2000 年教育内容的全球展望》,教育科学出版社 1996 年版,第 158 页。

② Galston, William, 1991, *Liberal Purposes:Goods, Virtues, and Duties in the Liberal State*, Cambridge:Cambridge University Press, p. 227.

专栏 7.5

摩西十诫

第一条：我是耶和华——你的神，曾将你从埃及地为奴之家领出来，除了我之外，你不可有别的神。

第二条：不可为自己雕刻偶像，也不可做什么形象仿佛上天、下地和地底下、水中的百物。不可跪拜那些像，也不可事奉它，因为我耶和华——你的神是忌邪的神。恨我的，我必追讨他的罪，自父及子，直到三四代；爱我、守我戒命的，我必向他们发慈爱，直到千代。

第三条：不可妄称耶和华——你神的名；因为妄称耶和华名的，耶和华必不以他为无罪。

第四条：当记念安息日，守为圣日。六日要劳碌做你的工，但第七日是向耶和华——你神当守的安息日。这一日你和你的儿女、仆婢、牲畜，并你城里寄居的客旅，无论何工都不可做；因为六日之内，耶和华造天、地、海，和其中的万物，第七日便安息，所以耶和华赐福与安息日，定为圣日。

第五条：当孝敬父母，使你的日子在耶和华——你神所赐你的土地上得以长久。

第六条：不可杀人。

第七条：不可奸淫。

第八条：不可偷盗。

第九条：不可做假见证陷害人。

第十条：不可贪恋人的房屋；也不可贪恋人的妻子、仆婢、牛驴，并他一切所有的。

（资料来源 《圣经·出埃及记》）

如果说人类在相当长时期里，对于什么是有道德的生活，曾经由人们在社会中所担任的角色、所具有的身份决定了的话，对于什么是道德，在一个文化与社会共同体内具有基本一致的理解，人们只要确定了自身的身份，自然就清楚了社会对于自身的道德要求；如果说曾经由神、佛陀或者是先知、圣人告诉人们什么是道德，什么是一种有道德的生活，社会所认同的价值评判基本上是统一的，或者说是一元化的；什么样的行为将会受到褒扬，什么样的行为将会受到贬抑，社会成员是比较清楚的，他们知道该做什么和不该做什么，从而在学校道德教育中，道德教育的内容是容易确定的话，那么，在一个价值观多元的当代民主社会里，这种"安逸的道德生活"已经不复存在，从而一个确定无疑的道德教育内容也不复存在了。

价值观多元时代，是指在一个社会里，在遵守法律和公共道德，不妨碍他人自由和不侵害他人利益的前提下，人们可以按照各自的能力、性格、兴趣、爱好和对于人生意义的理解去自由地追求善的价值目标；尊重人们对于善的理解的独特性和多样性，承认人们在善的追求中可以自由地选择不同的道德观，选择任何一种合乎人性的生活方式。从这个界定出发，在价值观多元时代，意味着承认不同的价值观念、不同的善的生活方式是平等的，这些不同的价值观念是否能够被人们所接受，只能够通过它们之间的平等自由的博弈、竞争，凭借它们对于生活意义和人生价值的诠释和引导的力量来吸引人们，而不能够凭借自身以外的力量，如政治权力的力量来规定人们必须信奉它；意味着人们可以在不违反法律和触犯他人的自由和利益的前提下，自由地选择、追求不同的价值观和善的生活方式。人们发现，再也没有哪个权威能够规定人们应该怎样有道德地生活，人们必须依靠自己的智慧，去思考，去探索，努力在各种不同的，甚至是相互冲突的价值观中选择那些能够指导自己生活目标的道德价值观念。

如果说在价值观多元时代，意味着存在不同的甚至是对立的价值观体系，意味着不同的对于善的生活的理解，这种种不同的价值观体系和善的生活方式，很难说哪一种更加优越的话，那么，**要进行道德教育，首先就面临着"教谁人的道德、谁人的价值"问题**。在当代民主社会尊崇个人信仰自由的社会背景下，这个问题是如此敏感，以至于如果要在学校当中进行道德价值观教育，就必须回答这个问题。

那么，在价值多元时代，如何确定道德教育的内容呢？

1. 内生型的确定方式

达成共同的道德规范的另一种途径，是社会共同体长期的社会生活中，自然地形成的、经过人们的社会生活的检验，证明能够良好地处理人们之间的利益关系并且得到人们认可的优良道德规范。**这是一种自然地从人们的社会关系、社会生活实践内部产生的道德价值观。**这是一种扎根于人们的生活世界的"内生型"的途径。

无论从道德来源还是从道德的功能来看，道德总是产生于人类的现实生活需要，并且是为了促进人类个体的自我完善与人类群体的繁荣的。伦理道德的根基在于它首先是人的现实存在方式、生活方式、实践方式之一，而不是仅仅发生于人们观念中的东西；因此它必然与人的社会生活实践相联系，并由此从人的社会生活实践当中强有力地创生出来。伦理道德的内容和本质，在于体现和维系人的社会生活所依赖、所需要的社会关系的结构、秩序和规则，因此它必然就存在于人的现实生活实践之中，并且与人和社会生活的现实一起，呈现其具体的、历史的面貌。也就是说，伦理道德总是在具体的社会生活现实中"内生"的。

所谓"内生"的道德，是"由于客观上人们共同活动和交往的社会关系结构、特定的活动方式及其条件等本身，向内、向下提出了一定秩序或规则性的要求——这些要求是维持这一社会系统或活动方式的存在所不可缺少的——并促使有关的人们在意识和行为中普遍地适应这些要求，从而产生了这一系统中的伦理道德"①。应该说，**"内生"是任何社会现实当中合理的伦理道德产生和发展的主要方式、真实途径。**因此，要寻求建构一种合理的、能够得到人们的承认与遵从的

---

① 李德顺：《普遍价值及其客观基础》，《中国社会科学》1998 年第 6 期。

伦理道德的根基,不能只在头脑的意向中去寻求答案,也不能依靠权力去硬性规定,而应该首先到具体的社会现实生活中,去寻找活生生的社会生活本身提供的条件和要求,其中当然包括人们切实的利益结构和权责状况等;也不能把只能适用于某个团体、某个阶级、某个阶段、某种范围的道德观念、道德规范无限度地进行推广。"某个生活本身在什么样的范围和条件下进行,它建立在怎样的结构关系上,它要求怎样的秩序和规则,就必然产生什么样的伦理道德。"①

从当前我国社会的道德生活状况来看,在日常生活当中,在不同的社会生活领域,已经逐渐产生了一些得到人们共同认可的道德原则与规范,这些道德原则与规范就可能成为学校道德教育内容的基础。例如,在不同的职业领域,逐渐产生了得到该职业领域共同认可的职业道德规范;在经济活动领域,逐渐产生了信用、公平等的规范;在政治生活领域,正义的道德原则也逐渐得到了人们的承认;而责任、诚实、尊重则是不同的生活领域都应该得到遵守的道德规范。对于这些逐渐得到人们认可的、能够有效地协调人们的道德生活的原则与规范,国家、社会与人们应该运用各种手段精心培育,包括制定必要的制度来加以维护与巩固。

2. 价值商谈的方式

在当今价值观多元社会当中达成道德共识的途径,即是人们作为共同立法者,每个人都参与到了合作过程之中,并且依靠主体间视角共同进行商谈所达成的共同道德规范。

在当今民主多元社会,由于一种为人们的道德实践提供评价标准的超验性、终极性的绝对价值的丧失,一个道德规范、一种道德原则,如果要得到人们的共同遵从,就必须得到社会大多数成员的认可。那么,一种道德规则既然不再能够借助政治权力或者宗教权力来强迫人们加以遵守,那就只能通过人们之间借助现代公共领域提供的公共平台,进行民主平等的商谈、对话,达成共识,才会具有道德权威,从而对社会大多数人具有约束力。

这种通过民主平等的商谈达成道德共识的途径,也就是康德所说的,一个真正的道德主体,他必然同时既是道德的执法者,又是道德的立法者,也就是说是权利与义务的统一体。公民既然是国家的主人、社会的主体,因此也是公共道德的主体。就是说,公民在履行道德义务时,也享有相应的道德权利。公民在道德上权利和义务的统一,是社会主义道德文明的真实基础。与义务相比,公民的道德权利大体包含两个方面。一是公民对个人行为的权利,如在不违背法律和公序良俗的情况下,个人有选择自己道德行为、自主恪守道德准则的权利;有维护自己道德人格、名誉、尊严的权利;有保护个人隐私不受侵犯的权利,等等。二是公民对公共道德的权利,如对于与自己有关的公共道德规范,公民有知情权和平等参与制定、修改、实施的权利;有要求和维护社会道德秩序的权利;有在履行义务时获得社会承认和他人尊重的权利;有对公共服务部门进行道德监督的权利,等等。总之,世界上任何权利和责任都应该是相互依存的。没有责任的权利是非法的权利;没有权利的责任是没有保证的责任。道德上的权利和义务也是如此。而公民拥有向往和追求自己的道德理想,并把它付诸实践,用以指导生活、完善自我、推进社会文明的权利。这是我们每个公民在国家社会生活中最根本的道德权利。

因此,如果我们要建构当前我国学校道德教育的内容,就应该遵循内生型与价值商谈的途径。一是通过考察我国当前的社会生活当中,哪些是逐渐得到了社会大多数人的共同认可,已经

---

① 李德顺:《普遍价值及其客观基础》,《中国社会科学》1998 年第 6 期。

被当前的社会生活证明是有效的,是能够较好地调节人们的道德关系的优良道德规则和道德原则,并且把它们作为学校道德教育内容的基础;二是在学校的道德实践当中,学校应该允许和鼓励学生们参与到具体的学校道德规则的制定当中来,通过师生双方之间的民主平等的商谈、对话,达成为大家所公共遵守的规则。

四、德育途径

德育途径可以区分为两种:直接的道德教育与间接的道德教育。

(一)直接的道德教育

直接的道德教育途径主要是通过开设专门的道德课程,系统地向学生传授道德知识和理论。杜威把这种德育途径称作"关于道德的观念"的教学。

在近代以前,道德教育主要是通过渗透在古典人文知识的教学中来进行,通过何种途径进行道德教育,本不是个问题。但随着近代自然科学的兴起与学科教学的愈加分化,以及实利主义思潮的兴盛,以自然科学知识为主的学科教学越来越在学校教育中占有中心的地位,相反,原来以培养人的道德品格为主要目的的教育活动则愈来愈被边缘化。为了保证学校教育的道德目的,教育行政部门与学校当局不得不考虑开设专门的道德教育课程来进行专门的道德教育。

专栏 7.6

专门的道德教育课程的开设

1872 年,日本颁布《学制》,要求小学开设"修身"课,中学开设"修身学"课;

1882 年,法国在西方率先以法令形式规定"道德课"为学校的正式课程;

1902 年,清政府颁布《钦定学堂章程》(壬寅学制),规定蒙学堂与小学堂均开设"修身课";

1904 年,清政府颁布《奏定学堂章程》(癸卯学制),规定小学堂开设"修身课";

1912 年,民国政府颁布《小学校教则及课程表》,规定初等小学校开设修身课;

1912 年至 1913 年,民国政府先后颁布《中学校令》及《施行规则》、《课程标准》,规定中学校开设修身课,要求注意讲求"本国道德之特色";

1923 年,民国政府颁布《中小学课程标准纲要》,将修身课改为公民课。

---

1. 开设专门道德课程的优点

开设专门的道德课程进行道德教育,虽说是近代为了应对智育在学校教育中占有优势地位、德育被边缘化的处境而设,但也有着一些无可否认的优点:①

---

① 黄向阳:《德育原理》,华东师范大学出版社 2000 年版,第 193 页。

一是在德育日益被边缘化的今天,至少可以保证学校可以提供一定的时间和一定的专职人员来关注和实施德育;

二是开设专门的道德教育课程,可以向学生系统地传授道德知识,在一定程度上可以提高学生的道德认识;

三是如果组织得法,道德教育课程还可以促进学生道德思维能力和道德敏感性的发展。

2. 对直接道德教育的质疑

设立单独的道德课,在理论上有诸多难以解决的问题。事实上,直接的道德教育作用相当有限。1920—1930年间,美国学者哈桑(Hartshome)与梅尔(May)进行的一个大型实证研究,选取了从小学五年级到初中二年级的11000名青少年作为研究的样本,评估了他们与品性有关的行为,选用了33个不同行为测量表,测量包括利他主义、自制、诚实与欺骗等,结果显示了当时学校中的品德教育课及参加主日课(Sunday School)对孩童在实际生活中的诚实和利他主义水平的提高并无显著效果。1936年琼斯(Jones)的相关实验研究也得出了相同的结果。杜威就断言,直接的道德教学对学生行为即使有所改善,其改善也是有限的。杜威指出:如果不"使道德目的在一切教学中——不论是什么问题的教学——普遍存在并居于主导地位。如果不能做到这一点,一切教育的最高目的是形成性格这句人们熟悉的话就会成为伪善的托词;因为人人都知道,教师和学生的直接的、即时的注意力必然在大部分时间内是放在智力问题上。它谈不上把道德上的考虑放在最重要的地位"。在这样一种情况下,直接的道德教学只不过是一种"关于道德观念"的教义问答式的教学而已。① 而且,直接的道德教育还会产生消极的后果。将道德课与其他学科相提并论,客观上造成了教师在"道德教学"和"学科教学"之间的分工。担任学科教学的教师,可能会认为自己在德育方面没有责任,把德育推诿给担任道德教学的教师,导致学校大多数教师不管德育的现象。②

专栏7.7

杜威对直接的道德教育的质疑

如果在学校里,我们把品德的陶冶当作最高目的,但同时把获得知识及理解能力的培养当作是学校的主要活动,且与品德修养无关,这样一来,学校的品德教育将毫无指望。在这种情况下,道德教育无可避免地将沦为记诵的教学,或只是学习有关道德的课程。"有关道德"(about moral)的课程指的是大家认为是美德及义务的课程。但这必须是学生对他人恰好能同情及具有高尚的情操才会有效。若不是这种情况,那些道德的课程对品德的影响就像

---

① 杜威:《教育中的道德原理》,见杜威著,赵祥麟等译:《学校与社会·明日之学校》,人民教育出版社2005年版,第136—137页。
② 黄向阳著:《德育原理》,华东师范大学出版社2000年版,第192页。

记亚洲有哪些山脉一样。事实上,道德的直接教学(direct instruction)只有在少数权威者控制着多数人的团体才有效。也并不是教学有效,而是整个统治的势力增强了其作用。若在民主国家,这种方式只能依赖情感上的魔力才有效。

(资料来源　杜威著,林宝山译:《民主主义与教育》,(台湾)五南图书出版公司 1989 年版,第358 页。)

(二) 间接的道德教育

所谓间接的道德教育主要指通过各科教学和学校、班级的集体生活,以及学校与班级的文化环境有意或者无意地对学生进行道德教育。

间接的道德教育的主要渠道有学科教学中的道德渗透、学校与班级或者社团活动中的道德渗透,以及学校与班级文化环境建设中的道德渗透等。

1. 课程内容的道德影响

正如我们在前面所说的,"教育"一词的标准内在地要求教育者所传授的内容必须是善的或者是某种具有终极价值的东西。国家在制定各门学科的课程标准时,就往往会明确规定本学科教学的"德育目标"。

专栏7.8

小学语文新课程标准

1. 在语文学习过程中,培养爱国主义、集体主义、社会主义思想道德和健康的审美情趣,发展个性,培养创新精神和合作精神,逐步形成积极的人生态度和正确的世界观、价值观。

2. 认识中华文化的丰厚博大,汲取民族文化智慧。关心当代文化生活,尊重多样文化,吸收人类优秀文化的营养,提高文化品位。

3. 培育热爱祖国语言文字的情感,增强学习语文的自信心,养成良好的语文学习习惯,初步掌握学习语文的基本方法。

4. 在发展语言能力的同时,发展思维能力,学习科学的思想方法,逐步养成实事求是、崇尚真知的科学态度。

5. 能主动进行探究性学习,激发想象力和创造潜能,在实践中学习和运用语文。

6. 学会汉语拼音。能说普通话。认识 3500 个左右常用汉字。能正确工整地书写汉字,并有一定的速度。

7. 具有独立阅读的能力,学会运用多种阅读方法。有较为丰富的积累和良好的语感,注重情感体验,发展感受和理解的能力。能阅读日常的书报杂志,能初步鉴赏文学作品,丰富自己的精神世界。能借助工具书阅读浅易文言文。背诵优秀诗文240篇(段)。九年课外阅读总量应在400万字以上。

8. 能具体明确、文从字顺地表达自己的见闻、体验和想法。能根据需要,运用常见的表达方式写作,发展书面语言运用能力。

9. 具有日常口语交际的基本能力,学会倾听、表达与交流,初步学会运用口头语言文明地进行人际沟通和社会交往。

10. 学会使用常用的语文工具书。初步具备搜集和处理信息的能力,积极尝试运用新技术和多种媒体学习语文。

上述小学语文新课程标准的总目标中,第1、第2、第3、第4、第5和第9条就明确规定了小学语文教学中应该蕴含的道德价值观教育的目标。

各门学科教材中,尤其是母语、历史、社会等人文学科,都会渗透着或明或隐的道德内容与价值取向,是对学生进行道德教育的重要资源。

总之,课程内容的选择,必须有助于为任何文化背景、不同性别、不同宗教的儿童提供道德发展和道德成长的经验,让他们在现在和将来都能够积极地实践道德,理解和尊重不同的信仰和文化,理解和欣赏社会的多样性,帮助他们发展从事有价值的事业和活动的能力,引导他们去建立有价值的生活目标和生活方式,积极地过好自己的生活;必须有助于发展儿童的道德理性、道德判断力、道德实践能力、道德情感与态度,发展和体验积极的人伦关系,引导他们热爱生命、尊重生命、热爱生活,探寻积极生活的意义。必须有助于培养学生公共生活和个人生活的价值、技能、知识和理解,形成关心他人,关心社群,关心自然,发展他们的社会责任感与社会合作精神,同时促进社会的共同福祉,成为积极参与的负责任的公民。

2. 教学方法蕴含的道德影响

把别人引入有价值的领域,存在许多不同的方式。传统观念认为,教师是这方面的权威,教师的工作就是把有价值的内容印刻在学生的脑海和心灵之中。教师通过包括体罚在内的各种不同的强制性技术的支持下的正规指令(formal instruction),来做这种工作。但是,教育本身是一种道德实践的内在属性,规定了教学应该以一种在道德上可以接受的方式来进行。这就要求,在教学方法上必须是合乎道德的,或者至少是不违背道德的。"教学是一种复合型的特殊实践。从内容上讲,教学是围绕某类学科展开的实践;从形式上讲,教学是师生交往互动的实践。如此,意味着教学不是一种技术,而是具有提升师生生命质量的内在利益的实践。获得教学的内在利益,需要师生在教学过程中修养德性,教学也就成为德性实践的过程。"①教师采取的教学方法如何,会影响到学生的德性成长。

教师采取什么样的教学方法,涉及如何看待教师自身、如何看待他所教的内容自身以及如何

---

① 王凯著:《教学作为德性实践——价值多元背景下的思考》,江苏教育出版社2009年版,第42页。

看待学生自身三个方面因素。当教师采取的教学方法把自己看作不用质疑的知识权威，看作真理的代言人，当教师采取的教学方法把自己所教的知识看作不可置疑的真理知识，当教师在教学过程中把学生看作被动吸收知识的容器时，他就是采取了一种在一个民主多元的社会中被视为不道德的教学方法。谢弗勒指出："诚然，教可以用各种不同的方法来进行，但是，有些使人做事的方式被排除在涵盖'教'一词的标准之外。从标准上说，教至少要在某种程度上服从学生的理解力和独立判断力，服从学生对理性的需要，服从学生对充分解释的构成的看法。教就是要承认学生的'理性'，也就是，要承认学生对理性的需求和判断。"①在教育方法是否合道德性的要求上，排除了在教学上采取灌输、洗脑、宣传、条件反射式的训练等方法。因为，这些教育方法的主要特征在于它是以教师为中心，以"传递"、"控制"、"强迫接受"为宗旨的，这种教育方法把儿童视为被动接受的和顺从的、需要塑造使其成形的客体，而不是"思考"、"选择"、"决定"、"检查"的主体，剥夺了儿童仔细独立思考与道德价值相关的问题的权利，它所能导致的最大结果不外是学生虚伪的顺从。它否认人是聪慧的和有思想的，认为人们不能够周到地考虑问题，变得明智。实际上这是对人的尊严的一种否定。

与此相反，教学方法在一般精神上，如果"着重点是放在建造和发表上，而不是放在吸收和单纯的学习上"，不是放在鼓励排他性的竞赛和竞争的动机，而是放在鼓励儿童在学习当中相互交流、分工合作和共同参与，就有可能克服儿童的个人主义的学习动机，从而培养起儿童的服务于社会的伦理精神。②

3. 班级与学校生活的道德影响

班级和学校是师生共同学习、共同活动、共同休息、共同生活、彼此交往的场所。班级和学校的制度结构和交往活动方式会深刻地影响到学生的德性成长，教育本身的性质决定了班级与学校作为一个伦理结构的特征，班级与学校不仅是一个学习共同体，而且还应该是一个道德共同体。正如科尔伯格所说的，"要教正义，就得有正义的学校"。③假如班级和学校的制度结构和交往活动方式是不正义的，存在着随意贬低、排斥、歧视学生的

---

① 引自黄向阳译：R. S. Peters, *Ethics and Education*. Scott, Foresman and Company, 1967, Chapter 1: Criteria of "Education".
② 参见杜威：《教育中的道德原理》，见杜威著，赵祥麟译：《学校与社会·明日之学校》，人民教育出版社 2005 年版。
③ 科尔伯格著，魏贤超等译：《道德教育的哲学》，浙江教育出版社 2000 年版，第 276 页。

现象,假如班级和学校的制度结构和活动方式是划一的整体主义与竞争的个人主义的,那么,培养学生的良好品行同样会成为一句空话。因此,必须全方位塑造学校的道德文化,使得学校不仅成为一个新型的学习共同体,而且成为具有新的道德气质的道德共同体。也就是说,把学校建设成具有道德性的教育共同体,学校整体上必须是道德性的机构。这是教育具有人文精神的根本,在此基础上,学校才是一所好学校,学校才能造就品行良好的好学生。

专栏7.9

怎样塑造学校的道德文化

- 学校道德文化的塑造,需要具有一种追求更好的精神抱负,需要一种不断导向变革的、有生命力的价值理念,需要一个所有人员共同制定和意愿的理想和目标,需要坚持道德原则和标准,需要学校的所有人员有意识的参与,需要形成公正、友爱的学校的道德精神氛围。
- 学校贯穿人文关怀。学校教育必须把人文价值作为自己的最高追求,在学校的各个层面渗透人文价值,以人文价值来引导和培养学生的道德精神,培育教师的教育观和教学观。
- 学校营造和谐的、积极鼓励的、健康的、丰富的教育环境。把学生看作是平等的,对他们平等地尊重和平等地关怀,建立师生共同交往协作的环境氛围,在这个条件下,学校或班级共同体内才能形成增强凝聚力的友爱关系。友爱关系是生命和谐的重要内容。
- 学校贯彻"全校"整体改善的理念,尊重教师和学生的人性尊严和发展机会,尊重他们的思想和见解。
- 学校必须把保护儿童和教师的精神与身体的健康、把学校和班级建设成为一个友爱的、公正的和积极交往的共同体放在第一位。
- 学校要建设成为一种开放的道德学习的环境,全面地结合学生的生活,创造道德学习的机会,学校整体的每个方面都必须是"有教育意义的",因为它们必须成为如何实现人道、亲切、优美和共同利益等学校和社会中价值观的主要基地之一。
- 建立互相支持和合作的氛围,创造所有成员共同参与学校变革的方式和平台,培育为学校的共同价值努力的团队精神。
- 学校采取一种平面的民主管理结构。通过开放和实际的参与机会来形成教师的公共道德、社会态度和社会责任感,形成对于学校共同体的积极情感。

● 学校要形成道德型的学习组织,积极地促进教师的专业发展和道德发展,培养反思型的教师。教师保持反思的、追求进步和变革的心态,要考虑不同的目标的价值,要检视自己的教育活动中的道德的、伦理的标准,身体力行自己所主张的道德标准,做学生的道德楷模。

(资料来源　金生鈜:《塑造学校的道德文化——学校作为一个道德共同体的建构》,《今日教育》2010 年第 4 期。)

五、德育方法

(一) 榜样法

榜样是我国道德教育中最为常见的方法之一。**所谓榜样教育,就是教育者通过引导被教育者模仿、学习某个(某些)品德高尚者的品德的道德教育方法。**

榜样教育的理论基础在于人的模仿天性。美国心理学家班杜拉的社会学习理论认为人的社会行为是通过"观察学习"获得的。在观察学习中,具有决定性影响的是环境,如社会文化关系、榜样等客观条件,只要控制这些条件,就可促使儿童的社会行为向社会预期的方向发展。他在实践中证明,在观察学习中,人们不用什么奖励或强化,甚至也不需参加社会实践,只要通过对榜样的观察,就可学到新的行为。由于好的榜样是某种优良品德的具体体现,其生动鲜明的形象,使人们对行为准则、道德规范易于理解,易于效仿,从中受到感染和激励,因而具有强烈的教育作用。

对于榜样在道德教育中的良好作用,古今中外很多教育家都看到了这一点。我国古代教育家历来重视榜样教育。在先秦儒家的道德教育理论中,道德榜样占据着异乎寻常的关键地位。对道德榜样在道德教育中的巨大作用的深信不疑,在先秦儒家的著作中常常可以看到。譬如,孔子说:"君子之德风,小人之德草。草上之风,必偃。"[1]孟子说:"故闻伯夷之风者,顽夫廉,懦夫有立志。……故闻柳下惠之风者,鄙夫宽,薄夫敦。……"[2]荀子则说:"学莫便乎近其人。学之经,莫速乎好其人。"[3]这都极大地肯定了道德榜样的教育作用。外国教育家同样重视榜样教育,夸美纽斯强调"要用良好的榜样教育学生",洛克也认为,"对于孩子们尽管给以各种训导,天天告诉他们一些关于礼仪的精湛的指示,但是最能影响他们的举止的还是那些与他们相处的人和左右诸人的言行"。这也都指出了榜样在道德教育中的作用。

在运用榜样教育的方法时,榜样的选定是一个关键的因素。通常,**榜样教育中的榜样可以分为两类:一类是社会和学校、教师树立的榜样。**在我国,仿效道德榜样不是唯一的道德教化方法,但它作为道德教育的方法,其使用程度远胜于任何国家。在新中国成立以后的道德教育中,从历

---

[1]《论语·颜渊》。
[2]《孟子·万章下》。
[3]《荀子·劝学篇》。

史到现实,从学校到社会,从社会的各个阶层,从各个系统,建立起完备周密的道德榜样网络,把之视为造就美好社会或者是改造人的思想,从而达成社会教化的一个有效的方法。另一类是学生自己选定的榜样。学生自己选定的榜样由于比较贴近学生自身的生活,容易引起学生自身情感态度上的共鸣,从而自然地产生道德影响。所以,教师应该注意帮助和引导学生选择学生身边具有良好品德的人,如同伴、家长、教师等,作为道德学习的榜样。

在榜样教育中,教师起着至关重要的作用。在榜样教育中,教师不仅要帮助学生鉴别、选择那些道德上足供效法的榜样(现实中和历史上的),以及帮助学生辨别那些不宜效法的人——道德榜样的对立面,而且要通过身教,以自身的道德行为、道德人格为学生树立起一个可供仿效的榜样。教师的一言一行,他们在课堂上的所有言谈举止,甚至他们组织课堂的方式,都反映着指导他们行为的价值观和标准。只需通过观察教师的言行举止,儿童就能知道教师认为什么是重要的、有价值的、值得表扬的,什么与此相反。例如,教师不需要明确说出要尊重别人,他的学生仍能知道教师是否尊重他。而对于年幼的容易受到权威影响的儿童来说,教师的言行举止所表达出来的价值观更是对儿童具有很深的影响。实际上,在学校的道德教育中,对儿童的道德价值观的影响最为重要的,往往正是担任着教育者角色的教师在学校生活与课堂教学中有意无意地表露出来的道德倾向。因此,科尔伯格坚持认为:"我们相信,在隐蔽课程中,要紧的是教师和校长的道德品质和思想意识,因为这两样东西会转化成一种动态的社会环境,而这种社会环境则影响儿童的环境。"[①]

专栏 7.10

雷锋当初学的谁

在一次单位组织召开的"向雷锋同志学习"座谈会上,一位年轻同志提出这样一个问题:"雷锋当初学的谁?"引发了大家的思考。带着这个问题,我翻阅学习了《雷锋日记诗文选》、《雷锋的故事》等书籍,最后找到了答案:雷锋是以他身边的领导作为学习榜样的。

雷锋初到湖南望城县委当公务员时,有一次,他跟县委书记张光玉一起去开会,走着走着,看见路上有颗螺丝钉,他踢了一脚就走开了。张书记却走过去捡起来,装进了口袋。雷锋觉得奇怪:一个县委书记,捡个螺丝钉干什么?过了几天,雷锋要到一个工厂去送信,张书记拿出螺丝钉交他带去,说:"小雷,咱们国家底子薄,要搞建设,就得艰苦奋斗,一颗螺丝钉,

① 科尔伯格著,魏贤超等译:《道德教育的哲学》,浙江教育出版社 2000 年版,第 274 页。

别看东西小,缺了它也不行。滴水积成河,粒米堆成箩呀!"这颗小小的螺丝钉,在雷锋心中留下了难忘的记忆……

　　雷锋入伍后的第一天晚上生病发烧,营长来查铺,知道他感冒了,连夜从卫生队叫来医生为他诊治,还脱下自己的棉大衣,并送来一床新被子,盖在雷锋身上,雷锋感动得泪水流湿了枕头。后来就有了雷锋帮助战友乔安山的事。雷锋主动向灾区捐款,团政委韩万金得知后,热情宣传他为国为民分忧,而韩政委自己把工资捐给灾区,却不向外露一个字……

　　有这些品德高尚的领导言传身教,雷锋思想不断得到升华,最终成为共产主义战士、全国人民学习的榜样。

　　(资料来源　陈思炳:《向雷锋学习,雷锋当初学的谁?》,《人民日报》2008 年 1 月 10 日)

(二) 角色扮演法

　　角色扮演是指在道德教育中,运用戏剧表演的方法,将个人暂时置身于他人的社会地位,并按照这一位置所要求的方式和态度行事,以增进人们对他社会角色和自身角色的理解,从而学会更有效地履行自己社会角色的一种活动。

　　角色扮演理论是以米德的角色理论和班杜拉的社会学习理论为基础发展起来的。米德通过对自我的研究发现,自我是通过学习、扮演其他人的角色发展起来的,是他人对自己看法的总和,是各种角色的总和,代表对占有一定社会地位的人所期望的行为。角色扮演是在与他人交往和实际社会生活中,一个人所表现出来的一系列特定行为。在不同场合,人们所扮演的角色是不同的,这就要求人们根据社会环境的变化,适当地调整自己所扮演的角色。每个人所扮演的角色是在人际互动中实现的。这就是米德最初的角色扮演理论。美国心理学家班杜拉的社会学习理论也是角色扮演用于塑造人的行为的理论基础。社会学习理论认为人的社会行为是通过"观察学习"获得的。在

观察学习中,具有决定性影响的是环境,如社会文化关系、榜样等客观条件,只要控制这些条件,就可促使儿童的社会行为向社会预期的方向发展。他在实践中证明,在观察学习中,人们不用什么奖励或强化,甚至也不需参加社会实践,只要通过对榜样的观察,就可学到新的行为。这是一种"无偿式学习",是通过形成一定的行为表象来指导自己的操作和行动的。

　　角色扮演是儿童进行道德学习的一种有效方法。在角色扮演中,儿童通过想象,创造性地模仿现实生活的活动,再现社会中的人际交往,从而为孩子提供了模仿、再现人与人关系的机会,为他们形成良好的社会交往能力打下基础。

　　在角色扮演中,孩子们的行为要与所扮演的角色行为相吻合,要把自己放在角色的位置上,学会"换位思考",从角色的角度看待问题;在角色扮演中,儿童必须学会共同拟

定和改变游戏活动的主题;为了使角色游戏成功地继续下去,他们之间就先要协商由谁担任什么角色,使用什么象征性物品;游戏中常常要改变计划,这就需要共同合作,学会从他人角度看问题,更好地解决人与人之间的交往。同时,在游戏中还可学习如何坚持自己正当的权利、要求,怎样控制自己的言行,以符合游戏规则。因此,角色扮演对于儿童习得道德规则意识,学会与人共同合作,培养"换位思考"的道德敏感性都是很有帮助的。

(三)道德两难案例讨论法

美国学者科尔伯格的道德认知发展模式在 20 世纪七八十年代广泛影响美国而成为道德教育界及学校的道德讨论的中心点,并且深刻地影响了西方道德教育理论研究领域。

1. 道德认知发展三水平六阶段模式

道德发展的阶段概念是科尔伯格道德发展的心理学思想的核心概念。通过大量的研究,科尔伯格提出了道德发展的三水平六阶段理论。三水平是指前习俗水平、习俗水平、后习俗水平。六阶段是指每个水平中又可划分为两个不同的阶段。

科尔伯格

专栏 7.11

科尔伯格的道德发展三水平六阶的模式

水平	阶段	道德推理的特点	关于"海因茨两难"的道德推理	
			不该偷的理由	该偷的理由
前习俗水平	1	以惩罚与服从为定向	偷东西会被警察抓起来,受到惩罚	他事先请求过,又不是偷大东西,他不会受重罚
	2	以行为的功用和相互满足需要为准则	如果妻子一直对他不好,海因茨就没有必要自寻烦恼,冒险偷药	如果妻子一向对他好,海因茨就应关心妻子,为救她的命去偷药
习俗水平	3	以人际和谐为准也称为"好孩子"取向	做贼会使自己的家庭名声扫地,给自己的家人(包括妻子)带来麻烦和耻辱	不管妻子过去对他好不好,他都得对妻子负责。为救妻子去偷药,只不过做了丈夫该做的事

续　表

水平	阶段	道德推理的特点	关于"海因茨两难"的道德推理	
			不该偷的理由	该偷的理由
习俗水平	4	以法律和秩序为准则	采取非常措施救妻子的命合情合理,但偷别人的东西犯法	偷东西是不对,可不这样做的话,海因茨就没有尽到丈夫的义务
后习俗水平	5	以法定的社会契约为准则	丈夫没有偷药救妻子的义务,这不是正常的夫妻关系契约的组成部分。海因茨已经为救妻子命尽了全力,无论如何都不该采取偷的办法解决问题,但他还是去偷药了,这是一种超出职责之外的好行为	法律禁止人偷药,却没有考虑到为救人性命而偷东西这种情况。海因茨不得不偷药救命,如果有什么不对的话,需要改正的是现行的法律,稀有药品应该按照公平原则加以调控
	6	以普通的伦理原则为准则	海因茨设法救妻子的性命无可非议,但他没有考虑所有人的生命的价值,别人也可能急需这种药。他这么做,对别人是不公正的	为救人性命去偷是值得的。对于任何一个有道德理性的人来说,人的生命最可贵,生命的价值提供了唯一可能的无条件的道德义务的源泉

（资料来源　黄向阳：《德育原理》，华东师范大学出版社 2000 年版，第 225 页。）

　　科尔伯格的道德发展模式给我们勾画出：道德发展是连续的按照不变的顺序由低到高逐步展开的过程，更高层次和阶段的道德推理兼容更低层次和阶段的道德推理方式，反之，则不能；各阶段的时间长短不等，个体的道德发展水平也有较大差异，有些人可能只停留在前习俗水平或习俗水平，而永远达不到后习俗水平的阶段。

　　2. 道德两难案例讨论法

　　科尔伯格认为学校道德教育的目的是促进学生道德判断能力的发展。他根据儿童道德认知发展的阶段性提出了"道德两难案例讨论法"，简称"道德两难法"，即通过给学生提供一些包含着相互冲突的道德原则的故事或设置一些这样的处境，让学生必须说出在这种情况下各种可能的行为选择，并做出评价。这些两难处境所包含的各种可能的行为选择必须要么都是可取的，要么都不可取，而不能是两者兼而有之。如果两者兼有，那就不成其为两难处境了。那样的话，个人只需要照他最希望的行为方式去行事就可以了。

在道德两难故事的讨论中,启发儿童积极思考道德问题,从道德的冲突中寻找正确的答案,来发展儿童的道德判断力。下面是一个典型的利用道德两难问题的讨论来促进学生道德认知发展的例子:

专栏7.12

汉斯与药剂师

在欧洲有一位妇女得了一种特殊的癌症,快要死了,医生认为只有一种药能救她的命,这种药是本镇上的一名药剂师最近发明的,用镭制成的。药的成本很高,而药剂师把药卖得比成本价还要高十多倍。他买镭花了200美元,而一颗小剂药却要卖2000美元。

患病妇女的丈夫汉斯向所有他认识的人借钱,可只弄到了1000美元,只够药价的一半。他告诉药剂师他妻子快要死了,请求他把药便宜一点卖给他或是允许他以后再还钱,可是药剂师却说:"不行,这药是我研制的,我要用它来赚大钱。"汉斯因此非常失望,他想闯进药店去把药偷出来来给自己的妻子治病。

问题:汉斯该不该去偷药?

步骤:

1. 提问学生汉斯应该怎么做并说出理由。("汉斯该怎么办呢?")

2. 把学生分成几个小组,或者按学生的不同意见分组,或者随机分组。让他们讨论他们的理由,为他们的行为选择找出正当理由。("为什么汉斯应该照你说的做?")

3. 允许各小组对自己的立场作总结和澄清。

4. 进一步提问下列问题:

(1)一个人的亲属的幸福比其他人的幸福更重要吗?

(2)汉斯应该为一个陌生人偷药吗?应该为他的宠物偷药吗?

(3)汉斯去偷药违反法律吗?从道德上讲,这种行为是错误的吗?为什么是或为什么不是?

应该鼓励学生发表有理有据的价值立场,但没必要要求他们一定要达成一致意见。

(资料来源 杜威著,林宝山译:《民主主义与教育》,(台湾)五南图书出版公司1989年版,第358页。)

实施道德两难案例的讨论法的具体步骤和要求是:

(1)根据道德判断测量表测出学生道德发展已达到的实际阶段,并根据测试结果将学生分组;

(2)然后再选择适当的道德两难故事和问题引导学生进行讨论。教师在给学生讲述道德两难故事时,应能让学生完全听懂并能复述出故事里的情节,使学生能真正明确故事中的道德两难问题和矛盾冲突是什么。在组织学生讨论时应给学生一定的思考和准备时间,还需就故事里的道德难题提出一些相关问题以启发学生思考。

(3) 讨论时可采取先分小组进行,然后再集中的办法,让每个人都有充分发表个人见解的机会。

(4) 教师要注意让学生就不同的方案进行比较、辩论,要能引起学生道德认知上的冲突,以引发更深的思考和逻辑推理,要让道德发展阶段相邻的同学有相互交流的机会,使较低水平的同学能学到较高阶段的道德推理。

(5) 讨论不要追求意见一致的结局,而应通过讨论达到提高学生道德推理能力和认知水平的目的。

(6) 讨论结束前要及时引导学生进行总结和继续对该问题作进一步的思考。

科尔伯格认为这种方法与传统教育有原则区别:与传统的道德教育相反,道德两难问题讨论强调:(1)了解儿童当前的道德发展的阶段水平;(2)唤起儿童真正的道德冲突和在问题情形上的意见不一(相反,传统的道德教育强调成人的"正确答案",强调对认为美的总会得到奖励这一信念的强化);(3)向儿童揭示高于他所属阶段的那个阶段的道德思维方式(相反,传统道德教育或是求助于远远超出特定儿童发展水平的成人抽象说理,或者诉诸惩罚和谨慎措施,总易在这两者之间来回变化);(4)最终促进儿童向高一级的道德推理水平发展。[1]

3. 对道德两难案例讨论法的简要评价

大量的实验研究证明,道德两难案例讨论法是一种颇为有效的道德教育方法,它可以促进学生道德判断力的发展,培养学生道德敏感性,使他们能够更加自觉地意识到在现实生活中可能存在着的道德冲突,并在对这些道德冲突的反思当中提高在道德问题上的决断能力,做出正确的道德选择。

对道德两难案例讨论法也存在着许多批评。这些批评要么对科尔伯格理论的适用性提出质疑,要么对高一阶段推理能力是否真的比低阶段的推理更好提出质疑。哈佛心理学家卡罗尔·吉利根就认为,按照科尔伯格的等级分类,女性所能达到的阶段要比男性低,但这并不是因为女性的道德推理水平欠佳,而是因为女性经常从一种不同的伦理——一种以人与人之间的关爱为基础的伦理——出发,来判断某种行为是否道德。[2] 此外,也有许多批评者指出,科尔伯格的道德两难法忽视了情感因素在人的道德形成中的作用。

(四) 价值澄清法

价值澄清法是帮助学生个体澄清他们的价值到底是什么的一种道德教育方法。它认为,在现实生活当中,大多数人平时并不能清楚地意识到指导着自身的生活实践的价值观到底是什么。

价值澄清理论产生于 20 世纪 60 年代中期,是美国价值观多元背景下,最早兴起的、得到广泛应用、影响巨大的一种道德教育模式。这一道德教育模式主要代表人物是路易斯·拉思斯、梅里

---

① 柯尔伯格著,魏贤超等译:《道德教育的哲学》,浙江教育出版社 2000 年版,第 22—23 页。
② 同上书,第 162—163 页。

尔·哈明(Merrill Harmin)、悉尼·西蒙(Sidney B. Simon)和霍华德·柯申鲍姆(Howard Kirschenbaum),最重要的理论著作则是拉思斯、哈明和西蒙三人在1966年出版的《价值与教学》(*Values and Teaching*)一书。

1. 对价值的界定

价值澄清法对价值有着独特的理解。拉思斯认为:"除非某一事物都符合下面所提到的七个标准,否则我们便不能称之为价值,而是称之为'信仰'、'态度'或除价值之外的某一事物。换言之,要成为价值的事物,必须同时适用以下七个标准,他们共同说明了评价过程。"[1]

选择

(1)鼓励孩子们自由地做出自己的选择;

(2)当面临几种不同的选择时,帮助他们发现各种可能的选择;

(3)帮助孩子们仔细斟酌其他的选择、考虑每一种选择的后果;

评价

(4)鼓励学生们去思考他们所看重和珍视的是什么;

(5)给他们向别人声明自己的选择的机会;

行动

(6)鼓励学生去按照自己的选择行事;

(7)帮助他们意识到生活中出现的重复行为和模式。

拉思斯指出:"上述过程共同构成了价值的定义。评价过程的结果被称为价值。"从价值澄清学派对获得价值的过程的强调,可以看出杜威对经验的界定的影响。杜威强调,个人的经验的获得同样也是个人与他所处的生活环境相互作用的结果,个人经验的获得同样也是一个过程。

2. 反对灌输

由于认为不存在普遍有效的道德真理,价值澄清法明确表示反对对儿童进行价值观的灌输。拉思斯认为,"澄清反应避免道德说教、批评、向儿童灌输价值观或进行评价。在这种反应中,成人应摒弃一切关于'好的'、'对的'或'可接受的'等暗示"。[2] "当教师认真地参与价值澄清时,他不进行道德说教、训诫、灌输或谆谆教诲。教师必须信赖学生的明智的和考虑周到的想法,尽管他当然可以自由地使学生面临那些尚未被认识到的各种可能选择和未曾想到的后果"。[3] 认为"道德说教就是努力使他人未经思考而接受某种普遍的价值立场的行为"。[4]

为了提醒教师在进行价值澄清中出现灌输的行为,拉思斯提出了六种有助于努力克服道德说教的观点:[5]

(1)至于价值问题,避免使用你在头脑中已形成答案的问题,诸如在吉姆用拳头猛击菲利斯之后问"你愿意我用拳头猛击你吗",使用启发问题,如"本来还可以怎么做"。

(2)避免"为什么"这类的问题、"是或不"之类问题、"非此即彼"之类的问题或容易使学生有

---

① 路易斯·拉思斯著,谭松贤译:《价值与教学》,浙江教育出版社2003年版,第25页。

② 同上书,第54页。

③ 同上书,第94页。

④ 同上书,第275页。

⑤ 同上书,第263页。

所戒备,迫使他们为其立场自圆其说或限制他们的选择的问题。

(3)从诸如价值单和思想单之类的书面价值课着手,从而你能在学生理解它们之前重读你的反应,在做出反应之前从容不迫地认真思考。

(4)请一位朋友听你读课堂反应或朗读你关于价值问题的书面评论,并注意道德说教的倾向。

(5)问学生他们是否觉得你好像有失公允地事先规定问题的结果,问他们是否觉得你在表明态度的情况中是否同意可供选择的价值观。

(6)极为重要的是,考虑开始使用你并没有以某种方式表示强烈反感的价值策略,诸如儿童应该如何消遣余暇或他们应当选择何种职业。教师没有表明立场时,他们就更加不会无意识地努力动摇学生的信念。

3. 价值澄清法的运用

价值澄清既然反对传统的价值灌输的方法,那么,进行价值澄清应该如何进行呢?价值澄清的方法很多。拉思斯在《价值与教学》一书中列举了"书写策略"、"讨论策略"、"提高对结果的认识的策略"以及其他19种策略。其中以价值澄清法最为常见。

价值澄清是最灵活的价值澄清策略。**它是教师针对学生所说的话或所做的事而作出的反应,旨在鼓励学生进行特别的思考。**[①] 澄清反应的主题是八种与价值有关的重要类型:目标或目的、抱负、态度、兴趣、情感、信仰或信念、活动以及烦恼、问题或障碍,这八种与价值有关的类型称为价值指示。所谓价值指示,是指向价值但尚未"到达"价值的表达方式。它们是适于价值澄清的理想题材。[②] 有效的澄清反应的标准是能促使个体检查并思考自己的生活和思想,它应具备以下因素:[③]

(1)澄清反应避免道德说教、批评、向儿童灌输价值观或进行评价。

(2)它能使学生有责任检查自己的行为或思想,并独立思考和决定他们的真正需要。

(3)澄清反应同样考虑到学生将不作检查、决定或思考的可能性。

(4)它并不试图以其无关紧要的评论去做重大的事情。

(5)澄清反应并不适用于访谈意图。

(6)通常不会出现扩大了的讨论。

(7)澄清反应经常是针对个人进行的。

(8)教师不对每一个学生在课堂上的一切言行做出反应。

(9)澄清反应在不存在"正确"答案的情景中发挥作用,诸如涉及情感、态度、信仰或目的之类的情景。

(10)澄清反应并不是严格遵循某种格式的呆板事物。

澄清反应采取的策略要求确立不同的取向,即不是增加儿童的观点,而是激励儿童澄清他已持有的观点。其做法通常是每次指向一个学生,经常是以短暂的、非正式的会话的形式出现在课堂上、走廊里、操场上,或教师能接触到学生的言行,并能引起学生的反应的其他任何地方。这种

---

① 路易斯·拉思斯著,谭松贤译:《价值与教学》,浙江教育出版社2003年版,第52页。
② 同上书,第68页。
③ 同上书,第54—56页。

交谈方式叫做"单腿会议",这是澄清反应最常见的方式,如下面对话所示:①

　　老师:布鲁斯,你不想出去到操场上玩吗?
　　学生:不知道,也许吧。
　　老师:你有别的更想干的事吗?
　　学生:不知道,没啥想做的。
　　老师:你似乎对什么都不在乎,布鲁斯,是吗?
　　学生:我想是的。
　　老师:我们做任何事情在你看来都无所谓,是吗?
　　学生:我想是的,哦,我想并不是所有的事情。
　　老师:好了,布鲁斯,我们现在最好出去和其他人一块玩。你啥时候想起了别的想做的事情的话,不妨告诉我。

　　澄清反应所进行的交谈通常很简短,因为拉思斯认为,长时间的系列探讨或许会使学生感到自己在被盘问,从而产生戒备心理;此外,长时间的探讨会给学生留下太多的思考余地。澄清反应同样可以应用于全班讨论,以及作为评论写在学生的书面作业的空白处。不管怎样,澄清反应的目的都是通过师生之间的对话,使学生在头脑中提出问题,促使他们检查自己的生活、行动和思想,并期望其中的一些学生愿意将这种外在的刺激看作是澄清他们的认识、目的、情感、抱负、态度、信仰等等的机会。

　　除了澄清反应之外,其他常见的澄清策略还包括书写策略、讨论策略、提高对结果的认识的策略等。就其本质来说,澄清反应是一种集中指向个体的策略,而书写策略与讨论策略则是着眼于团体讨论的策略。书写策略是指把某一发人深思的陈述和一系列问题列成价值单,然后把它复制在一张纸上并分发给学生。陈述的目的在于提出教师认为或许与学生有着价值意义的问题。这些旨在促使每个学生带着这一问题从头到尾经历价值澄清的过程。每个学生都应亲自完成价值单,并将答案写在纸上。稍后,学生之间或师生之间可就上述答案进行交流,或者可将答案当作大规模讨论或小规模讨论的基础。通常在采用书写策略时,学科问题和价值问题应穿插在一起。教师负有教授这两种问题的责任,而且这两种学习相辅相成。拉思斯指出,"儿童无以发展出明确的和切合实际的价值观,除非他们拥有对各种可能选择以及每种选择的后果的理解力。但是儿童几乎不能实实在在地利用他们的理解力,直至其对现实生活有切肤的认识为止,而这就是评价过程的作用,教师同样必须加以支持。两种对于受过教育的人来说都是不可或缺的。"②这是因为,理解力的学习和评价过程通常是相得益彰的。缺乏理解力的评价是肤浅的。两者相辅而行。

　　讨论策略是针对大规模的团体讨论而采取的澄清策略,它主要包括四个步骤:选择主题,鼓励学生谨言慎行,组织交流,以及帮助学生汲取知识。这四个讨论步骤,适合于任何一种课堂讨论。同样,在采取讨论策略时,教师应特别注意避免微妙的灌输。

---

① 大卫·A·威尔顿著,吴玉军等译:《美国中小学社会课教学策略》,华夏出版社 2004 年版,第 158 页。
② 路易斯·拉思斯著,谭松贤译:《价值与教学》,浙江教育出版社 2003 年版,第 101 页。

总之,不管采取什么澄清策略,价值教育方法都应该避免采用说教的方法灌输某种具体的价值观念,而是意在培养学生独立思考价值问题——在评价和思维的过程中训练他们,从而最终形成自己的价值。"倘若我们每天生活在思维与选择在其间成为日常练习的教室里,我们就会不断成长,而成长即成熟。"①

4. 对价值澄清法的简要评价

价值澄清法有着许多优点。首先,价值澄清学派关注儿童的生活世界,关注儿童生活世界中的价值观困惑问题。价值澄清不是像传统的道德教育一样,向儿童灌输外在于他们的生活世界的抽象的道德规则,而是关注与儿童的生活密切相关的态度、情感、活动、信仰、目标、抱负、兴趣或烦恼等问题,具有浓厚的生活气息。价值澄清真挚地试图帮助儿童检查他们的生活,鼓励他们在积极的、可接受的氛围中思考人生,探寻人生的意义。其次,与传统的道德价值观教育相比,价值澄清学派富于民主、平等、自由与宽容的精神。他们尊重学生,强调倾听、对话,注重为学生创造一个自由选择的环境与氛围,相信学生具有自由探寻自己的生活道路与人生意义的权利、能力与勇气,体现了对人类尊严的尊重和美好人性的信任;这是培养民主社会的民主公民所必要的。第三,价值澄清方法有可能帮助学生形成一个较为完整的自我概念,从而指导自己的生活。价值澄清学派强调对儿童生活世界中有关的态度、情感、活动、信仰、目标、抱负、兴趣或烦恼等与价值问题进行澄清,有助于儿童认识自己,从而最终有可能帮助他们建立一个完整的自我概念,并据以指导他的道德生活。

价值澄清法也存在一些缺点:(1)它可能会侵犯学生的隐私权;(2)可能会使教师扮演一种训练有素的心理问题咨询员(或心理医生)的角色;(3)不能区分开道德问题和非道德问题;(4)认为所有的价值信仰都是等效的,有助长伦理相对主义的危险。②

本章小结

人在本质上属于道德存在。教育作为一种以培养人为目的的人类实践活动,与培养人的品德具有具有密切的关系。一种以培养人为目的的实践活动,如果仅仅是关注于增进人的知识技能,至多只能说是在训练人,而不能说是教育人。因此,教育从本质上首先是一种道德实践,它离不开对人的品德的养成,即对人进行的道德教育。从这个意义上说,德育就是教育的最终目的。作为一名教师,必须时时牢记,不管是从教育目的,还是从教育内容、教育过程或方法,以及从教育的最终结果而言,都必须是合乎道德的。每一名教师无一例外地都必须在教育中承担起培养学生良好品德的责任。

为了能够成为一个称职的教师,教师必须学习和掌握系统的德育知识,具备较强的进行德育的能力。例如,了解和掌握与道德教育相关的一定的伦理学知识,努力学习和掌握切合中国德育实际的相关德育理论与德育实践知识,其中主要包括了解和掌握德育目的及其确定依据、德育内容的分类及其确定根据,以及进行德育的常见途径与方法等有关德育知识与德育技能。

---

① 路易斯·拉思斯著,谭松贤译:《价值与教学》,浙江教育出版社 2003 年版,第 221 页。
② 大卫·A·威尔顿著,吴玉军等译:《美国中小学社会课教学策略》,华夏出版社 2004 年版,第 158—159 页。

思考与实践

1. 为什么说人在本质上是道德存在？

2. 分析教育与灌输、训练、洗脑、教唆之间的区别。

3. 如何理解德育是教育的最终目的？如何在学校教育中贯彻落实这一目的？

4. 从中小学任何一个年级的语文课本中选择任何一个单元，看看该单元的内容在多大程度上有关于道德问题的。假如你是教师，请你设计一个教案，思考一下如何将道德教育融入你所教的这部分内容之中。

5. 假如你是班主任，有一天，有一位在你的班上担任学科教学的老师跑来找你，对你说班上有位学生经常违反课堂纪律，要求你必须处理这位学生。面对这种情况，你会如何应对？

6. 假如你是班主任，你觉得有必要在班里制定一些要求学生遵守的规则吗？你打算怎么做？

7. 现代社会是大众娱乐社会，许多青少年都有着自己崇拜的偶像，假如你是教师，你如何看待这种偶像崇拜的现象？你能够运用你在本章学到的知识，想办法把青少年崇拜的偶像转化为激励他们努力做人做事的榜样吗？

8. 运用本章所学知识，设计一项开放性的角色扮演活动。

9. 运用本章所学知识，根据你或者你所熟悉的人在道德实践中曾经遇到过的道德难题，撰写一个道德两难案例，并请你的同学就此道德两难案例进行讨论，然后分析他们在讨论中表现出来的道德思维方式。

延伸阅读

1. 何怀宏著：《伦理学是什么？》，北京大学出版社 2002 年版。

2. 费尔南多·萨瓦特尔著，于施洋译：《伦理学的邀请》，北京大学出版社 2008 年版。

3. 亚里士多德著，廖申白译注：《尼各马可伦理学》，商务印书馆 2009 年版。

4. 杜威著，王承绪译：《民主主义与教育》，人民教育出版社 1990 年版。

5. 杜威：《教育中的道德原理》，见杜威著，赵祥麟等译：《学校与社会·明日之学校》，人民教育出版社 2005 年版。

6. 黄向阳：《德育原理》，华东师范大学出版社 2000 年版。

7. 爱弥尔·涂尔干著，陈光金等译：《道德教育》，上海人民出版社 2006 年版。

8. 路易斯·拉思斯著，谭松贤译：《价值与教学》，浙江教育出版社 2003 年版。

9. 柯尔伯格著，魏贤超等译：《道德教育的哲学》，浙江教育出版社 2000 年版。

10. 肯尼思·A·斯特赖克、乔纳斯·F·索尔蒂斯著，洪成文等译：《教学伦理》，教育科学出版社 2007 年版。

第八章

班级建设

开篇案例

"把优秀的学生教好不算什么,把'丑孩子'带好才是真本事,'丑孩子'身上存在的问题解决得越彻底,教师的教育工作就越有意义。"

"王西文这个人了不起。不管多么调皮捣蛋的学生,只要交到他手里,准能让家长放心,学校满意。"西安市 83 中校长赵中君自豪地说。

从教 25 年,王西文当了 25 年班主任。别人当班主任总想多选一些优秀生源,可他不,全年级挑剩下的学生统统归他,他来者不拒,并奇迹般地将这些"双困生组合"带成了全校学风最好、班风最正的"优秀班集体"。

83 中 2001 级高中学生入校时,全校没有一名学习尖子生,王西文所带的班级生源就更差,有的学生入学成绩比普通高中录取线差了将近 100 分。三年过后,这个班几乎所有学生都考入了重点大学,其中王芳居全省理工类第五,何星莹列全省外语类第二!不少学生家长惊呼:"王西文创造了教育奇迹!"

王西文何以能创造教育奇迹?他凭什么秘诀把基础一般的学生送入清华、北大等名牌大学?又是怎样把谁都不愿带的班级变成了优秀班集体?走进 83 中,解读王西文的"教育经",不由得不让人对这位浓眉大眼、体格魁梧、风趣幽默的关中汉子肃然起敬。

王西文教了 25 年书,当了 25 年的班主任,学生们亲切地称他为"班头"。"班头"有一句名言:"管班的秘诀就是不管!"

83 中 97 届进入高三时,学校为了排除干扰,从全年级挑出 40 多名"问题少年"组成了新编高三(6)班。这些孩子个个都不是省油的灯,其中 13 人经常在校外打群架,被师生戏称为"十三太保"。王西文接手这个班时,校长对他说:"西文,这个班只要平安毕业,你就算对学校作了贡献。"

"把优秀的学生教好不算什么,把这些'丑孩子'带好才是真本事",王西文说。他坚信每个学生都是潜在的成功者,作为教师,只要善于捕捉并及时放大他们身上的闪光点,就一定能帮助他们克服困难,改正错误,让"丑小鸭"变成展翅翱翔的"天鹅"。从接手这个班起,他就整天和学生泡在一起,谈话、走访、侃足球、聊明星,甚至扳手腕、比酒量……将每个学生的习性、特长、家庭状况摸了个透。一个月下来,身材魁梧的王西文体重下降了整整30 斤!

孩子们感动了。班里的几个"孩子头"对他说:"王老师,您真心为我们好,我们服您。谁不听您的,我们替您摆平。"王西文赶紧因势利导:"你们都是咱班的能人,给你们一个组,带好没问题吧?"这些学生纷纷表态:"我可以和其他组比赛!"

王西文趁热打铁,让他们轮流担任值周班长,并在纪律、卫生、学习各方面开展竞赛,迅速在班级各组之间掀起了比、学、赶、帮、超的热潮。王西文趁势而上,逐一指导学生确定人生目标,并引导他们不懈努力。很快,这个班成了年级唯一的先进班集体。学生家长感动地说:"王老师神了,将我们自己都不想管的孩子带上了成才之路。"

在 25 年的班主任工作中,王西文探索了一整套分阶段、分层次教育学生的办法。高一主要抓行为习惯养成教育和集体主义教育,在班级开展"推荐良好习惯"的活动和"习惯细节决定一切"等主题班会,帮助学生学会做人。高二进行意志品质、理想信念教育,通过人生观讨论,使学生树立远大理想,并敢于正视挫折,挑战困难,超越自我。高三进行心理健康和社会责任感、使命感教育,让学生了解国际国内形势,激发他们报效祖国的责任感和使命感;针对学生的各种心理问题,建立学生心理健康档案,并及时在学生中开展心理健康教育,使每个学生都拥有良好的心态和健全的人格。

"所谓不管,其实是引导学生自我教育、自我管理",王西文笑着说。

(资料来源 《王西文:练就"点石成金"的绝活》,《中国教育报》2005 年 8 月 24 日)

学习指导

1. 形成班级工作是学校一个重要而独立的教育领域的观念,深刻认识班级建设对学生的教育意义。

2. 了解班级的性质特点,掌握班级建设的重要原则,熟悉班级建设的内容,初步学会运用所学知识指导班级建设工作。

3. 正确认识班主任角色和班主任工作性质,掌握班主任的有关职责和任务,并学会在班级工作中提升班主任的生命质量。

学校中的教育生活,基本上是在班级中度过的。即使是教学,也主要是以班级为单位来开展的。班级建设的情况和质量,对学生在学校中的教育生活质量有着十分重要的影响和意义。因此,班级建设在学校教育中具有十分重要的地位。班级建设需要班主任、各学科任课教师以及全班学生的共同努力和积极参与,也在一定程度上需要得到社会和家长的支持和配合。

一、班级——学校的基本单位

班级是学生在学校生活中的最直接环境,是学生在学校教育中所处的联系紧密、目标明确、高度组织的集体,是学校教育活动的最基本单位。

(一)班级的基本内涵

班级不只是一群学生组成的简单结合体,而是有着丰富的内涵的。

顾名思义,"班级"由"班"和"级"两个层面的内涵组成。"班"是"班级"的最具体体现,是学生所处的直接集体,比如说某人在(3)班;但"班"又和"级"是不可分割的,我们在说某人在(3)班的时候,总会说他是在一年级(3)班或三年级(3)班。"级"是对"班级"的某种限定,"级"最终要体现到"班",如说某人在三年级,他肯定要归属于某个具体的班。因此,我们在说某人所在的班级时,总是将"班"和"级"联系起来,比如说某人在"一年级(3)班",简称"一(3)班"。

专栏8.1

班级与班级授课制的由来

　　中国古代的教育组织形式是个别授课制。现在的班级授课制是由捷克著名教育家夸美纽斯创立的,他在其著作《泛智学校》中对"班"和"级"的概念作了分述:"通过把学生按年龄和成绩分成班组,在学校中建立起关于人员的制度。这样划分的班组学校现在统称为'班'。班不外是把成绩相同的学生结合为一个整体,以便更容易地带领学习内容相同、对学习同样勤勉的学生奔向同一目标。"夸美纽斯在他所设计的学校中,按照学习内容的广度将学生分为7个年级。夸美纽斯被誉称为"近代教育之父",我们现行的班级授课制最早由来于此。

　　可见,班级是学校对学生加以组织,以便更好地进行管理和教学的有关安排,是学校中最需要加以关注的一种组织形式,它和学校的学科教学紧密相关,也是最能对学生在学校中的教育生活发挥作用,从而与学生发展关系最为密切的一种存在方式。**"班级"概念涵盖两个相关但不同的维度,一是按年龄和学习程度的相近性将学生分为不同的"班",二是按学生的水平和在一定年龄范围内所能达到的程度区分出不同的"级"**。同一个班的学生,在不重新进行分班的情况下,随着时间的推移,在学习所达到的程度和水平上不断上升,从而进入新的水平,也即在"升级",进入新的年级。这也就是"班级"概念中所内含的"级"的含义。"班级"是学校组织学科教学和开展各种形式教育活动的基本单位。在学校教育中,一般是在班级中以班为单位进行学科教学,进行教育活动的组织和开展。

　　在学校中,除了班级外,还有和班级密切关联或者以班为单位开展活动的基本组织单位,即"团队"。之所以在此谈到"团队",一方面是因为团队是学校为开展教育活动或将学生组织起来而在班级中设置的,团队活动以班级中的团或队为单位来组织,另一方面,在学校层面也有不同的团队。

专栏8.2

中国共产主义青年团和中国少年先锋队

　　中国共产主义青年团(简称共青团)是中国共产党领导的先进青年的群众组织,是广大青年在实践中学习中国特色社会主义和共产主义的学校,是中国共产党的助手和后备军。

1920 年 8 月,中国共产党首先在上海组织了社会主义青年团。1922 年 5 月,在中国共产党的直接领导下,中国社会主义青年团在广州召开第一次全国代表大会,成立了全国统一的组织。1925 年 1 月,在团的第三次全国代表大会上,决定将中国社会主义青年团改名为中国共产主义青年团。

中国共产主义青年团是学生在学校中,特别是进入中学阶段、年满 14 周岁以后的一个重要组织。在学校中,一般以班级为单位建立团组织。团组织是班级学生活动尤其是班级中共青团员开展活动的重要单位。《团章》规定,凡年龄在 14 周岁以上,28 周岁以下的中国青年,承认团的章程,愿意参加团的一个组织并在其中积极工作、执行团的决议和按期交纳团费的,可以申请加入中国共产主义青年团。

中国少年先锋队(简称"少先队")是中国少年儿童的群众组织,是少年儿童学习共产主义的学校,是建设社会主义和共产主义的预备队。1949 年 10 月 13 日是中国少年先锋队建队日。中国少年先锋队的创立者是中国共产党。中国共产党委托中国共产主义青年团直接领导中国少年先锋队。目的是:团结教育少年儿童爱祖国,爱人民,爱劳动,爱科学,孝敬父母,爱护公共财物,努力学习,锻炼身体,培养能力,为国家贡献自己的力量,努力成长为社会主义现代化建设的合格人才,做共产主义事业的接班人。少先队是学生在小学阶段学校生活中的一个重要单位。《中国少年先锋队章程》规定:"在学校、社区建立大队或中队,中队下设小队。""大队由两个以上的中队组成,成立大队委员会,由 7 人至 13 人组成。""中队由两个以上的小队组成,成立中队委员会,由 3 人至 7 人组成。""小队由 5 至 13 人组成,设正副小队长。"在学校中,一般而言,教学班即少先队中队,教学小组即少先队小队;也有按队员兴趣爱好建立的跨班级(中队)的小队。凡两个小队以上的班级都可以成立中队。按学校组建大队,一般学校就是一个大队,一些规模特大的学校,按年级组建大队,全校建少先队总队部。

(二) 班级的性质特点

对班级组织性质的认识,影响着学校教育中如何看待学生、如何开展班级工作、如何组织班级活动、如何建设班级组织,从而影响着班级组织的教育价值及其实现。

对于班级组织性质的认识,主要可以分为两大观点:一种是从社会学的视角,将班级作为社会组织,来分析班级的社会组织特性及其功能;一种是从教育学的视角,来分析班级的组织结构、特征及其对学生在学校的班级生活中成长与发展的教育价值。本章首先对社会学视角下的班级组织进行分析,从而形成教育学视角下有关班级性质及其教育价值的观点。

1. 社会学视角下的班级

在社会学视角下,对班级的分析主要有如下观点:

(1) 把班级作为一种社会系统、社会组织。这种系统包括两个或两个以上人群的交互作用,一个行动者与其他行动者处于"社会情境"之中,行动者之间存有规范及和谐的认知期待,因而通常具有某些相互依存的一致行为表现。人在社会体系中的行为,通常受到两种因素的制约:一是制度因素,即制度中的角色期待,又称群体规范因素;二是个体因素,即个人的人格特质与需求倾向,又称个人情意因素。在班级中,经过社会化的过程,将社会系统的价值灌输给所有社会成员。教师作为社会文化的代表,在班级教学中处于中心地位,学生只是被动地接受,教学的目的是培养学生成为安分守己并且有健全品格的人。[1] 班级作为一种社会组织,"具有自己的组织目标和包括职权结构、角色结构和信息沟通结构等在内的组织结构"[2]。在班级的组织管理中,体现为"控制主义的层计划管理"。班主任主要按照学校有关领导的要求,直接或间接地通过班级干部,借助一定的规章制度去约束学生,实现对学生的思想与行为的控制。教师所关心的仅仅是如何矫正学生表现出来的形形色色的错误行为与利己意识,学生所关心的是如何表面地、形式地维护规章制度,班长、班委会的职责是从事监视活动,要求伙伴"不许违纪"、"不准迟到"、"不准做小动作"之类,行使的是班级"小警察"的职能,在班级中形成稳定的层级化管理结构。[3]

(2) 把班级作为一种集体。这主要体现在苏联教育学对班级的认识上。早在 20 世纪 30 年代,马卡连柯就儿童集体开展了为时 16 年的专门的系统研究。他在建设班级集体的实践中,敏锐地发现局限于课堂教学活动的班级有可能形成一个趣味狭窄、脱离劳动和生产、脱离公共集体利益的学生小圈子,他认为只有通过更大的集体,才能克服这种矛盾。于是,他创造性地组织了"分队",把班级集体作为社会关系的一个体系,使班级集体不仅与儿童个人相统一。其后,著名教育家苏霍姆林斯基和孔尼科娃等人,悉心研究班级集体的精神生活、社会心理气氛、社会活动形式以及集体与个性等重要课题,取得了不少新的经验和成果。班级集体的社会本质特征概括为以下几点:一是高度的社会倾向性。马卡连柯强调集体不是一个封闭的体系,而是包含在社会关系的整个体系之中,班级集体作为社会的组成部分,必然要反映社会的政治、道德、美学等思想。班级集体的目标只有和社会目标相统一,其活动才能取得具有社会价值的成功。二是高度的组织性。组织程度的高低是鉴别群体和集体的又一重要参数。马卡连柯把集体确定为"那些组织起来的,拥有集体机构、以责任关系彼此联结在一起的个人有目的的综合体"。诺维科娃在其主编的《集体教育学》中,把班集体的组织模式在横向关联和纵向层次上趋向系统化。她认为,如果把班级集体看成一个系统,那么,它的组织功能就不仅在于各种小组集体(学习小组、课外活动小组、劳动小组和团队小组)的建设,更重要的是在于这些小组的相互联系和作用,以及由此产生的整体效应。三是高度的社会主体性。彼德罗夫提出了"以活动为中介"的理论。他认为,群体的

---

① 参见鲁洁主编:《教育社会学》,人民教育出版社 1990 年版,第 384—386 页。
② 谢维和著:《教育活动的社会学分析——一种教育社会学的研究》,教育科学出版社 2000 年版,第 179 页。
③ 叶澜主编:《"新基础教育"探索性研究报告集》,上海三联书店 1999 年版,第 144 页。

内部过程,相互作用和相互关系等均因活动的目的、价值和内容而异,群体的社会活动的目的、价值和内容制约着群体的发展水平。[①]

2. 教育学视角下的班级

从社会学的视角对班级进行分析,使我们对班级的发展目标、组织机构和制度规范等有了较为深入的认识。但如果只是把班级当作一种普通的社会组织,把班级发展目标、组织机构和制度规范等作为社会组织中师生的角色所预先规定的,忽视班级发展目标、组织机构和制度规范等是在师生的互动中动态生成的,及其对学生发展的教育价值,会影响着班级生活对学生发展的功能。

我们并不否认班级组织的社会特性,但班级作为学校教育中学生生存和发展的重要场所和基本单位,它首先是一种教育性组织,具有"自功能性"。**班级组织自身是一种无可替代的教育因素**。学生的首要属性是"学习者",其基本任务是学习,是为将来进入社会生活做准备的"奠基性学习"。班级正是由几十个担负着这种奠基性学习任务的学生所构成的特殊社会组织。这便决定了班级具有区别于其他社会组织的首要特征,即"自功能性"。其他社会组织如工厂、医院,其生存目标都是指向组织外部的,比如制造产品、医治病人,着眼点不在组织内部,而是在组织外部,具有"外指向性",因而,这些社会组织是"他功能性组织"。而班级作为一种社会组织,不仅是为了实现某些外向型的指标,如提高教学效率、便于学校管理等,更重要的是为了满足学生成长的奠基性学习的需要,是社会向青少年提供的一种在校期间群体生活的基本环境,其生存目标具有"内指向性",班级组织所产生的首先是与其成员自身发展密切相关的功能,因此班级首先是一种"自功能性组织"。

班级中的师生、生生之间的互动,不仅需要正式的规章制度维持,而且也要通过各种非正式的方式和手段来维持。因为在现实的班级活动中,教师与学生以及学生之间的交往并不是单一的、片面的,而是既有正规教学的交往,又有日常情感方面的交流;既有正式的角色关系,又有非正式的角色关系,类似朋友、兄弟姐妹式的关系等。由于班级的主要成员学生是未成年人,班级的另一特点便是它的"发展式半自治性"。所谓半自治性,是指作为未成年人的学生最初参与班级管理、班级活动时,由于其角色意识水平的自治性倾向和依赖性倾向并存、其组织调控技能(如组织技能、平衡技能、协调技能、评价技能)的不成熟等原因,不能完全靠自身的力量管理班级,必须在一定程度上借助于成人(主要是班主任)的力量进行班级的管理。但是,成人的帮助只是为了使学生学会自我管理,所以,这"半自治"中要突出的是"自治"的一面,这种"半自治"是发展式的"半自治",随着学生的成长,最终将走向完全自治。班级建设终究是学生学习个体和群体自我管理和自我发展的重要阵地。[②]

二、班级建设的教育价值

班级是学生学校生活的直接场所,由年龄、智力、知识和心理特点等相近的一些学生所组成。学生在学校中的学习、生活和活动,都以班级为基本单位来组织和开展。班级组织的状况直接影

① 鲁洁主编:《教育社会学》,人民教育出版社1990年版,第387—389页。
② 本部分有关观点,主要参见叶澜主编:《"新基础教育"探索性研究报告集》,上海三联书店1999年版,第144—145页;吴康宁著:《教育社会学》,人民教育出版社1998年版,第277—281页。

响着学生对学校生活的感受和参与程度,影响着学生的个体社会化和个性发展水平,影响着学校教育的成效与质量。**班级不仅是一种教学组织形式,班级还具有丰富的教育价值。**搞好班级组织建设,对提升学校教育整体效益和推动学生发展有着十分重要的意义。班级作为一种社会组织,尤其是作为一种教育性的社会组织,对于学生个体发展和班级组织发展,从而发挥班级组织对学生个体发展的教育价值,都有着十分重要的作用。

(一) 班级建设的意义

班级作为学生在学校学习和生存的最基本单位,对学生在学校生活的质量产生重要影响。因而,搞好班级建设是学校教育中的一项重要而富有意义的工作。

1. 班级是学生学校生活的良好环境和组织保证

班级是学生在学校学习生活的主要场所,是由一群有着共同目标、形成相对稳定的组织机构、建立基于学生共同认同的制度规范的组织。良好的班级组织能有效保证学生在学校的教学工作和各种集体活动有序开展,从而有助于班级共同目标的实现,进而实现学生个体的发展和提升。**班级共同发展目标**能对不同学生个体发挥导向作用,使得学生在班级中朝着这个为实现学习提高和成长发展的方向努力,过一种有意义的班级生活;**班级制度规范**是学生在班主任的引导下共同形成的,因而,学生一方面能自觉遵守班级规章制度,从而保证班级生活的正常进行,另一方面能在班级中轻松愉快地参与班级生活;**班级组织机构**使不同学生个体在班级中形成自己的角色定位,并在班级生活中充分发挥各自的作用,通过把不同学生在班级组织中纳入组织机构,从而确保班级发展目标的实现和各项活动的顺利开展,进而有效保证学生在学校中的生活质量。在班级中,经过班主任和全体学生的共同努力,会形成一种具有本班特色的文化氛围,班风即是班级文化氛围的一种体现。**班级风气一经形成,就创造了一种情景条件和一定的心理气氛,班级成员共同的态度和价值观,会成为学生的一种群体压力和活力,对学生的行为具有指导性作用,影响着学生个体的成长。**班级中的物质文化,如教室环境布置、墙报、黑板报等,为学生提供丰富的知识信息,有助于扩大学生的知识面,开阔眼界,培养想象力和创造力。班级也为学生提供行为实践的优良环境,让学生在接触实践中陶冶品质和情操,在班级环境中学习做人之道,形成理想、信念和良好的行为。

2. 班级是学校进行学生管理的有效载体和基本单位

班级作为学校的基层单位,是对学生进行管理从而确保他们能在一个良好环境中生活和学习的重要渠道。管理好班级是有效实现学校教育目标的保证。因此,以班级为载体和基本单位,通过搞好班级管理,实现班级发展从而实现对学生进行教育的目标,是搞好学校教育工作的一个重要方面。学校课堂教学的组织实施、活动的开展、学生的组织意识的形成、社会角色意识的萌发和社会生活的准备等,都是在班级生活中,在通过班级对学生进行管理的过程中实现的。**在班级中进行学生管理的过程,也是对学生进行教育培养的过程。**班级管理涉及学生的思想、学习、生活等方面,通过班级目标的确定、组织机构的建立和制度规范的完善等方面,在班级管理的计划制定、组织实施、检查评估和总结反馈等环节中,来实现学校对学生的管理,从而实现班级管理的教育功能。

3. 班级生活是学生道德养成和融入社会生活的有效准备

班级不仅是学生进行学习的场所,更是学生交往的重要场所,使学生在其中获取社会角色意识、学会处理各种人际关系、养成良好道德意识和品质。在学校生活中,尤其是在班级生活中,学生学会处理师生关系、同伴关系,这是他今后进入社会后处理各种人际关系的基础。在共同的学习和生活中,师生之间、同学之间通过语言交往、思想感情的沟通,影响着每个人的精神世界,影响着社会意识和集体意识的形成。在这种交往中,学生学会待人接物,学会如何评价自己和他人,逐渐地理解和掌握一定的道德规范、社会价值观,并以社会公认的准则来调整自己的认识和行为方式。在班级生活中,学生的认知、情感、价值观等方面获得发展,从而为了解社会、融入社会做准备;学生也在日常学习生活中接受言语、行为、态度等方面的训练,形成良好的行为习惯和人格品质。**班级就是一个小社会,有着各种道德规范习得和道德行为养成的实践,是对学生的道德养成的重要场所**,学生在学校教育中的道德养成,很大程度上是在班级生活中实现的。

(二) 班级的教育功能

班级是学校和教师对学生进行教育的基本组织形式,是学生学习与成长的场所,蕴含着促进学生个体生命成长的价值。对班级性质特点的深入认识和分析,以及对班级建设的意义的揭示,使我们一方面能更为深入地挖掘班级作为一种社会组织所具有的管理和规范等功能,另一方面更加重视并开发班级作为一种教育性组织,对学生发展和班级组织建设并通过班级建设而发挥的教育功能。**为更好地发挥班级生活的教育功能,要通过班级组织和班级建设做到以下三个统一:一是社会化和个性化的统一;二是制度规范和行为自觉的统一;三是个体发展和团队建设的统一。**

1. 社会化和个性化的统一

班级具有社会化功能。所谓社会化是指主体在特定的社会与文化环境中,逐渐形成与社会一致的社会态度、价值观、信念及人格特征,遵循社会所公认的行为方式,成长为社会的积极成员的过程。在班级生活中,学生通过集体中的共同生活及生活中所处的各种关系,学习和内化社会规范,积累社会生活经验,懂得做人的道理,通过他人的评价和自己与班级其他成员的比较,学会认识自我和评价自我;班级中的理性与感情并存,可成为满足学生心理需要的场所,良好的班集体能满足学生社交和归属的需要,满足学生自尊和自我实现的需要。班级使学生理解群体生活必须有基本规范,个人在群体中必须有角色意识、公众意识、责任感和义务感等要求的必要性和合理性,进而努力去实践,成为自觉的行为。[①]

班级也具有个性化功能。班级生活能促进学生的个性发展,在班级的发展目标中,要依据学生身心发展的特征、水平及其差异,为每个学生精心设计和拟定个性化发展图景和途径,通过组织丰富多彩的班级活动,形成和发展学生的个性。班级又是一个特殊群体,这个群体中的个体之间不是上下级的行政管理关系,而是平等的学习伙伴关系,人人都有自己的学习倾向、兴趣和需要,人人都应受到平等对待和尊重,即使师生之间在人格上也是平等的,学生需要学会的是对真

---

① 参见叶澜主编:《"新基础教育"探索性研究报告集》,上海三联书店1999年版,第146页。

理权威的服从,而不是对某种地位的服从。在这种平等、自由和宽容的环境中,学生才能真正有个性全面、和谐发展的可能。何况,班级集体的真正形成,需要有不同类型、特长、才能、个性的学生合作。正是这种合作,既使群体形成合力,也使个体在集体的大舞台中找到展现身手和发展的用武之地。[①]

因此,班级在使学生社会化和个性发展方面的功能是统一的,而不是对立的。

2. 制度规范与行为自觉的统一

班级既是学生生活的场所,又是学校对学生进行管理的基本单位。每个班级都会建立自己的规章制度,这是班级得以顺利运转的重要保证。规章制度对学生的行为具有一定的规范和约束作用,既是保证学校教育活动在班级中有效开展的制度保障,又是对学生进行教育、养成良好行为习惯、适应社会生活的必要准备。因而,在班级生活中,通过建立制度规范来约束学生的行为、养成良好习惯、为未来社会生活做准备。班级规章制度不是自上而下的,不是为了对学生进行外在的制约和管理,而是要在为学生创造一个良好的学习生活环境提供制度保障的同时,提升学生在学校中的生命质量,有效促进学生的发展和成长。因此,班级规章制度在实现管理学生的同时,更重要的是对学生发挥着教育功能。而且,**班级规章制度建立的过程,本身就是学生认同的过程,**在此基础上,将班级规章制度内化为自己的行为习惯和道德品质。

在建立班级规章制度的过程中,规章制度的产生是民主的还是专制的,是自上而下的还是自下而上的;规章制度的内容本身是否符合学生的心理特点和发展需要;规章制度是否体现了以人为本、为了学生的发展;规章制度是为了实现对学生的管理和控制,对学生发号施令,还是真正着眼于学生的发展,以班级文化的力量来影响学生、导引学生,这些都影响着制度本身的作用和价值。**以一种外在于学生的方式强加给他们一些规章制度,会导致学生的反感和拒斥;**而如果以一种民主的方式,在制定班级的规章制度时,通过学生的广泛参与,则能有效地将制定班级规章制度的过程转变为一个教育的过程,学生会认同班级规章制度,接受规章制度中所内含的教育思想和价值观,自觉按照有关规则约束自己的行为,从而实现班级规章制度对学生的规范制约与学生行为自觉的统一。

3. 个体发展与团队建设的统一

班级的最终指向是学生个体的主动健康发展。但是,追求班级实现让每个学生个体得到充分、自由、和谐发展的同时,班级集体也获得超越性发展,并形成群体的个性。班级集体“是一个动态生长着的系统,类似于有机体。这个有机体的功能大小、价值取向与它的每一个分子的发展具有密切关联、互生互长的关系,集体与个体都在活动实践中获得提升和超越”[②]。个体发展是班级建设的目的,班级集体发展是个体发展的产物,也是为了更好地实现学生个体发展而必须实现的结果,班级集体的发展有助于学生个体更好地在班级中获得真实的生命成长。有利于学生个体发展的班级集体也能从中获得发展,形成班级集体的个性和特色。因此,**班级建设中既要关切学生个体的发展,又要为了实现班级集体的发展倾注心血。**个体发展与班级集体发展是相辅相成的。在班级建设中,要将个体发展与团队建设二者紧密联系起来,统一于学生发展的过程之中。

---

① 参见叶澜主编:《“新基础教育”探索性研究报告集》,上海三联书店1999年版,第146页。
② 同上。

三、班级建设与班级发展

（一）班级建设的目标

班级不是自发形成的，把一群学生分在一个班级，并不能真正融为一个整体。班级是在班主任的指导下，在学生个体的共同参与下建立和形成的。

共同的发展目标是班级集体形成的基本条件和前提，也是班级凝聚力形成的重要因素。 班级发展目标是班级集体形成和发展的核心动力，为班级的发展指明方向。班级发展目标是增强班级凝聚力、激发学生在班级中的活力的重要因素，能有效满足学生健康发展的需要。每个学生只有致力于共同目标的设立和愿景的确立，致力于在集体中承担角色，才能使整个班级顺利运转并成为推动学生个体发展的积极力量。

班级目标包括集体目标和个体目标。 集体目标是学生群体关于自己所在集体所要达到发展状态的共同认识，是学生个体的共同努力方向，一旦形成集体目标，会对个体行为起着规范和导引作用。个体目标是每个学生结合自身个性特点和发展需要，对自己在班级中的定位和发展方向的认定。**个体发展目标只有与班级集体发展目标相统一，才能在班级建设中发挥个体力量，** 并在此过程中促进个体自身的发展，使班级建设的过程成为推动个体发展的过程。在制定目标的过程中，要让每个学生充分参与，从而真正使确立班级发展目标的过程与个体发展目标的过程实现统一，并使这一过程成为促进学生个体健康发展的过程。

（二）班级建设的原则

在传统的班级观念中，存在着把班级生活简化为学科生活、把班级生活异化成制度生活、把班级生活固化为组织生活等倾向[①]，这些倾向影响着我们对班级建设的理解和学校教育中班级建设的实践。"班级"不只是课堂教学的基本组织形式，还是开展学校教育活动的基本实践领域。[②]我们要把班级作为学校教育中的一个十分重要且相对独立的领域，作为学生在其中获得生命发展的重要场所，作为学校教育中最重要和最有教育价值的基本单位，并在班级建设中遵循以下基本原则：

1. 民主化

民主是当今社会发展的一种趋势。**班级建设要坚持民主化原则，** 是指既要通过学生民主参与班级生活来培养学生的民主意识，又要在班级的各项事务中发扬民主。要为学生提供一个民主、和谐的成长环境，以学生为本、以学生的发展为本，通过班级生活中的民主，使学生树立民主观念，学会行使民主权利，从而为未来的民主生活做准备。

2. 自治性

班级是由学生组成的集体，班主任在其中有着独特的地位，但不是班级的一名成员，而是发挥着指导作用。因此，**班级建设更多需要的是学生自主、主动的参与，** 班主任要激发调动学生的积极性主动性，培养学生的自主意识和自主能力，通过参与班级管理制度和规则的制订，参与班

---

① 陆燕琴：《班级建设中的班主任问题》，《河南教育》2007年第9期。

② 卜玉华：《当代我国班级生活的独特育人价值及其开发之研究》，《教育理论与实践》2008年第8期。

级管理,参与班级活动的策划和组织,从而培养学生的自我筹划和职业规划能力。学生是具有主观能动性,能参与教育活动和班级管理的人。不能把学生看作被动接受教育的人,要关注学生潜在发展的可能性,并为他们的发展提供舞台,调动学生的内在积极性和主观能动性,参与班级管理与获得,不能包办代替,要在班级生活中为学生创造一定的空间,放手让他们发挥各自的才能。在这个过程中,既让学生自主参与班级建设、自主组织班级活动,又能培养学生的自主性和自主能力,从而激发他们潜在发展的可能空间。"事实上,小学生一般都已具有自治倾向和自主意识,即使是一年级的小学生也已经具有了不少经验与知识,具有了初步的交往、合作和思考问题的能力。所以,他们既是班级的被管理者,也是班级的管理者,一旦他们能真正参与管理,班级管理效果将成倍提高,班级的发展将获得强大的动力。"①

3. 个性化

每一个学生都有自己的独特性,学生之间存在着很大的差异。在班级建设中,班主任应尊重学生的个体差异,了解学生的个性特长,使每个学生都能在班级生活中在原有基础上发展自己的个性和特长。从班级集体的角度来讲,由不同学生个体组成的班级集体,也有着区别于其他班级的整体性特征,呈现出班级发展的个性特点。在班级建设中,既要尊重学生个体差异,又要形成具有个性化的班级文化,并通过这种富有个性特点的班级文化来促进学生个体的发展。

4. 发展性

班级既是学校中对学生进行管理的一个基本单位,又是开展教育活动从而实现学校教育目标的一个教育单位。班级建设不是为管理而管理,更重要的是要促进学生的发展,以班级发展为载体,最终指向学生个体的发展。因此,无论是班级管理的有关规章制度,还是班级的组织机构,都要以推动学生发展为旨归。要让学生在班级生活中更好地学习学科知识,更丰富地体验各种角色,更好地发展个性特长,在积极主动地参与班级组织生活的过程中学会处理各种关系,从而为适应今后的社会生活作准备。

5. 日常化

班级建设体现在班级日常生活的方方面面,而不是只有在开展大型活动或者在涉及班干部选举、班级规章制度制定等工作时才是班级建设。要将班级建设渗透于班级的日常生活之中,要"加强日常班级生活的建设,不能只注意集中一学期仅几次的班级大活动","实际上,平时学生的班级生活质量是一种对学生个性发展产生影响的经常性因素。……只有把日常生活与集中性活动结合起来,才能产生最大的教育效应"。②

(三) 班级建设的内容

1. 班级组织建设

班级的组织机构是搞好班级建设需要重视的一个重要方面。班级的正常运转,需要依靠在班主任指导下由学生组成的班级组织机构来行使其职能。在班级中,通过组织机构,学生才能真正凝聚在一起,形成一个有着共同目标和情感的集体。

---

① 叶澜主编:《"新基础教育"探索性研究报告集》,上海三联书店1999年版,第148页。
② 同上书,第150页。

班级组织建设的一项重要工作是班干部队伍建设。班干部是形成班级集体的核心力量,也是班主任的工作助手,是班级工作顺利开展的保证。学生干部在学校对学生管理中具有桥梁、助手和龙头的作用。精心选拔和培养班干部是建立良好班级的基础,班级建设情况很大程度上与班干部力量的强弱、作用发挥情况有很大关系。班干部岗位也是培养锻炼干部和提升学生在参与集体生活、担任领导职务和进行民主管理、增强民主意识的重要载体。在以往的班级中,担任"管理角色"的只是群体中少数成员,大部分成员则只是一般的"群众角色"。班干部队伍建设既是为班级选配管理力量、从而推进班级建设的重要方式,又是对学生进行教育、提升管理能力的重要途径。

选拔班干部的过程,也是深入了解学生、从而更好地教育培养学生的过程,一方面,班级建设需要依靠一支得力的班干部队伍,由他们来组成班级的核心,协助班主任完成各项工作,要选拔那些有责任心、品行端正、有一定工作能力的学生担任班干部;另一方面,班干部也在参与班级建设的过程中得到成长,班干部岗位对学生在学校的班级生活中有着十分重要的教育价值,要在选拔好班干部后,加强对他们的培养,使他们能在班干部岗位上得到提高。同时,要创设班干部岗位,给予更多的学生担任班干部的机会,并让学生在参与班级工作、担任班干部的过程中,得到培养,让他们掌握一定的工作方法,提升组织管理能力。这也是赋予学生教育和成长机会。

在班干部岗位上实行轮换,让每个学生都做班级的主人,都能有体验班干部角色。班干部都有一定的任期,任期满后,没有特殊情况,一般不连任或最多连任一次。同时,在班级中创设多种工作岗位,让更多学生在一定时期内分别担任不同角色,任期满后进行轮换。让更多学生都有在不同岗位接受锻炼的机会。另外,要对学生在班干部岗位上的工作成绩进行考核、评价,对干部履行职责情况进行监督。

案例 8.1

在干部轮换中培养学生

"新基础教育"认为,需要以"教育"的立场重新认识"学生干部"。首先,"干部"角色对于学生成长具有重要的价值。学校和班级中的干部,是为同学服务的职位,是代表同学对班级进行自我管理,以组织者的身份将班级同学凝聚在一起,共同开展活动的角色。担任这一角色对学生具有发展价值。我们在实验班的班级工作中能看到:做过干部的学生,在自我意识、民主意识、能力发展、多重社会角色的形成与丰富等方面,大都相对较强。因此,做干部对个人也是一次重要的锻炼机会。这样的机会,所有学生都有权获得。其次,学校中的干部不同于社会上的干部,不以能力为选拔标准,但以能力发展为目标之一。学校中的干部选举,是教育的起点,而不是教育的终点。再次,干部轮换是一项长期的工作,不是马上就能见效的。从"新基础教育"实验中已经毕业的两届学生来看,只要在小学低年级就坚持干部轮换,两年后就开始见成效,越到高年级成效越显著。有的学校不能够真正进行轮换,还有的学校在轮换一段时间之后,没有继续坚持,都在于缺少对教育长效性的耐心和追求。

在制度建设方面，我们一方面坚持所有学生参与轮换的基本制度要求，另一方面加大对三分之一所谓"不能轮换"的学生和轮换下来后的学生干部培养方面进行探索。

针对部分学生因为各方面表现无法立即胜任干部要求的学生，我们强调要为他们的发展"搭台"，建立小岗位与小干部之间的共通性培养机制。班主任可以先提供给他们在小岗位上锻炼自己的机会，帮助他们首先胜任岗位；而被评为优秀岗位的学生，就可以是下届干部的候选人。这样，在组织制度上，岗位建设与干部轮换就可以融通；同时，通过岗位锻炼这批学生，也使得其他学生逐步了解、认同、接纳这一批学生，为他们以后进入干部轮换队伍创造群体认同的舆论条件。

针对部分轮换下来的学生干部，需要为他们提供更具有挑战性的工作，使他们得以获得更大程度的发展，而不是停滞或后退。例如，有的班级组建"记者站"、"智慧团"等，将这批学生力量组织起来。有的学校将这批学生推到更广阔的学校场景中，让他们获得在学校层面发展的可能性。

（资料来源 李家成：《"新基础教育"班级建设改革报告》，载叶澜主编：《"新基础教育"发展性研究报告集》，中国轻工业出版社 2004 年版。）

2. 班级制度建设

班级规章制度是保证班级顺利运转的重要因素。班级制度涉及对整个班级事务的管理，也包括对某一项具体事务顺利开展所做出的规定。比如，班级学生共同遵守的行为准则，班干部选拔和开展班级管理的有关规定，班级活动组织开展的有关要求等，都是班级制度建设的内容。

在班级制度建设过程中，要把学生看作有具体需要、情感和潜力的人，从尊重每一个人（教师与学生）的生命、创设使每一个人的生命都能得到最充分的成长条件出发，营造民主和谐的班级氛围。要让学生积极参与到班级制度建设中来，改变以往自上而下确立班级制度，使班级制度成为外在于学生发展需要的约束的方式；并在班主任的指导下，鼓励学生积极参与，放手让学生主动参与班级制度的制定，这样通过自下而上的方式建立的班级制度，会更容易得到学生的认可和自觉遵守，并转化为学生发展的内在需要。

3. 班级文化建设

在班级生活中，在班主任的指导和全体学生的共同参与下，创造出一种具有独特性的班级生活。这种生活既是班主任和学生的共同创造，又是对学生进行教育的有效力量。每一种班级生活都呈现出一种特有的文化特征。"班级文化也就是班级中教师和学生共同创造出来的联合生活方式，这种生活方式包括三重状态：最为显形的班级环境布置，最为隐性的班级人际关系和班风及处于中间状态的班级制度与规范等。"[①]

---

① 叶澜主编：《"新基础教育"探索性研究报告集》，上海三联书店 1999 年版，第 167 页。

班级环境布置也即体现为班级物质文化。班级文化建设是从班级环境创设开始的,它能以生动活泼的形式,积极健康的内容,把对学生的思想教育寓于可感知的情景中,造成一种意境,让学生从踏入班级的第一天起,就产生一种愉悦感,逐渐形成认同感。这些环境因素潜移默化地影响着学生日常的思想行为。[1]

各项班级规章制度既是班级文化建设的保证,又是班级文化的一种体现,班级规章制度体现了班级的态度、价值观、集体情感和发展导向。班级文化还体现在班级成员的相互关系之中,体现在学生与教师之间的关系之中。班级中良好的人际关系氛围,有助于增进师生及学生之间相互的情感,激发学生对学校教育生活的兴趣,从而对学习产生兴趣,发展兴趣特长等。

班级活动是班级文化的有效载体,通过组织各种班级活动,可让学生在班级生活中学会处理各种关系、将所学文化知识与生活实际联系起来、增进对社会的了解,等等。班级活动是班级学生个体的粘合剂,是形成班级凝聚力和文化特色的重要途径。各种班级活动和班级主题班会、兴趣小组等,都是建立班级文化的有效形式,能有效激发学生参与的热情和兴趣,对提升学生的语言表达能力、社会交往能力、合作共事能力、组织协调能力等,都有着十分重要的作用。

班级活动可以分为日常性的活动与主题性的活动两大类。日常性的活动要让学生自主参与到活动之中,如各周的班队会、晨会、干部与岗位选举、总结交流、少先队争章活动等,都可以放手让学生参与设计、实施、重建,这类活动的重要价值就在于提供学生锻炼成长的机会与空间。因此,必须改变教师包办代替的状态。

班级主题活动是更加突出的、集中的、综合的教育活动。在主题选择上,要努力形成以成长为主线的活动系列,具体到每一次班队活动,都有一个鲜明的主题,一次活动集中解决一个问题,各项具体的活动设计围绕主题进行,避免为了表面的热闹而只注重形式。系列主题的设计,都要围绕着班级工作目标具体展开,从多个方面深入。要努力吸引所有学生参与活动过程的设计,从准备、实施,到阶段性的小结或交流,到最终的总结、反思与重建,需要有系列性的设计,实现学生对活动全程的参与。要让学生在活动中有新的体悟与变化,产生真实的感受与体验。

4. 班级基础建设

班级作为一种教育性的社会组织,是处在和社会、家庭、学校的相互关系之中的。班级建设离不开社会的支持、家庭的合作和学校的指导。在班级建设中,要协调好各方面关系,协调多方面教育力量,使班级真正成为各种教育力量整合的场所,共同致力于学生班级生命质量的提高,从而促进学生更好的发展。

(1) 利用社会资源。个体是社会中的人,每个学生都是处于一定的社会环境之中,都带有他所处社会环境的特征,并受到社会的制约。在开展班级建设时,尤其是在组织班级活动时,需要学生融入到社会之中,需要社会提供一定的便利让学生能接触社会、了解社会,甚至需要有关的社会组织和团体提供条件和机会,这样便于班级教育活动的组织和开展,便于学生将所学知识与社会生活实际结合起来,并为参与社会生活做准备。现在,很多学校在开展全校性活动或者班级活动时,都注重利用社会资源、寻求社会支持来开展活动,从而更有效地发挥了活动的教育价值。另外,社会中也会有一些不良因素对学生成长产生不利的影响,学校教育要深入了解学生所处的

---

[1] 叶澜主编:《"新基础教育"探索性研究报告集》,上海三联书店 1999 年版,第 167 页。

社会背景,协调社会因素的教育力量,克服不良影响。这也需要通过班级来实现。因此,班级建设应积极利用社会资源,克服社会不良因素,创造积极便利的条件,服务于班级建设和学生发展。

开发社会资源开展班级教育活动

由于学生从未去过敬老院,对敬老院的了解完全是个空白。于是,我带领 5 个中队委前往敬老院进行实地考察,初步了解老人的生活状况。我发现 5 个中队委一进敬老院的门,就开始东张西望,兴奋而又茫然地看着周围的一切。分散片刻后,他们马上又回到我的身边,因为,他们不知道该从哪里开始调查。我从他们急切的眼神中,看到了他们想了解老人的欲望。我带着他们来到一位老人身边开始"采访"。回校后,各中队委按照调查的结果作了第一次活动方案的设计。

虽然只是一个简单的活动方案设计,但在设计过程中,每位学生都是用心在设计,他们的设计渗透着一份份爱意,他们在没有和老人接触的情况下,已经把自己的感情倾注于老人了。果真,在第一次的活动中,学生与老人建立了深深的感情。我第一次看到学生搀扶着老人出去散步,第一次看到学生像个大人一般剥橘子给老人吃……老人们笑了,学生们也笑了,我想到孩子们的笑是因为感受到了给予别人快乐所带给自己的快乐。

在第一次活动的基础上,全体学生一起回顾了活动中的成功与不足之处,对第一次活动的方案进行了详细的修改,为第二次活动的顺利开展做了成功的铺垫,当然学生的策划能力也有了进步。同时,学生还提议,要将我们学校的奖章文化活动纳入其中,于是,他们就活动本身的内容设计了一系列的章名、图案和达标要求。

第一、二次活动以后,学生说这些老人是可怜的、孤独的,所以他们同情这些老人。

在第三次活动中,学生对老人的情感发生了很大转变,由对老人的同情转为敬佩。这是因为他们发现这所普通的敬老院中的许多老人身上有着不同寻常的经历,其中 6 位老人最为突出,他们分别获得过以下荣誉称号:抗联英雄、身残志不残老人、把自己的财产捐给社会的爱国人士、抗美援朝志愿军战士、上海市第一届居委主任、上海市的劳动模范……学生不由得对这些老人产生了敬佩之情,老人的经历深深感动着学生。

为了让大家了解这些老人的故事,并且从中受到教育,我们召开了主题为"走近老人,走进历史"的主题班队会。班队会之前,学生以小队为单位商量着各种形式的交流活动。

通过活动,学生们锻炼了策划活动的能力。光凭热情不行,策划活动要应时、应地、应人:中午老人要吃饭、午睡;下雨天不能散步;老人年纪大了耳朵不好使,假如安排听戏曲就不合理。策划活动时每位队员都要参与,出谋划策,积极做准备工作。

通过活动,学生目睹了老人的孤独,感到自己为老人送温暖后的一丝丝快乐,将自己在前期活动中储蓄的爱的能量释放后产生的快感,在老人的笑声、言行举止中感到一种满足。这些都是在学校课堂上所不能学到、感受到的。

通过活动,学生感受到父母、长辈、老师给予他们的爱,并在敬老院老人身上进行爱的回报。在与这些老爷爷、老奶奶接触中,学生们被他们当年的英雄事迹深深感染,对英雄的敬佩之情油然而生。这里有历史资源、文化资源,如果这些资源被开发,对提升学生精神境界,帮助学生从小树立正确的人生观、价值观、社会观、历史观,将是极其重要的。

（资料来源　上海市闵行区汽轮小学姜慧梅:《走进老人,再现历史,凸现文化》,载李家成等著:《"新基础教育"学生发展与教育指导纲要》,广西师范大学出版社 2009 年版,第 111—113 页。）

(2) 加强家校合作。在人的一生中,最早接受的便是家庭教育。可以说,家庭是人生第一所学校,父母是人生第一位老师。即使是进入学校后,家庭、父母仍是对学生产生重要影响的教育因素。每一个学生的家庭背景,父母的职业、地位、受教育情况和教育观念等,都影响着学生的发展。这些也影响着学校教育作用的发挥。因此,需要教师了解学生的家庭背景和家长的有关情况,协调家庭教育的影响,真正使家庭成为有利于学校教育作用发挥的积极因素。这也需要在班级建设中班主任教师的积极努力。家校合作成为当前学校教育工作中的一个重要方面。

(3) 统筹学校力量。在学校中,除了班级、班主任外,还有其他各种组织、兴趣小组和其他非正式组织,以及学校领导、任课教师、学生等,也都是十分重要的教育力量,只有协调并发挥好这些力量,才能保持教育方向的一致性。班级是学校的基层单位,学校的办学思想、教育理念无疑会对班级工作产生重要影响,只有在学校办学实践中统筹各项工作,包括班级建设工作,才能有效发挥班级教育的功能。教学是学校的中心工作,班级工作不仅是教学工作的有益补充,更是一个独立的领域。班级工作必须有效协调学科教学工作,既要发挥服务教学工作的作用,更要突出这一独特领域自身的教育功能,充分利用各学科教师在班级工作中的作用,把学科教学和班级工作的育人功能整合在班级建设工作之中。在学校中除了班级等正式组织外,还有许多非正式组织,即对学生之间的关系没有做出明确规定的组织,这些组织因学生之间情趣相投、经历相似、共同目标等心理上的共同点和相似性而形成。非正式组织的成员之间一般感情比较融洽,对学生会产生补偿、控制、同化、激励等作用。但学校中的非正式组织也有着消极作用,如对正式组织的教育工作起着抵制作用等,因此,班级工作必须整合好非正式组织的教育功能,发挥其积极作用。学校中的兴趣活动小组是介于正式组织与非正式组织之间的一种组织,既能调动学生组织活动的积极性主动性,充分发挥学生之间因共同的兴趣、融洽的感情而产生的教育功能,又能有效对活动小组开展的活动进行有效指导,从而更好地发挥其育人功能。

5. 班级管理

班级管理是班级组织正常运转的保证。班级管理包括以下方面内容:

(1) 班级整体规划。班级整体规划包括班级发展目标确定、班级状况分析,以及达成发展目标的途径和措施。对某一阶段学校教育,如小学阶段或初中阶段,班主任应组织学生对本班级在整个学段中的发展做出整体规划,并结合班级实际制定分段目标及达成目标的途径措施,某一年度的具体目标和具体措施等。有了整体规划和年度工作计划,班级工作就有了可参照执行的依据。对于班级整体规划和年度计划,要考虑到具体实施的可能性和措施,并对计划执行情况进行评估反馈,在实施的过程中不断加以改进和完善,使班级能沿着健康轨道运转。

(2) **班级活动策划**。班级活动是班级组织建设的重要载体,是在班级中对学生进行教育的重要形式。班级活动包括晨会、班会、团队活动等教育活动。班级活动形式多种多样,包括教育活动、教学活动、文娱活动等。开展班级活动,必须要作整体的策划,针对学生的特点和班级情况,做出精心安排和具体设计,发挥班主任的指导作用,放手发动学生,充分调动学生的积极性主动性,使班级活动成为一个由学生自主组织、主动参与、自我教育、自我发展的一种有效途径。在做班级活动策划时,应与学校整体教育活动相衔接,把班级活动置于学校各年段教育活动的系列化之中,要对活动的目标、活动的形式和具体组织安排等做出周密详细设计,确保班级活动发挥其应有功能。

(3) **班级日常管理**。班级日常管理包括教学常规管理,形成教育正常秩序、新学期学生座位的安排、自习课、考试纪律、考勤、请假制度等管理内容;班级各项建设,包括班干部队伍建设、班级(校)图书馆组织、黑板报小组织、教室布置等;了解研究学生,包括班级日记、班史编写、周记检查、学生档案建设等;班级总结评比,包括年级操行评定、评选三好学生、班级总结奖惩等。班级常规是班级日常管理的重要载体,是由学生共同参与制定的本班成员共同遵守的班级规程或行为准则。班级常规是班级教育活动正常运转的保证。

四、班主任与班级建设

(一) 班主任角色

1. 班主任角色

在整个中小学教育教学工作中,班主任工作非常重要。学生在学校的生活基本上是在班级中度过的。教育目标的实现、教育任务的完成,都要通过班级工作来实现,班级建设需要班主任的有效实践才能实现。

班主任是教师队伍的重要组成部分,是班级工作的组织者、班集体建设的指导者、学生健康成长的引领者,是学校思想道德教育的骨干,是加强和改进未成年人思想道德建设,全面实施素质教育的重要力量。班主任是班级建设的重要指导者,做好班级工作是班主任的重要职责。从一个人的成长看,班主任在中小学阶段对人的成长影响非常大,是中小学生学习做人做事最具有影响力的指导者。目前,全国中小学约有 444 万个教学班,约有 450 万教师担任班主任。班主任的素质,开展工作的效果,关系到整个中小学教育的质量,关系到中小学教育目标的实现。

班主任的角色定位,直接决定着班级的精神面貌和发展方向;班主任的工作方式和效果,在很大程度上来源于班主任对自己所扮演的角色的正确认识。班主任角色形象是指符合班主任角色要求的思想、品德、情感、意志、性格、气质、学识和组织才能等在班主任身上的外部表现。班主任角色内涵十分丰富,不再仅仅是管理专家,而且应是活动组织者、班级管理者、学生的朋友与知己、学生人际交往的指导者、学生心理健康发展的咨询者,等等。班主任应该成为学科专家和学生的人生导师。班主任应该成为学生的知心朋友,努力去建立民主、平等、和谐的师生关系,主动地去爱护学生,使学生在受尊重的环境下得到发展,成为学生人格的守护者、情感的激励者、心灵的疏导者。班主任应当成为班级文化的设计师和家校沟通的桥梁,应与家长沟通,以更好地了解学生,得到家长的支持并保持教育的一致性和连贯性。

教育部在 2006 年颁布实施的《关于进一步加强中小学班主任工作的意见》中指出:班主任"应由取得教师资格、思想道德素质好、业务水平高、身心健康、乐于奉献的教师担任","要忠诚党的教育事业,热爱学生,善于做学生的思想工作,具有符合素质教育要求的教育观和较强的教育教学和组织能力,掌握教育学、心理学的基本知识和方法,熟悉相关法律法规;品德高尚,为人师表,具有团结协作精神和较强的人际沟通能力",要"既能上好课又能做好班主任工作"。2009 年,教育部印发《中小学班主任工作规定》,在"第二章'配备与选聘'中"第七条"明确提出,"选聘班主任应当在教师任职条件的基础上突出考查以下条件:(一)作风正派,心理健康,为人师表;(二)热爱学生,善于与学生、学生家长及其他任课教师沟通;(三)爱岗敬业,具有较强的教育引导和组织管理能力"。

《中小学班主任工作规定》的第二条明确规定:"班主任是中小学日常思想道德教育和学生管理工作的主要实施者,是中小学生健康成长的引领者,班主任要努力成为中小学生的人生导师。"学校教育是以班集体为单位来进行的,学校教育的各项工作,都跟班主任有关系,班主任既要关心学生的学习状况,教育学生明确学习目的,端正学习态度,掌握正确学习方法,养成良好学习习惯,增强创新意识和学习能力;又要进行有效的班集体管理,保证学校各项教育工作的顺利进行;还要组织学生开展班会、团队会以及各种主题教育活动和文体活动;更要了解每个学生的身体、心理和思想状况,开展有针对性的教育,做每一位学生人生路上的引路人。对班主任教师而言,做班主任工作和授课一样,都是主业;对学校而言,班主任队伍建设与任课教师队伍建设一样重要。

因此,班主任除了应具备一般科任教师的基本品质外,在专业知识、专业技能、专业道德等方面,还有一些更广、更高、更深的要求。

2. 班主任在班级建设中的作用

班主任是班级的组织者和指导者,是学校进行教育教学工作的重要力量。班主任在班级建设和学生健康成长中起着重要作用。

班主任是学生进校后的第一位老师。优秀的班主任常常成为同学们敬仰的对象,甚至成为终身学习的楷模。很多学生在走上社会多年后可能不记得曾经的任课教师,但都不会忘记自己的班主任。班主任也是学生班级的第一位设计师和领路人。班主任的内在素质,诸如思想品德、知识能力、心理品质、工作作风、事业心责任感、精神面貌以及才能特长等,都会直接影响到班级建设和学生的成长。班级的班风班貌往往折射出班主任的品格。

班主任的主要职责是组织、教育、管理好班级。好的班级集体不是自发形成的,它是班主任创造性劳动和辛勤培育的结果。班主任工作质量直接关系到学生在学校教育中的生存质量。班主任的思想水平、工作能力、道德人格往往决定着班集体建设的水平,对班集体的教育质量产生根本性的影响。一个优秀的班主任可以通过自己的努力改变一个差班的面貌,使其进入优秀集体的行列;而一个不称职的班主任则恰恰相反。在现实生活中,许多家长不仅要选择好学校,而且要选择好班主任。

《关于进一步加强中小学班主任工作的意见》指出:"中小学班主任是中小学教师队伍的重要

组成部分,是班级工作的组织者、班集体建设的指导者、中小学生健康成长的引领者,是中小学思想道德教育的骨干,是沟通家长和社区的桥梁,是实施素质教育的重要力量。"

(二)班主任工作

1. 班主任工作性质

对班主任工作,我们首先要确立一种专业意识,即班主任是一种专业性岗位。

教育部 2006 年颁发的《关于进一步加强中小学班主任工作的意见》指出:"班主任岗位是具有较高素质和人格要求的重要专业性岗位","做班主任和授课一样都是中小学的主业,班主任队伍建设与任课教师队伍建设同等重要"。2009 年,教育部在《中小学班主任工作规定》中进一步指出,"班主任是中小学的重要岗位,从事班主任工作是中小学教师的重要职责。教师担任班主任期间应将班主任工作作为主业"。这些都充分表明,班主任工作是学校教育中的一项重要工作,班主任队伍是学校一支重要的教育力量,不仅是作为教师应担任的一项任务,更是教师应作为自己的一项"主业"。作为担任班主任的教师"主业",要求教师花费专门的时间和精力,更要求这些教师具备担任班主任的素质和能力,并非所有教师都能当好班主任。必须把班主任工作作为一种专业性岗位来对待。

2. 班主任工作职责任务

《中小学班主任工作规定》指出,班主任的职责和任务如下:

(1)全面了解班级内每一个学生,深入分析学生思想、心理、学习、生活状况。关心爱护全体学生,平等对待每一个学生,尊重学生人格。采取多种方式与学生沟通,有针对性地进行思想道德教育,促进学生德智体美全面发展。

(2)认真做好班级的日常管理工作,维护班级良好秩序,培养学生的规则意识、责任意识和集体荣誉感,营造民主和谐、团结互助、健康向上的集体氛围。指导班委会和团队工作。

(3)组织、指导开展班会、团队会(日)、文体娱乐、社会实践、春(秋)游等形式多样的班级活动,注重调动学生的积极性和主动性,并做好安全防护工作。

(4)组织做好学生的综合素质评价工作,指导学生认真记载成长记录,实事求是地评定学生操行,向学校提出奖惩建议。

(5)经常与任课教师和其他教职员工沟通,主动与学生家长、学生所在社区联系,努力形成教育合力。

专栏8.3

中小学班主任工作规定(2009)

第一章 总 则

第一条 为进一步推进未成年人思想道德建设,加强中小学班主任工作,充分发挥班主任在教育学生中的重要作用,制定本规定。

第二条　班主任是中小学日常思想道德教育和学生管理工作的主要实施者,是中小学生健康成长的引领者,班主任要努力成为中小学生的人生导师。

班主任是中小学的重要岗位,从事班主任工作是中小学教师的重要职责。教师担任班主任期间应将班主任工作作为主业。

第三条　加强班主任队伍建设是坚持育人为本、德育为先的重要体现。政府有关部门和学校应为班主任开展工作创造有利条件,保障其享有的待遇与权利。

第二章　配备与选聘

第四条　中小学每个班级应当配备一名班主任。

第五条　班主任由学校从班级任课教师中选聘。聘期由学校确定,担任一个班级的班主任时间一般应连续1学年以上。

第六条　教师初次担任班主任应接受岗前培训,符合选聘条件后学校方可聘用。

第七条　选聘班主任应当在教师任职条件的基础上突出考查以下条件:

(一)作风正派,心理健康,为人师表;

(二)热爱学生,善于与学生、学生家长及其他任课教师沟通;

(三)爱岗敬业,具有较强的教育引导和组织管理能力。

第三章　职责与任务

第八条　全面了解班级内每一个学生,深入分析学生思想、心理、学习、生活状况。关心爱护全体学生,平等对待每一个学生,尊重学生人格。采取多种方式与学生沟通,有针对性地进行思想道德教育,促进学生德智体美全面发展。

第九条　认真做好班级的日常管理工作,维护班级良好秩序,培养学生的规则意识、责任意识和集体荣誉感,营造民主和谐、团结互助、健康向上的集体氛围。指导班委会和团队工作。

第十条　组织、指导开展班会、团队会(日)、文体娱乐、社会实践、春(秋)游等形式多样的班级活动,注重调动学生的积极性和主动性,并做好安全防护工作。

第十一条　组织做好学生的综合素质评价工作,指导学生认真记载成长记录,实事求是地评定学生操行,向学校提出奖惩建议。

第十二条　经常与任课教师和其他教职员工沟通,主动与学生家长、学生所在社区联系,努力形成教育合力。

第四章　待遇与权利

第十三条　学校在教育管理工作中应充分发挥班主任的骨干作用,注重听取班主任意见。

第十四条　班主任工作量按当地教师标准课时工作量的一半计入教师基本工作量。各地要合理安排班主任的课时工作量,确保班主任做好班级管理工作。

第十五条　班主任津贴纳入绩效工资管理。在绩效工资分配中要向班主任倾斜。对于班主任承担超课时工作量的,以超课时补贴发放班主任津贴。

第十六条　班主任在日常教育教学管理中,有采取适当方式对学生进行批评教育的权利。

第五章　培养与培训

第十七条　教育行政部门和学校应制订班主任培养培训规划,有组织地开展班主任岗位培训。

第十八条　教师教育机构应承担班主任培训任务,教育硕士专业学位教育中应设立中小学班主任工作培养方向。

第六章　考核与奖惩

第十九条　教育行政部门建立科学的班主任工作评价体系和奖惩制度。对长期从事班主任工作或在班主任岗位上做出突出贡献的教师定期予以表彰奖励。选拔学校管理干部应优先考虑长期从事班主任工作的优秀班主任。

第二十条　学校建立班主任工作档案,定期组织对班主任的考核工作。考核结果作为教师聘任、奖励和职务晋升的重要依据。对不能履行班主任职责的,应调离班主任岗位。

本章小结

班级是学生在学校的学习生活中最直接、对其发展影响最大的环境,学生在班级中的生活质量,很大程度上决定着他在学校教育中的生活质量。作为一名教育工作者,他在学校教育工作中的生活质量构成其生命的重要组成部分,而作为教师,担任班主任又构成其教育生活中的最重要、最深刻的体验。班主任的重要职责是建设好班级,为学生提供一个良好的学习生活集体,在建设班级的过程中教育学生,并通过班级对学生发挥教育影响。

从事教育工作,要对我们主要在其中开展活动的班级组织有所了解。认识了班级的性质及其教育功能,才会有意识地利用班级组织、在班级组织中更好地开展教育活动。而作为班主任,则不仅要认识他所带的班级,更要学会如何建设班级,并在进行班级建设的过程中教育学生的同时,使自己得到发展。

本章主要涉及两个密切联系的内容:班级建设与班主任工作。班级建设的有关内容首先是建立在对班级本身有所认识的基础上,使读者掌握班级的基本内涵及其性质特点,班级所具有的教育功能,充分认识到班级组织对学生学校生活的意义与价值,及其对学生发展的重要作用。班级建设则是教育工作者尤其是班主任首先要深入学习研究的内容。班级建设的过程既是一个工作过程,又是使学生得到发展的过程。班级建设需要遵循民主化、自治性、个性化、发展性、日常化等特点,涉及班级组织的建立、班级文化的建设、班级管理等方面的内容。班主任则在班级建设中发挥着主导作用。了解班主任角色、班主任工作性质任务,有助于推动班级建设。

思考与实践

1. 通过本章学习,谈谈你对班主任角色及其在班级建设中的作用是如何理解的。

2. 某班主任在接手三年级某班时,对班级学生情况进行调查研究,了解学生的精神状态、学习风气、健康状态、舆论、班风和当前存在的主要问题等,设计系列主题班会,以班会为抓手,开展班级建设,促进学生得到更好发展。在学生刚进入三年级时,针对该班学生存在的自卑心理,组织开展《跨入三年级我想……》《其实,我还行》《快乐的顶呱呱》等主题班会。到了三年级下学期,首先组织开展《我为班级进步出点子》的主题班会,制订"我们是班级的小主人,要为班级添快乐"的学期目标。然后设计第一阶段:做时间的小主人的系列活动——《30 秒植物介绍》《30 秒妈妈请放心》《30 秒自画像》《30 秒给我们带来什么》等主题班会,让学生谈几周来的体会,懂得 30 秒时间虽然很短,但可以做许多事,要做时间的小主人。第二阶:自律小主人的系列活动——《老师不在……》《你能坚持多久》等主题班会,由于是围绕一个主题,使学生目标明确,针对学生的具体问题,循序渐进地解决,取得较好效果。

请运用所学知识,谈谈如何通过开展班级主题活动搞好班级建设,更好地促进学生发展。

3. 开学初,一位学生在日记中写道:"……老师,我也想和某某一样当一回官,你看她天天领着小朋友读书、做操,多神气。我真羡慕她……"虽只有短短几句,却给了我很多思考:别人有这样的愿望,我可能不会感到奇怪,可写日记的这位学生却不一样,他是班内最不起眼的一个,瘦瘦小小,功课很吃力。而且在我了解其他孩子的想法时,几乎所有的孩子都表示想当"官"。于是,我在班级中开展"我们不当官,但我们人人有岗"主题教育活动:从发现岗位,创设岗位到自主选择,自主工作到及时评价,定期轮换,孩子们非常投入。在学期总结活动上,"领操员"说,轮到我领操的前夜,我在家对照镜子,反复做了很多遍广播操,虽然很累,但想到第二天大伙儿都要照着我的样子做操,我首先要把操做好;"课间安全督察员"说,今年和一年级的小朋友同在一层楼上,为了提醒男同学课间不要奔跑,免得撞到小弟弟、小妹妹们,课间我们就要不断地巡视,连玩的时间都没有了。不过,开学以来一直没有伤害情况发生,我们觉得我们有功;"小小分报童"说,为了及时分发报纸,我写作业的速度快多了!那位和其他同学一样想当官的同学说,以前我很胆小,现在我常和"新闻发布会"的小主持人一起收集新闻,已经和他们成了好朋友,而且主持"新闻发布会"也不再脸红了……

孩子们都表达了同样一个感受:为伙伴服务,我很快乐;为集体做事,我很自豪。整个活动,再没有一个孩子提及当"官"的种种好处。或许在孩子们的心目中,"官"只是一个很虚拟的形象,他们并不十分清楚"官"的内涵。如今,孩子们则实实在在地拥有了"我们人人有岗"的自豪体验。

请运用所学知识,谈谈如何在班级建设中做好班干部队伍建设工作,以及如何发挥干部队伍建设对学生成长的作用。

4. 请结合自己受教育的经历,记述一位自己印象深刻的班主任,以及在班级生活中对你感触最深的事件,并运用本章所学知识加以评析。

5. 一个班级的几十名学生,要使他们形成为一个优秀的班集体,让每一个人都能得到全面健康的发展,需要各科教师协调一致的教育,需要团队组织的影响,需要家庭的支持和社会有关方面的配合。班主任是班级建设改革成败的关键。某学校组织班主任老师积极学习,转变教育观念,树立"以学生发展为本"的思想;实行级部负责制,积极开展班级组班主任教研工作,做到优势互补,经验共享;加强班级管理经验交流,建立班主任月培训制度,定期举行班主任工作方法研讨或讲座;完善班主任竞争聘任制;加强对班主任尤其是年轻班主任的指导工作,建立帮教结对制度,不断提高班主任素质和工作意识,积极学习努力掌握班主任工作技能,把争做一个合格的班主任作为每一个从事教师事业的人的一项高尚的任务、光荣的职责和崇高的追求。

请结合实际,运用所学知识,谈谈您对班主任在班级建设中的角色的认识,以及如何推动班主任队伍建设。

延伸阅读

1. 叶澜主编:《"新基础教育"探索性研究报告集》,上海三联书店1999年版。

2. 叶澜主编:《"新基础教育"发展性研究报告集》,中国轻工业出版社2004年版。

3. 鲁洁主编:《教育社会学》,人民教育出版社1990年版。

4. 吴康宁著:《教育社会学》,人民教育出版社1998年版。

5. 谢维和著:《教育活动的社会学分析——一种教育社会学的研究》,教育科学出版社2000年版。

第九章

学校组织

学校组织结构的调整

2008年，我校由三校合并而成，全校有60个教学班，3500多名师生，其中寄宿生1200余人，成为全市办学规模最大的初级中学。面对刚合并而成的"巨型学校"，原有的金字塔式科层制组织结构能否很好地适应这种超大型学校，说实话我们心里也没底，而建立一个结构合理、运作灵活的组织结构成为我们共同的愿望。

我们之所以对原有的科层制组织结构提出质疑，主要基于以下考虑：

原有的组织结构模式是：校长—副校长—部门（教导处、政教处、后勤处）—年级组、科组—教师、学生。在这种模式下，学校的管理层级至少为五级，校长处于金字塔的塔尖，各种命令要通过各管理层，逐级传达落实下去，处于塔底座的教师和学生得到的信息是经过逐层过滤来的，对于一所超大型学校，层级越多，执行效率会越低，而且缺少对变化的快速反应与决策能力。

也正是基于这种考虑，我们设计了一种低重心、扁平化的三级管理模式。

结构层级为：校长—四处一室—教师、学生。四处一室即：初一年级处、初二年级处、初三年级处、后勤保障处、校长办公室。

在该管理模式下，将原有的教导处、政教处功能化整为零，分散至各年级处。三位副校长既分管一条线（教学线、政教线、后勤线），又协助管理一个面（年级处），每个年级处设正、副主任各一名，分别配教学、德育级组长各一名。

科组长与备课组长合二为一，由科组长担任，主要学科如语文、数学、英语每年级各设科组长一名，在这三个学科中，初三级科组长为中心科组长。

各年级处成为学校管理工作的重心，年级主任就相当于一个"小校长"，承包负责一个年级，主管1000多名师生。为避免四处一室之间的条块分割问题，各线副校长、校长办公室主要是协调、统筹各线、各部门工作。

该组织结构运行一年了，总体情况比较理想。主要体现在如下几个方面：

1. 管理重心下移，权力下放

原有的科层管理机制被打破，取而代之的是以年级处为工作重心的管理机制。这种扁平化、低重心的管理组织结构，使年级主任的权力扩大了，年级主任要独立处理年级的教学、德育工作，负责教师分工与管理、年级教研活动、学生管理工作等等。

2. 运转机制灵活，反应迅速

学校管理中，最终服务对象是教师与学生，而解决一线教师和学生所遇到的困难和问题，则是学校管理的第一要务。年级处主管行政均处在本年级中，与教师、学生联系紧密，一旦发现问题，有权有责立即将问题在基层中解决。年级处的决策也可直接在本年级中得到第一时间的落实。

3. 年级主任承包，责任明确

实行年级主任承包责任制，责、权、利明确，"我的地盘，我做主"，年级工作主动性强。另外年级的承包,也营造了竞争氛围,三个年级就是三个相互竞争的"小学校"。去年,一个年级组织学生外出活动,比较成功,深受学生欢迎,另两个年级也坐不住了,纷纷组织,在组织形式、外出路线、活动内容上一个比一个精彩。在课间操上,三个年级更是你不让我,我不服你,比的结果是,课间操做到了静、快、齐。

4. 针对年级特点,服务师生

在初中阶段,不同的年级,学生的特点比较明显。初一年级学生"听话",初二年级学生"逆反",初三年级学生"升学"。年级处可结合不同年级特点,开展别具特色的活动。如:初一年级开展大队活动、庆祝六一儿童节等,初三年级则针对中考开展升中教育等一系列活动。

（资料来源　赵海吉:《对低重心、扁平化学校组织结构的实践与思考》,http://bd. tjjy. com. cn)

学习指导

1. 了解学校产生与发展的历史概况。
2. 认识学校的基本性质与基本职能,什么样的学校是好学校。
3. 认识学校内部的基本制度,学校内部各机构及其基本职能。
4. 理解有效学校的基本特征和学校变革的主要途径。
5. 理解学校文化的基本涵义和建设路径。

学校是有计划、有组织地进行教育的机构,是开展教育活动的主要场所。可以说,学校是教师职场的主要载体,教师生命光阴中的大部分是在学校度过的,了解认识学校的发展历史、组织形式、制度规范、文化形态,对教师更好地履行自身职责、规范自身行为有着重要意义。

一、学校的起源与发展

（一）学校的萌芽——"青年之家"

一般认为,学校这种特殊的教育机构是在奴隶社会时期产生的,但是,若追溯其根源的话,可以在原始社会后期见到其萌芽。

据考证,在原始社会,确切地说是在母系氏族社会时期,曾出现过一种公共教育机构——"青年之家"[①]。"青年之家"是原始社会全体成员的儿童都在里面受教育的一种原始社会制度的特殊机构。

在原始部落中,常常依据不同的年龄将人们划分为不同的人群,同时,每种年龄群都有自己特殊的标志,儿童和青年们只有经过了一定的仪式之后,才可以从一个年龄群转入另一个年龄

---

① 对这种机构的称谓,在不同原始社会组织中有所不同。

群。这种仪式常被称为"冠礼"或"青年礼",在这种仪式之后,他们即与成人分开单独居住,这个年龄大体是7—9岁,接受即将到来的生活训练,以便履行氏族组织加在他们这个年龄群人们肩上的那些义务。他们居住在一些特别的房间——"青年之家",接受着专门的训练。到了父系氏族时期,这种"青年之家"逐步演变成为"男子之家",并且成为一个氏族的社会生活、军事生活和宗教生活的中心。

在"青年之家"中,少年和青年们受着从事未来劳动生活的训练,学习自我照料,参加社会劳动,如建筑房屋、耕种或收获、照看牲畜等。从一定年龄起,成年人就向他们传授作战的方法,吸引他们参加部落间的争斗。

他们还要学会举行各种宗教仪式,与部落生活相关的庄重礼节。成人们教他们唱歌、游戏、舞蹈,给他们讲各式各样的传说,讲氏族和部落的历史,帮助他们通晓已形成的风俗和已建立起来的行为规则。

原始社会中新生一代在"青年之家"所受的教育是多方面的,但这种教育远未达到理想化的境地,正像列宁所讲的,"过去从来没有过什么黄金时代,原始完全被生存的困难,同自然斗争的困难所压倒"。[1]

(二) 学校的产生

"青年之家"产生于前文字时期,也就是说,产生于文字尚未出现的时期,而作为学校来讲,则大为不同了,它是同文字一起,与社会要使新生一代掌握文字等要求一起产生的。

传递文字以及文字所承载的知识经验,在原始社会末期的"青年之家"中就已经进行了,但是,由于文字产生的时候,也是社会阶级逐步形成并分化的时候,脑力劳动和体力劳动发生了分离,于是造成了一部分人(主要是僧侣和官吏)对文字的垄断。在这种情况下,往日的"青年之家"就分解成两种机构:一种是为大多数儿童设立的公共教育机构(在一定意义上,也可称之为学校),它与以往的"青年之家"没什么不同;一种是为一小部分儿童,主要是僧侣和官吏的孩子专门开设的学校。学校逐步从"青年之家"中分化出来,成为一个独特的教育机构,当然,此时的学校仍属于原始状态的教育组织,在很多方面与真正意义的学校不符。它还兼具着多方面的功能。

在我国,学校的萌芽在原始社会末期就可能出现了,古籍中传说虞舜时代便已有了"庠"这种社会机构。例如,《礼记》中的《王制》说:"有虞氏养国老于上庠,养庶老于下庠";《明堂位》说:"米廪,有虞氏之庠也。"但是,那时的"庠"并不能算是一种学校,而是一种带有教育作用的养老机构。到后来进入奴隶制社会的历史阶段时,"庠"才成为学校。"庠"的原始意义是饲养家畜的地方,后来又变为储存谷物的地方,故又名"米廪"。

夏朝已开始进入奴隶制社会,有可能产生了学校,《孟子》说:"夏曰校,殷曰序,周曰庠。"《说文》及《汉书·儒林传序》说:"夏曰校,殷曰庠,周曰序。"夏朝可能已出现了尚未发展成学校形式的非专门的教育机构。"庠"是从虞舜时代继承下来的,大概是起源于养老与敬老的习俗,以养老为主,并附带教育儿童和青年的功能;"序"和"校"大概是起源于军事训练的需要,因为"序"是习射的地方,《孟子》说:"序者,射也","校"是角力比武的场所。

---

[1] 列宁:《土地问题和"马克思的批评家"》,载《列宁全集》第5卷,人民出版社1985年版,第90页。

我国学校至商朝已初具雏形，它已经成为一个有组织的教育机构，也有着一定的目的任务和一定的教学内容。但是，此时的学校并不纯粹是一个教育机构，还兼有其他的任务，虽然它们逐渐地发展起越来越大的教育功用，但在教学专门人员的选用及教学的组织上，都不可与现代的学校同日而语。

学校在产生初期含有非教育的功用，并非是我国原始形态学校的独有特征，西方也是如此。英语 school 源于拉丁语的 schola，其愿意是闲暇、休息，这正像《管子》说的："处士必于闲燕"，人没有闲暇，就不会有学校生活，认识到这一点，大概对我国夏朝时期，为何把"养老"与教育结合在一起，就不会感到奇怪了。

目前世界上所发现的、有较丰富的文字记载的学校，是位于现在伊拉克卡迪西亚省尼善尔以南的苏美尔学校（Sumerian School）。1902—1903 年，挖掘出了大量的、大约公元前 2500 年的学校"教科书"，这些"教科书"实际上是几百块刻有象形文字的小泥板，上面是供学习和练习用的词汇表，也有一些是写满各种作业的练习泥板。这些考古发现汇集的材料，为我们提供了一幅苏美尔学校的图画。

苏美尔学校的目标，是培养国家经济和管理需要的缮写人员，主要是培养寺院和宫廷里的缮写员。在学校里，儿童主要是学习和誊写过去的文学作品，学生毕业以后，担任寺院和宫廷的缮写员。这也说明，苏美尔学校一开始可能是附属于寺院的，过了一段时间后，才成为世俗的机构。学生大多来自于富有的家庭，并且均为男性。

苏美尔学校的课程包括两部分，一部分是半科学性的、学术性的课程，另一部分是关于文学和创作的课程。

半科学性的、学术性的课程之所以产生和发展，是因为学校教缮写员怎样书写苏美尔语的需要。为了满足教学上的需求，教缮写的苏美尔教师设计了一套教学方法，主要是对语言进行分类，即把苏美尔语分成相关的词和短句，让学生记忆并抄写，直至他们能熟练地书写出来。在这些"教科书"中，已发现列有许多树和草的名称；各类动物的名称；国家、城市、乡村的名称；岩石和矿石的名称。这样的编排方式表明他们已相当熟悉植物学、动物学、地理学、矿物学等方面的知识。

文学和创作方面的课程，主要是学习、抄写和模仿创作于公元前 2500—前 2000 年的、大量的、各式各样的文学作品。主要有以下几种类型：以叙事诗形式写出的神话和传奇故事；献给伟人和国王的赞美诗；哀悼苏美尔城毁灭的挽歌；以及哲理性的作品，如格言、寓言、随笔等。

专栏 9.1

苏美尔学校

苏美尔学校的校长叫"尤米亚"（ummia），是一个"专家"、"教授"，也被称为"学校之父"（school father）；学生叫做"学校之子"（school son）；助教叫做"老大哥"（big brother），他的任务是书写新的泥板，以供学生誊写，并检查学生的抄写作业，以及听学生背诵功课。其余教员，有的教绘画，有的教苏美尔语。此外，还有一些导生，他们负责考勤，有一人负责鞭打，他大概是负责纪律问题的。

　　苏美尔学校的学生自制了许多泥板,例如数学泥板,以及自编各种复杂的数学题并附上答案。在语言学方面,学习苏美尔语语法的情况在泥板中得到了充分的体现,有一批刻着名词复数形式和动词形式的表格,显示了对语法已有相当熟识的探讨。此外,在公元前 2250—前 2000 年,由于苏美尔人逐步被闪米特·阿卡德人所征服,苏美尔的教师们编写了各种为人们知道的最早的"字典"(dictionaries)。

　　至于苏美尔学校使用的教学方法和教学技术,我们仍然所知无几。学生们早晨一到学校,显然要学习自己前一天准备的泥板,接着"老大哥"准备一块新的泥板,提供给学生誊写和学习。在学生们的学习中,记忆无疑起着非常重要的作用。教师和助教还必须进行大量的叙述和解释,补充空白的表格和课文,以供学生誊写和学习。尽管这些"教学内容",对于我们了解苏美尔的科学、宗教和文学思想确实是无价之宝,但它们很可能没有全部记载下来并因此而永远失传。

　　在纪律方面,教师经常鞭打学生。尽管当教师鼓励学生时,可能会采用赞誉和表扬的手段,教导他们好好学习,但教师主要依靠棍棒以纠正学生的过错和不当行为。学生没有轻松的时间,每天从早到晚都生活在学校里。

　　(资料来源　(美)克雷默著,崔允漷等译:《最早的学校》,载瞿葆奎、沈剑平选编:《教育学文集·教育与教育学》,人民教育出版社 1993 年版,第 260—261 页。)

(三) 学校的发展

　　在学校产生后的历史过程中,随着社会的发展,其组织不断完善。到 17 世纪,由于文科中学的出现,现代意义上的学校已经形成,它作为一种有组织、有计划的特定的教育机构,专注于传递知识经验、教育儿童,其先前的其他功用已渐渐削弱了。教育的组织在文科中学中也较以前更为严密,无论是对学生入学的标准,还是对所要学习的内容,以及教师的选择等,都有着较为严格的规定,与现代的学校也更为接近。但同时也应注意到,此时的学校虽已日趋完善,但学校系统尚未发展起来。学校形成一个相对完整的系统,还是在 18 世纪以后。

　　文科中学是以古典人文主义教育为特征的,它偏重于传授拉丁文和希腊文等内容,忽视自然科学,及至后来,才增加了一些现代人文教育与自然科学教育的成分。到 18 世纪初,与文科中学相应的实科中学出现了。这种类型的学校,比较注重自然科学与现代语文的教学,它是面向广大贫民的,是贫民化的学校。尽管实科中学在创立初期受到歧视,但终究仍缓慢地发展着。18 世纪中叶以后,在欧洲一些国家,相继出现了实科中学,与普通教育平行的职业教育逐步成为学校教育系统中的一个重要组成部分,学校教育在类型分化的同时,各个不同层次的衔接也逐步加强。大体是在 19 世纪下半期,严格意义上的学校教育系统在西方已基本形成。

　　我国的学校虽历经数代,形式日趋多样化,层次也日益多样,但是,组织程度远不像今天这样严密,按现在的尺度来衡量,它们在一定程度上还只能算是一种非正规教育。例如,就拿由各朝廷直接设立并管辖的、最为"正规"的太学来说,在汉代,太学虽大规模发展,太学生由 50 人发展到后来的 3 万多人,但教学制度非常不严格。许多学生仅仅是"注册"而已,而不去参加正规的学习。并且,由于学生众多,太学里一方面设立长十丈、宽三丈的讲堂,使同时听讲的人数多达几百人以上;另一方面,采取以高年级学生教低年级学生的形式,"至一师能教数百人,必由高足弟子教之"①。学生入学也没有年龄限制,其中有年仅"弱冠"的青少年,也不乏白发苍苍、已届垂暮之年的老人。这些太学生或住校内,或住校外,真正上课的时间并不多,主要靠自修,随自己的兴趣去研究。太学也没有肄业年限,只要通过了考试,就可以毕业,并被授以一定的官职。

魏朝时期,官学时兴时废,太学生几乎是来去无踪,一般的是"冬来春去,岁岁如此",其中有很多是为避役而来的;进行教学的"博士"也是"率皆粗疏,无以教弟子"。如此而来,"学者虽有其名而无其实,虽设其教而无其功",也就不足为怪了。

清朝的府、州、县学,与科举密切相关,由童生参加入学考试取得秀才资格后,方是府、州、县学的生员,对入学年龄没有限制。而一旦童生入学以后,在校学习时间也甚少,入学肄业,实际上是有其名而无其实,主要的任务就是考课。

可以说,直到 19 世纪末,也就是仿照西方的样式设立"学堂"之前,我国在学校的组织上,始终是不完备的,或者说尚没有出现真正意义上的学校教育。虽然我们无法给学校下一个严格的定义,申明哪些机构属于学校,而哪些则不属于学校,是哪种类型的教育机构,但是,学校作为一个组织严密的教育机构来说,具备下列条件是必要的:

一是严格的入学规定。这些规定包括对年龄方面的以及入学水平方面的要求。

二是修业年限的规定,即在不同级别、不同层次学校中学习年限方面的要求。

三是分年级教学,即依照不同的年龄、不同的学业水平区分不同的年级。

四是有明确的课程方面的要求,即依照学校教育的目的,对学习内容提出一定的要求。

五是有严密的管理制度,特别是严格的组织纪律方面的规定。

六是有较为固定的专职教学人员。

七是有较为固定的教学场所。

依此看来,我国近代以前的学校,还只是学校的雏形,是一种不完备的学校形式。清末"废科举,兴学堂"以后所建立的一些"学堂",才是真正意义上的学校。

---

① 转引自毛礼锐等编:《中国古代教育史》,人民教育出版社 1979 年版,第 177 页。

非学校化思潮

在对学校未来所进行的分析中,有一种较为激进的思潮,被称之为"非学校化理论"教育思潮,也称非学校论或反学校论。这是20世纪60年代产生于美国的一种较为激进的教育理论流派。从广义上讲,它是指从根本上批判现代学校教育制度并要求彻底改革乃至取消学校制度的一派主张,其代表人物主要为伊里奇(I. Illich)、赖默(E. Reimer)。[①]

在伊里奇看来,现代产业社会是一种追求不断进步与经济发展的社会,这种社会远远超出了自然的尺度与限度,正在朝着阻碍人类的真正幸福的方向发展。从这个意义上讲,现代文明面临着巨大的危机。以现代的义务教育制度为核心的学校制度,不仅反映着这种危机,而且还从根本上加剧着这种危机,因为它把这种消费社会的价值制度化,不断再生产着社会危机。要彻底地解决教育问题和文明危机,只能自本自根彻底地从整体社会的改造入手,依靠社会权力和资源的重新分配,而不是凭借社会制度中的某些枝节措施的改进来实现自由和平等。

在学校这种结构体制下,由于在学习活动中学生必须先学着服从权威——教师或校规等,然后在教师的引导下,依次学习那些被预选好的、被过滤的信息,这样,在这个过程中,就已隐藏了资本主义"消费"形态的生产关系。学校成了服务性的"工厂",教育成了"训练",学校所要生产的"商品"(即知识),是专家学者根据社会需要所设计的,然后在教师的促销下(扮演广告的角色),使学生无选择地成为"消费者"。学生的主体自由由此被完全剥夺了,所接受的是"成套"讯息的强迫学习。因为学校活动中渗透着经济、政治、社会制度等权力关系,所以,在学校结构的作用下和教师的引导下,学生就逐渐达成了社会化,最后变成政治上的"顺民",经济上的"工人"和文化上的"消费者"。伊里奇指出,学校已由一个使人"解脱"的场所,变成一个束缚人性的地方。

为使教育彻底从学校的束缚中解放出来,伊里奇等人主张充分地利用其他教育机构和手段,如家庭生活、卫生保健、社会服务、法律结构和大众传媒等,创造一种"非学校化社会",认为它是人类未来可能会面对的情况。在这种社会中,没有现行的学校制度,代之以"学习网络":

第一,学习资料、设施、设备的网络;

第二,有技能的人员相互交流的网络;

第三,选择学习伙伴的网络;

第四,教育专家的网络。[②]

伊里奇等人认为,设计这些网络的目的是为人们提供方便的经济条件,以便在诸如图书馆、实验室、博物馆、工厂、农庄这样一些传统的地点进行精心设计的学习;提供图书、影片、工具、机器、计算机、游戏之类起教育作用的实物,藉以进行教学;提供非正式的便利的方法,

---

① 郑金洲等:《"学校消亡论"评析》,《外国教育动态》1990年第5期。

② (美)伊里奇著,吴康宁译:《非学校化社会》,(台湾)桂冠图书股份有限公司1992年版,第111页。

以便使各个小组能够交流思想和讨论书本；提供机会使学习者能接近那些准备教授特殊技能的专业人员、专业辅导人员。这种安排，既承认社会上其他有关机构的潜在的教育性质，又承认所有技术性工作中所固有的可资教学的内容，每个人一边劳动，一边结合劳动不受强制地根据需要来进行主动的学习，彻底恢复了教育的本来面貌。

二、学校的性质与职能

对于学校，杜威曾有这样的论述：教育是一种社会过程，学校是社会生活的一种形式。学校必须呈现现在的生活——即对于儿童来说是真实的、生气勃勃的生活。脱离生活的学校教育，结果总是呆板的、死气沉沉的。① 这段论述在一定程度上体现了杜威对学校性质和职能的要求。

（一）学校的性质

什么是学校？学校是根据人类社会的需要，有目的、有计划、有组织地对人进行培养教育的社会组织。人的一生大部分时间都隶属于这样或那样的组织，如家庭、学校、公司、工会、政府机构、俱乐部等。学校组织是指为完成学校的教育目标而将学校各个部门按一定形式组合而成的整体。学校的教育目标是培养人，促进学生的学习。学校组织应该讲究成本和效率，以促进目标高效而高质量的实现。

让我们来看看以下在一些学校较为普遍存在的现象：

教师用解释或讲授的方式给全班学生上课，偶尔问一下有标准答案的问题。当教师不在讲课时，便是在观察和监督学生在他们各自的书桌前做习题；学生在听或看上去在听老师讲课，偶尔回答教师的问题；学生在各自的书桌前读书或写字。这一切都发生在没有什么情感的环境里，既没有人与人之间的热情交流，也没有敌意的表示。

这样的学校、这样的教学课程明显脱离了青少年的现实世界，教师们所做的教育工作与学生们的家庭生活和其他社会生活经验毫不相干。在这样的学校里，学生们在日常生活里最关心的事情可能会被教师们看成是与学校不协调的，甚至是被禁止的。学校注重的是他们的学术天赋和努力学习的态度，而不是他们在这一人生阶段所最关心的生理、社会和个人方面的需求。②

案例 9.1

美式课堂的一幕

美式课堂看似很轻松，但里面学问却很多。从教室的布置就可以看出，孩子们基本都是

① （美）约翰·杜威著，赵祥麟等译：《学校与社会·明日之学校》，人民教育出版社 1994 年版，第 6—8 页。
② （美）古得莱得著，苏智欣等译：《一个称作学校的地方》，华东师范大学出版社 2007 年版，第 3—4 页。

4—6人一桌,成为一个小团队,很多学习内容以小组为单位完成,小组中的每个孩子都有机会参与管理设计、分工协作和演讲活动,每个孩子都有机会成为小"领导",每个环节都是管理与协作能力的锻炼和培养。在团队合作的过程中,可以发现A的组织领导能力,B的执行计划能力,C的耐心细致的特点,D则专注于一件事情并做到最好。他们因为各自发挥自己的特长,通过和谐的相处与配合共同完成了看似不可能完成的任务,都非常有成就感!作业完成后,小"领导"还要进行演讲,锻炼其面对众人的演讲演示能力。

学校应该是一个什么样的地方呢?学校应当反映简化现实的社会生活,延续儿童在家庭里已经熟悉的活动经验,成为儿童的生活经验的一部分,这样才有教育作用。教师在学校中的任务应当是依据自身较多的经验和较成熟的学识来决定怎样使儿童得到生活的训练,帮助儿童选择对自身成长发展有促进作用的东西并做出适当的反应。

根据我国学校目前的发展状况,我国学校类型可以分类如表9.1。

表9.1 我国学校的分类

按学段划分	幼儿园、托儿所		
	小学		
	中学、中专、中技		
	高等院校	大专、高职院校	
		本科院校	
		研究生院、博士后工作站	
	其他学校		
按中学主体划分	公有学校	按所有权划分	国有学校
			集体所有的学校
			国有企业、国有事业单位、受国家财政资助的社团组织等单位所有的学校
		按日常经营权划分	公有公办学校
			公有办学体制改革试点校(含"公有转制学校"等)
	民办学校		
	混合所有制学校(国有股份和民有股份都有的学校,有的还有外资股份)		
	外资学校		
	其他学校		
按学校的教学组织形式划分	全日制学校		
	非全日制学校		

(二) 学校的职能

随着社会的快速发展，尤其是全球化、信息化、多元化的今天，人们对学校的期望越来越高，学校的职能定位也日趋复杂。学校的主要职能是教育，基础教育最根本的职能是培养人、发展人。学校通过课程，通过教师的课堂教学和各种育人活动，引导学生个体的全面发展。

英国著名教育家沛西·能在《教育原理》一书中从学校与个人的关系角度，将学校的主要职能阐述为使学生社会化和个性化发展的双重职能：[1]

> 学校的主要职能在于使学生社会化，这与认为学校的真正目的在于培养个性毫不矛盾。……培养个性这个目的并不意味着培养古怪的个性，也不是假定所有儿童都是潜在的天才。真正为社会服务的训练，是有利于个人的发展的，而最高的社会形式将是这样的社会，在这种社会里，每个人可以自由地从共同的生活条件中吸取他的天性所需要的东西，并且用他最特长的东西去丰富这个共同的生活条件。所以，教育的真正目的是积极的，在于鼓舞自由的活动；而不是消极的，在于限制或抑制这种活动。

学校的职能主要可划分为两方面：一方面是用以满足社会政治、经济需要的工具职能；另一方面是满足儿童自身发展需要的教育职能，亦即个体社会化的职能和个体个性化的职能。

为了实现上述职能，学校会增设一些组织机构。例如，为了加强学生的心理健康教育，预防学生中日益增长的不良心理现象，很多中小学都建立了学生心理咨询室。为了发挥中小学教师的集体智慧，以科研促进教学、帮助学生发展，很多学校成立了教育科研室，通过组建科研团队来促进学校教育质量的提升。

专栏9.3

美国学校的职能

美国学校的主要职能是：要把人培养成美国的公民，应反映国家发展的需要，应该是美国式的而不是欧洲式的。

美国公立学校教育是否应该传递一种独特的美国文化呢？换言之，在美国教育系统中，是否应该由学校承担起传递明确的美国核心文化的责任呢？对此，在美国教育界，长期以来就存在争议。公立学校应该在多大程度上传递独特的美国文化？一些教育家认为，所有的公立学校应该教给学生某些关键的文化概念和价值观。另一些持反对意见的教育家则认为，学校应该以发展多元文化、尊重多样性为首要教育任务。关于共同的文化核心与文化多

---

[1] 沛西·能著，王承绪等译：《教育原理》，人民教育出版社2004年版，第254—255页。

样性问题也和当前关于双语教育和两种文化教育的争论有关。

(资料来源 （美）阿伦·奥恩斯坦、莱文·丹尼尔著,杨树兵等译：《教育基础》(第八版),江苏教育出版社 2003 年版,第 174—176 页。)

三、学校的组织机构与基本制度

（一）学校的组织机构

1. 我国中小学组织机构的历史沿革

我国中小学内组织机构的设置,与学校领导体制改革密切相关,同时也与教育教学的内在规律相关。新中国成立以后,我国中小学校内组织机构历经了几次变革,主要围绕第二管理层级进行改革。

我国中小学组织机构形式初步形成于 20 世纪 50 年代初。当时的有关文件规定：中学设教导、总务两处,教导处设主任,管理的事务包括教学行政事务、班主任工作和课外校外活动等,必要时设副主任；总务处设主任。各学科设教研组和组长,规模较小的学校可联合相近学科组织教研组。小学则根据班级数多少设教导处和总务处。1957 年,为加强思想政治工作,不少学校增设了政教处,管理班主任及团队工作,而先前的教导处改为教务处。1962 年,中共中央转发原教育部制定的《全日制中学暂行工作条例》(草案),政教处取消,而改设教导处。"文革"中,中小学普遍成立了"革委会"。"文革"结束后,学校恢复了原来的机构设置,有的在校长下设二处——教导处、总务处,也有的设三处——教导处、政教处、总务处,同时也恢复了"文革"中曾被取消的教研组。1985 年,《中共中央教育体制改革的决定》出台,中小学开始试行校长负责制。1992 年《中国教育改革和发展纲要》颁布,校长负责制在中小学全面实行,校长领导下的"两处一室"(或"三处一室")的行政性组织机构被进一步确定。

2. 我国中小学组织机构的基本形式

（1）行政性的组织机构

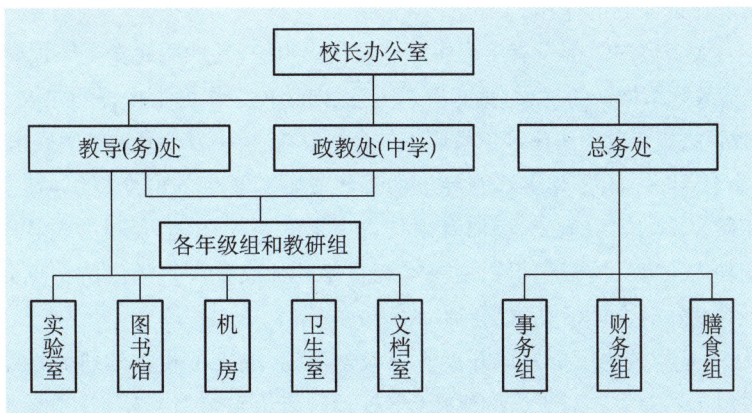

图9.1 学校组织的基本结构

各部门的主要职责如下。

校长办公室:是校长领导下处理日常校务的办事机构。它协助校长处理对外联系、对内协调的工作,负责对外联络、文件收发、报表统计、信息反馈等,通常设主任或干事1—2名。

教导处:是组织和管理学校教务业务的机构,具体领导各科教学研究组、年级组及班主任的工作;同时兼管与教学业务有关的科室,如实验室、图书馆、文印室等。教导处的日常行政事务包括:掌握学籍、整理教学档案、成绩统计、安排作息时间、编制课表、组织课外活动等。一般设主任、副主任若干人。

政教处:是管理学生思想工作、组织学校各种德育活动的机构。对各年级组的德育工作负有领导、管理和协调责任。一般设主任、副主任若干人。需要说明的是,不是所有的中学都设政教处,有些规模较小的中学可能就没有这一机构,这些学校的德育工作由教导处统一管理和协调。小学也一般不设政教处。

总务处:是组织和管理学校后勤的机构,负责学校的基建、物资的供应、设备的维修、财务的支出和报销等事项,同时兼管学校的食堂、宿舍等,其宗旨是为教学服务,为师生服务。总务处一般设主任、副主任及办事员若干人。

教研组:即各学科教学研究组,是学校的基层教学活动单位之一。负有组织本学科教学、开展教学研究活动、提高教师教学业务能力等责任。此外,教研组有责任对本学科的教学质量进行监控和评价,发现问题及时提出整改意见。教研组一般由同学科的教师组成,通常设组长一人。

年级组:是同一年级的班主任和任课教师的集体组织。它的任务是了解同年级学生的德、智、体发展的实际,沟通班主任与班主任、班主任与任课教师之间的关系,统一认识,统一步调,提高教育质量。年级组长对本年级教学工作、思想政治工作、体育卫生、课外活动、生产劳动进行组织安排,落实各项活动,评估活动效果。

(2) 非行政性的组织机构

中小学非行政性组织机构一般包括党、群、团组织和各种研究性团体,各机构的主要职责如下。

党支部:一般来说,由于中小学规模有限,因此不设党委而设党支部或党总支。党支部主要抓好学校师生的政治思想工作,同时还参与学校重大问题的决策,对学校的教学、人事、财务管理等工作负有监督和保证实施的作用。

工会、教代会:大多数中学都设有工会组织和教代会组织,其性质属党支部领导下的教职工群众组织。它们是党政联系群众的桥梁,负有下情上达、向学校工作提出批评和建议、推动学校民主管理、依据有关教育法律或劳动法律维护教职工的合法权益、组织教师开展休闲娱乐活动等责任。

共青团、学生会、少先队:是党支部领导下的青年教师和学生的群众组织,其中,共青团由青年教师和符合年龄要求的学生组成,参加者须具备一定的条件;学生会和少先队则由学生组成,一般没有严格的加入条件。这三种组织主要围绕青年教师或青少年学生的特点开展活动,活动内容涉及思想教育、教学、文体活动、社会活动等。

研究性团队:一些学校为了更好地开展教育教学活动,成立了相关的研究性组织,如学科教学研究会、文学社、艺术会等。对于这些组织,学校行政应给与热情支持,并积极进行引导,使之对学校的工作起到有益的辅助促进作用。

学校确定组织结构应遵循的原则

（1）以绩效为目标。组织结构的设立应以提高组织效率为首要目标。

（2）以教育活动为核心。既然学校的核心活动是教育，那么如何"教育"应该是学校研究的重点工作。组织结构的设计和变革应有利于核心工作的开展，不被过多的会议和事务性工作所干扰。

（3）便于沟通的、层次尽量少的管理层。沟通的效果与等级层次的数量呈反比，组织层级减少，不仅上下信息传递的准确性有保证，各层次横向联系增大，交流变得频繁，尤其是决策层与下属的交流增多，学校和谐氛围营造变得容易。组织层级减少，管理结构简单，常规工作程序简化，会议频率降低，保证了学校中心工作的效率和时间。同时组织层级减少，也便于学校组织及时发现人才、培养人才。

（4）组织结构明晰。层级清晰、归属明确，职权、管理范围有明确规定。管理者、被管理者知晓资源和决策的来源、获得支持和合作的方式等。更重要的是，组织结构经得起决策程序的考验。

（5）组织结构利于输入外界环境信息。学校为了满足间接消费者的需求，必须通过一定的组织形式有效地收集、解释和运用外界信息。同时，尤其要注意组织变革将改变组织与环境的交换模式，涉及上级组织、家长、公众等诸方面的利益，如果因为组织的变革损害了这些方面的利益，变革必然陷于困境。

（资料来源 王春花：《学校组织结构变革的动因和思路》，http://www.cnsaes.org）

（二）学校的基本制度

学校建立章程制度，并按章程制度办事，是现代学校制度的基本要求。《中华人民共和国教育法》第二十条规定，设立学校及其他教育机构，必须具备章程等基本条件。国家教育行政部门颁布的《小学管理规程》、《特殊教育学校暂行规程》，以及国务院颁布的《中外合作办学条例》、《民办非企业单位登记管理暂行条例》，都规定了小学、特殊教育学校和中外合作办学机构、民办学校必须具备章程这一基本要求。学校应当依法实施教育教学活动，依法实施对学校的自主管理，依法维护学校、教师、学生等教育关系主体的合法权益。

1. 学校基本制度的本质

俗话说：没有规矩，不成方圆。要办好一所学校，必须有章可循、有制度可依据。每一所学校都有自己的一套管理制度，这些制度的内容和方式或许不同，但目的一致，要根据教育的方针政策和要求服务于培养全面发展的健康的人这个目的。

教育的本质是爱与责任，学校基本制度的本质是为了促进学生的学习发展而维护好学校正常的教学活动秩序。

案例 9.2

校门晚开 5 分钟而引发的血案

2010 年 3 月 23 日 7 时 24 分，正逢孩子们上学时间，福建省南平市实验小学门口，已经有几十个孩子等在校门口了，再过 5 分钟，7 时 30 分校门就将打开。突然，一名中年男子手持砍刀行凶，在 55 秒内持刀连续朝正在等待学校开门的 13 名小学生捅去，酿成 13 名小学生 8 死 5 伤的惨剧。

学校为什么 7 时 30 分才开门，每天让几百名小学生等候在校门口？

南平实验小学全校共 48 个班级、2000 多人，每天早上 7 时 30 分开门，一般每天在 7 时 30 分前到校的小学生都有 500 人以上，全都等候在校门口。

部分遇难学生家长情绪激动，纷纷质问学校，为何硬是要规定 7 时 30 分才能进校，让数百孩子在校门口等待。遇难学生家长黄宝珠说："学校要是早开门一分钟，我儿子就不会死，当时他已经准备进门了。"许多家长表示，学生来得早就要站在外面，又没人保护，孩子这么小，受到伤害根本无法抵抗。

据讲，这是学校因为怕学生太早到校嬉戏玩耍，万一出事故校方要承担责任，所以才有这么一条不近人情的规定。学生到校上学，聚众候在校门口，一旦出现安全事故，难道学校就可以借此推卸责任了吗？

制度的制订是为学生的权益服务的，而不是为了规避学校管理人员的责任。福建南平实验小学 7 时 40 分开始上课，7 时 30 分才打开校门。这样的规定必然造成校门前聚集大量学生等待入校，形成各种安全隐患。而且现实中有类似规定的学校不在少数。

这种制度规定的背后反映，在现实中孩子的权利却要服从学校的管理秩序，而不是学校的管理以孩子的权益为中心。以维护主政者自身权益的制度取代了维护学生权益的制度。频发的校园安全血案告诉我们，应该尽快修改这种只规避领导责任而忽视孩子安全的规定。让孩子早进校门，会给学校管理增加些工作量，但这应当被看作校方的责任。为了孩子的安全和家长的便利，这个辛苦是份内的事。

2. 学校内部基本制度的分类

学校内部基本管理制度包括学校组织领导工作管理制度、学校行政综合工作管理制度、学校教学工作管理制度、学校师生员工管理制度、学校工作监督评估制度、学校后勤工作管理制度、教学文书写作范本等七大类[①]。具体如下：

---

① 方圆编著：《新编学校内部管理制度范本大全》，北京工业大学出版社 2010 年版，扉页。

（1）学校组织领导工作管理制度：包括学校行政领导工作制度、学校组织机构管理制度、学校形象礼仪管理制度等。

（2）学校行政综合工作管理制度：包括学校行政通用管理制度、学校档案综合管理制度、学校安全综合保卫制度、学校图书馆综合管理制度等。

（3）学校教学工作管理制度：包括学校教学工作通用管理制度、学校教学质量管理制度、学校素质教育管理制度、教学职能科室管理制度等。

（4）学校师生员工管理制度：包括教师管理制度、学生管理制度、班级工作管理制度、非教职员工管理制度等。

（5）学校工作监督评估制度：包括教育教学工作督导评估制度、教学质量评估达标制度、教职员工工作评估达标制度等。

（6）学校后勤工作管理制度：包括学校财务管理制度、学校校车管理制度、学校食堂管理制度、学校宿舍管理制度、学校环境卫生管理制度、学校财产和设施管理制度、学校医务保健管理制度等。

（7）教学文书写作范本：包括教学管理类文书写作范本、教学教育文书写作范本等。

3. 学校基本制度的运用

学校校长、教学管理人员和教师应该如何运用已有的基本制度呢？请先看看下面两个案例。

案例 9.3

制度运用的刚与柔

一所学校的校长出台了这样一个规定：凡是家中有高三学生的教师，下午可以提前一节课回家照顾学生。这样的规定尊重了教师的实际困难，所以该校长赢得了大家的敬重。有人担心：让老师提前一节课回家，会不会耽误了学校的工作呢？校长则回答：校长为教师的切身利益着想，教师当然也会为学校的利益着想，早回家一节课尽心照顾孩子，回到学校就会尽心地搞好学校工作，工作劲头更加高涨。提高了工作效率，落下的工作不但能补回来，而且还会超前。

再看另一所学校的案例：小赵是某中学的教学骨干，样样都干得很出色，尤其是近几年，为学校争得了不少荣誉。一次，爱人不幸生病，住了医院，家里又有一个不满2岁的儿子，这无疑增加了他的负担。小赵经过反复考虑，不得不向校长提出了请假的要求，并表示：照顾爱人期间，不忘教学，认真备课。然而，校长的答复十分强硬：请假可以，但要按章办事，每请一天假，扣奖金50元，如一个月超过3天，该月奖金全部扣除。另外，还要从工资中支付部分代课金。显然，这无疑让小赵寒心，但为了照顾妻儿，没办法，只好认扣了。不久，小赵的爱人出院了。与此同时，小赵向校长提出了调离本校的申请。这是校长万万没有料到的。于是，校长的态度来了个180度的大转弯，收回当初所说的一切，补发扣除的奖金和工资。然而，小赵却坚持一定要走。

对比上述两个案例可以看出,学校管理者——校长在运用制度的过程,需要秉承"刚性规章、柔性管理"的工作原则。刚性规章保证学生有学生的日常守则,教师有教师的行为规范,议事有议事的规章制度,用人有用人的客观标准。这是管理刚性的一面。但是,学校校长的管理更要有柔性的一面,要尊重人,要关心人,要以人为本,要激发所有教师内在的工作积极性,让他们感受到自己是在为自己,而不是为他人,更不是在为校长工作。这样,久而久之,就会形成一种学校文化而积淀下来。

四、学校效能与学校变革

学校效能研究发端于美国。1966年,美国学者科尔曼的研究发现,美国学校对学生学习的影响程度很低,仅能解释影响学生成绩变化的10%部分,远远低于来自学生的社会经济背景因素的影响。这一结果使人们开始质疑学校教育对学生发展的影响。人们开始思考:什么样的学校才是有效学校?有效学校有哪些特征?影响学校的有效性因素是什么?

此后,学校效能研究由美国发展到欧洲、亚洲与大洋洲等地区。国际学校效能研究到今天,已形成以下共识:(1)学校确实影响着学生的发展;(2)高效能的学校之间存在明显的共性;(3)教育政策以改善所有学校为总体目标,以改善低效能学校为具体目标。

学校效能研究大致可分为以下几类:

第一类:"投入—产出"研究,主要关注学校资源的投入(如教师工资、学校图书数量)对学校产出(学生成绩)的影响。基本结论是:与学生家庭背景相比,学校资源对学生成就的影响小很多。

第二类:"有效学校"的研究。在认同学校对学生能够产生积极影响的前提下,寻找有效学校的共性特征。主要包括:学校教师对学生具有高期望和高标准要求;学校形成融洽、合作的气氛;学校领导层有一致的、清晰的发展目标;课堂有积极的教学方式;学生理解并遵守学校的规章制度;学校对学生的学习状况进行及时监控、反馈;父母参与学校事务等。

第三类:"学校改进"的研究。从教育公平的角度出发,希望发现可以促进学校提升的因素,从而使学生无论在哪所学校都能享受到同质的教育服务。研究发现有利于学校改进的因素包括:校长强有力的教学领导、对教学重点全面的把握和深刻的认识、安全有序的学习气氛、对所有学生抱有高期望、应用学生成绩测验来评价学校是否成功。

当前,学校效能研究更加注重学校效能的客观评价,从而找到改进学校、促进学校发展的有效途径。学校效能评价通过分析学校组织管理、教育氛围、课题教学内容与方式等对学生的学习进步所起的作用,更为全面地为学校改进措施的制订提供明确方向,找到阻碍学校发展的因素。

(一) 有效学校的主要特征

学校效能研究将学生的进步和成绩作为有效学校的重要特征,有的研究还把学生的社会性发展看作有效学校的特征。那么,哪些可以看作有效学校的共同特征呢?

表9.2是基于北美和英国的研究所得[①]:

---

① (英)路易斯·斯托尔、(加拿大)迪安·芬克:《未来的学校:变革的目标和路径》,北京大学出版社2010年版,第34页。

表 9.2 有效学校的主要特征

1. 专业性指导	稳定和有目的;一种共同参与的领导方式;引领专业人员
2. 共享愿景和目标	目标统一;行动一致;良好的同事关系与合作文化
3. 学习型环境	秩序井然;吸引人的工作环境
4. 重视教与学	学习时间的最大化;强调学生学术科目的学习;关注学生成绩
5. 高期望值	对所有方面的高期望值;期望的沟通与交流;为学生提供智力挑战的机会
6. 正面强化	公正而又清晰的纪律;反馈
7. 监测进步	监测学生的成绩;评估学校的表现
8. 学生的权利和责任	较高的学生自尊感;责任明确;预防控制适度
9. 有目的的教学	有效率的教学组织机构;清晰的目的;结构化的课程;适应性教学实践
10. 一个学习型组织	校本员工发展计划
11. 建立家校合作关系	学生家长的参与

我国对成功学校的研究也得出了类似的特征:

(1) 强有力的学校行政领导;

(2) 和谐的学校氛围和良好的学校文化;

(3) 对学生有较高的期望,不仅关心学生的学业成绩,还重视学生品行、技能、态度、情感、兴趣等的发展;

(4) 教师有较高的教学技巧;

(5) 学校关心且教师自己也重视自身的专业进修与发展;

(6) 社区、家长对学校工作的支持与参与。

无效学校或低效学校的特征并非就是上述有效学校特征的反面。有可能是其他一些因素的综合。了解这些有助于找到改进无效学校的起点。无效学校的特征有:

(1) 缺乏共同的愿景。这种学校的教职员对他们所处的环境和学校文化缺乏认识和了解。

(2) 无特定目标和理想的领导层。校长缺乏影响力,教师对学校失去信任,甚至感到绝望。

(3) 不良的人际关系。教职员之间的人际关系是冷漠的、独来独往的,并且听不见他人的建议。

(4) 无效的课堂实践。对学生期望比较低;低水平的师生互动,学生参与水平低,教师指导效果差;学生认为教师不关心他们,不赞扬他们,不提供帮助或者认为学习不重要;教室里喧闹无比,师生从事大量与学习无关的活动;频繁的批评和负面反馈。

(二) 学校变革的主要途径

为了改变无效学校或低效学校,需要进行学校变革,以创建有效学校。**学校变革的主要途径有:形成特色学校、促进内涵发展;建立专业的"学习共同体"等。**

专栏 9.5

学校变革的战略目标

1. 加强中央确定的目标、政策、工作重点、课程、标准和绩效责任制的框架。
2. 将下放更多的权利、义务和责任给学校。
3. 更多致力于提高所有学生的学生成就。
4. 学校加强技术方面的进步以适应知识社会的需要。
5. 为适应全球化和工作场所的变化，将对学校课程的内容、教学方法进行相应变革。
6. 专业实践的每个方面都需要团队合作能力。
7. 为了成功运用信息沟通技术，需要制定应对平等、接触问题的政策。
8. 虽然虚拟的学校教育在任何环境中都可以进行，但学校永远都不会消亡。
9. 每一所学校都需要根据这些变革的战略目标制定一项可持续的十年规划。

(资料来源 (澳)布赖恩·卡德威尔、吉姆·斯宾客斯著，胡东芳等译：《超越自我管理学校》，上海教育出版社 2005 年版，第 22 页。)

1. 形成特色学校

多年来，我国一些学校教育的模式单一，统一的教材、恒定的课程、近似于"标准化"的教学程序，加上几乎唯一地以考试看学校实效的评估手段，由此产生的结果是，千校一面，在培养出一批能背善考的学生的同时，学生的兴趣爱好受到压抑，其个性发展不被重视。这种"一刀切"的教育模式不能适应今天市场经济时代的需要。市场经济的最基本特征是经济形态的多元化，因此它对人才的需求也呈现多样性的特点，它要求学校为社会输送有各种各样特长的个性化人才。为此，学校的特色发展成为今天学校变革的主要途径之一。①

上海市某小学，早在 20 世纪 50 年代中期就致力于"让儿童的聪明才智得到充分发展"的课题研究。进入 80 年代后，该校开始实施"愉快教育"的实验。学校倡导"教得活泼、学得愉快"的教育理念，要求教师在教学中运用各种手段激发学生的学习兴趣，使学生能够愉快主动地接受教育，成为学习的主人，使他们由苦学变为乐学，愉快地学习和活动。学校还精心设计学生一天的活动，使学生充分感受到"朝气蓬勃的早晨、轻松愉快的课间、欢乐活泼的中午、丰富多彩的下午"，努力使学校成为儿童成长的乐园。该校"愉快教育"的经验曾在全国教育界产生了广泛的影响。

吉林省某中学多年来努力探索"面向世界、面向未来、面向现代化"的教育途径，形成了以"学风、尖子、教科研"为主导的办学特色，在教育教学等方面取得了突出的成果，获得了国家及省、市

---

① 吴志宏主编：《学校管理理论与实践》，北京师范大学出版社 2002 年版，第 255—256 页。

的表彰。学校特别重视美育工作，不仅设置了中学美育的目标，还设计了四个板块的美育课程：美育综合课、美育渗透课、美育活动课以及美育隐性课。同时，加强了美育师资的培养。这些措施保证了学校美育工作从随机无序走向自觉有序的状态，大大促进了素质教育的深入开展。

实践证明，从争创学校特色入手，是学校变革的重要途径。

专栏 9.6

深圳创建首批素质教育特色学校

2010 年 10 月起，深圳将开始首批 50 所中小学素质教育特色学校的申报与创建，义务教育阶段设重点班、严重违反"减负"规定而拒不改正的学校将一律取消创建资格。在两年创建期间，深圳市教育局每年将拨付专项经费，小学每年每种类型特色学校拨付 10 万元，中学 15 万元。各区教育部门需给予等额的配套经费支持。

深圳市中小学首批素质教育特色学校创建主要有六种类型：德育工作特色学校、体育工作特色学校、艺术教育特色学校、科技教育特色学校、课程改革特色学校、校园文化特色学校。

要申报素质教育特色学校，必须满足办学 3 年以上，开展特色学校探索和实践 2 年以上，所申报项目取得一定成果和社会影响力的条件。符合条件的全市中小学校（含民办学校）均可申报。教育部门要求，同一学校申报的特色学校类型不超过两类，同一类型特色学校的特色项目须有三项以上。

2012 年 11 月起，按照统一标准，对素质教育特色学校进行评定，并授予"××特色学校"牌匾。

2. 建立"学习共同体"

十多年的研究与实践说明，学校变革走向成功的一个重要途径就是建立专业学习共同体。

有很多人定义过学习共同体，但学校或学区不应该只是要建立这种学习共同体，他们建立这种学习共同体的目的应该是重建有效的学校，让人们可以在一起共同学习、共同工作。这才是影响课堂、影响学生学习的最终力量。

这种学习共同体的创建，有利于提高教职工的积极性，有利于培养一种合作文化。而这种合作文化有一个规则，即始终以学生学习为焦点。这种学校通常都有一种强烈的动力去学习一种新的教学实践，也有一种提高学生和教师学习的紧迫感。

彼得·圣吉在 1990 年的畅销书《第五项修炼》中第一次使用了"学习型组织"一词。虽然圣吉所写的是商业团体，但此后这一词很快进入到教育文献中。萨乔万尼将圣吉的五项原则之一"团体学习"，翻译到教育情境中："学校作为学习共同体的这个理念说明了成员之间的一种关系，类似于我们在家庭、邻里或其他有着密切关系的组织中所看到的。"

人们认为，在学校情境中"学习共同体"的概念包括以下方面：

（1）教师间的反思性对话。

（2）去私人化的实践。

（3）共同聚焦于学生学习。

（4）合作。

（5）共享规范和价值观。

研究表明,成功变革的学校一般都发挥了学校作为专业学习共同体的功能。这些共同体通常被认为有以下三个普遍特征：

（1）教师为促进所有学生的学习追求一个清晰的、共同的目标。

（2）教师致力于合作活动以达到他们想要的目标。

（3）教师集体为了学生的学习承担责任。

基于对有效学校的研究、美国教育部制定的优质学校标准,布兰克斯坦将专业学习共同体的本质总结为以下六大原则①：

（1）原则1——共同的宗旨、愿景、价值观和目标。

（2）原则2——确保所有学生学有所成,建立预防和干预系统。

（3）原则3——以教与学为中心的合作团队。

（4）原则4——利用数据指导决策和可持续发展。

（5）原则5——赢得家庭和社区的积极参与。

（6）原则6——发展可持续的领导力。

这些原则强调以学生学习为焦点和合作两个方面展开,是美国大部分学校成功变革的关键。

五、学校文化建设

学校文化,是教育实践成果的积淀和升华,是以校园为背景、以师生为主体、围绕教育教学活动和校园生活而构建的文化系统,是学校特有的办学理念、价值观念、行为方式、校风校貌等因素的综合体现。它是学校的灵魂,也是学校改革与发展的活力之基、动力之源。

（一）学校文化的性质与作用

学校文化体现在学校制度、课堂教学方式、学校科研活动、师生互动方式以及学校建筑、学校传统、故事、仪式、庆祝活动、典礼等具体行为或现象之中,是学校群体成员的价值观、行为动机、默会观念的统一体。其中,教师通过自身行为展现出来的精神层面的东西,对学生的影响最大。

1. 学校文化的特点

与其他文化相比较,学校文化具有以下一些特点：

（1）教育性。任何文化都有教化的作用和教育的意义。但是社会文化对社会成员的教化作用大多是无组织、无意识的。社会文化中的消极因素会对社会成员起到不良影响。学校文化是学校教师(包括校长和其他教育工作人员)根据国家的教育方针和学生成长的规律有意识营造的,是经过学校师生长期的教育实践活动积淀起来的。它反映了学校的办学思想和培养目标,具有很强的目的性和教育性。虽然学校文化也可能会有消极因素,但在学校文化建设中是要设法消除的。

---

① （美）艾伦·布兰克斯坦著,林玲等译:《创建优质学校的6个原则》,华东师范大学出版社2007年版,第45—52页。

(2) 选择性。学校是传递文化的专门场所,但它不是无选择地传递人类所有文化遗产,而是有选择的,并且经过一定的改造,然后才传递给学生。任何一种文化总是有精华和糟粕。学校传递的文化应该是文化中的精华,而不是糟粕。因此对已有的文化就要有所选择。选择的标准是国家对人才的要求和儿童青少年成长的规律。例如,中华文化是世界上最优秀的文化之一,但其中也有一些落后的糟粕,如重男轻女、不讲科学、不讲卫生、重人情轻制度等,在学校文化传承中就要批判和剔除。又如,当前西方文化大量涌入,有些文化如讲科学、讲民主、讲开放、讲效率的思想,我们应该大胆吸收,但是诸如个人中心主义、极端自由主义、放任主义、物欲主义等就应加以批判和摒弃。不能让它们在青少年中蔓延。学校中作为教育内容的文化都是以学科课程为载体组织起来的,更要根据教育目标和课程标准,根据学生的认知规律加以选择和编制。

(3) 独特性。学校文化的独特性首先表现为从整体上来看它与其他社会文化是不同的,如学校强调科学精神与人文精神的统一、理想主义与现实主义的统一、民族文化与世界文化的统一、历史积淀与时代发展的统一、书卷气息与大众习俗的统一,等等。这些都是其他社会文化所不具有的或者是较少具有的。学校文化的独特性还表现为它内部构成的多样性和独特性。学校文化是由一所所学校的具体文化所构成的,这些具体的学校文化既有共性又有个性。往往有这样的现象,就是在同一地域甚至是只有一路之隔或者一墙之隔的两所学校,在文化上也存在着耐人寻味的差异。学校文化正是由一个个富于特色的学校所具有的富于特色的文化汇聚而成的,这是它独特性的重要表现。

2. 学校文化的作用

建设学校文化的意义有以下几个方面:

(1) 学校文化具有统率的作用。学校文化是学校的灵魂。学校的办学思想、教育理念一旦成为全校师生的共同信念,就会体现在每个师生的价值取向、期望、态度、行为之中,体现在学校的各项活动之中。例如,把"爱一切学生"作为学校文化的核心理念,学校教师头脑中就不会有差生的概念,就不会把学生分成三六九等;同学之间就会互相尊重,共同进步。如果把"人与自然的和谐发展"作为学校文化的重要理念,全校师生就会处处爱护自然,保护环境。总之,学校文化中蕴含的核心价值观会体现在全校师生的思想、感情和行为中。

(2) 学校文化有着规范的作用。学校文化建设中很重要的内容是制度建设。学校经过师生的长期教育实践,总结出了一套行之有效的规章制度,它可以规范师生的行为,学校办事有章可循,有条不紊。如果学校缺乏制度建设,学校就会杂乱无章,遇事找不到人负责。学校的制度不是随意制定出来的,不是学校领导或者少数人制定出来去约束师生行为的。制度建设作为一种文化,是师生在教与学的活动中,经过长期的实践、总结、提炼而制定出来的,是反映了师生的意愿、为师生共同认可的,这种制度才能被全校师生所遵守。

(3) 学校文化具有激励的作用。优秀的学校文化总是有愿景、有期望、环境舒畅、人际关系融合、生活朝气蓬勃。会激励师生开拓进取,不怕困难,追求卓越,努力把学校的各项任务完成得出色。在这种优秀文化氛围中,全校师生有一种责任感、荣誉感,驱使他们努力教和学,不断创造新的经验和成绩。

(4) 学校文化具有熔炉作用。传统的力量是无穷的。学校文化如果形成了传统,就会成为一股无形的力量,引导着师生的思维方式、生活态度、心理情趣和行为作风。师生会自动地,不用思索地按照学校的思维去思考,去行动。学校文化像一块学校的吸铁石,把师生员工凝聚在一起。学校文化又如一个大熔炉,学校里如果来了一位新成员,立即会熔化在这个文化传统之中。[①]

(二)学校文化的类型与内容

1. 学校文化的类型

学校文化是一个庞大的体系。用不同的标准来划分这个体系,可以分成不同的小类:

根据学校文化在学校中存在的形态,可分为学校精神文化、行为与制度文化、物质与形象文化。

根据学校的不同群体所体现出的不同文化,可分为学校校长文化、教师文化、学生文化、行政管理人员文化等。

根据学校文化在学校内不同组织层面的体现,可分为学校校园文化、年级文化、班级文化等。

根据学校文化在学校内不同物质空间的体现,可分为学校办公室文化、教室文化、餐厅文化、寝室文化、卫生间文化、走廊文化等。

根据学校文化在学校发展过程中所体现的作用方向不同,可分为积极的学校文化和消极的学校文化。

根据学校文化是否"看得见、摸得着",可分为学校显性文化和学校隐性文化。

根据学校文化在学校内不同业务领域的体现,可分为管理文化、课程与教学文化、德育与班级管理文化、校本科研文化等。

根据学校文化由浅入深、由表及里的不同层次,可分为外显层文化、中间层文化和核心层文化。外显层文化主要指物质形态以及外显的主体活动形式,比如校园环境、建筑风格、教育设施,以及教育教学过程中一些生动、活泼、有效的活动等。中间层文化主要指学校的历史传统和制度文化,包括学校在发展过程中所形成并传承的教育教学特色、管理制度和规范等。核心层文化主要指师生认可的学校办学核心理念、发展目标、培养目标、校风、校训、学风等。学校文化的核心是学校的办学理念,是学校成员的共同价值观念、价值判断和价值取向。

根据学校文化的影响力大小,可分为主流文化和亚文化。

2. 学校文化的内容

学校文化作为一种组织文化,其核心内涵包括学校成员的办学理念、价值观、信仰、教风和学风、人际关系等精神领域方面。但学校文化的建设却不能仅仅从精神领域方面着手。应通过学校物质文化建设、制度文化建设和精神文化建设三方面的工作,来构建一所学校的良好学校文化。

学校物质文化建设是指学校建筑、教学设施、教室、实验室、办公室、图书馆、运动场、食堂、宿舍等方面的建设,这些既是学校开展教育教学活动的物质基础,同时又是塑造优良学校文化的物质基础。此外,还包括学校标识,如校牌、校服、校旗、校徽、校报等,这些标识一方面突出了学校的整体形象,另一方面也能激发师生员工的荣誉感和责任感。

学校制度文化建设是学校文化建设的重要组成部分。具体包括:机构设置、规章制度的制定等。机构设置是学校文化建设的组织保证,规章制度则反映学校采取的是什么样的规范和价值

---

① 顾明远:《论学校文化建设》,《西南师范大学学报(人文社会科学版)》2006年第5期。

观来指导师生的行为方式。

学校精神文化建设是学校文化建设的核心内容和最高层次。学校的形象、个性、风貌往往通过学校精神文化建设体现出来。

(1) 校风、教风和学风。校风是学校全体成员在长期的教育实践中形成的相对稳定的精神状态和作风。优良的校风是一面旗帜,激励着教师为人师表,也鞭策着学生勤奋学习。教风是一所学校教师长期积累和形成的教学风格。中小学一般都倡导严谨治教、敬业爱生的教风。学风是一所学校的学生在学习过程中形成的学习习惯、治学态度的集中体现。优良的学风也像校风、教风一样,对教育教学质量的提高,对学生人格品质的发展都有着重要的意义。

(2) 各类典礼和文化活动。在中小学经常举行各类典礼和文化活动,这对形成学校文化起着很重要的作用。常见的活动包括三种类型:文化学术型,如学校科技兴趣小组、文学书社、英语俱乐部等组织的论文比赛、讲演会、报告会等;文体娱乐型,如开展学校艺术节、体育节、节日联欢、春游、野餐及其他晚会、竞赛等活动;社会实践型,如举行多种社会实践活动,如学军、学农、学工、参观爱国主义教育基地、开展社区服务工作等。在诸多活动形式中,仪式和典礼最容易给人留下深刻印象,是一种非常有效的学校文化表达方式。常见的学校典礼活动有:开学典礼、毕业典礼、各种授奖仪式、入队入团仪式、成人仪式等。

文艺节

节日大合唱

体育节

义卖活动

（3）学校人际关系。学校人际关系包括学校领导与教职工的关系、教师之间的关系、师生关系等。良好的人际关系有利于调动积极性，提高工作效率，形成健康向上的学校文化氛围。

案例 9.4

允公允能
日新月异

　　1934 年，在南开中学创办 30 周年校庆纪念会上，张伯苓先生正式宣布"公"和"能"为南开中学校训。"允"是允诺、承诺。"公"便是无私无我，"能"便是实干苦干。张伯苓先生提倡"公能"教育，一方面是培养青年"公而忘私"、"舍己为人"的道德观念；另一方面则是训练青年"文武双全"、"智勇兼备"，为国效劳的能力。

高品质的学校文化是一个优质教育品牌的内核和象征，是一所学校综合实力的重要标志，是一所学校兴衰荣枯的决定性因素。因此，作为学校管理者和教师，必须义无反顾地积极投身于学校文化建设之中，用良好的学校文化培育人才。

小结

　　学校最初的萌芽是一个叫作"青年之家"的教育机构，这种机构并不纯粹是承担教育任务的，它还是政治活动、军事活动、社交活动的场所。随着社会的发展，"青年之家"发生了分化，其中专门为那些僧侣和官吏的孩子开设了一种独特的教育机构，掌握和传递文字成了这种机构独有的特权。我国最早的学校，是夏商时期设立的"校"、"庠"、"序"等，而在整个世界范围内，最早的学校，大概要算是苏美尔学校了。

　　学校发展历经数代，至 18 世纪方形成当今意义上的学校，其组织制度相对较为严密了，形式也日趋多样化了，学校教育的制度也在这一时期逐渐形成了。我国自夏朝始至清末，其间学校屡有变迁，时兴时废，学校的组织并不完备，甚至按严格的标准来衡量，还不能称之为学校，只是属于非正规教育。直至 19 世纪末，引进西方的教育形式设立"学堂"后，学校的形式才完备起来。

　　学校是根据人类社会的需要，有目的、有计划、有组织地对人进行培养教育的社会组织。

学校组织是指为完成学校的教育目标而将学校各个部门按一定形式组合而成的整体。学校的教育目标是培养人，促进学生的学习。学校组织应该讲究成本和效率，以促进目标高效而高质量的实现。

学校的主要职能是教育，基础教育最根本的职能是培养人、发展人。学校通过课程，通过教师的课堂教学和各种育人活动，引导学生个体的全面发展。学校的职能主要可划分为两方面：一方面是用以满足社会政治、经济需要的工具职能；另一方面是满足儿童自身发展需要的教育职能，亦即个体社会化的职能和个体个性化的职能。

教育的本质是爱与责任，学校基本制度的本质是为了促进学生的学习发展，而维护好学校正常的教学活动秩序。制度的制定是为学生的权益服务的，而不是为了规避学校管理人员的责任。学校内部基本管理制度包括学校组织领导工作管理制度、学校行政综合工作管理制度、学校教学工作管理制度、学校师生员工管理制度、学校工作监督评估制度、学校后勤工作管理制度、教学文书写作范本等七大类。学校管理者——校长在运用制度的过程，需要秉承"刚性规章、柔性管理"的工作原则。学校应当依法实施教育教学活动，依法实施对学校的自主管理，依法维护学校、教师、学生等教育关系主体的合法权益。

当前，学校效能研究更加注重学校效能的客观评价，从而找到改进学校、促进学校发展的有效途径。学校效能评价通过分析学校组织管理、教育氛围、课题教学内容与方式等对学生的学习进步所起的作用，更为全面地为学校改进措施的制订提供明确方向，找到阻碍学校发展的因素。有效学校具有一些共同的特征。为了改变无效学校或低效学校，需要进行学校变革，以创建有效学校。学校变革的主要途径有：形成特色学校、促进内涵发展；建立专业的"学习共同体"；运用以计算机为基础的教育技术。

学校文化是学校全体成员或部分成员习得的、且共同具有的思想观念和行为方式。学校文化作为一种学校组织文化，其核心内涵包括学校成员的办学理念、价值观、信仰、教风和学风、人际关系等精神领域方面。但学校文化的建设却不能仅仅从精神领域方面着手。应通过学校物质文化建设、制度文化建设和精神文化建设三方面的工作，来构建一所学校的良好学校文化。

思考与实践

1. 由于在学校产生初期，学校的各方面都是不完备的，有人认为这只是"前学校"或称"类学校"，还不是真正意义上的学校，你同意这种观点吗？为什么？

2. 现在中学阶段一些学校所举行的成年礼，与原始民族的成年仪式有哪些异同？它具有什么样的教育意义？

3. 结合你就读过的学校印象与经历，思考并讨论我国中小学的现实状况中有哪些现象符合上述学校性质与职能？哪些现象却有悖上述学校性质与职能？

4. 走访一所中小学,考察该校有哪些组织机构和基本制度,记录并收集整理成为文本资料。

5. 某中学为加强教师考勤管理,制定了上、下午上班签到的考勤制度,并且每天由值班领导亲自给教职工签到。这项制度已经施行了几年,基本上杜绝了迟到、早退和无故缺勤现象的发生。随着学校考核评价等一系列管理办法的实施和教学成绩的不断提高,学校声誉越来越好,学校和教师所承受的各种压力也越来越大。在一次骨干教师座谈会上,老师们提出能否取消下午考勤签到的问题,理由是:"老师们很累,下午第一节如果没有课,中午想踏踏实实休息一会儿,缓解一下。如果有签到,就不敢休息,有时刚睡着就惊醒,这样下去总得不到充分的休息,对身体健康很不利,也不能精力充沛地投入工作。"有位主管领导说,"签到是我校实行了多年的制度,如果取消就会给一些对自己要求不严格的人带来可乘之机,这样就会产生由于少数人的不自觉而影响整个教职工群体的现象,会造成严重的后果,所以签到不能取消。"

联系本章内容,分析一下该案例中下午的签到到底该不该取消。

6. 自学管理学或组织行为学中关于科层体制和扁平化管理方面的知识,结合本章内容对开篇案例中做法的得失进行分析。

7. 以下是国内部分中学的校训:

北京景山学校校训:明理、勤奋、严谨、创新

北京师范大学附中校训:诚、爱、勤、勇

中国人民大学附属中学校训:崇德、博学、创新、求实

北京大学附属中学校训:勤奋、严谨、求实、创新

上海中学校训:明理、做人、成才

上海闸北第八中学校训:认识自我、超越自我、奉献自我

天津中学校训:为成功的人生作准备

南京一中校训:求真为民

南京第十三中学校训:志远行近

江苏洋思中学校训:没有教不好的学生

江苏锡山中学校训:做站直了的现代中国人

黑龙江省实验中学校训:爱国、自强、求真、创新

吉林省长春市第一中学校训:懿德拓智,健身勤美

回忆你曾求学的中学校训,并与以上校训对比,分析其间的异同。

8. 小组合作,查找相关资料,设计一所理想中学的文化建设方案,并在班内进行交流。

延伸阅读

1. 郑金洲著:《教育通论》,华东师范大学出版社2000年版。

2. 约翰·杜威著,赵祥麟等译:《学校与社会·明日之学校》,人民教育出版社 1994 年版。

3. (美)古得莱得著,苏智欣等译:《一个称作学校的地方》,华东师范大学出版社 2007 年版。

4. 程凤春主编:《学校管理的 50 个典型案例》,华东师范大学出版社 2009 年版。

5. 季苹主编:《学校文化自我诊断》,教育科学出版社 2004 年版。

6. 陈玉琨著:《一流学校的建设》,华东师范大学出版社 2008 年版。

7. 伯蒂·埃弗拉德、吉弗里·莫里斯、伊恩·威尔逊著,杨天平译:《有效学校管理》,重庆大学出版社 2007 年版。

Ⅲ 关注教师

第十章

教师专业发展概述

一、教师的基本素养

（一）教师的道德要求——教师即道德家

（二）教师的知识要求——教师即学者

（三）教师的教学技能要求——教师即艺术家

二、教师的角色认知

（一）教师角色:教育社会学的研究

（二）教师角色:教育心理学的研究

  1. 教学与行政的角色

  2. 心理定向的角色

  3. 自我表现的角色

（三）教师角色的隐喻

  1. 蜡烛

  2. 工程师

  3. 园丁

  4. 一桶水

三、教师的发展阶段

（一）国外教师发展阶段理论

  1. 富勒的教师关注阶段论

  2. 卡茨的教师发展时期论

  3. 费斯勒的教师生涯循环论

  4. 司德菲的教师生涯发展模式

（二）国内教师发展阶段理论

  1. "非关注"阶段

  2. "虚拟关注"阶段

  3. "生存关注"阶段

  4. "任务关注"阶段

  5. "自我更新关注"阶段

四、教师的任用制度

（一）教师资格制度

  1. 实施教师资格制度的意义

  2. 教师资格的条件

  3. 教师资格的类别与适用

（二）教师管理制度

  1. 教师聘任

  2. 教师职称

开篇案例

某老师,女,26岁,独生女,本科毕业,在拥有300多万人口的城市从事教育工作。她喜欢教师工作,考大学时第一志愿即为师范,对做教师有渴望。大学学习时,成绩中上水平,胆子大,能说会道,很自信。教学初期本人的想法是做一名好教师,出人头地,对做好教学工作充满信心。

教学头一个月,学校让她教初中一年级语文,即中途接班。原任语文教师为代课教师。从一年级教到二年级,据她接此班后认为,原语文教师给学生教了很多的错误,而且形成一些错误的规律,她花了很多时间进行纠正,学生在课堂上都能改正,但过一夜后,第二天又犯了同样的错误,弄得她心情不好,学生、学生家长、学校领导也有看法,班级成绩也一直上不去。

她家访了班级中学习成绩最差的一个学生,这个学生是一个外来打工者的孩子,智商一般,但班级里所有小朋友都看不起他,他也自认为我反正最差,老师所布置的所有作业,他都不做,老师问他为什么不做,他就说不会。家长根本不管孩子,虽然进行了家访,也对这孩子进行了教育,但这孩子还是照旧,没什么改变,她也只好不了了之。而且由于人人都看不起他,有一次,另一个同学有点小事同他争执,他把一直以来对同学看不起他的怒火发泄在这个同学身上,狠狠地打了这个同学。由于这件事,学校教师、领导、学生家长又对她产生了意见,认为班级管理混乱。

她虽然对教学的信心很足,但碰上了一系列教学问题,还是束手无策,教学改进也不多,成绩始终不理想,她认为她所接的这个班级太差,只有一位小朋友是聪明的,可教的。一年中她认为花了相当多的精力与时间,努力想教好学生,但学生成绩始终不理想,唯一自认为满意的是组织了一次班级活动"为×献计献策"。

她认为同事面上都说着好话,但内心并不好。她常常觉得我花了这么多的时间和精力,领导、教师、学生家长还对我有意见,不能理解。她工作一年后的暑期,校长通知她调离本校,自己另寻学校。

对于一个刚从事教学工作的人来说,职初期是融入学校、学区的专业架构和社区的社会结构阶段,所有教师刚进入教学领域时,都是毫无经验的,这是一个实习教师到一般教师的重要转变时期。在许多初任教师的头脑中,潜在的失败忧虑是存在的,由于学校相信初任教师有适应环境的能力,有一定的教学技能,但只有新教师自己才知道他们所学的和他们需要学的东西之间有多大差别,他们时常担心自己缺少成功的能力,可能发现自己还没有做好准备,去适应学校情境和承担教学职责。当真正遇到问题时,他们可能不知道该去哪里求助。

职初期教师的专业发展对教师工作的整个生涯有着深刻的影响,因此职初期教师想成为卓越的教师必须努力地吸取各方面的经验和营养,不断地学习,并通过教师间的协作,进一步提高自己,决不能闭关自守。还要时常反思自己,通过开放性网络世界,寻求教育中问题正确解决方法的相关案例,努力克服职初期教师的各种弱点,使教师的专业得到快速发展。

(资料来源 杨欢耸:《职初期教师专业发展反面案例的分析与研究》,《现代中小学教育》2006年第2期。)

1. 认识理想教师应该具备的基本素养。

2. 了解教师角色的基本特征,把握不同的角色要求。

3. 理解教师专业发展阶段的不同理论,掌握教师专业发展阶段的划分标准,认识自己在未来职业发展中的阶段特征。

4. 了解教师任用和管理相关的制度。

　　教师是指受过专门培养和训练的,在学校中担任教学工作的专业人员。教师是既懂知识、又懂教育,还有修养的并以"教书育人"为主要职业的人。

一、教师的基本素养

　　一个好的教师应该具备哪些素养? 他应该具备哪些良好的品质与技能? 这是教育学与教育心理学共同关心的话题。应该说,教师的素质与教师在学校所承担的角色是相应的。但是,由于教师角色的繁复多样,要对每一角色所需要的素质逐一加以论述,一来难免会有重复之嫌,二来也难以一一罗列。因此,在这里,着重对教师一般的素质要求进行介绍。

(一) 教师的道德要求——教师即道德家

　　教师的道德要求,指的是教师在教学活动中的道德规范和应具备的道德品质。

　　教师常是作为社会榜样或者说社会的代言人来出现的,人们常把他们视作社会优良品德的化身,要求在他们身上所体现出的也是人类善的本性,是得当的社会伦理规范。教师的这一素质要求,在一定程度上是教师职业区别于其他职业的一个显著特点。教师是以教育学生为职责的,他要起到引导学生发展的作用,促使受教育者达成特定的社会化要求,服从、依循所属社会群体的道德规范,其自身首先就应该成为他所要求学生成为的那种人。孔子说:"其身正,不令而行;其身不正,虽令不从。"[①]车尔尼雪夫斯基(Чернышевский Н. Г.)认为:"教师把学生造成一种什么人,自己就应当是这种人。"[②]

车尔尼雪夫斯基

　　除以身作则以外,忠于职守、有强烈的责任感、热爱教育事业、热爱学生等,也是教师道德的基本要求。以"爱教"和"爱生"为例,作为教师,要热爱教书育人这项工作,安心从教,潜心教学和

[①]《论语·子路》。

[②] 转引自张鉴瑹:《历史人物论教师的道德威信》,《教育研究》1981 年第 3 期。

钻研,不辞辛苦,甘于平凡,以工作为重,以工作为乐;教师热爱学生,把学生当作自己的孩了一样来看待,一样对他们负责,一样对他们寄予厚望,一样关心、支持和尊重他们。这种爱教、爱生之心,被称之为"师魂",它是教师搞好教育工作并深切体验到当一名光荣的人民教师的责任和快乐的基础和关键。

教师这种道德家的角色,在一些以教师为对象描写的诗句中体现最为明显,且常是作为教师的座右铭来出现的。例如,诗句"甘为春蚕吐丝尽,愿化红烛照人寰"中,"蚕"与"红烛"作为教师形象的比喻,几乎成了教师的代名词。社会对教师总是抱有非同寻常的期望,而教师也常把这种期望转化为自身努力的方向。马卡连柯甚至认为:"从口袋里掏出揉皱了的脏手帕的教师,已经失去当教师的资格了。最好还是请他走到角落里,在那里擤鼻涕,叫谁也不要看见他。"只有这样,教师才能"教会儿童不仅愿意清洁和爱好清洁,而且善于保持清洁,要求清洁"①。

专栏 10.1

《中小学教师职业道德规范》

2008 年 9 月 1 日,教育部对 1997 年国家教委和全国教育工会联合印发的《中小学教师职业道德规范》进行了修订,并颁布实施。共计六条:

一、爱国守法。热爱祖国,热爱人民,拥护中国共产党领导,拥护社会主义。全面贯彻国家教育方针,自觉遵守教育法律法规,依法履行教师职责权利。不得有违背党和国家方针政策的言行。

二、爱岗敬业。忠诚于人民教育事业,志存高远,勤恳敬业,甘为人梯,乐于奉献。对工作高度负责,认真备课上课,认真批改作业,认真辅导学生。不得敷衍塞责。

三、关爱学生。关心爱护全体学生,尊重学生人格,平等公正对待学生。对学生严慈相济,做学生良师益友。保护学生安全,关心学生健康,维护学生权益。不讽刺、挖苦、歧视学生,不体罚或变相体罚学生。

四、教书育人。遵循教育规律,实施素质教育。循循善诱,诲人不倦,因材施教。培养学生良好品行,激发学生创新精神,促进学生全面发展。不以分数作为评价学生的唯一标准。

五、为人师表。坚守高尚情操,知荣明耻,严于律己,以身作则。衣着得体,语言规范,举止文明。关心集体,团结协作,尊重同事,尊重家长。作风正派,廉洁奉公。自觉抵制有偿家教,不利用职务之便谋取私利。

六、终身学习。崇尚科学精神,树立终身学习理念,拓宽知识视野,更新知识结构。潜心钻研业务,勇于探索创新,不断提高专业素养和教育教学水平。

---

① (苏)马卡连柯著,刘长松等译:《论共产主义教育》,人民教育出版社 1981 年版,第 347 页。

（二）教师的知识要求——教师即学者

教师以从事教学工作为己任,并且他一般总是教授某一个或某几个领域的知识的。因而,他一方面需要一定的基础知识,同时也需要一定的专业知识,以及教育学、心理学等方面的知识。一般来说,**教师这三方面知识是不可或缺的**,且是成塔形排列的,见图10.1。

教师的基础知识包括科学和人文两个领域的常识,以及工具性学科(如语文、英语等学科)的相当基础和基本运用的技能。这是教师作为知识分

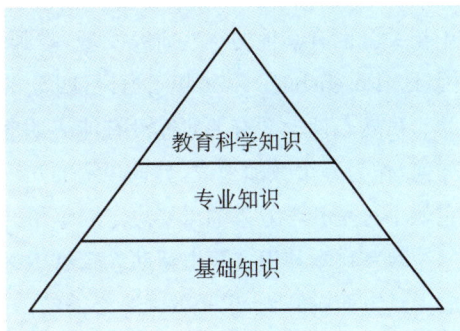

图 10.1　教师知识结构示意图

子应该具备的科学与人文素养,也是与充满好奇心、求知欲的学生打交道时必不可少的基本素养。如果教师在学生面前经常一问三不知,不仅不能满足学生的求知欲,还势必影响自己在学生心目中的形象。当然,教师不可能什么都知道,也不可能回答学生所有的问题,教师也没有必要在学生面前极力扮演出一副什么都知道的形象。另外,教师扎实的基础知识,也是开展终身学习、不断完善自我、发展自我的一个必要条件。

教师的专业知识是教师胜任教学工作的基础性知识。首先,教师应该对学科的基础性知识、技能有广泛而准确的理解,熟练掌握相关的技能、技巧。而且,教师要对与该学科相关的知识,尤其是相关点、相关性质、逻辑关系有基本了解。再次,教师需要了解该学科发展历史和趋势,了解推动其发展的因素,了解该学科对于社会、人类发展的价值以及在人类生活实践中的多种表现形态。最后,教师需要掌握每一门学科所提供的独特的认识世界的视角、域界、层次及思维的工具与方法,熟悉学科内科学家的创造发现过程和成功原因,在他们身上展现的科学精神和人格力量,这对于增强学生的精神力量和创造意识具有重要的、远远超出学科知识所能提供的价值。[①]

就基础知识和专业知识而言,是不是越多、越专就越好呢? 以往我们常常以为,教师在知识方面应是广博的,"要给学生一碗水,首先教师自己应有一桶水",这应该说并无大错。我们也常

要给学生一碗水,自己应有一桶水

引用一些古人词句来说明这一问题,如"只有深入才能浅出,只有居高才能临下";朱熹的《观书有感》:"半亩方塘一鉴开,天光云影共徘徊;问渠哪得清如许,为有源头活水来。"意喻教师的知识也像一鉴方塘,如果没有源头不断流入,就会很快干涸,天光云影也不会在他心中徘徊了。

但是,教育心理学的有关研究表明,教师的知识并不见得越多越好,超过一定的范围和界限,教师的知识就不再是影响学生学业成绩的主要因素。美国心理学家巴尔(A. S. Barr)和琼斯(R. E. Jones)1958年曾对教师的知识水平与教学效果之

---

① 叶澜等著:《教师角色与教师发展新探》,教育科学出版社2001年版,第23—24页。

间的关系进行过研究,得出结论说:教师知识准备的程度和质量,与他们的教学效果只有较低的正相关。也有其他的一些研究发现,教师的知识同学生的成绩只有微不足道的相关。如罗森夏因(B. Rosenshine)1971 年报道说,四至六年级学生的英语成绩同教师的知识水平之间无显著相关。虽然心理学的有关研究没有能表明教师知识的总量与教学效果之间的正相关。但是,无论如何,作为一个教师来说,具备一定的知识水平是必要的,只不过教师知识在达到一定程度以后,它就不再是教学效果的重要决定因素了。

教育科学知识主要由帮助教师认识教育对象、教育教学活动和开展教育研究的专门知识构成。 这方面的知识,也是教师所必需的。虽然有些教师并没有系统地学习过教育科学,接受过教育专业的专门培训,也在从事着教育教学工作,但这并不意味着这些教师完全不懂得运用教育科学知识。可以说,具备一定的教育科学方面的素养,是教师能否有效实施教学的前提保证,也是教师之所以区别于其他职业的主要特征。正是由于此,世界一些发达国家,在师范院校中才把教育课程置于突出地位。美国的中等教育师资的课程中,教育专业课程占 18.4%;在日本,初中教育师资的课程中教育专业课程占 16.5%,高中教育师资的课程中教育专业课程 14.7%。而在我国,师范院校开设的教育方面的课程平均只占总课程量的 5%—7%。[1]

(三)教师的教学技能要求——教师即艺术家

与掌握一定的教育科学知识紧密相联,**教师还应在占有一定知识的基础上,结合自身的教学实践经验,形成与自己个性特征等相应的教学技能,**成为驾驭教学的能手。

在如何看待教学活动上,历来有着一些不同的认识。比如,有人以为,"教学完全不是由在实验室里产生或在大学教室里学得的整理成文的技术和原则的应用而组合的过程"。"教学实际上是一

马卡连柯

种表演艺术,教师的选择、训练、职业指导、工作条件以及人员补充的方式等都应参照其他表演艺术的特点。"[2]而也有人以为,教学并不是一种艺术,而是一门科学,是可以按照科学的方式来进行操作的,这方面尤以美国心理学家斯金纳(B. F. Skinner)等为代表。在这里,抛开这种争论的孰是孰非不谈,我们不得不承认,教学是与教师本人的原有经验、个性特征、态度情感、语言方式等紧密相联的。换句话说,是充满着个别性成分的,而不是靠统一的操作模式就能奏效的。由此,教学也就必定含有艺术性的要求,其表现形式也是个性化的,而非一统的、划一的。

例如,马卡连柯感到,如果一个教师缺乏教学艺术的应有修养,不能随机应变地运用多种教育技巧,他就"不可能成为良好的教师"[3]。他说过:"只有在学会用 15—20 种声调来说'到这里

---

[1] 赵厚勰:《中国与西方发达国家师范教育课程设置的比较》,《新课程研究(教师教育)》2008 年第 10 期。

[2] (美)哈里·道著,马立平等译校:《教学:一种表演艺术》,载瞿葆奎主编,李涵生等选编:《教育学文集·教师》,人民教育出版社 1991 年版,第 77 页。

[3] (苏)哈尔拉莫夫著,丁酉成等译:《教育学教程》,教育科学出版社 1983 年版,第 479 页。

来！'的时候，只有学会在脸色、姿态和声音的运用上能作出 20 种风格韵调的时候，我就变成一个真正有技巧的人了。到了这个时候，我就不怕有谁不肯接近我，或者对所需要的没有感觉了。"[1]他还说："我相信高等师范学校里，将来必须要教授关于声调、姿态、运用器官、运用表情等课程，没有这样的训练，我是想象不出来可能进行教师工作的。当然声调的运用所以具有意义倒不是仅仅为了嘹亮地歌唱，漂亮地来谈吐，而是为了更为准确地、生动地、有力地表现自己的思想和感情。"[2]韦伯（F. Weber）也谈到："教育家者，亦即艺术家也。质而言之，即教育上之艺术家也。故于语言，于行动，不可不具有艺术家的能力。以前者言之，则必长于词辩，巧于衍述。以后者言之，则必精于图画，巧于手工。"[3]

专栏 10.2

苏霍姆林斯基给教师的建议

我们每一位教师都应当对具体的学生实施个别的影响，用某一件事引起他的兴趣和爱好，鼓励他，激发他的独一无二的个性得到表现。我们每一位教师都不是教育思想的抽象的体现者，而是活生生的个性，他不仅帮助学生认识世界，而且帮助学生认识自己本身。这里起决定作用的是：学生从我们身上看到是什么样的人。我们对于学生来说，应当成为精神生活极其丰富的榜样，只有在这样的条件下，我们才有道德上的权利来教育学生。无论什么也比不上一位聪明的、智力丰富的、诲人不倦的教师，使学生感到那样赞叹和具有吸引力，以那样强大的力量激发着他们上进的愿望。在我们学生的身上，隐藏着天才的数学家和物理学家、哲学家和历史学家、生物学家和工程师、大田里和机床旁的创造性劳动能手的素质。这些天才的素质，只有在每一个学生遇到教师有这样的"活命水"来浇灌的时候，才能蓬勃生长，否则就会干枯和衰败。智慧要靠智慧来培育，良心要靠良心来熏陶，对祖国的忠诚要靠真正的为祖国服务来培养。

（资料来源 （苏）苏霍姆林斯基著，杜殿坤编译：《给教师的建议》，教育科学出版社 1984 年版，第 433—434 页。）

教师到底应具备哪些教学技能呢？我们往往在此问题上难以达成一致的认识，但这些分歧与其说是认识上的差异，不如说是语词上的区别。1980 年出版的潘淑主编的《教育心理学》提出，教师必须具备下列诸方面的能力：全面掌握和运用教材的能力；言语能力；善于了解学生个性和学习情况的观察能力；组织能力；思维的独立性和创造性；想象能力和进行政治思想教育的能力。

---

① （苏）马卡连柯：《论共产主义教育》，人民教育出版社 1982 年版，第 443 页。

② 同上书，第 303 页。

③ 转引自邓青功：《教育学大纲》（下），上海华通书局 1933 年版，第 494 页。

苏联 1972 年出版的彼得罗夫斯基(A. B. Петровский)主编的《年龄与教育心理学》提出,教师要具备四种技能和技巧:信息传递的技能和技巧;引起动机的技能和技巧;促进发展的技能和技巧;以及定向的技能和技巧。并提出教师要具备六种教育才能:教学的才能;创造的才能;知觉的才能;表达的才能;交际的才能和组织的才能。还有的提出要具备:组织教学的能力;言语表达的能力;了解学生的能力;独立创造的能力;实际操作的能力;适应新情境的能力。[①]

教师的教学技能还会由于时代的发展,融入一些新的技术性要素。比如说,传统的教师只要具有一手好的粉笔字、一口流利的普通话,以及做到板书条理清晰、提纲挈领,就可谓教学基本功扎实。随着现代教育技术的发展,教师还要学会运用现代教育技术,会熟练使用 PowerPoint、Flash 等软件的制作课件,并在课堂教学中使用多媒体课件。

在教师的教学技能上,一个重要的方面是教师的行为,它对学生的学习有着直接的影响,并且比种种所谓的"能力"、"才能"似乎更容易把握。许多研究业已确定有些行为乃是被评定为有效教师普遍出现的行为。美国学者罗森夏因和弗斯特(A. J. Furst)曾将这些行为概括如下[②]:

> 提出清晰的描述、指示和说明;
> 常用若干不同的教学方法,不只用一二个方法;
> 热心研究学科和学生,并通过有力的讲演、姿态和眼神表示热情;
> 说服学生进行讨论,鼓励学生发表意见,并不依赖讲演法;
> 着重有条不紊地完成任务,使学生知道教学目标是重要的,知道学习是严肃的事务;
> 将大量的课堂时间花在学术性材料上,为学生提供学习机会;
> 常用结构式评论组织、介绍和明确诸多活动;
> 站在许多不同的认知水平(知识、理解、应用、分析、综合和评定)上提出问题并给予解释;
> 较少采用批评性意见;
> 指定难度适当的材料。

教师的教学技能不仅表现在言语交流方面,而且也表现在非言语交流方面。 一个有经验的教师,往往会通过非言语手段来传情达意。常见的非言语传意行为如表 10.1 所示:

表 10.1　教师的非言语传意行为

点头	招手示意过来	作思考状	用手指物
微笑	摆手表示不同意	不耐烦的表情	用手表示圆形
皱眉	用脚敲击	不耐烦地走动	示意两学生互相靠近
作注意倾听状	招手示意离开	以手托腮作深思状	把支持身体的脚由左换到右
以手示意停止	把手指放在唇上表示不要作声	挠头	用手指敲击桌子

---

① 李伯黍、燕国材主编:《教育心理学》,华东师范大学出版社 1993 年版,第 400 页。
② (加)江绍伦著,邵瑞珍等译:《教与育的心理学》,江西教育出版社 1980 年版,第 18 页。

续　表

把手伸出表示不明白	用笔敲击	注视对方	示意学生站起
双手叉腰	把手放在裤袋	叠手	示意学生坐下
拍掌	两眼望天花板	斜视	做出厌恶表情
咬下唇	俯视地板		

在学校教育情景中,教师也常常需要用一定的非言语行为方式,表现出下列情感:满足、同意、热心、希望、温柔、怀疑、仁慈、愤怒、幽默、威严、感兴趣、惊奇、不满、迷惑、不屑、冷淡等。就此来说,教师的确应像一个艺术家一样,来表现自己的行为。

二、教师的角色认知

对教师的文化特征可以从多方面进行分析,我们从教师所承担的各种各样的角色中也可见一斑。因为每种角色都有着与这种角色相称的思想和行为表现,体现着特定的文化方面的要求。也就是说,教师角色,不仅意味着充当教师的人应完成有关行为,而且意味着社会对他们抱有特定的期望。

(一) 教师角色:教育社会学的研究

我们先看看教育社会学中的有关研究。

杰克逊(P. W. Jackson)在《教室中的生活》一书中,曾形象地把教师在教室中的角色比喻为:交通警察、法官、供需长、公共计时员。

交通警察:设想一下教师行为的神速,他一会儿走到这儿,一会儿又走到那儿,他要像一个守门员一样来回跑动,他还要谈话,处理课堂对话,当一个学生在讨论中想发言时,教师一般要意识到学生的愿望,并引导他评论。

法官:课堂上常见几个学生同时想参加或回答问题,教师又要决定谁发言以及发言的顺序,或者决定不让谁发言。

供需长:对于一个教师特别是小学教师来说,由于教室的空间和物质资源都是有限的,他必须审慎地分配这些材料;与发放物品相关的就是向某些学生授予特权,一般是分派人人都渴望的任务,诸如发放器械等。

公共计时员:教师要掌握事情按时开始按时结束,或者延长或者缩短;他决定由讨论转入讲述课文或做其他活动的合适时机;他决定一个学生是否该休息了或是否该放学回家了。[①]

也有人将教师职业与牧师作了对比,以为两者间在很大程度上是相同的。"出于一些原因,学校几乎等同于教堂这样一个储备思想的仓库。教师就如同牧师一样,在很大程度上拥有社会上的神圣不可侵犯的东西,他必须要稍好于其他人,因此,他若是不吸烟那更好一些。事实上,他必须要能控制所有那些应予以否定的德行,爱好生活中的美好的事物、文学、艺术和最好的音乐是他分内的事情。他同样必须要对所有美好的事业感兴趣,也就是对那些诸如不破坏社区中

---

① (美)杰克逊著,张臻等译校:《教室里的组织压力》,载厉以贤等主编:《西方教育社会学基本文选》,第559—560页。

重要的既得利益的事业感兴趣……与牧师一样,教师会为得到真正的尊敬而兴奋不已,并且人们会把他看作多少有些荒谬可笑的人物。"[1]

教师承担的诸种角色及其表现,使得教师的思想、态度、行为、价值倾向等有着不同于其他社会群体的特征,成为一种相对独特的文化形式。阿普尔(M. W. Apple)在对此进行分析时指出,教师多具有一种专业主义(professionalism)倾向(一般与受雇者倾向相对,指教师有独立自决的心理定向,而不是以一个受雇佣者的形象出现,以学校领导成员的意志为转移,在处理事务上是被动的、消极的),这与教师承担的诸多责任有关。教师在其与学生相互作用的日常活动中,随时都面临着诸多的选择和决策。例如,他要对测验进行分级,确定用什么样的技巧来教育学生,他要学会有效地管理不同的学生群体,要设计课程,如此等等。这种职业主义和责任感也促使他们努力地去工作,因为只有这样他们才能巩固、扩展其职业地位。有人甚至仔细考察了美国小说中的教师形象,依据教师的种种特征,为教师作了如下的素描[2]:

> 他们渐渐变老,但是并不幸福,他们富有爱心但是自身却得不到爱,他们有需要但却得不到满足,他们永远是把生命奉献给其他母亲的孩子的教育的陌生人,随着岁月的流逝,他面露倦容,对事物愈加敏锐,感情日见淡漠,他在课堂上是位独裁者,而在社区则是位隐士。一旦她们接受了作为学校女教师的角色,也就等于接受了老处女的角色,她们默默地为自己所遭受的无法言表也无法理解的痛苦和挫折寻求着答案……在美国小说中,男教师常常是伛偻着身子、骨瘦如柴、面色阴沉、疲倦;他身着褴褛的衣衫,故作优雅,过时了的服装松垮地悬挂在他营养不足的骨架上……简言之,他们在成功地作为一个教师的同时,注定不会成为一个合格的男人和女人。

此番论述来自于小说中教师诸形象的汇总,难免有夸张的成分和色彩,但亦从中可见教师特征(其中包含文化特征)的独特之处。

(二) 教师角色:教育心理学的研究

教育心理学中对教师角色也进行了许多研究,美国学者林格伦(H. C. Lindgren)在其《课堂教育心理学》中,把教师角色区分为三大类:教学与行政的角色、心理定向的角色、自我表现的角色。三大类别中又包含着若干小类别(子类别),见表 10.2。

表 10.2　教师的不同角色

	教学人员
	社会榜样
教学与行政的角色	课堂管理员
	办事员
	青年团体工作者
	公关人员

---

① Waller, W. , *The Teacher's Roles*, in Roucek, J. S. et al. (eds.), *Sociological Foundations of Education*, 1942, p. 217.

② Foff, A. , The Teacher as Hero, m Grambs, Souety, 1978, pp. 187-188.

续　表

	人的关系的艺术家
心理定向的角色	社会心理学家
	催化剂
	临床医师
	帮助人的人
	学习者和学者
自我表现的角色	父母形象
	寻求权力者
	寻求安全者

1. 教学与行政的角色

教学人员是教师所表现出的首要的和最突出的角色。他之所以成为教师，其核心就在于他是一个发动、指导和评定学习的人。

社会榜样是教师常扮演的一个角色。他们常被看作是"社会代表"，他们展示给学生以成人的行为样式，对于学生的行为具有深远的影响。

课堂管理员是基于建立或安排学习情境的需要而形成的角色，教师要为学习任务而制定种种规则和程序，并以此来限制和控制学生的行为。

教师扮演的另外一个次要角色是办事员。许多职业大多需要做大量的事务工作，教学也不例外。教师常有许多作业要批改和评分，测验要评阅，分数要登记，要做报告，要写信和发通知，要整理档案等等。

青年团体工作者的角色常是在课外承担的，如做各式各样的体育活动的教练、各种节目的导演、辅导课外小组活动等。在这种种活动中，他们实际上是作为青年工作的领导者而出现的。

此外，**每个教师都不同程度地扮演着公关人员的角色。**无论是在教师与家长之间，还是在教师与其他社区成员之间，教师总免不掉对一些问题进行阐明，对学校的种种政策予以讲解、说明，以帮助家长和社区其他人员更好地了解学校。

2. 心理定向的角色

教师还是在教育情境下工作的心理学工作者，在扮演这种角色时，教师常会意识到以往的教学法知识及管理课堂的技能太有限了，它们远不能有效地指导学生的启发性学习。在这种情境中，教师扮演的角色分为以下几种：

处理人的关系的艺术家是教师扮演的主要角色之一。他要学会运用多种不同的技巧来营造学习的情境，他要根据学生个性上的差异、社会背景的不同和所处的特定的教学情形，来使用不同的方法，他要将科学知识与个人经验融为一体。

他还是一位社会心理学家。教师在教学中会逐步清楚集体能够有意或无意地妨碍学习的进步，而且也会清楚借用集体的力量来刺激学习。此外，他很清楚精神振奋和团结一致的集体比涣散的集体更能接受学习。因此，他明了他的职责，会帮助学生彼此了解和相处，使得相互之间以

及与教师之间更有成效地进行交流和沟通。

催化剂是促进变化的一种物质成分。一名教师也可以被认为是一种心理催化剂,因为学生产生的许多变化都是由于教师之故。可以说所有的教师对他们所在的班级都有着某种催化的效果。

临床医师的角色主要表现在帮助学生学习更有效的生活方式,减轻神经焦虑或是激发正常的紧张,帮助学生获得心理的需要,通过诸发展阶段的任务导致学生达到进一步成熟等。

3. 自我表现的角色

教师的行为有时是为了满足自身的需要的,这类角色有以下表现[1]:

(1) 帮助人的需要。许多教师选择教学这样一个职业,是由于它提供了一个帮助别人的机会。正是帮助别人的献身精神,使得一些教师成年累月地在极其困难和原始的条件下工作。

(2) 学习者和学者。这两个角色是彼此重叠并结合在一起的。有许多教师是由于他对某个知识领域发生兴趣而从事教学工作的,这样的教师对所教的学科抱有极大的热情,并且会用自己的热情去感染、激发学生。

(3) 父母形象。这种角色使得教师与其他部门的从业人员区分开来。儿童在入学之初认为教师是父母的化身,在教师方面,有时认为自己与学生处在一种父子关系之中,因而对儿童的行为相应地予以酬答。在教师与儿童之间的许多关系之中,常蕴藏着非常稳固的父母般的行为暗流。

(4) 寻求权力者。扮演这种角色的教师会欣赏管制和指挥别人,他们常把自己的愿望强加在别人身上。

(5) 寻求安全者。与寻求权力有关的是寻求安全,有时教师为他的职业所吸引,是因为这个职业比较安定且能预知未来,他们可能选择教师职业是为了避免冒险和不破坏现状的变化。

(三) 教师角色的隐喻

关于教师角色,有诸多比较含蓄的比喻方式,如我们通常会把教师看成是工程师、园丁、蜡烛、春蚕、孺子牛、导演等。有研究者着重对教师的四种隐喻进行了分析,即**"教师是蜡烛","教师是人类灵魂的工程师","教师是园丁","教师是一桶水"**。这四种教师角色隐喻的特点为:

表 10.3　四种教师角色隐喻的特点

	工程师	园丁	一桶水	蜡烛
哲学观	机械主义	人本主义	机械主义	禁欲主义
时间取向	现世取向	现世取向	过去取向	未来取向

---

[1] （美）林格伦著,章志光等译:《课堂教育心理学》,云南人民出版社 1983 年版,第 660—677 页。

续　表

	工程师	园丁	一桶水	蜡烛
教师观	工程师	园丁	倒水者	蜡烛
学生观	产品	花朵	接水者	受益者
知识观	学科知识	学生认知结构	学科知识	—
学习观	机械定型	自然生长	灌输	—
发展观	静止	动态	机械积累	—
质量观	固定、统一	固定、统一	固定、统一	—
师生关系	单向	双向	单向	单向
教师作用	塑造灵魂	培育人才	传授知识	牺牲自己
学校观	工厂	花园	水泵	庙宇
大教育观	教育是复制	教育是生长	教育是灌输知识	教育是培养后代

1. 蜡烛

"教师是蜡烛"这一隐喻使人感到既喜又忧。一方面，它体现了教师行业的无私奉献精神。但另一方面，它反映了一种重要的师生关系，即生重于师。光是有方向的，光总是朝着一定的目标照；而作为教师的光只能跟着学生走，围着学生转，教师的自身发展没有得到重视。

"蜡烛"给教师的定位太高，几乎将教师抽象为一种"圣人"。它反映了社会普遍对教师这个职业所抱有的崇高期待，似乎教师可以解决学生的一切问题，可以为其"传道、授业、解惑"。

教师是蜡烛

"蜡烛"在把教师无限拔高的同时，也指出了教师较低的地位，似乎教师只能靠燃烧自己来完成其工作职责。教师这个职业处于一种非常奇特、尴尬的处境。一方面，它享受着很高的社会地位，受到社会各界人士的尊重（虽然教师中也有等级之分）；教师被认为是知识的拥有者、道德的表率、行为的楷模。而另一方面，教师的经济地位却比其他一些职业如商人、律师、医生（在西方国家）要低。这种情况在世界各地都有不同程度的体现，而在中国（特别是改革开放以前）尤其明显。

2. 工程师

"教师是人类灵魂的工作师"这一隐喻包含了十分丰富而复杂的内涵。它表明教师从事的是一个非常崇高的事业，目的是塑造学生的灵魂。然而，工程师是一个"混合型隐喻"，将一些互不相容的形象生硬地并置在一起，形成了一个牵强、不太协调的图像。首先，将教师比喻为"工程师"，反映的是一种工业模式，似乎学生是一块没有生命、任人摆布的钢铁，可以任工程师按照自己的蓝图塑造成产品。而与此同时，"灵魂"这个概念将教师提升到一个神圣的境地，似乎教师是

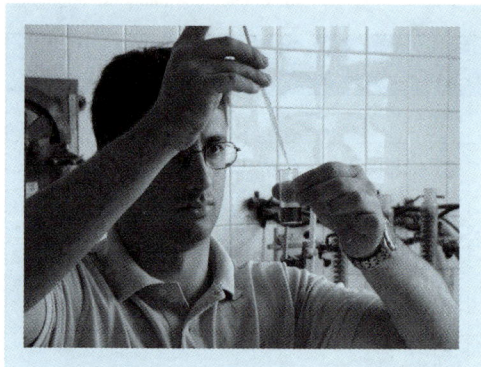

工程师

一个万能的上帝,可以按照自己既定的方案塑造学生的精神。

从教师自主权考虑,工程师论也隐含有自相矛盾的地方。一方面,它似乎比较重视教师的主观能动性,教师可以按照自己的意愿和设计塑造学生,改变学生。而另一方面,它又表明教师缺乏必要的自主权。上级对产品通常有统一的要求和规定,工程师只能按照一定的工艺要求、方案和流程操作,不具备教师所应该具有的主动性。教育从某种意义上说,既是一门技术又是一门艺术,教师的工作不能完全被规范,必须给予一定的想象和创造空间。

3. 园丁

与上述工业模式相对应,**"教师是园丁"这个隐喻反映的是一种农业模式**,认为学生像种子,有自己发展的胚胎和自然生长的可能性,但需要教师来浇水、培土。与工程师论相比,园丁论更加重视学生的生长性,既考虑了学生发展的共同规律(可生长性),同时又照顾了学生个体发展的差异性(每一颗种子可能开出不同的花儿)。同时,这个模式也考虑到了教育的过程性,而不仅仅是结果。教育学生就像是培育花朵,需要经常、定时地浇水、施肥、松土。

教师是园丁

然而,**"园丁论"似乎隐含着学生的发展类型和阶段基本上是不变的,教师的作用只是辅助其生长**。"园丁论"一方面似乎没有充分肯定教师的形成性作用,但另一方面又没有意识到教师的作用其实是十分有限的。种子没有园丁的培育也能自己生根发芽、开花结果,虽然这种生长可能质量不高。学生没有教师的帮助也会自行发展,虽然这种发展可能"误入歧途"。

4. 一桶水

"教师要给学生一碗水,自己要有一桶水"这一隐喻强调的是教师知识和能力的必要储备。在教育理念上,"桶论"显然已经过时了。它强调教师要"给"学生一碗水,自己首先要有一桶水,**这使人立刻想到"灌输"的形象**。似乎教师的作用就是要"给"学生"灌"知识,而且这种"灌"采取的是从上往下"倒"的姿势。教师的桶和学生的碗里装的都是"水",教师倒给学生的知识没有经过学生本人的处理。"桶论"反映的是一种应试教育的模式,学生被当成被动的容器,被教师注入知识,然后在考试的时候再原样倒出来。

从这个意义上说,**"教师是乐队指挥"这种说法似乎比"桶论"更有道理**。在一个乐队里,每一位演奏者都有自己的乐器和乐谱,都承担了一定的角色和任务,指挥只是起一个指导、协调的作用。教师就像是学生的"拐杖",在学生需要的时候助其行走;而一旦学生可以自己上路,教师的扶持就成为多余的了。

上述关于教师角色的隐喻,分别强调了教师的不同功能。"工业模式"主要表现的是教师在教育教学中的主导作用,学生的"主体"作用很难发挥出来。"农业模式"主要反映的是教师的辅助作用,注意到了学生自身的生长性,但过于强调学生发展的固定类型和阶段性。"桶论"主要强调的是教师在知识方面的储备,对教师的知识质量和教学方法没有给予必要的重视。"蜡烛论"体现的是教师的献身精神,忽略了教师自身生命的成长和职业发展。[①]

三、教师的发展阶段

教师发展是一个动态的、漫长的过程。教师作为教学专业人员,其职业生涯会经历一个逐渐走向成熟的发展历程。职前的教育和在职的实践与再学习,都对教师的专业发展有着不可忽视的作用。

(一)国外教师发展阶段理论

自 20 世纪 60 年代末,美国学者富勒(Fuller)以其编制的著名的《教师关注问卷》揭开教师发展阶段理论研究的序幕以来,教师发展的相关理论研究,已成为一个蓬勃的研究领域,俨然成为欧美乃至世界各国教育界关注的新焦点。教师发展阶段理论是一种以探讨教师在历经职前、入职、在职以及离职的整个职业生涯发展过程中所呈现的阶段性发展规律为主旨的理论。

1. 富勒的教师关注阶段论

富勒认为,在成为专业教师的过程中,教师们所关注的事物是依据一定的次序更迭的,并呈现如下的发展阶段:

(1) **任教前关注阶段**。指职前培养时期。在此阶段,师范生仍扮演学生角色,对自己将来教师角色只是想象。因为未经历教学,所以没有教学经验,只关注自己,而且对上课教师不表同情,并持批评态度。

(2) **早期生存关注阶段**。指初次接触实际教学的实习阶段。在此阶段,教师关注自己的生存问题,即能否在这个新环境中生存下来。此时,教师以关注班级管理、教学内容及指导者的评价为主。此阶段,他们本身感觉压力大。

(3) **教学情境关注阶段**。此阶段,教师关注教学情景限制、挫折;教学所需的知识、能力与技巧,以及尽其所能地将其所学运用于教学情境之中;较重视自己的教学,关注自己的教学表现,而不是学生的学习。

(4) **关注学生阶段**。许多教师在职前教育阶段表达了对学生学习、品德和情绪需求的关注,却没有实际行动。直到他们能适应教学的角色压力和负荷之后,才能真正地关怀学生。

2. 卡茨的教师发展时期论

美国学者卡茨(Katz, 1972)根据自己与幼儿园教师一起工作的经验,运用访问与调查问卷法,且特别针对幼儿园教师的训练需求与专业发展目标,把教师的发展分为以下四个阶段:

---

① 陈向明:《教师的作用是什么——对教师隐喻的分析》,《教育研究与实验》2001 年第 1 期。

(1) 生存时期。幼儿园教育机构中新任职的教师,关心的是自己在陌生环境中能否生存下来,这种情形可能持续 1—2 年。此阶段,教师最需要支持、理解、鼓励,给予信心、安慰、辅导和教学上的技术协助。

(2) 巩固时期。此阶段会持续到第三年。教师统整第一阶段的经验、技巧,开始注意个别学生的问题,以及思考如何帮助学生。在这一时期,给予教师教学的现场协助,让教师接触专家、接受同事以及顾问的建议都是必要的。

(3) 更新时期。此阶段可能会持续到第四年。在这一时期,教师对于平日繁杂又规律刻板的工作感到倦怠。这一时期,必须鼓励教师加入教师专业组织,参加教学研究、进修活动。通过同行之间交流教学心得与经验,以学到新的经验、技巧和方法。

(4) 成熟时期。有的教 2—3 年就能达到成熟的阶段,有的教师则需要五年甚至更长的时间。此阶段的教师,已有足够能力探询较深入、抽象的问题,同时,已习惯于教师的角色。在这一时期,教师适宜参加各种促进教师发展的活动,包括参加各种研讨会,加入教师团体组织,进修学位等。

3. 费斯勒的教师生涯循环论

美国学者费斯勒(Fessler),于 1985 年推出一套动态的教师生涯循环理论,从整体上探讨教师生涯的发展历程。

(1) 职前教育阶段。此阶段是特定角色储备期,常指大学或师范学院进行的师资培育,也包括教师从事新角色或新工作的再训练。

(2) 引导阶段。此阶段常指教师初任教师的前几年,是教师步入学校系统和学习教学工作初期。在此阶段,新任教师努力寻求学生、同事、学校与教育行政人员的认同,并设法处理好每天遇到的问题和有关事务。

(3) 能力建立阶段。在此阶段的教师,努力增进与充实和教育相关的知识,提高教学技巧和能力,设法获得新的教学材料、方法和策略。此时的教师都想建立一套属于自己的教学体系,经常接受与吸收新的观念,参加研讨会和各种相关的会议,以及继续进修与深造。

(4) 热心和成长阶段。教师在此阶段,已经具有较高水平的教学能力,但一位热心教育和继续追求成长的教师,会更积极地追求其专业形象的建立,发挥热爱教育的工作热忱,不断地寻找新的方法来丰富其教学活动。

(5) 生涯挫折阶段。在此阶段,教师可能会受到某种因素的影响,或是产生教学上的挫折、倦怠感,或是工作满足程度逐渐下降,开始怀疑自己选择教师这份工作是否正确。

(6) 稳定和停滞阶段。这一阶段的教师存在着“做一天和尚,撞一天钟”的心态。这些教师只做份内的工作,不会主动追求教学专业上的优秀与成长,只求无过,不求有功,可以说是缺乏进取心、敷衍塞责的阶段。

(7) 生涯低落阶段。这是准备离开教育岗位,打算“交棒”的低潮时期。在此阶段,有些教师感到愉悦自由,回想以前的桃李春风,而今终能功成身退;另外也有一些教师,则会以一种苦涩的心情离开教育岗位,或是因被迫终止工作而感不平,或是因对教育工作的热爱而觉眷恋。

(8) 生涯退出阶段。这是离开教职以后天涯寂寥的时期。有些人可能会含饴弄孙,颐养天年,也可能是齿危髫秃,多病故人疏,总之是到了生命周期的最后落幕阶段。

4. 司德菲的教师生涯发展模式

美国学者司德菲(Steffy,1989),依据人文心理学派的自我实现理论,吸收了费斯勒等人先期研究的成果,将教师的发展分为五个阶段:

(1)预备生涯阶段。这一阶段主要包括初任教职的教师,或重新任职的教师。初任教师通常需要3年的时间,才会进展到下个阶段,而重新任职的教师则能很快超越此阶段。在此阶段教师的特征:理想主义、有活力、富创意、接纳新观念、积极进取、努力向上。

(2)专家生涯阶段。这一阶段的教师已具有较高水平的教学能力与技巧,同时拥有多方面的信息来源。这些教师都能进行有效的班级经营和时间管理,对学生都抱有高度的期望,也能在自己的工作中,激发自我潜能,达成自我实现的目的。同时,这时的教师具有一种内在的透视力,可随时掌握学生的一举一动。

(3)退缩生涯阶段。初期的退缩。这一时期的教师的表现不是最好,也不是最坏。这一类的教师在学校中可说是最多,也是最易被忽视的一群。他们很少致力于教学革新,所用的教材内容,年复一年,他们的学生表现平平。此类教师所持的信念,都较为固执。因此,这些教师,多半都沉默寡言,跟随别人,消极行事。这时,如果教育行政人员给予适时、适当的支持与鼓励,这些教师又会恢复到专家生涯阶段。

持续的退缩。这一时期,教师表现出倦怠感,经常批评学校、家长、学生,甚至教育行政部门,有时对一些表现好的教师也妄加指责。此外,这些教师会抗拒变革,对于行政上的措施不做任何反应。这些行为都有可能妨碍学校的发展。处于此一时期的教师,或是独来独往,或是行为极端,或是喋喋不休。这些教师人际关系都不甚和谐,家庭生活有时也会出现问题。因此,这一时期的教师需要帮助。

深度的退缩。这一时期的教师在教学上表现出无力感,甚有时还会伤害到学生。但是这些教师并不认为自己有这些缺点,且具有很强烈的防范心理,这是学校最难处理的事。解决办法是让这些教师暂时转岗或转业。

(4)更新生涯阶段。这一阶段的教师在一开始出现厌烦的征兆时,他们就采取了较为积极的对应措施,如参加研讨会,进修课程,或加入教师组织等。因此在此阶段的教师,又可看到预备生涯阶段朝气蓬勃的状态——有活力、肯吸收新知识、进取向上。唯一不同之处在于,预备生涯阶段的教师,对教学工作感到新奇振奋,而在更新生涯阶段的教师,则致力于追求专业成长,吸收新的教学知识。但在此阶段的教师,仍需要外在的支持,更需要学校的行政部门的支持与协助。

(5)退出生涯阶段。到了退休年龄,或由于其他原因而离开教育岗位。一些教师开始安度晚年,而一些教师则可能继续追求生涯的第二春天。[①]

---

① 杨秀玉:《教师发展阶段论综述》,《外国教育研究》1999 年第 6 期;
　贺斌:《国外教师专业发展阶段理论简介》,《青年教师学报》2007 年第 05 期。

以上各种教师发展阶段的理论,各有异同,从不同方面、不同角度展示了教师发展的一般过程,这为我们提供了完整地看待教师的发展历程的路线图。当然,其中的一些描述,也未必适应我国教师发展的情况,这就需要进一步的探究与完善。

(二) 国内教师发展阶段理论

相对而言,我国对教师专业发展阶段的研究起步较晚,20世纪80年代主要以引介国外的研究成果为主。90年代以来,关注我国教师专业发展阶段的研究逐渐增多。例如,有研究者从教师素质和工作业绩的角度出发,把教师专业发展过程划分为"准备期、适应期、发展期和创造期"四个阶段,有研究者采用问卷调查和个案研究的方法,从教师的教学能力出发,把教师专业发展过程划分为"适应阶段、成长阶段、称职阶段和成熟阶段"四个阶段,也有研究者把教师的专业发展分为适应期、探索期、建立期、成熟期、平和期五个阶段。[①]

不同的研究者由于关注的焦点不同,提出了教师专业发展的不同方向,因此形成了不同的主张和看法。我国有学者根据教师自我专业发展意识,对教师专业发展阶段进行了深入研究,把它分为以下五个阶段。

1. "非关注"阶段

该阶段时限是在正式教师教育之前,可从一个人进入接受正式教师教育一直追溯到他的孩提时代。在这一阶段,"专业发展"的主体是有从教意向者。但他们只是有从教的潜在可能,还根本谈不上什么专业发展,更谈不上专业发展意识问题,因此把这一阶段称为"非关注"阶段。

2. "虚拟关注"阶段

该阶段时限一般是职前接受教师教育阶段(包括实习期)。该阶段专业发展的主体的身份是学生,至多只是"准教师"。这使得他们所接触的中小学实际和教师生活带有某种虚拟性,他们会在虚拟的教学环境中获得某些经验,对教育理论及教师技能进行学习和训练,有了对自我专业发展反思的萌芽,从而为进入正式任职阶段打下良好的基础。

3. "生存关注"阶段

新任教师一般处于这一阶段。其特征表现为:在"现实的冲击"下,教师产生了强烈的自我专业发展的忧患意识,特别关注专业活动中的"生存"技能,专业发展集中在专业态度和动机方面。刚入职的新教师面临着一个全新的阶段,会遇到很多实际问题。这一时期是教师专业发展的一个关键期。它不仅面临着由教育专业的学生向正式教师角色的转换,而且也是所学理论知识和具体教学实践的"磨合期",其间需要教师在教学实践过程中对理论、实践及其关系进行反思,以克服对于教学实践的不适应。

4. "任务关注"阶段

在度过了初任期之后,决定留任的教师逐渐步入"任务关注"阶段。这是教师专业结构诸方面稳定、持续发展的时期。教师随着教学基本"生存"知识、技能的掌握,自信心日益增强,由关注自我的生存转到更多地关注教学,由关注"我能行吗"转到关注"我怎样才能行"上来。但这一转

---

① 罗晓杰:《国内外教师专业发展阶段研究述评》,《教育科学研究》2006年第7期。

向在很大程度上受到职业阶梯、他人评价等某些外在因素的制约。这同时也反映着自我专业发展意识的强度还较弱,发展尚不成熟。

5. "自我更新关注"阶段

处于该阶段的教师,其专业发展的动力转移到了专业发展自身,而不再受外部评价或职业升迁的牵制,直接以专业发展为指向。同时,教师已经可以自觉依照教师发展的一般路线和自己目前的发展条件,有意识地自我规划,以谋求最大程度的自我发展。"自我更新关注"的教师能认识到学生是学习的主人,把教学看作是教师帮助学生去理解、建构意义的过程,能够关注学生的整体发展。他们不但熟练掌握了大量的学科教学法知识,并能得心应手地应用,而且积累了比较科学而丰富的个人实践知识。他们习惯于反思,习惯于提升自我的价值,追求卓越和专业成熟;他们能够保持一种开放的心态,接纳新的教育思想和观念,为我所用。也有一些教师期望以自己专业发展的经验来影响其他教师。①

四、教师的任用制度

具备教师资格证书,是担任教师的前提条件。教育行政部门和学校,根据教师聘任制度,聘任具备教师资格的人来学校从事教育工作。

(一)教师资格制度

教师资格制度是国家实行的、法定的教师职业许可制度。教师资格是国家对专门从事教育教学工作人员的最基本要求,是公民获得教师工作应该具备的特定条件。教师资格制度实施后,只有具备与学校办学层次相应的教师资格,才能被聘任担任教师工作。未取得教师资格的人将不能从事教师工作。教师资格作为一种法定国家资格一经取得,即在全国范围内不受地域的限制,具有普遍的适用效力。

为了保证教师队伍的质量和促进教师职业的专业化水平,不少国家都实行了教师资格制度。我国《教育法》和《教师法》也都规定,国家实行教师资格制度,国务院于1995年颁布了《教师资格条例》。2000年,教育部发布了《〈教师资格条例〉实施办法》。

1. 实施教师资格制度的意义

我国实行教师资格制度的意义主要如下:

第一,实施教师资格制度,是形成多渠道培养和聘任教师的重要环节和制度保障,有利于吸引优秀人才到教师队伍中来,有利于形成高质量的教师储备队伍,为真正实施教师聘任制,优化教师队伍奠定基础。

---

① 叶澜等著:《教师角色与教师发展新探》,教育科学出版社2001年版,第276—321页。

第二,有利于推动教育人事制度,建立"公平、竞争、择优"的教师选拔机制,促使教师的任用走上科学化、规范化和法制化轨道,保证教师队伍的整体质量,从根本上杜绝不适宜教育教学工作的人执教。

第三,有助于提高教师职业的社会地位与声望,并在全社会形成尊师重教的良好风气,使教师职业具有吸引力;同时,促进教师队伍素质、教育教学质量和报酬待遇之间形成良性循环。

2. 教师资格的条件

我国《教师法》第十条明确规定:"中国公民凡遵守宪法和法律,热爱教育事业,具有良好的思想品行,具备本法规定的学历或者经国家教师资格考试合格,有教育教学能力,经认定合格的,可以取得教师资格。"《教师法》规定了取得教师资格的一般条件,要取得教师资格,还要具备以下条件。

(1) 学历条件。教师资格必须具备的相应学历:

申请幼儿园教师资格,必须具备中等专业学校、中等职业学校的幼儿师范教育类专业毕业及其以上的学历;

申请小学教师资格,应具备中等师范学校毕业及其以上学历;

申请初级中学教师资格,应具备大学专科毕业及其以上学历;

申请高级中学、中等职业学校教师资格,应具备大学本科毕业及其以上学历;

申请中等职业学校实习指导教师资格,应具备中等职业学校毕业及其以上学历,并具有相当于助理工程师以上专业技术职务或者中级以上工人技术等级。

申请认定高等学校教师资格,应具备研究生或者大学本科毕业学历。

(2) 教育专业技能。教师资格应当具备的教育教学工作基本素质和能力。要具有选择教育教学内容和方法、设计教学方案、掌握和运用教育学心理学知识的能力,语言表达能力,管理学生的能力,运用现代教育技术的能力,以及教育教学研究能力。除列入国家普通招生计划的师范类专业毕业的申请人外,其他人员需参加教育学、心理学补修;并经教师资格认定机构进行教育教学素质和能力测试,成绩合格。

(3) 普通话水平。普通话水平应达到国家语委颁布的《普通话水平测试等级标准》二级乙等及以上标准。其中,中小学语文教师和幼儿教师的普通话应达到二级甲等及以上标准。

(4) 身体条件。申请人应当具备良好的身体素质和心理素质,无传染性疾病,无精神病史,有完全的法律行为能力等,在教师资格认定机构指定的县级以上医院体检合格。

3. 教师资格的类别与适用

我国的教师资格共分为七个类别,分别为:幼儿园教师资格、小学教师资格、初级中学教师资格、高级中学教师资格、中等职业学校教师资格、中等职业学校实习指导教师资格和高等学校教师资格。

取得教师资格的公民,可以在本级及其以下等级的各类学校和其他教育机构担任教师。其中,高级中学教师资格与中等职业学校教师资格相互通用;但取得中等职业学校实习指导教师资格的教师,只能在中等专业学校、技工学校、职业高级中学或者初级职业学校担任实习指导教师,不能与其他教师资格融通。

教师资格是从事教师职业所必须具备的基本条件,不具备这些条件,就没有当教师的资格,就不能成为一名合法的教师。取得教师资格的人,也不一定能够马上从事教师工作。是否能从事教师工作,还要受教师编制、学校师资需求、教师队伍学科结构、聘任条件等方面的限制。只有被学校或其他教育机构聘任为教师后,才能享有法定的教师权利,履行相应的教师义务。而且,获得了教师资格并不等于就成为一名合格称职的教师,要真正成为一名合格称职的教师,还必须全面提高自我素养,并勇于探索和实践。

(二) 教师管理制度

教师聘任制是我国法律法规明确的教师管理制度。教师职称评审制度也是关乎教师发展和教师管理的重要制度。

1. 教师聘任

我国《教师法》第十七条规定:"学校和其他教育机构应当逐步实行教师聘任制。教师的聘任应当遵循双方地位平等的原则,由学校和教师签订聘任合同,明确规定双方的权利、义务和责任。实施教师聘任制的步骤、办法由国务院教育行政部门规定。"**教师聘任制,是在符合国家法律制度的情况下,聘任双方在平等自愿的前提下,由学校或者教育行政部门根据教育教学岗位设置,聘请有教师资质或教学经验的人担任相应教师职务的一项教师任用制度。**

(1) 聘任制的步骤。教师聘任制是分为聘用、聘任两个步骤。

聘用制是以合同的形式确定事业单位与职工基本人事关系的一种用人制度,即事业单位工作人员在本单位的身份属性通过与单位签订聘用合同确定。聘用制将传统的用人制度改革成为合同契约式的用人制度;简单地说,就是学校聘用某人做教师。

聘任制是事业单位内部具体工作岗位的管理制度,是相对委任制而言的。指用人单位通过契约确定与人员关系的一种任用方式。一般的做法是由用人单位采取招聘或竞聘的方法,经过资格审查和全面考核后,由用人单位与确定的聘任人选签订聘书,明确双方的权利义务关系和受聘人员职责、待遇、聘任期等。简要地说,就是学校确定教师的工作岗位和工作职责。

(2) 教师聘任制的形式。教师聘任制依其聘任主体实施行为不同可以分为以下几种形式:①招聘。即用人单位面向社会公开、择优选择具有教师资格的应聘人员。②续聘。即聘任期满后,聘任单位与教师继续签订聘任合同。③解聘。即用人单位因某种原因不适宜继续聘任教师,双方解除合同关系。④辞聘。即受聘教师主动请求用人单位解除聘任合同的行为。

2. 教师职称

1987年,全国中小学第一次进行职称评审。目前,中小学教师设副高级、中级、助理级、员级4个级别。中学教师与小学教师的职称有所不同。中学最高为中学高级教师(副高级),小学最高为小学高级教师(中级),特别优秀的小学高级教师可以评为中学高级教师,数量很少。具体见表10.4。

表 10.4　教师的职称等级

系列	正高级	副高级	中级	助理级	员级
高校教师	教授	副教授	讲师	助理讲师	无
中专教师	无	高级讲师	讲师	助理讲师	教员

续　表

系列	正高级	副高级	中级	助理级	员级
中学教师	无	中学高级教师	中学一级教师	中学二级教师	中学三级教师
小学教师	无	无	小学高级教师	小学一级教师	小学二级教师
幼儿园教师	无	无	幼儿园高级教师	幼儿园一级教师	幼儿园二级教师

　　在中小学，特别优秀的教师会被授予特级教师称号。特级教师是一种荣誉称号，不是中小学教师职称的一个等级。

专栏 10.3

特级教师是一种荣誉

　　"特级教师"是国家为了表彰特别优秀的中小学教师而特设的一种既具先进性，又有专业性的称号。特级教师应是师德的表率、育人的模范、教学的专家。评定对象是普通中学、小学、幼儿园、师范学校、盲聋哑学校、教师进修学校、职业中学、教学研究机构、校外教育机构的教师。

　　特级教师制度是 1978 年根据邓小平同志的意见建立的。1978 年 4 月 22 日，邓小平在全国教育工作会议上讲到尊重教师的劳动时明确指出："要采取适当措施，鼓励人们终身从事教育事业。特别优秀的教师，可以定为特级教师。"在会议召开之前，小平同志已经把景山学校当作试点，把学校挑选申报的三位老师亲自定为特级教师，这是全国第一次任命，也是最早的特级教师。根据邓小平同志的讲话，1978 年 10 月，教育部、国家计划委员会制定颁发了《关于评选特级教师的暂行规定》，12 月 7 日下达通知，在全国开始了评选特级教师工作。文件规定："评选特级教师应坚持从严掌握和实事求是的原则，严格按照评选条件认真、慎重地进行评选。各地和学校有符合评选条件的教师就评选，否则，就不评选。第一次评选，北京、上海、天津等大城市评选面暂定控制在万分之五以内，其他地方应低于这个比例。"

　　1993 年 6 月，原国家教委、人事部、财政部根据中小学教师队伍素质的提高和骨干教师队伍建设需要，按照小平同志关于中小学教师队伍建设的一系列讲话精神，将评选特级教师的暂行规定修订为《特级教师评选规定》，进一步明确了特级教师条件，增加了评选数量，提高了特级教师津贴，改为每人每月 80 元，退休后继续享受，数额不减。

　　经国务院批准，从 2008 年 1 月 1 日起，中小学特级教师津贴标准由每人每月 80 元调整为每人每月 300 元，公办学校发放特级教师津贴所需经费全额纳入财政预算。

本章小结

社会往往给予作为知识传递者的教师以很高的期待。在道德素养方面,人们希望教师是品德高尚的道德家;在知识素养方面,人们希望教师是学富五车的学者;在教学技能方面,人们希望教师是挥洒自如的艺术家。在教育活动中,教师承担着多种角色。有教育社会学者把教师在教室中的角色比喻为:交通警察、法官、供需长、计时员;有教育心理学者把教师角色区分为三大类:教学与行政的角色、心理定向的角色、自我表现的角色。在我们的日常语言中,教师也被含蓄地比较为:蜡烛、工程师、园丁、一桶水。一般来说,教师专业发展经历职前、入职、在职、离职等阶段。在不同的发展阶段,教师专业发展呈现出不同的特点。在我国,教师要取得教师资格证书,才能合法地从事教育教学工作。学校和其他教育机构,则应当逐步地实行教师聘任制。目前,中小学教师设副高级、中级、助理级、员级四个级别。

思考与实践

1. 阅读下列材料,谈谈自己的看法与认识。

如果当教师的话,在"教师节"的今日,我想把以下的话告诉自己,策励自己。

我如果当中学教师,决不将我的行业叫做"教书",犹如我决不将学生入学校的事情叫做"读书"一样。书中称积蓄着古人和今人的经验,固然是学生所需要的;但就学生方面说,重要在消化那些经验成为自身的经验,尤其重要在能够随时随地就事事物物得到新经验——不限于书中的经验。说了"读书",便把这个意思抹杀了,好像入学校只须做一些书本上的工夫。因此,说了"教书",也便把我当教师的意义抹杀了,好像与从前书房里的老先生,并没有什么分别。我与从前书房里的老先生,其实是大有分别的。他们只须教学生把书读通,能够去应考、取功名,此外没有他们的事儿了;而我呢,却要使学生能做人、能做事,成为健全的公民。这里我不敢用一个"教"字。因为用了"教"字,便表示我有这么一套完整的本领,双手授予学生的意思;而我的做人做事的本领,能够说已经完整无缺了吗?我能够肯定地说我就是一个标准的健全的公民吗?我比学生,不过年纪长一点,经验多一点罢了;他们要得到他们所需要的经验,我就凭年纪长一点,经验多一点的份儿,指示给他们一些方法,提供给他们一些实例,以免他们在迷茫之中摸索,或是走了许多冤枉道路才达到目的——不过如此而已。所以,若有人问我干什么,我的回答将是"帮助学生得到做人做事的经验",我决不说"教书"。

(资料来源 叶圣陶:《如果我当教师》,《今日教育》2010年第11期)

2. 阅读下面的《美国教育协会(NEA)关于教育行业的道德规范》,与《中小学教师职业道德规范》比较一下异同,谈谈对美国教师道德规范的看法。

教育工作者相信每个人的价值和尊严,认识到追求真理、献身完美、建设民主原则的极端重要性。这些目标的根本目的在于确保教学与学的自由,确保给予每个人公平的受教育机会。教育工作者都愿意遵守这一最高的伦理标准。

教育工作者认识到自己在教育过程中的重大责任,渴望得到同事、学生、家长以及社区的尊重和信任,这种渴求激励我们争取和保持最大限度的首先。教育行业的道德规范表明了所有教育工作者的激情,提供了判断教育工作者行为的标准。

原则1:对学生所负的责任。教育工作者努力帮助每个学生认识到自己作为一个有价值的社会成员所具有的潜能。因此,教师要激发学生的探究精神,鼓励学生获取知识,鼓励学生树立有价值的理想。

要完成对学生这些义务,教师——

(1) 不能无理限制学生追求知识的独立行为。

(2) 不能无理禁止学生接受各种不同的观念。

(3) 不能故意隐瞒或扭曲与学生发展相关的题材。

(4) 应该努力保护学生,避免学生在学习、健康和安全方面受到伤害。

(5) 不能蓄意为难或贬低学生。

(6) 不存在各种偏见,包括种族、肤色、信仰、性别、民族、婚姻状况、政治或宗教信仰、家庭、社会或文化背景、出生等方面,从而不公平地——

① 拒绝任何学生参与任何项目。

② 不让学生受益。

③ 把任何优惠给任何学生。

(7) 不为私利与学生发生职业方面的关系。

(8) 不能泄露学生在专业服务过程中所获得的信息,除非有助于一项必要的目的或是法律所要求的。

原则2:对职业的责任。教育职业是由公众信任和赋予责任的行业,需要有最高的行业服务理想。

如果树立"教育专业的服务质量直接影响国家或公民"的信念,教育工作者将竭力提高专业水平,鼓励进行职业评价,创造吸引值得信任的人员的条件,阻止不合格人员的职业行为。

要履行专业上的这些义务,教育工作者——

(1) 在能力和资格审查上,不能故意做出错误的说明或错误吐露一些情况。

(2) 不能错误地说明他(她)的专业资格。

(3) 不能帮助明知在品格、教育能力或其他相关要素方面不合格的人加入教师行业。

(4) 在关于专业职位的候选人资格上,不能故意做出错误表态。

(5) 不得帮助非教育工作者进行未批准的教育行为。

（6）不得泄露同事在专业服务过程中的情况，除非是为了一个必要的专业目标或是法律允许的。

（7）不得故意错误或恶意评价同事。

（8）不得接受任何可能损害或影响职业决策行为的赏金、礼品或奖励。

（资料来源 （美）阿伦·奥恩斯坦、莱文·丹尼尔著，杨树兵译：《教育基础》（第八版），江苏教育出版社 2003 年版，第 48—49 页。）

3. 请对下面的观点进行评论。有人认为："老师是导演，学生是演员。"老师设计好教学的一切，让学生干什么，学生就干什么，老师说该怎么干，学生就怎么干。

4. 学习下面的材料，请思考一下为什么要改革中小学教师职称制度，并对中小学教师职称改革发表自己的想法。

2009 年 1 月 15 日，人力资源和社会保障部、教育部联合颁布《关于深化中小学教师职称制度改革试点的指导意见》。指导意见提出：

为促进教育事业的科学发展，加强中小学教师队伍建设，推进职称制度分类改革，按照党中央、国务院加强人才工作的决定和深化职称制度改革的要求，根据义务教育法有关规定，经国务院同意，决定在吉林省、山东省和陕西省各选择一个地级市开展中小学教师职称制度改革试点工作。

（1）改革原中学和小学教师相互独立的职称（职务）制度体系。贯彻落实《中华人民共和国义务教育法》，建立统一的中小学教师职务制度，教师职务分为初级职务、中级职务和高级职务。原中学教师职务系列与小学教师职务系列统一并入新设置的中小学教师职称（职务）系列。

（2）统一职称（职务）等级和名称。初级设员级和助理级；高级设副高级和正高级。员级、助理级、中级、副高级和正高级职称（职务）名称依次为三级教师、二级教师、一级教师、高级教师和正高级教师。

（3）统一后的中小学教师职称（职务），与原中小学教师专业技术职务的对应关系是：原中学高级教师（含在小学中聘任的中学高级教师）对应高级教师；原中学一级教师和小学高级教师对应一级教师；原中学二级教师和小学一级教师对应二级教师；原中学三级教师和小学二级、三级教师对应三级教师。

（4）统一后的中小学教师职称（职务）分别与事业单位专业技术岗位等级相对应：正高级教师对应专业技术岗位一至四级，高级教师对应专业技术岗位五至七级，一级教师对应专业技术岗位八至十级，二级教师对应专业技术岗位十一至十二级，三级教师对应专业技术岗位十三级。

延伸阅读

1. 叶澜等著：《教师角色与教师发展新探》，教育科学出版社 2001 年版。
2. （美）约翰·麦金太尔等著，丁怡等译：《教师角色》，中国轻工业出版社 2002 年版。

3. （美）海克等著，桂冠前瞻教育丛书编译组译：《教师角色》，（台湾）桂冠图书有限公司1999年版。

4. 申继亮主编：《新世纪教师角色重塑——教师发展之本》，北京师范大学出版社2006年版。

5. （美）斯太芬著，张伟译：《批判反思型教师ABC》，中国轻工业出版社2002年版。

第十一章

如何成为合格教师

一、学习培训
（一）个体学习
    1. 文本阅读
    2. 网络学习
（二）群体培训
（三）校本研修

二、实践反思
（一）实践反思的形式
    1. 专题反思与整体反思
    2. 即时反思与延迟反思
    3. 课前反思、课中反思与课后反思
（二）实践反思的过程
    1. 描述事实
    2. 情感体验

    3. 分析思考
    4. 行动计划

三、参与研究
（一）研究问题的确定
    1. 从教育教学的疑难中寻找问题
    2. 从具体的教育教学场景中捕捉问题
    3. 从学校或学科发展中确定问题
    4. 研究方案的制订
（二）研究成果的表达
    1. 教育叙事
    2. 教育案例
    3. 教学课例
    4. 教学论文

于漪老师被称之为教师的代表,她曾经给贵州偏远山区一位中学语文教研员写过一封长篇复信,被认为是一篇美文,信的结尾有这样一段文字:"我当了一辈子教师,教了一辈子语文,上了一辈子深感遗憾的课。我深深地体会到'永不满足'是必须遵循的信条。"

"永不满足",这个坚定的信念让老师不断地"向外,拓展世界;向内,发现内心"。

1. 不断学习,踏上一条"光荣的荆棘路"

于老师说:"语文教师要有拼命汲取的素质与本领,犹如树木,把根须伸展到泥土中,吸取氮、磷、钾,直至微量元素。只有自己知识富有,言传身教,才能不断激发学生求知的欲望。"从《唐诗三百首》《古文观止》等通俗选文开始,到《论民族自决权》《德意志意识形态》《世界教育史》《世说新语》《四库全书简明目录》,于老师广泛涉猎,前后通读了辛弃疾、杜甫和陶渊明的著作等等,叩心扉观性灵,享受读书之乐乐无穷。

事实上,对于老师来说,工作量大,负担很重,要想有整块时间学习是不可能的,但于老师锲而不舍,她说:"把零星的宝贵的时间有计划地用上,天长日久也是可观的。"

2. 回顾与反思成为必修课

于漪老师真情告白:"与其说我做了一辈子教师,不如说我一辈子学做教师。"我自己的感受是:于老师"学做教师"中关键的一环就是"回顾与反思"。细细读来,感觉于老师的"回顾与反思"也是不断精进的,似乎有这样三个层面:

(1)于老师用"教后"记录下自己教学上的点点滴滴,逐步清晰教学中的是非得失;(2)于老师不断地用"一把尺子量别人的长处,一把尺子量自己的不足",在"比"与"量"的过程中,找自己的不足,学别人的长处;(3)于老师在学理层面上,积极表达、提炼,那么多年的不停追问,学习与反思,最后让于老师有了创造性的突破,实现自身学术理论上的一次重要跨越,奠定了于老师独特的语文教学理论体系。

第一,于老师的"教后"。于老师每学期有两大本教案,红笔作修改,写"教后"。于老师的"教后"很丰富,她记"教"记"学",记教学中的"得"与"失",记学生学习中表现出来的种种情况,记对教材的理解与处理,记对教法的选择与运用,记学生学习上的障碍和思想上的火花。于老师说:"教后做点记录不可能面面俱到,也不可能长篇大论,只要有所侧重地记下有价值的材料,有话则长、无话则短,日久天长,对教学中的是非得失就会逐步清楚。"

于老师写"教后"好似登山一步一陟一回顾。"一步一陟",站得高,眼前境界就开阔起来;"一回顾",看到自己艰辛走过来的路就分外亲切,信心倍增,抖擞精神攀登更高的山峰。"一丝而累,以至于寸;累寸不已,遂成丈匹。"多少年来,于老师就是以这种累寸累匹的精神要求自己,一步一步艰辛地在教学道路上跋涉,不停步地前进。

第二,于老师的"两把尺子"。我在好几个场合听过于老师引用罗曼·罗兰的话:这累累的创伤就标志着你生命前进了一步。于老师说:"我确实是累累创伤,我随便打开自己的文章、教案,可以讲出很多不足和缺陷,但正是这些缺陷、不足,激励我向前奔跑。"于老师说:人生活在社会中,总是要比的,可是比什么,和谁比,我觉得其中非常有讲究。我这一辈子有两把尺子,一把尺子量别人的长处,一把尺子量自己的不足。于老师就是在这种"比"和"量"的过程中,找到自己的不足,学习别人的长处。于老师说:"我横比竖比,量别人量自己,越比越觉得自己有向前奔跑的动力。"

第三,为了从学理的层面,也就是从语文和语文学科的性质这个基点上说清楚教文育人这一观念的科学性、合理性。"于老师进一步跳出自己看自己,跳出语文看语文,跳出教育看教育。这种有一定广度和深度的反思——批判精神,是后续教育行动的内在动力,又是后续教育研究的人文火种。"积极表达,将自己已有的思考、智慧整理出来。这是一个无休止地自觉地向自我挑战的开始。

(资料来源 王洁:《一辈子学做老师——我读于漪老师的书》,http://xbyx. sherc. net)

学习指导

1. 认识学习培训的重要性,了解不同学习培训方式的优点和局限性。
2. 了解实践反思的基本形式,掌握实践反思的主要要求。
3. 理解教师参与学校教育研究的条件和基本程序,掌握研究方案撰写要求以及教育日志、教育叙事、教育案例、教学课例等的写作方法。

新手教师要想成为合格教师、称职教师或优秀教师,可以通过学习培训、实践反思、参与研究等手段,提升作为教师所应具有的基本素质。

一、学习培训

面对日新月异的世界和个性相异的学生,以教书育人为己任的教师,只有抓住各种学习的机会,坚持终身学习,不断丰富自己的知识储备,提高自己的基本素养,才能更好地从事教育教学工作,促进自己的专业发展。

(一) 个体学习

从教师个体行为层面上看,教师的学习培训可以借助于文本阅读、网络学习等方式来进行。

1. 文本阅读

广泛地阅读是个体进行自我学习的重要方式,其中书籍应该是主要的阅读对象。对教师来说,应该把读书作为一种学习方式和生活方式。教师的工作很紧张,除了繁忙的教学与研究,还有做不完的事务。可以说,专门用于读书的大块时间是很难得的。但话又说回来,好学的教师总能够找到办法,在工作之余挤出宝贵的时间用来读书。有的教师会随身带着书,利用教学和事务

性工作中的间隙,见缝插针地挤时间来读书。

对教师而言,需要阅读的文本除了所教学科方面的书籍外,还要阅读教育学、心理学方面的书报,同时,人文社会科学方面的读物以及自然科学的普通读物,也是教师需要阅读的文本。以教师需要阅读的教育文献为例,包括教育著作、教育辞典、学术论文、研究报告、经验总结、教育教学案例等。

教师在阅读有关文献时,要有一定的计划性,学会合理安排和利用时间,提高阅读文献的效率。而且,能够综合运用浏览、粗读、精读等阅读方式,广泛地阅读各种文献资料,做到对教育文献的准确解读和批判性思考,并注意对阅读材料的分析、整理和运用。

在图书报刊目不暇接的今天,教师选择什么样的读物?检索与本专业相关的专业知识、教学参考书,并且择优阅读其中对自己有帮助的精品,这当然是非常需要的;有针对性地学习一些教育教学知识和方法,也是很有必要的。除此之外,教师还应选择那些能够开阔视野的教育读物、人文社会科学读物,乃至自然科学、经济、科技等方面的读物,如《终身教育引论》、《学会生存》、《教育——财富蕴藏其中》、《第五项修炼》、《学习的革命》等。这类读物有助于教师拓宽审视教育的视角,更新教育教学的理念和思维方式。

专栏 11.1

第斯多惠的七条建议

第斯多惠在《德国教师培养指南》中提出的有关教师如何进行学习的七条建议:

1. 学习要有重点,在你所要学习的各个教学专业的文章上多下功夫,就是说要特别学习那些有争议的而又有独到见解的问题的文章。

2. 集中时间和精力学习一个专业。一暴十寒,三天打鱼,两天晒网的学习方法会损坏一个人的身体和灵魂。

3. 学习要扎扎实实,在初读一本书时要彻底领会和理解逐段逐句的意义,彻底理解每一个概念的涵义,如果有些地方看不明白,就要在这些模糊点上多下功夫,反复琢磨,反复研究,融会贯通,直到全面掌握为止。

4. 温故而知新,重点学习主要作品以及内容丰富的重要期刊。

5. 对于那些和你经常所学专业联系不太密切的文章,可以边读边摘录,抄写在笔记本上。

6. 建议你在学习教材时物色一个志同道合的朋友和几个勤奋好学的学生,共同备课,详细研究和讨论教材的内容。

7. 将你的学科作为你学习的核心。

2. 网络学习

随着电脑和互联网的普及,网络逐渐走进人们的视野,成为人们学习、工作与生活的一部分。对教师来说,访问教育网站,注册个人教育博客,在网上发表教育成果,已经不再是什么新鲜事了。换个角度看,网络是教师与同行进行交流的平台,也是教师开展学习的重要途径。教师要想利用好网络这一便捷的学习工具,除了掌握基本的网络应用技术外,还要学会在网络环境下如何进行学习。

首先,学会从网络中学习有用的教育资源。新闻时事、他人的教育博客、日志、随笔等,都是教师学习的资源和对象。当然,对所要利用的信息资料,要学会识别其有效性、准确性、真实性和时效性。

上网学习

其次,学会把网络与教学内容进行整合。充分利用网上的图像资料、文本资料等,作为教师开发或学生学习的素材,整合到与课程内容相关的电子文本、课件之中,整合到学生学习的课程学习中,让网络及网络资源发挥最大的作用。当然,这种整合重在创新,重在创造,要避免"拿来主义"。

再次,学会利用网络进行协商交流学习。利用网络中的信息交流平台和数字化资源,与其他学习者进行讨论,发表意见,或进行提问质疑,开展互动式学习。可以利用空闲时间进入有名的教育教学论坛,或是博客网站学习名师的教育教学思想和观点等。[1]

通过网络来查阅资料、与同行进行交流,固然是很好的学习方式。为了更好地利用网络这一学习平台,教师可以通过注册个人博客,发表个人教育教学的见解等文稿,并且把与同行在网络上交流的材料(包括同行的评论、个人即时的教育感悟与心得等)收集汇总起来,以便及时地进行消化和深入学习。

案例 11.1

在网络上与同行交流学习

贺老师在一些教育网站上,认识了很多志同道合的朋友。在教育网站上,他认识到在祖国的各个地方,有一群和他一样的追梦人。在交流思想的同时,贺老师也积极把他的教学方法、教学理论、随笔发到网上供同行们探讨交流。在这个虚拟的世界里,老师畅所欲言,毫不忌讳地表达自己的见解,可谓是"奇文共欣赏,疑义相与析"。在这个平等而自由的世界里,

---

[1] 禹妙云:《让"教师学习"与"校本培训"同行》,《科教文汇》(中旬刊)2009年第8期。

五湖四海的同行们对他的作品"品头论足",指出不足,提出不少有价值的意见,慢慢地,贺老师发现自己进步了。

(资料来源　宋运来主编:《影响教师一生的100个好习惯》,江苏人民出版社2009年版,第182页。)

借助于教育网站,坚持与同行进行探讨交流,相互学习,确实能提高教师的专业水平。需要注意的是,与同行进行网络交流,教师要敢于发表个人见解,哪怕是不成熟的看法、错误的观点。而且,要虚心地接受他人的不同意见,尤其是不同的意见、关于问题与不足的意见。更重要的是,还要坚持长期上网,只有持之以恒,才能得到最大的收获。

(二)群体培训

在职的群体培训是教师学习的重要途径,学校组织的教师培训是其中的主要方式。教师在职培训有两种基本方式:一是外出进修学习或参加校外教育机构举办的培训;二是学校自己组织的校本培训。学校组织的教师培训,可根据学校和教师的具体情况,灵活安排,时间可长可短,内容可多可少。短期的学习培训,如有关新课程的学科培训、通识培训,以及省、地、校一级的各类培训。中长期的进修学习,如单科进修、访学或学历补偿性质的脱产学习。

教师参加学校组织的培训,是学习专家、提高专业水平的重要方式。一方面,借助于教师培训,在教育专家的辅导下,教师可以在较短的时间内,迅速了解理论的框架和课改的前沿。另一方面,教师通过参加培训,能够了解教育实践的走向,能够学到教育实践的优秀范本。

案例 11.2

通过培训向专家教师学习

下周就要正式扮演教师角色,内心有一丝兴奋,但也有几丝惶恐不安:毫无教学经验的我,拿什么让同事和学生们认可? 周四下午学校组织近十个新教师培训,真是雪中送炭呀!

教务处李主任说,"我们统一培训,平时也是一样要求,但几年后,我们中的有些人可能已成长为优秀教师,而有的老师说不定还在原地踏步。到底如何发展,大家学习学习当代教育家魏书生老师吧。"

我们开始看光碟。魏老师演讲内容丰富,不仅讲教育教学,还讲人生。近两个小时的报告转瞬即逝,魏老师的身影消失了,我们心潮澎湃,意犹未尽。他的报告事例生动,思路清晰,逻辑严密,语言幽默,很深刻的道理,他娓娓道来,似乎在和我们亲切地聊家常,在轻松愉快的氛围里,我们有醍醐灌顶、豁然悟道的感受。魏老师把我作为新教师的迷茫困惑一扫而光,对于他独特的教育方法我跃跃欲试。现在的我激情满怀,踌躇满志,对下周的教师生活充满了期待。

（资料来源　张彩云主编:《初为人师第一年(中学版)》,中国轻工业出版社 2010 年版,第264—265 页。）

(三) 校本研修

近年来,学校通过组织校本研修,让教师在研修中学习提高,已经成为中小学教师学习培训的一个热门话题。它是以教育教学中所遇到的问题为研究对象,以教师之间的合作为主要形式,以问题解决策略研究为主线,以促进教师和学校发展为根本目的的教师研修活动。

校本研修的方式具有灵活多样性,可以采取集体充电法、专家引领法、个人研修法、师徒结对法、课题驱动法、小组研究法、观摩交流法、小组讨论交流法、集体攻关法、校际合作法等多种形式。

校本研修

例如,小组研究法可以按照以下步骤进行:学校按照年级组、学科组,或者一些教师共同关注的问题来划分学研小组,由学校研修领导小组与教师商讨确定小组研究课题;请专家咨询开列出与小组研究课题内容有关的读书清单;组织教师个人读书学习;每人根据自己的学习体会和收获拿出研究成果;在小组内交流、讨论并在教学实践中付诸实施;进行实施效果的总结。

采取师徒结对法研修的过程中,老教师的任务是指导新教师收集课程资源、写教案、说课、听新教师的课堂教学、点评、追踪听课。新教师要虚心请教,听老教师的课堂教学,学习老教师的课堂艺术与风格,不断反思改进教学。

观摩交流法在组织互相观摩、专家点评、追踪听课时要突出骨干教师的作用,有针对性地要求骨干教师在某一个方面、某一个教学环节起到示范作用。新课程的教学观摩,可以先提出问题,再组织教师观看教学观摩展示,讨论、交流前面提出的问题,每人结合教学实践自选章节编写教学设计教案,在小组内讨论交流说课,专家进行点评总结,学校研修领导小组成员进行追踪听课。[1]

---

[1] 刘欣、赵嘉平、何敏:《论中小学教师的校本研修》,《中国成人教育》2006 年第 2 期。

案例 11.3

一次基于教研组的校本研修活动

李老师觉得勾股定理的教学始终是一个难点,没有很好地在教学法意义上被解决。学校层面充分认识到以勾股定理课例为载体,在视频案例的制作过程中,推动数学教研组的研修活动,加快青年教师的成长有着积极的作用。学校邀请了若干教育专家,作为这次研修活动的专业支持伙伴。

实践共同体开展了以下的研修过程:

(1) 以往的授课过程及反思。教研组活动在观看以前的勾股定理授课录像后,通过讨论,认为以往这种典型的勾股定理的接受式授课有些不足。

(2) 改进勾股定理教学的过程及反思。针对典型的勾股定理授课的不足,实践共同体反复讨论,逐步形成了这样的思路:通过设计合理的学习情境做铺垫,引发学生的猜想;在铺垫的基础上,通过数形结合引发学生的证明思路。

李老师先后撰写了三个教案、三次授课,她本人也不断反思,认为第一次授课到第二次授课经历了工作单的改变和教学顺序的改变。

随着实践共同体不断的讨论,大家对勾股定理的教学认识逐渐深入。最后一次授课后,李老师又有了新的收获,从第二次教学到第三次教学引入的设计更加合理,学生易于接受,整个过程自然流畅。

不仅仅是授课教师本人反思,在教研组长的组织下,大家畅谈了自己的感受。陆老师说"她打破了我们以往上这节课的模式",崔老师认为"这节课真正激发起了学生的学习热情和学习兴趣",黄老师则认为,"李老师注重了对学生情感培养、知识培养和能力培养这三个方面的整合"。

(资料来源 陈观林、冷德翔:《以校本研修促进青年教师专业发展》,《上海教育科研》2005年第 4 期。)

二、实践反思

教师从事的是有关教育教学的实践工作。对教育教学进行反思,不仅是教师自我学习的一种有效方式,也是教师开展教育实践研究的基本途径。更重要的是,实践反思是教师进行自我行为修正的好方式,是提升教育教学水平和推动专业发展的重要载体。

对教育实践的反思是对教育教学过程的批判性思考,既肯定成功的做法,又反省教学中的不足,并深刻挖掘现象背后的原因,提出改进教育教学实践的建议。教学反思一般要见诸于文字,形成书面的反思性文字片段或反思性报告。

（一）实践反思的形式

教育实践反思的运用范围广泛,形式多样。对日常教育教学行为的反思,包括以下几种不同的形式。

1. 专题反思与整体反思

专题反思有着明确的问题取向,常常围绕一个特定的问题进行多方面的思考。这种反思目标明确,针对性强,分析也相对较为深入。在教育教学中,可选择作为反思对象的专题是很多的。比如,从教学各因素来看,可以是教育任务的完成程度,或是教学内容确定的适宜程度,或是教学策略选择的得当程度等;从教学实施的具体要求来看,可以是教学与学生生活实际相联系的程度,也可以是学生自主支配时间和空间的程度,还可以是信息技术与学科教学整合的程度等。

整体反思常常不是把反思的对象集中在教育教学的某一个具体问题上,而是**总体把握教育教学各方面的行为,**就其中突出的问题进行思考。比如,一堂课后,教师可以分析自己教学中的以下行为:这堂课是否达到了预期的教学目标? 这堂课在哪些方面是成功的? 这堂课的教学设计与实际教学行为有哪些差距? 这堂课上发生了哪些令我印象至深的事件?

2. 即时反思与延迟反思

即时反思是教师在教育教学活动结束后,立即对活动过程中的现象、问题或活动的成效等进行的反思。这种反思紧跟教育教学活动进行,反思者可详尽地回想活动的场景等细节,对活动本身做出分析和评判。

延迟反思指教师在教育教学活动结束后,再过一段时间,然后做出的实践反思。有的时候,教师可能由于这样或那样的原因,不能马上对课堂或其他教育情景中的事件做出系统思考,而是在以后结合其他教育事实,对其进行综合性的批判性分析。

3. 课前反思、课中反思与课后反思

反思可以贯穿教学的全过程,体现在教育活动的始终、在课堂教学的实施中,既可以在备课时思考是否遇到什么困惑,是否对教材进行了二次开发,对学生实际需求的估计是否合理,是否为学生创设了实际支配的时间和空间,能否联系社会实际生活,实现知识与态度相统一,过程与方法相统一,即课前反思;也可以在上课过程中思考学生在课堂上实际参与的热情与程度如何,师生或生生互动是否积极有效,课上是否发生了意想不到的事情,如何利用课上的资源改变原有的教学设计进程等,即课中反思;也可以在上课之后思考课堂教学效果如何,存在哪些需要进一步改进的问题,有哪些需要关注的地方或有什么困惑,课堂上的一些事件对日后的教学有何意义等,即课后反思。

（二）实践反思的过程

实践反思是一个循环的过程。**一次完整的实践反思,一般都要经历"描述事实—情感体验—分析思考—行动计划"的过程。**

1. 描述事实

实践反思指向的是教育活动中的事件和现象,可以是成功的做法,也可以是不足之处。问题、事件和现象是实践反思的载体,缺少了这些载体,对教育实践的反思也无从谈起。因而,教师进行实践反思,尤其是撰写反思日记等文字材料,首先要做的就是描述关注到的事件和现象。简单地讲,就是描述发生了什么事。

2. 情感体验

描述和梳理教育事件和教育现象之后,教师就可以开始反问自己,对于发生事情的基本印象怎么样,自己持什么样的情感态度。教师对事件和现象的情感体验,可以从正反两方面进行分别陈述和评价。在对教育实践进行反思时,教师必须有自己真实的情感体验,这样才能对教育实践本身有更深入的思考。

3. 分析思考

对描述的教育现象和教育问题,进行批判性的思考和分析,是教师进行实践反思的核心环节。在这个环节,教师可以从不同角度对自己进行提问。比如说,在描述的教育现象中,自己(或他人)有哪些方面是做得成功的,哪些方面是存在不足的?造成成功与问题的原因可能是什么?自己可以从中学到些什么?

4. 行动计划

实践反思的目的是为了改进实践。对教育事件本身进行批判性分析之后,教师需要形成一个应对类似问题的行动计划。在这一环节,教师需要思考诸如此类的问题:如果再次发生类似的问题,我应该如何应对?我应该如何调整自己的教育教学方式,以提高教育教学的质量?

案例 11.4

一节高三数学生本课的教学反思

在近期学校开展的生本理念展示课上,我代表高三数学组展示了一节复习课。课题是选修 2−1"圆锥曲线"一章中的"抛物线"复习。下面我就本课的教学设计和过程谈几点反思。

一、以学生熟悉的校园景物引入,激发学生的新奇感

首先,我让学生欣赏我校的"龙门"风景照,借用"鲤鱼跳龙门"的美好寓意,祝愿学生们在高三一年的艰苦拼搏后能收获一个美好的前程,然后让大家猜猜龙门的形状与什么圆锥曲线有关,以这种看似闲聊的方式,进入课题。我校的公开课是在专门的报告厅里进行,在学生座位的后面坐着很多听课老师,学生一般会感觉比较紧张。我用欣赏图片和闲聊的方式让学生心理放松,帮助学生做好上课前心理的调适。

二、放手让学生对基础知识和方法进行梳理,展示精彩纷呈

在本节课上,我大胆放手让学生完成对知识的梳理。课前预习时,我对学生的学习进行指导:梳理知识可以采取画表格的方式,可以采取看书口述的方式,也可以对基本知识进行

个性化分解和表述。然后在上课时采取小组合作的方式，以小组为单位来展示。因为从来没有这样大胆地尝试，何况这是一节公开课，课前我心里非常忐忑，不知学生将会以怎样的方式展示，展示的效率又会如何。然而，没有想到的是：在这节课上，对知识的梳理环节成为了学生展示的平台。课堂上的这个环节让我感受颇多。老师们一直放心不下的老攥在自己手里的"知识梳理"这一个教学环节，当大胆放手给学生后，得到的竟然是精彩纷呈。从这节课上，可以看到学生对知识的梳理和重新建构的能力毫不逊于老师。因此，课堂上老师首先要相信学生的能力，更要相信自己只有大胆放手才会有意想不到的精彩生成。实施生本教学，首先在于教师的教学理念的更新和突破。不要让画地为牢、固步自封的想法与学生的精彩展现失之交臂。

三、学生的解题展示和激情辩论，课堂充满生命活力

这节课上，学生无论在运用知识解决问题的环节中，还是在登台讲题、质疑互动的展示中都表现不错。平常成绩一般的周同学大胆登台展示，由于自身讲解能力的限制没有讲明白，所在组的其他同学迅速出手相助；于同学属于数学成绩稍微落后的，这节课中他勇敢地站起来展示了两次，其中一次由于对知识的理解不到位而出错，但这丝毫没有降低他的积极性；在一道抛物线应用题目的展示上，由于对某位同学的理解存有疑问，有同学表示了异议，跟着另一位同学也表达了不同角度的疑问，围绕这些疑问，在课堂上出现"百家争鸣"般的热烈讨论。有温度、有深度、有广度的数学课堂是我们每一位数学老师的梦想和追求。而生本课堂上，学生的潜力和能力的迸发和绽放，常常让我们惊叹。我再一次感到：学生缺乏的不是能力，而是一个展示的舞台。老师缺乏的也不是教学能力，而是大胆放手的理念。

四、缺憾和不足

本节课的遗憾是：下课铃响时，刚刚把主要内容进行完，没有当堂检测，没有进行充分的小结。黑板上的板书，还是学生在展示知识梳理时留下的。我课前的板书预设，在学生的展示和讨论活动中，竟然没有合适的时机来完整实现。在学生的展示能力的培养和学习活动的调控上，在小组间的科学竞争机制上，还有许多需要注意改进之处。

（资料来源　宁亚云：《一节高三数学生本课的教学反思》，《学周刊》2011年第11期。）

三、参与研究

教师不仅是教育活动的实践者，也是教育实践的研究者。教育研究能力是教师提高教育教学质量，促进自身专业水平不断发展的必要条件。可以说，教师成为研究者，已经是当今教师基本素养的一部分，已经是教师新的职业存在的基本表现形态。

（一）研究问题的确定

任何研究都是从问题的发现开始的，因此提出问题是研究的第一步。教师参与学校教育研究，也是从提出问题开始的。教师在寻找问题时，应该立足于自己的教育实践土壤。

1. 从教育教学的疑难中寻找问题

在当今的教育教学中,随着课程改革的推进,随着学生个体和群体变化的加剧,教师时常会碰到各种各样的疑难或困境。从目前来看,这些疑难或困境至少有以下几种类型:其一,教师的设想、计划与实际效果之间的差距。其二,教育教学情境中教师与学生、学生与学生等在目标之间或价值取向之间的冲突与对立。其三,教育教学中的"两难"情境。其四,不同的人或群体对待同一教育教学行为的不同看法。

2. 从具体的教育教学场景中捕捉问题

中小学教师与专业研究者一个根本的区别,就在于一直生活在教育教学实际的现场,是在现场中感受教育事实、生发教育理念、提升教育智慧的。而教育现场是教育问题的原发地,是问题产生的真实土壤,进入教育现场的教师对教育现场所作的任何真切而深入的分析,都有可能滋生大量的待研究的问题。重要的是,教师要认识到,自身研究的问题实际上大多并不是来源于对理论材料的占有和分析,而是来源于教育实践场景。可以说,真实的教育实践场景既是研究进行的主要依托,同时又是发现问题的重要所在,正是教育场景蕴涵了大量的,甚至是无穷无尽的待研究的问题。

3. 从学校或学科发展中确定问题

教师个人的发展是与学校的发展密切相关的,个人的专业提升与学校的整体变革也常常是结为一体的。教师在把个人的成长发展乃至个人的命运,与学校或学科的发展规划以及面临的问题结合在一起时,就会发现许许多多的问题有待于自己去解决,就不会坐等问题的现成答案。学校或学科发展中存在问题是正常的,没有问题是不正常的,而这些问题又有许多是现有的经验或理论难以有效解释的,是现有的工作模式难以恰当解决的。

专栏 11.2

行动研究简介

"行动研究"起源于美国,由心理学家勒温首创。当时他与犹太人和黑人进行合作研究,这些实践者均以研究者的身份参与到研究之中,积极地对自己的境遇进行反思,力图改变现状。1944 年前后,勒温将这种结合了实践者智慧和能力的研究称为"行动研究"。就方法而言,行动研究的核心是自我反思的螺旋式行进过程,包括"计划—行动—观察—反思"几个步骤。

行动研究在 20 世纪 60 年代前后开始运用于教育领域,称之为教育行动研究,指学校的校长、教师等在实际的教育情境中担任研究工作,制定计划、系统地搜集资料、分析问题、提出改进方案、付诸实施、检验和反省成果,并以研究成果为依据,进行教育改革,提升学校及个人的教育质量。

行动研究有这样两个鲜明的特点：

（1）以提高行动质量、改进实际工作、解决现实问题为首要目标。

行动研究最大的特性，就是针对实际工作中产生的问题，以可能解决问题的方法为手段，通过实践和研究来验证这些问题解决的效果。行动研究所关切的是实际情境中的特定问题，同时其研究的样本也有特定的对象，可以是一个班级，也可以是一个人，而不必考虑样本选取的"科学性"、代表性，因而它的外在效度不一定要高，不追求理论发展，也不强调普遍适用，一切只为了着眼于解决实际问题。判断行动研究是否有价值，将完全以其对现状能改进多少为依据。

（2）主要研究人员就是实践者，强调研究过程与行动相结合。

教师是教育教学活动的实际运作者，对于相关的问题、困难以及成效最为清楚。在学校所进行的行动研究中，教师可以扮演研究者的角色，不是将问题简单地交给外来的专家，而是在教育教学过程中进行研究，以寻求解决之道。总之，行动研究要求实际工作者进行积极的反思、参与研究，要求研究者参与实际工作，并要求两者相互协作，共同研究。这样，研究者可以从"局外人"转变为"参与者"，从只负责"发现知识"到负起解决实际问题的责任，还可使实际工作者改进其行动和工作。而且，在以往的研究活动中，专家本身只从事研究，并不直接应用成果，实践工作者应用成果却不参与研究，使得"研究"与"应用"脱节。行动研究正好弥补了这个缺点，将研究者与运用成果的实践者结合在一起。

4. 研究方案的制订

当选定一个研究的问题之后，接下来的工作便是课题设计和申报。课题研究方案的设计，主要包括课题名称的表述、课题研究的目的和意义、课题研究的内容与方法、课题研究的实施过程、研究成果及其表现形式、课题研究的组织与管理等。

(1) 课题名称的表述。课题名称的表述必须高度概括，以最简洁的语言表述所要研究的问题和主要内容，恰当地揭示出课题名称与课题中心论点之间的关系。表述用语一定要准确、明白、具体、符合科学规范。

(2) 课题研究的目的和意义。课题研究的目的和意义主要是说明课题研究的背景、现状、立题的意义和依据等。

首先，要说明课题研究的背景，即根据什么、受什么启发而选择该项课题进行研究。因为任何课题的产生都不是凭空而来的，中小学教育科研课题来源于教育教学实践中出现的问题和发生的现象，这些问题的出现和现象的发生都有一定的背景。因此，应该对这些背景进行必要的阐述。

其次，要阐述此项课题在国内外研究的进展、现状，以及本课题研究预期有那些突破。设计课题研究方案时，要认真仔细地查阅与本课题有关的国内外文献资料，了解有关专家对相同或相似课题做过哪些研究及其研究的成果等，并从中发现以往研究的不足，或从中受到启迪而引发出新的问题，或运用其研究成果进行实践研究，从而设计此项课题的研究思路，确定自己研究的特色和切入点，同时也可以使自己开阔眼界，从中受到启发，拓展自己的研究策略。

最后,要阐明此项课题研究的目的和意义,即为什么要对此项课题进行研究,课题研究的价值是什么,课题研究需要解决什么问题。研究的意义可以分为理论意义、实践意义、历史意义、现实意义等。在阐述时可将目的和意义一并进行。

(3) 课题研究的内容与方法。 研究内容包括从静态或动态的角度研究人、事、物及其相互间的关系,说明该课题所研究的具体问题,研究内容的多少与研究课题的大小有直接的关系。对含有子课题的综合型研究课题,除了要有具体的研究内容外,还要列出各子课题的研究内容。研究内容的陈述要简明扼要,使人阅读后明白知道该课题研究了一些什么问题。

任何一项课题研究工作的完成,都需要采用一定的方法来达到其研究的目的。通常采用的研究方法有:实验研究法、调查法、观察法、个案法、行动研究法等。

(4) 课题研究的实施过程。 研究方案要做出课题研究任务与研究过程中的每一个阶段完成研究工作的时间安排。对研究时间的安排,要根据课题的大小、课题研究的内容和研究目标来确定,对课题研究的时间及各研究阶段的时间分配应当有充分的估计。研究实施步骤就是研究程序。对于研究的每一个步骤、每一个研究阶段的研究任务和具体要求、每个阶段需要的研究时间,不仅要使每一个研究者做到胸中有数,还要落实到科研课题的方案中。这样,研究者就可以严格按方案设计的研究实施步骤和时间要求开展研究工作,还可以督促自己,自我检查研究计划的完成情况,从而保证课题研究工作按时保质完成。课题的管理单位也可依据此研究步骤对课题研究的过程进行指导、检查、督促与管理。在一般情况下,可以把整个研究过程大致分为准备、实施和结题三个阶段。准备阶段的主要内容为:选择课题和陈述假设;设计研究方案;搜集有关研究资料。实施阶段的主要内容为:具体对课题实施研究。这一阶段是整个课题研究的核心,因此,必须对课题研究的内容和目标进行分解,由近及远、由浅入深地实施研究的步骤。每一步骤必须对所要研究的内容、要达到的目标和研究的方式方法具体化,使之具有可操作性。结题阶段的主要内容为:整理和分析研究资料;撰写结题报告(研究报告、工作报告、实验报告);申请结题。

(5) 预期研究成果及其表现形式。 课题在完成了预期的研究任务后,必然会有最后的研究结论和研究成果,这些研究结论和研究成果用什么形式表现出来,需要在方案中进行设计。研究报告(实验报告、调查报告)和科研论文是中小学教育科研成果最主要的两种表现形式。对于比较大的科研课题,除了要有终结性成果形式,还应该有阶段成果形式、子课题成果形式和总课题成果形式等。研究成果还可以形成专著、教材、手册或音像资料等。在确定研究成果形式时,应明确参与者的责任和分工,以确保科研成果顺利而完备地得以体现。

(6) 课题研究的组织与管理。 课题研究的组织与管理是课题研究工作顺利完成的保证措施。主要包括:课题研究小组的人员组成及其分工和职责、协作单位及其参与研究的人员的职责和任务分工、保证课题研究工作顺利完成的基本条件与措施、课题研究所需经费等。对于综合性较强、涉及面较宽的课题,可以成立课题领导小组,其主要职责是参与协调、给予指导、保证课题研究活动的正常进行。必要时还可以聘请课题研究顾问,以加强对课题研究的指导。

案例 11.5

"中学生英语自主学习能力的培养"课题研究实施方案

一、课题界定

"自主学习"是一种新型的学习方式,是学生管理自己学习的方法,它能有效地提高学习质量,水平和效率,提高创新思维能力,进而对课堂教学起促进作用。

"英语自主学习"就是学生独立自主进行英语学习活动的能力,它是通过确立学习目标,自我监控和自我评价等元认知策略来实现的。其特点是求知欲强,学习目标明确,能选择合适的学习方法,在英语学习过程中自觉运用规划,监控、评价、矫正等认知策略;其行为表现为课前充分预习,课堂上认真听讲,积极反思自己的自主学习方法,课后自觉甚至超量完成作业、客观评价学习结果,及时进行矫正,利用各种学习资源,摄取知识,努力提高自己的英语自学能力等心理动态轨迹。

二、课题的现实背景及意义

《英语课程标准》对英语教学提出了"任务型"教学的要求,它以提高学生素质为宗旨,在加强德育的针对性与实效性,增强学生对自然和社会的责任感的同时,突出培养学生的自主学习能力、实践能力和创新精神,以及获取新知识的能力、分析问题和解决问题的能力、收集和处理信息的能力、交流合作的能力。改革以往课程实施过程中学生接受学习、死记硬背、机械训练的状态,倡导学生主动参与、乐于探究,勤于动脑、动口的学习行为。

随着新课程的实施,如何让学生适应新课程学习,实现新课程教学目标,达到新课程教学要求,这是教师首先必须研究的课题。因此,作为工作在教学第一线的教师,不能再沿袭用传统的教学模式而不思创新,不能再用"灌输"和传授的方式,而应积极指导学生掌握学习策略,养成积极主动、自觉学习的学习态度。终生学习将成为未来社会人们的一种生活方式,教育将进入"自己教育自己"的时代,也就是自主地学习,人们的学习将是无终点的,随时随地的,无空间范围界限的。使每一个学生都会学习,能够自主地学习,使学生具有创新精神和实践能力,是实施新课程的核心任务。据此,我们申报了课题"中学生英语自主学习能力的培养"。

三、研究依据

自主学习理论、创新教育理论、建构主义理论,是本课题研究的理论依据。

1. 自主学习理论:自主学习理论强调教学的个性化,要照顾到学生的差异;学习要有独立性和自主性;学习要学会和掌握学习的方法;课堂学习与实际生活的密切结合。

2. 创新教育理论:创新教育以宏扬人的主体精神,促进人的个性和谐发展和挖掘人的创新潜能为宗旨。它强调培养人的创新意识,创新精神和创新能力。

3. 构建主义学习理论:建构主义认为,学习不是知识由教师向学生的传递,而是学生建构自主的知识的过程,学习者不是被动的信息吸收者,相反,他要主动地建构信息的意义。

四、研究目标

把教师教学行为的创新与学生学习方式的变革结合起来,优化教师行为,研究如何有效地组织和指导学生由"接受学习"发展为"自主学习"的具体策略,促使学生在一定的环境中开展自主性学习活动、研究性学习活动、创新性学习活动,注重自主和创新的统一,充分展示自尊、自信、自律这一进取性人格精神,在这样的学习活动中逐步建构起自主性学习策略。

五、课题研究的内容

1. 中学生英语学习现状的调查探究;

2. 中学英语"自主学习"的内涵及方法途径探究;

3. 自主学习与课前预习性作业的布置与处理;

4. 自主学习与课堂教学模式构建;

5. 自主学习课后即时作业的布置与处理。

六、课题研究的方法及步骤

(一)研究方法

1. 文献研究法:查阅与该题相关的基础理论,应用理论资料,及时进行分析、整理,并接纳和运用新的相关信息,结合学科教学实际,探讨学科课堂创新教学策略。

2. 行动研究法:运用这一方法适时调整计划,采取相应行动,不断观察、反思、逐步推进研究。

3. 经验总结法:在自主、创新教学实践中不断积累自主、创新教学资料,针对有关教育现象,进行调查、分析、抽象、概括,得出科学性的结论,并撰写成论文和课题实验报告。

(二)研究步骤

1. 准备阶段(×年×月—×年×月)

(1)组建课题研究小组,完成实验课题研究方案的设计论证工作;

(2)根据课题研究工作的需要,对参与课题研究的教师进行培训,组织参与课题研究的教师讨论、理解、熟悉课题研究方案。

(3)确定课题对象:×班全体学生。

2. 实施阶段(×年×月—×年×月)

按照研究方案全面实施研究工作,编制自主教学方案,开展课堂自主教学实践;评定自主教学效果;收集整理有关资料,撰写研究论文。

3. 总结阶段(×年×月—×年×月)

采用阶段评价学习与最后总结深化相结合,在实施阶段取得阶段性研究成果的基础上,整合课题研究,提取重点成果,汇编优秀教学设计、案例、教师研究论文和学生自主学习成果,形成课题研究的总结报告。

七、课题研究的预期成果

1. 研究论文:主要阐述中学英语"自主学习"的内涵、特征与作用、教学策略及方法途径。

2. 研究案例:主要通过反思、总结,撰写反映中学英语自主学习教学的思路操作方法的典型案例。

八、课题研究组织保障

1. 成立课题研究小组(略)

2. 建立与研究工作相配套的工作制度(略)

(资料来源 李琴花:《"中学生英语自主学习能力的培养"课题研究实施方案》,http://www.
nxjy. cn/s_keti)

(二) 研究成果的表达

教师参与教育研究,除了掌握基本的研究方法外,还要学会用不同的方式表达研究成果。教育研究的方法与成果的表达形式多种多样,但并不见得所有方法或成果表达形式适合所有的教师。一般说来,便于操作、与工作实践相辅相成、"工研"矛盾不突出的方法或成果表达形式,才是适于教师的。教育叙事、教育案例等研究方式和成果表达形式,或自由表达,或理性提升,或问题取向,或直抒胸臆,是教师研究的基本存在形态。

1. 教育叙事

简单地讲,叙事就是"讲故事",讲述叙事者亲身经历的事件。教育叙事(包括教学叙事)可以理解为一种研究方式,也可以理解成研究成果的表达形式。作为研究成果表达形式的教育叙事,既指教师在行动研究过程中用叙事的方法所作的某些简短的记录,又指教师在行动研究中采用叙事方法写作的成形的研究成果。教育叙事有着多种角度和立场,教师在研究中可以根据需要加以选择和运用。教育叙事有几种常见的写法:

(1) 可以按照事件发展的时间顺序逐个陈述,注重突出其关键部分。这种写作方法注重还原事件的原貌,使用的是"白描"的记叙手法,尽量原原本本地展现事件本身。

(2) 可以着重强调教师个人对问题的认识,夹叙夹议地陈述事件全过程。这种写法注重教师个人对事物的判断,虽然它少了些第一种方式的客观和平实,但写作者密切关注自己对问题的看法和感受,时时以一种反思的姿态拷问自己的认识,无形之中多了些自我反思意识和对事件的深层洞察。

(3) 可以从学生的角度陈述故事,注意使用学生的语言和文化。这种写作方式在一定程度上转变了教师自身的角色,是站在叙述对象的立场上记叙事件,读来翔实、具体、生动、有感染力,它提示我们:多立场、多角度、多侧面记叙教育事件,把握教育事件的每一个细节,是使教育叙事成为提升教师教育教学智慧手段的重要前提。

案例 11.6

我被学生将了一军

我正指导孩子们背诵《荷花》的第二自然段。轮到孩子们自己背诵了,教室里顿时热闹起来。3分钟过后,我请会背诵的孩子自愿站起来背诵,哪知站起来的孩子却寥寥无几。于是,我便问大家为什么还不会背,得到的回答是"时间太短了,背不下来"。一听这话,我怒气冲冲地说:"怎么不会呢? 王老师刚才讲过没有? 背诵是有方法的,这是一个总分形式的自然段。死记硬背当然不行。"忽然,陈羲达在座位上叫起来:"王老师,你把第二自然段背给我们听吧!""对,让王老师给我们做个示范。"孩子们随声附和着。

"我?"我一下子傻眼了,我可没想到孩子们会出这么一招。怎么搞的? 怎么会让我背诵? 我不是在指导他们背诵的吗? 虽说这篇课文我很熟悉,可也还没到能一字不差背诵下来的地步呀! 我被孩子们狠狠地将了一军,站在讲台上,不知该如何把课上下去。不行,总得给自己找个台阶下呀!"这样吧,王老师和已经会背的同学一起背诵第二自然段吧!"没等孩子们表示同意,我就和已经站起来的孩子一起背诵起第二自然段。此时此刻,站在讲台上的我声音不再那么响亮,神情也不再那么自然。我知道,所有的孩子都在看着我,倾听着我的背诵。虽然只是背诵短短的第二自然段,而我却感觉时间那么漫长。我不知道孩子们有没有听见我背错的词句,我也不知道孩子们是否觉察出他们的王老师只是在混水摸鱼。我感觉自己就像《滥竽充数》里的那个南郭先生,心慌得我都不知道这节课是怎么结束的。

回到办公室里,回忆着课堂上的那一幕,我不禁想到了以前教过的那些要求背诵的文章。自己明明知道要背诵,也知道"背诵是记忆力的体操,写作文要多积累优美语言",却仍然"严以律人,宽以待己"——只要学生会背就行了。尤其是喊学生到身边来背,感觉学生背得不对,于是就打开课本来确认。当时并没有觉得有什么不对劲,现在想来还是自己的底蕴不够。于是,想起几年以前教老舍先生的《草原》时,我曾经在课堂上声情并茂地边看录像边背诵文章的第一自然段。当时盛云翔校长就坐在后面听课,听完以后,他还说我是局小第二个敢于在学生面前背诵课文的教师。可如今,我怎么就……唉! 一股深深的自责从我的心底涌起。"腹有诗书气自华"这句话说得一点都不错,一个"腹无诗书"的教师语言怎么会有魅力,说话怎么会有底气!

想到这儿,我坐不住了,拿出了自己的语文书……

(资料来源 王婉璆:《我被学生将了一军》,http://blog.cersp.com/index)

这一教育叙事没有简单地陈述事件经过,而是着重将自己的心理感受包括对一些事物的看法融入对事件的展现之中,叙述与评析相结合,读者在阅读过程中,既可以了解事件的发展过程,也可以了解教师本人对问题的看法以及心理活动过程。

2. 教育案例

案例是含有问题或疑难情境在内的真实发生的典型性事件。从这一概述中,可以看到,对事物的静态的、缺乏过程把握的描述,不能称之为案例;信手拈来的没有问题或疑难情境在内的事件,也不能称之为案例;没有客观真实为基础缺乏典型意义的事件,也不能称之为真正的案例。

教师撰写案例,是对教师的新要求,也是教师自己从一个单纯的实践者转化为研究者的重要途径。在撰写案例之初,教师首先应明了案例的一般格式。一个相对完整的案例大致都会涉及以下几方面:

(1) 标题。案例总是有标题的,总是要借助标题反映事件的主题或形貌的。一般地说,案例有两种确定标题的方式：一是用事件定标题，即用案例中的突出事件作为标题；二是用主题定标题，把事件中包含的主题析离出来，作为案例的标题。前者展示的事件，吸引读者进一步了解相关的信息；后者反映的主题，能使读者把握事件要说明的是什么。

(2) 引言。 引言也可以说是开场白，一般有一两段话也就可以了。主要描述一下事件的大致场景，隐晦地反映事件可能涉及的主题。

(3) 背景。 案例中的事件是发生在一定的时空框架之中的，是依托一定的背景的。背景的叙述可分为两个组成部分：间接背景和直接背景。所谓间接背景是与事件相关但关联程度并不直接的背景，所谓直接背景是直接引导事件发生与事件联系至为密切的背景。在直接背景与间接背景的描述上，一般间接背景在前，略写；而直接背景在后，详写。

(4) 问题。 案例区别于一般事例的最大特点就在于有明确的问题意识，是围绕问题来展开的。在论述中，需要讲明问题是如何发生的，问题是什么，问题产生的原因有哪些。这部分内容主要是展示问题。在案例撰写的初期阶段，可以较为鲜明地提出问题；而随着案例撰写的深入，则逐渐需要将问题与其他事实材料交织在一起。

(5) 问题的解决。 问题发现以后，解决问题就成了重要的一环。这部分内容需要详尽的描述，要展现问题解决的过程、步骤，以及问题解决中出现的反复、挫折，也会涉及问题解决初步成效的描述。这部分内容在一定程度上，是整个案例的主体，切忌把问题解决简单化、表面化。

(6) 反思与讨论。 教师撰写案例的过程，也是对自己解决问题的心路历程进行再分析的过程，同时也是梳理自己相关经验和教训的过程。反思与讨论主要涉及的问题有：问题解决中有哪些利弊得失？问题解决中还发生存在哪些新的问题？在以后的教育教学中，如何进一步解决这些新的问题？问题解决中有哪些体会、启示？等等。

(7) 附录。 并不是每个案例都有"附录"部分，是否安排"附录"，要视案例的具体情形而定。"附录"中的内容，是对正文中的主题有补充说明作用的材料，若放在正文中，会因篇幅过长等问题影响正文的叙述。例如，在以课堂教学改革为主题的案例中，可选取一节典型性的课堂教学设计或者是选取某位学生的作业置于文后作为附录。

上述案例包含的内容不是案例的形式结构，也就是说，不见得每篇案例各组成部分的题目都按上述几部分确定（当然，也并不排除这种形式排列方式），只要在案例相关内容的叙述上，考虑到以上几方面并按照一定的逻辑结构加以组合就可以了。

案例 11.7

一只鸡蛋激活了课堂

江苏张家港梁丰中学 程焕平

一、引言

当今国际竞争的核心是人才的竞争，如何培养出大批具有创新精神和实践能力的人才是21世纪教育所面临的课题。在深化教育改革的今天,大胆解放思想,突破应试教育和传统教学模式的束缚,充分重视学生质疑能力、创造能力的培养,健全以学生为主体,以开发个体创造能力为宗旨的教学模式,是新课程背景下中学课堂教学改革的方向,而物理教学在发展学生创新精神和实践能力方面有着得天独厚的环境和条件。

二、背景

"原子核式结构的发现"是高中物理教材中关于"原子和原子核"一章的第一堂课内容,关于原子结构的知识,学生在化学课和电学中已经学了一些,但是化学课上讲原子结构,是讲与化学有关的内容,电学中讲电子论,只是用关于原子结构的理论来解释电现象。所以,学生获得的有关原子结构的知识是零星的、片断的,加上平时接触到的一些科普知识,中间还可能夹杂着学生本人的错误理解,更使知识不准确了。常规的教材处理是分三步来完成的:第一步是介绍电子的发现,第二步是介绍汤姆生模型,第三步是介绍卢瑟福通过α粒子散射实验否定汤姆生模型提出原子的核式结构理论,经过这样的一个教学流程让学生了解原子核式结构理论的由来。

三、问题的出现

应该承认,上述常规的教材处理和教学设计很容易为教师和学生所接受,原因是教师教起来比较容易,学生听课也不费力,只要听懂、记住就行,似乎是两全其美的事。但是,按照这种方案上课时,却出现了两个明显的问题:问题之一就是容易使学生产生一种神秘感,对科学发明创造缺乏自信心,使学生形成一种观念,即发明创造是科学家们的事情,是未来的事情,和现在无关、和自己无关。问题之二就是教材内容学生很容易看懂,课堂教学气氛不容易活跃。

四、问题的分析

仔细分析以上问题后,我发现出现这些情况的原因主要有以下三点:(1)学生缺乏主动参与的动机和机会,缺乏必要的成功激励;(2)教学设计缺少悬念和情境;(3)对教材挖掘深度不够,尤其是缺乏培养学生创新精神的教学设计。事实上,中学生的思维活动极易受外界环境的影响,在他们感到学习索然无味,尤其是心里感到负担,受到压抑时,便处于抑制状态。相反,热烈的学习氛围,会使学生按捺不住内心的热情,主动地投入到教学过程中去,思维活动也会处于最佳状态,求知欲和创造动机将得到较为充分的激发。热烈的学习氛围是师生情感交流而形成的一种沸腾状态,而让学生积极参与、扮演角色、调动学生的主动性,是达到这一状态的有效手段。因此,在课堂教学中,结合学生的心理特点,通过巧妙新颖的教学设计,创设一些具有感染力的教学情境,让学生扮演主角,最大限度地调动学生学习的热情,才能激活课堂气氛,培养学生的各种能力,尤其是创造力。

五、解决问题的措施

根据以上的分析,我对"原子核式结构的发现"这一节课教材内容进行了深度挖掘,并将教法进行了重新设计,将贯穿教学过程教学目标的主线由原来的知识传授改变为强化科学家进行科学研究的基本方法上。在教学思想上,也由常规的从"一般—特殊"的演绎式教学法改变为由"特殊——一般"的归纳式教学法。上课一开始,我就破天荒地拿出一只鸡蛋,学生一下子都愣住了,因为在他们看来,这东西似乎和课堂教学内容毫无关系。于是,五十几双眼睛都一下子盯上我手中的这只鸡蛋。接下来,我开始向学生提出问题。我问:

"假如你从前从未吃过鸡蛋,甚至没有见过鸡蛋,现在你想知道这东西里面究竟是什么,有什么办法吗?"

"把它打碎!"同学们异口同声地回答。

我接着又问:"如果你不想打碎它,但又想知道这里面是什么,有什么办法吗?"

我这一问,同学们你一言我一语地议论开了。于是,各种各样的假想、猜测以及验证方案被一个个地提了出来。有的说是生鸡蛋,有的说是熟鸡蛋,还有的说是仿制蛋……验证方案也五花八门,有光照法、透视法、摇晃观察、旋转观察、称量等等。

接着,我将鸡蛋放进盛有清水的烧杯中,同学们惊讶地发现,鸡蛋几乎漂浮在水面上。这一下同学们又议论开了,很多同学及时调整了思路,提出了新的假设和猜想。有的说是只空鸡蛋,有的说是半空的鸡蛋……同时也提出了验证猜想是否成立的方案。最后,我把鸡蛋打开,结果里面的确是空的,什么也没有。此时,喜悦和满足立刻写在了同学们的脸上。

我用这一教学设计成功地引发了同学们的思考,激发了他们对课堂教学内容的兴趣,很自然地引导学生归纳出科学家进行科学探索常用的思维方法:即观察物理现象—提出假设—构建理想化物理模型—实验验证。并以此为本课的教学主线,充分发挥"角色效应",让每一位学生都扮演成小科学家,在假想让时光倒退100年的前提下,师生共同做原子世界奥秘的科学探索。在探索过程中,同学们大胆地提出了原子结构的各种假想图,不少同学的构想和历史上科学家提出的模型非常接近,从中他们体验了成功的喜悦,消除了对科学发明的神秘感。

六、教学反思

这堂课气氛始终非常活跃,由于教材教学内容被有效挖掘,教学设计独特、新颖,因此教学效果较为理想,不仅使学生理解掌握了科学探索常用的思维方法,而且激发了学生的创造热情和欲望,增强了他们的自信心。和以往同样内容的一堂课相比,感觉真的不一样,相差太远了。

成功的教学是一种创造,我深感物理课堂教学是一门博大精深的艺术,是无止境的。作为一名物理教师,要培养学生的创新精神和实践能力,关键问题是要在物理教学中充分挖掘教材,要有创新意识,敢于突破传统教学模式的束缚,创造性地构建新颖的、符合学生身心发展的教学设计,始终把学生当作课堂教学的主体,充分让他们扮演主角,动手动脑。只有这样,才能使我们培养的学生在未来日趋激烈的国际竞争中具有强大的竞争力,永远立于不败之地。

(资料来源 郑金洲主编:《基于新课程的课堂教学改革》,福建教育出版社2005年版。)

3. 教学课例

教学课例是以某一节课或某些课为研究对象,展现课的教学实际场景,以便对课堂教学本身进行改进、优化和提高。它反映的是课堂教学活动从"设计"到"实施"的过程。教学课例的表达形式一般表现为"教学设计＋教学实录＋教学反思"。其中,"教学设计"是某节课或某些课的教学设计方案(教学预期);"教学实录"是实际教学场景(教学生成);"教学反思"则描述了"教学预期"的实现程度,也就是对教学的评价。

教学课例的各部分内容,正好对应了当前各地中小学教研活动中最常用的几种形式 ——
"集体备课"与"说课"(共同拟定教学设计方案、说明教学意图和教学策略)、"听课"(相互观察课堂教学的过程)、"评课"(授课教师与其他教师对课的讨论与评价)。

从设计到反思,是教师研究运行的基本过程,涉及教师研究的基本环节,在实际操作中有着形形色色的变式。下面的变式只是其中几种:

(1) 教学设计总体思路＋教学情景细致描述＋专题教学反思。这种形式在介绍教学设计意图的基础上,对教学过程中的场景加以详尽叙述,再现课堂教学全过程,使读者有身临其境之感,并且就教学中发现的某一问题进行专门思考和讨论。

(2) 教学设计说明＋提炼后的教学场景＋总体教学反思。这种形式首先对教学设计作简要说明,然后对教学过程中产生的实际素材进行加工,呈现出教学的总体进程,最后再对教学作总体性的反思。

(3) 教学设计＋教学片断＋教学反思。这种形式与前两者最大的区别在于,是在教学实录中撷取一些代表性的片断,在呈现这些片断的基础上,着重对其中蕴含的问题进行反思。它既不同于第一种形式原汁原味地再现教学整个过程和场景,又不同于第二种形式将实录素材作剔弊理纷的处理,而是择其要者展开分析。

教师在撰写教学课例时,一要注意选择的课要具有一定的代表性、典型性,能够说明一些问题,确实给自己带来一些新的思考,能从中提升自己的教学智慧;二要注意较为详尽地介绍自己的教学设计,要把有关教育理念转变为具体的教学方案;三要注意运用录音、录像、委托他人现场记录等多种不同手段全面收集课堂上的各种信息;四要注意对照教学设计意图反思课堂上的实际行为,分析教学实际进程与教学设计的差距,把课堂上存在的某个问题或某些问题作为深入思考的对象。

考虑到教学课例所具有的综合性特点,如果教师刚接触教学研究的话,不妨先从教学日志、教学叙事入手,然后再转入教学反思,最后将教学课例、教学案例作为主要的研究方式与成果表达形式。教学叙事对事实材料的不断整理,对事件、历程的持续描述,会逐渐使教师对教学产生这样或那样的感悟,具有这样或那样的问题意识和解决问题的设想,教学反思也就顺理成章了;而经常化的教学反思,又会进一步强化教师的研究意识,增进教师透析实际问题的本领,提升教师从貌似没有问题的地方发现问题,从稍纵即逝的现象中捕捉问题的能力,教学课例与教学案例等的撰写也就有了基础。

4. 教学论文

教学论文也是一种重要的教学研究成果表达形式,在一定程度上也是几种成果表达形式中最难的一种。一篇好的论文,既是作者研究成果的反映,又是作者写作能力、逻辑思维能力和知识方面的综合表现。再好的素材,也需要紧凑的结构、巧妙的组合以及流畅的语言,才能成为好文章。

撰写论文前,教师必须先筹划好文章结构,草拟出编写提纲。这如同设计一个建筑大厦的施工蓝图,没有蓝图造不好高楼;如果不先写好提纲,写作过程就会走弯路,也写不出好文章。拟定论文提纲的过程,实际上是对所研究的问题进行全面总结和构思的过程,也是谋划文章怎样写作的过程。在拟纲的过程中,教师要对搜集到的大量材料,包括自己已有的经验体会和理论思考进行认真的整理加工,通过分析、综合、比较、归纳、抽象、概括等方法,对选用的材料进行筛选、提炼、增删和联合,选取其中最有价值的观点和论据,并提出新的观点和结论。有了详细的论文提纲,实际上是完成了三分之一的写作任务,这为写好全文奠定了基础。

根据编写提纲的思维框架,通过具体写作,完成论文初稿,是撰写论文的主要程序。这要求作者对文章题目、前言、正文、结论、引文注释等努力做出准确、清楚的表述和恰当的安排。

(1) **题目**。论文题目必须反映论文所阐述的主要问题,尽可能用最恰当、最简明的词语组合,概括全文内容并能引人入胜,做到确切、中肯、鲜明、简炼、醒目,一看题目就能大体知道这篇文章要讲什么。论文题目要避免笼统、繁杂和名实不符。题目太笼统、太短,文章论述的内容含不进来,深入不下去,给人以肤浅的感觉;题目太繁杂、太长,缺乏鲜明、醒目的力度,效果也不好。有时为了充分表现主要内容,可采用加副标题的办法。

(2) **前言**。前言就是开场白。要求作者必须明确提出论文所要论述的主要内容,扼要说明该项研究的目的、意义和现状,并点出论文要解决的主要问题即论点。一般供学术刊物发表的论文,前言部分应力求简明扼要,直接了当,不要拖泥带水。长篇论文的前言可详细一些,甚至自成一篇。文章开头语是最难写的,好比演奏音乐的定调,往往花很长时间才能找准。教学论文的开头语,可以采取开门见山的方法,直入主题;也可以先提出问题,再引入主题;还可以先交待研究的历史、现状、目的、意义,然后逐步展开等等。

(3) **正文**。正文是对研究的内容进行的全面讨论和阐述,占据论文的绝大部分篇幅,是论文的主题。正文又是论文的关键部分,体现了分析问题解决问题的过程,决定着论文的质量和水平。因此,要高度重视正文部分的撰写。撰写正确正文必须首先掌握充分的材料,然后对材料进行加工提炼,去伪存真,去粗取精,经过概括、判断的逻辑整理,产生正确的观点。在写作过程中,应以观点为轴心,使论点明确;用材料说明论点,使论据确凿,说理充分,从而做到观点和材料的统一,论点和论据的统一,并科学、准确、生动形象地表达研究的成果。撰写论文要克服两种不良倾向:一是只表述自己的观点,缺乏使用材料的科学论证,使论文空洞乏味,没有说服力;二是只罗列大量材料,不加整理,平铺直叙,看不出主要论点。这两种倾向都是理论与实际脱离造成。

(4) **结论**。结论部分是论文作者经过反复研究后形成的总体论点,是整篇论文的归宿。因此,结论应指出哪些问题已经解决了,还有什么问题尚待解决。有的论文由于把结论已分散到文章的各个部分,可以不必专门写一段结论性文字。还有的论文可以不写结论,但应作一简单的总结,或者对研究结果展开一番讨论,或者提出若干条建议。教学论文的结论部分是分析问题、解决问题,必须总结全文,深化主题,提示规律,而不是正文部分的简单重复。所以写结论应该十分谨慎,文字要简明,措词要严谨,逻辑要严密。

(5) **引文注释**。教学科研是在继承前人成果的基础上得以发展进步的。撰写论文在引用他人材料文章、论点时应注明出处。引文出处反映了作者严肃的科学态度,能体现出论文的科学依据,同时也是对他人劳动成果的尊重。教学论文的引文注释主要有文内注、页末注和文末注三种情况。文内注又叫行内夹注,一般放在引文后面加括号。页末注又叫脚注,放在本页下方。文末注也叫篇末注,在文章后面对引文编制一个顺序,依次注释。注释内容主要包括作者姓名、文献标题、书刊名称、出版社名称、出版年份或期号、文章页码等。

本章小结

　　加强学习培训是教师提升自身素养的基本途径。教师可以通过个体学习、群体培训、校本研修等方式进行学习培训。从教师个体行为层面上看,教师的学习培训可以借助于文本阅读、网络学习等方式来进行。从群体培训行为层面上看,教师可以外出进修学习或参加校外教育机构举办的培训,也可以参加学校自己组织的校本培训。另外,教师可以参加各种校本研修活动,学会向同事、向自己学习。

　　实践反思是教师提升教育教学水平和推动专业发展的重要载体。教育实践反思的形式包括:专题反思与整体反思;即时反思与延迟反思;课前反思、课中反思与课后反思。实践反思是一个循环的过程。一次完整的实践反思,一般都要经历"描述事实—情感体验—分析思考—行动计划"的过程。

　　教师成为研究者,是当今教师基本素养的一部分。教师要提高参与教育研究的成效。在参与教育研究的过程中,教师应该熟悉研究的基本程序,学会从教育实践中确定研究问题,了解课题申请书的主要内容和写作要求,并在研究过程中生成研究方案。教师还要学会用不同的方式表达研究成果,包括教育叙事、教育案例、教学课例等。

思考与实践

　　1. 有的教师认为,教师只要教好就行,至于学不学是他自己的事。有教师认为"能者为师",有专业知识就够了,教育学、心理学知识用处不大。你是否同意这样的观点? 理由是什么?

　　2. 有研究者认为,教师学会如何反思最有效的基本方法之一,就是教师个人或群体学会不断地向自身提出反观自己和挑战自己的问题。比如说,在说课之前,教师提出一些提示性的问题进行反思,相信对自己教学的反思会更加全面和深刻:这节课的主要目的是什么? 学生在这节课里实际上学到了什么? 我的教学程序安排得如何? 我在教学中遇到什么问题? 又是如何解决的? 这节课最精彩的部分在哪里? 这节课最失败的地方在何处? 如果我在教同样的课,将作哪些调整? 这样提出问题,就比我们一般地谈什么是说课,说课的基本模式、基本原则和基本方法有哪些等更能引起教师的反思。[①] 你如何看待这样的观点? 说说你的想法。

　　3. 为了促进个人的专业发展,有的教师量身定做了年度专业发展计划,内容包括现状分析、发展目标、实施办法等。你觉得制定个人专业发展计划,对于教师的成长和发展有哪些帮助? 并在查阅、分析若干个人专业发展计划之后,尝试制定属于自己的专业发展计划。

---

① 李志厚:《论教师学习的基本追求》,《华南师范大学学报(社会科学版)》,2006 年第 4 期。

4. 寻找教学叙事、教学案例、教学课例、教学论文的典型样本,以小组为单位进行分析,甄别这些样本的基本结构,评判其写作规范性。

延伸阅读

1.(美)杰弗里等著,方彤等译:《怎样成为一名优秀教师》,华东师范大学出版社 2009 年版。

2.(美)彼得·圣吉著,张成林译:《第五项修炼》,中信出版社 2009 年版。

3.(美)沃斯等著,顾瑞荣译:《学习的革命》,上海三联出版社 1998 年版。

4. 张丰:《校本研修的活动策划与制度建设》,华东师范大学出版社 2009 年版。

5. 吕洪波:《教师反思的方法》,教育科学出版社 2006 年版。

6. 梁威等:《教师反思录》,北京出版社 2003 年版。

7. 郑惠琦等主编:《学校教育科研指导》,上海教育出版社 2001 年版。

8. 陈桂生主编:《到中小学去研究教育——"教育行动研究"尝试》,华东师范大学出版社 2003 年版。

9. 郑金洲著:《教师如何做研究》,华东师范大学出版社 2007 年版。

后 记

　　自《教育通论》2000 年出版至今,已经有了 10 余年的历史。这本教材和当时一些教育学教科书相比,体系上有点变化,内容上有点新意,体例上有点创新,应该说取得了较好的反响。现在,还有一些院校在使用这本书。但随着教育学科的发展,随着学生需求的变化,随着教育学教学的变革,也随着我们对教育学教科书编写认识的深化,这本教材到了需要作出较大调整的时候了。在华东师范大学出版社翁春敏学兄的督促指导下,我和朱建宝、赵建军两位编辑以及几位作者一道,倾心尽力,用了一年多的时间,编写了这本《教育基础》,作为《教育通论》的"升级版"。

　　之所以更名《教育基础》,一方面是"教育通论"有自身的局限,编写的书稿很难做到贯通教育实践,汇通教育理论(原本那本教材也没有做到);另一方面,"基础"之名涵盖面广,取意"根基"、"基石",是理解教育学之基,是把握教育实践之基。也正是基于这样的考虑,本书没有特意突出教育学的学科性,没有把教材定名为"教育学基础"。

　　党的二十大报告提出了"办好人民满意的教育"的理论构想,并强调,"教育是国之大计、党之大计。培养什么人、怎样培养人、为谁培养人是教育的根本问题"。这本《教育基础》试图站在学习者的立场,从师范院校或师范专业本科生的角度考虑教育问题,在分析学生需要什么、想知道什么、未来的职业要做什么、为什么对教育学不感兴趣等基础上,切实把学生关切、教师关心、学科关注的内容呈现出来。读者阅读或学习过程中,可以感受到,这本教材的框架体系、内容展开方式、叙述方法、体例等都与以往的教育学教科书有了很大区别。我们期望这种编写方式,使教育理论对学生而言变得可爱、可学、可引,对教师而言变得可亲、可教、可用。

　　这本教材由我忝为主编,负责全书的体系、统稿等工作。写作者分别是:林存华,"导言:今天我们为什么要做教师""第十章,教师专业发展概述""第十一章,如何成为合格教师"。张素玲,"第一章,教育的历史基础"。程亮,"第二章,教育的哲学基础""第四章,教育的社会基础"。周志平,"第三章,教育的心理基础""第八章,班级建设"。李冲锋,"第五章,课程""第六章,教学"。余维武,"第七章,德育"。翁文艳,"第九章,学校组织"。

　　编写这样的教材,在我国教育学教科书历史上还不多见。虽然我们殚精竭虑,费心尽力,但缺陷与问题难免;是不是实现了预期的编写意图,是否符合教育学教学的需要,还需要广大教师和同学们裁定。

郑金洲